近代国語教育史研究

野地潤家

溪水社

まえがき

わたくしの国語教育の実践体験は、昭和二一年（一九四六）九月から昭和二三年（一九四八）三月まで、愛媛県立松山城北高等女学校（昭和二二年四月からは、新制中学校に切り替えられた。）に勤めた、満一年七ヵ月の期間に得られた。この期間、わたくしは二年生の二学期から三年生の三学期まで、五学級二四八名の女生徒の国語教育を担当し、ほかに専攻科一クラス（計二回）をも受け持った。わたくしの国語教育研究のための基礎体験の一つは、ここに得られたのである。新任当初の満一年七ヵ月の実践営為は、なにかと未熟であって、自主性に欠ける面もすくなくなかったが、緊張して意欲的ではあった。熱意を傾けて、国語教育実践のことにあたった点は、いまに忘れがたい。すなわち、国語教育の実践に没入した時期であった。

わたくしは、昭和二三年（一九四八）四月から昭和二七年（一九五二）三月まで、広島高等師範学校に勤め、その最終年次の学級主任をした。この四年間、わたくしは、国文学の講義・購読と「国語科教育法」の講義とを受け持った。かえりみれば、この期間には、国語教育研究のための研究体験を得たのであった。この時期の「国語科教育法」は、昭和二三年・二四年・二六年（この回のみ、テキスト使用）の三回を担当しただけであって、それは国文学研究と平行してなされたものであった。したがって、この期間は、国語教育研究にのみ力を注ぐことはできなかった。国語教育研究への関心は深かったが、当時としては国文学研究に集中しなければならなかった。旧制高等女学校（新制中学校へと、途中で、移行した。）での国語教育実践を中心にした期間に比べれば、明けても暮れても、研究を念頭におく生活が開始され、講義・購読の準備、研究に没入するという状態がつづいたのであった。

さて、昭和二六年（一九五一）後期からは、新制広島大学教育学部において、「国語科教育法」を担当することとなった。昭和二七年（一九五二）四月からは、それまでの広島高等師範学校での勤務がおわり、教育学部での仕事に専念しうるようになった。この時期から、国語教育学研究に本格的にとり組むようになったのである。

昭和二七年（一九五二）七月から、昭和三〇年（一九五五）八月末まで、わたくしは国語教育個体史研究にしたがった。この研究は、かの松山城北高等女学校時代の実践体験を、実践主体の個体史としてとらえようとしたものであった。満一年七ヵ月にわたっての自己の実践営為を、その時間の次序にしたがって組織し、記述したものであって、ここにわたくしの国語教育研究の足場の一つが築かれた。それは一つの足場にすぎないけれども、国語教育実践における自己把握の一つを可能にし、さらにそれをもとにしての他の実践主体の国語教育実践についての理解をも可能にする足場のように思われた。

この国語教育個体史研究については、その実践編（三冊）を、昭和二九年の三月、六月、九月にまとめて報告し、ついで、原理編を、昭和三〇年八月にまとめ、翌三一年三月に光風出版から刊行した。実践編（三冊）に収めた実践資料そのものの分析・考察は、まだ残されているのであるが、ともかく、自己の実践営為を個体史としてとらえていくという研究体験は、国語教育実践の内部に分け入り、その機能・機微を把握していくのに、役立つところが多かった。その後、この個体史研究は、「国語学習個体史」研究の方向へと進められている。

一方、昭和二三年（一九四八）秋ごろから昭和二九年（一九五四）三月まで、わたくしの長男澄晴のことばの発達に関し、満五年間にわたり、その対話生活を中心に採集するところがあった。この幼児の言語実態に関する記述は、国語教育個体史研究が一段落した、昭和三〇年（一九五五）九月から開始され、余暇を縫うようにして、昭和三四年（一九五九）八月初めまで継続され、満六歳までの一幼児の言語生活の展開を、一応まとめることができた。この採集・記述の仕事は、わたくしに言語生活把握について、多くの示唆を与えるに至った。国語教育の基盤であると同時に、その対象でもあるこどもの言語生活の実態について、眼を開くことができたのは、しあわせであって、ここに国語教育研究の基本の足場の一つを得たおもいであった。

さて、わたくしは、以上のような実践体験・研究体験をもとにして、昭和三一年（一九五六）五月から、国語教育学史研究にしたがうようになった。ついで、昭和三三年（一九五八）夏からは、国語教育実践史研究にしたがうようになった。この両者、国語教育学史研究と国語教育実践史研究とは、それぞれ、垣内松三・芦田恵之助両先覚を中心にして進めていった。おふたりが、学理と実践の面で、深い共感と敬愛を抱きあい、親密な間柄にあられたことも、両者を同時に扱っていく因由となった。学史上・実践史上、垣内・芦田両氏が、それぞれに傑出した存在であったことも、研究の対象として近づいていく誘因となった。——自然に、個体史研究で得たものを足場にして、追っていこうとするに至ったのである。

垣内松三・芦田恵之助両先達の学風と人柄、学理と実践とは、その高さ・巨大さ・深さのゆえに、容易にその近接・潜入を許さないものがある。したがって、研究はなおその道程の途上にあるが、垣内国語教育学の内面の深さときびしさ・結晶のすばらしさに触れることができ、芦田国語教育の実践の深奥に触れることができた、このよろこびはなにものにもかえがたい。ひとりの探求者・求道者として、そのよろこびに身をおくことができたのである。

このたび、これらの研究のうち、「国語教育学史研究」を、副論文として、また、「国語教育実践史研究」を、主論文の第一編として、まとめることにした。

国語教育における実践の内実を把握し、その深さと確かさとを考究することは、年来ひそかに願うところであった。複雑な様相を呈し、ややもすれば形骸化しやすい国語教育の実践を、そのぎりぎりのところで把握し、わが国における国語教育実践そのものを、その根底からとらえていきたいと考えた。その研究対象として、芦田恵之助という実践者を選び、その「実践様式」の成立過程を求め、その「実践」の根本機能を明らかにしようとしたのである。

これよりさき、昭和一九年（一九四四）、卒業論文の題目として、「話しことばの教育」を選び、土井忠生先生に提出することを許されてからこのかた、話しことばの教育の研究に、わたくしは心をひそめてきた。国語教育研究への志向は、すでに学生時代の胸底に胚胎し、爾来今日に及んでいるのである。

昭和二七年（一九五二）七月、わたくしは、「話しことばの教育」（昭和27年12月5日、私刊）をまとめ、ついで、昭和二八年（一九五三）五月、「教育話法の研究」（昭和28年11月15日、柳原書店刊）をまとめた。前者「話しことばの教育」は、松山城北高等女学校時代、専攻科に指導した話しことばの教育の実践記録をも収録し、それまでの自己の話しことば教育論を集成したものであった。

ついで、昭和三二年（一九五七）五月から、話しことば教育史の研究にとり組むようになった。明治・大正・昭和（戦前）三代にわたる話しことばの教育の史的展開を考究しようとしたのである。由来、わが国においては、話しことばの教育が、最も不振な状態にあって、その発達が遅れているとされてきた。読むこと・書くこと（作文）などの教育の盛んさに比べれば、たしかにそういう未発達の面を有していた。しかし、それは、わが国に話しことばの教育が皆無であったということではない。明治期にも、大正期にも、昭和期にも、それぞれの時代に応じて、話しことばの教育の研究と実践とはなされていた。このたび、まとめたのは、この方面の調査・研究による「話しことば教育史研究」であって、これを主論文の第二編に収めた。未開拓領域に鍬を入れ、見通しを得ようと努めたけれど、なおじゅうぶんに耕して整備することはできなかった。ただ、近代国語教育史の一領域に、話しことばの教育の成立と展開という水流を導き入れたことで、「話すこと」の形態・領域の教育事象が、国語教育史上に、一つの座を占めるようになったかと思う。

以上は、戦後二〇年間における、みずからの国語教育についての実践史・研究史のあらましである。それはおのずから前後期に分かれていて、前期の一〇年間は、国語教育の実践体験を得、それを対象にしての個体史研究が中心をなし、後期の一〇年間は、国語教育学史・国語教育実践史・話しことばの教育史の研究が中心をなした。これらはすべて、近代国語教育史の研究として、その基底をなすもの、また未開拓の分野にあるものを目ざして進められたものであった。

本研究をまとめるにあたっては、別して多くの方々の深い学恩に浴している。

かつて旧制中学において、国語科を担任していただき、ねんごろなご指導をいただいた、仲田庸幸（現愛媛大学教授）・白田時太両先生には、卒業以来今日に及ぶまで、懇篤なご教示をいただいている。親身も及ばぬご指導を忝うしており、感謝の念に包まれずにはいられない。

さらに、広島高等師範学校に学んでいたころ、「国語科教授法」を受講し、旧制付属中学校の教育実習においてもご指導をいただいた山根安太郎先生、公私のことに、深いご配慮を忝うした故岡本明先生、広島文理科大学に学んでいたころから、今日に至るまで、万般にわたって、きびしくかつあたたかいご教導をいただいている、土井忠生先生・藤原与一先生には、広大な学恩を今さらのように感じないではいられない。心からお礼を申しあげたい。

教育学部に籍をおくようになってからは、教科教育学の一領域としての国語教育学の研究のありかたについて、皇至道博士・三好稔博士・杉谷雅文博士・佐藤清太博士・荘司雅子博士・末吉悌次博士・佐藤正夫博士・古浦一郎博士から、直接・間接に適切な助言とあたたかい激励とをいただいた。この未熟なわかい研究領域にあって、たどたどしい歩みを進めるにあたって、先生方からいただいたご教導に、改めて厚くお礼を申しあげたい。

また、教科教育学科にあって、共通の目標を目ざして、さまざまな障害や困難と戦いながら、今日に及んだ、同僚の教科の先生方には、直接・間接にほんとうにお世話になった。わけて、内海巖教授・中川蓬吉教授には、なにかにつけて、ご教示をいただいた。ここに深厚の謝意を表したい。

全国大学国語教育学会が昭和二五年（一九五〇）に創設されてからは、西尾実博士・石井庄司博士・古田拡先生を初めとして、多くの方々に、お導きをいただいた。学の進展のために示された熱意についても、感銘のただならぬものがある。改めて、感謝の念に満たされる。

おしまいに、昭和三一年（一九五六）四月このかた、国語教育研究室の主任教授として、直接にねんごろなご指導をいただいた、清水文雄先生に、つつしんで感謝のまことを捧げたい。身をもって示されたきびしい学問態度、誠実に純粋に歩まれるそのヒューマニズムに、わたくしは感動してやまなかった。日ごろのご教導のねんごろなのに比べて、ここにまとめえたのは、まことにお恥ずかしいかぎりのものである。先生の甚深の学恩におこたえするには、ただ一つ、これからの精進をお誓いするほかにはない。

拙い研究ながら、どれほど多くの学恩にまもられて、まとめることができたのであるかを、いま身にしみて感ずる。また、にわかには数えられぬほどの数多い人々から、あたたかい教示・激励・協力を、陰に陽にいただくことのできた身のしあわせを思わずにはいられない。

いま、わたくしは、学問のきびしさを、巖頭に吹きつける潮風のように身におぼえる。そこからはまた、かつて島崎藤村がしたように、新生のひびきをも聞きとることができる。わたくしは、覚悟をあらたにして、歩まなければならない。

昭和四一年五月一〇日

野地　潤家

目次

近代国語教育史研究

序説　研究の目的・方法と論述の計画

一

本研究は、近代国語教育の各領域の史的展開のうち、とくに国語教育実践史・話しことば教育史の二つの分野を考察の対象として、それぞれの分野の未開拓の部分にとり組み、その内実を明らかにし、その基盤・基底を把握しようと志したものである。

わが国における国語教育史の研究は、制度面・方法面・教材面に関して、戦前・戦後を通じて、熱心に進められてきた。とくに戦後は、この方面の研究が重視されるようになって、明治期における国語科の成立についての克明な調査・研究が進められ、また国語教材史についての研究もなされ、文学教育史についても、その資料が集成されるようになった。作文教育史についても、読むことの教育史についても、いくつかの試みがみられるようになった。さらに、近代国語教育論史・近代国語教育問題史として、明治・大正・昭和を通じての国語教育に関する論争・問題点などをとりあげて論及されるようになった。

このようにして、今まで見通しのつかなかった、複雑多岐をきわめた近代国語教育史も、その歴史的な展開の様相をしだいに明らかにしてきた。国語教育史研究は、国語教育学の構築をしていくためにも、その基礎作業として、これを欠くことができない。その意味でも、国語教育史研究の進展は、まことによろこばしく、意義深い。

しかし、盛大に赴いている近代国語教育史研究にも、なお未開拓の分野が残されている。その一つは、国語教育実践の実質そのものを、どのようにとらえていくかを目ざす国語教育実践史の分野であり、その二つは、話すこと・聞くことについての教育実践がどのように進められてきたかを明らかにしていこうとする話しことば教育史の分野である。これら二つの、国語教育実践史・話しことば教育史の分野には、まとまった体系的研究が在来見られなかったのである。

二

国語科教育に関して、その制度面・方法面・教材面の歴史的研究は、今日しだいに着実に集積されてきている。しかしながら、国語教育の実践営為の内実そのものを、どのようにとらえ、明らかにしていくかについては、その至難さも手伝って、まだとり組まれていない。ここにおいて、近代国語教育史上、とくに小学校国語教育において、典型的存在だった、芦田恵之助氏の実践営為を対象として、その深化過程を追跡し、その実践様式の成立・展開の跡を確かめ、その実践様式を成立せしめた、基本問題にとり組み、さらに、その実践事例・展開事例を考察することによって、国語教育実践の内実をとらえ、その根本機能を明らかにしようと、わたくしは志した。すなわち、典型的な一実践者の明治・大正・昭和にわたる国語教育実践の歩みを、国語教育実践の深化過程としてとらえ、その実践課程を通じて、しだいに成立し、やがて確立され、さらに展開していった、実践様式（読方・綴方の両「教式」）を考察し、その実践様式を成立せしめた、話法・静坐の二つの問題を考え、そこに確保された国語教育実践の特質はなんであるかを見ようとしたのである。また、こうした国語教育実践の源流をなしている資料について考察を加え、一教材の実践事例についても考察し、さらには、芦田恵之助先生の直門であった大村はま氏によって達成された、旧制高等女学校における、国語学習深化の事例研究をも、国語教育実践史における典型的な展開事例として考察していくこととした。これらは、一資料・一教材・一学習帳に、国語教育実践の実質を見ようとしたものであり、同時に、国語教育実践の熟達と深さとが、どこにどう顕現してくるかを示しているものでもあった。

思うに、国語教育における実践様式は、指導者と原理と教材と学習者との接点・結集点であって、国語教育実践の根本問題をも、現場の具象的な問題をも、すべて包蔵している。国語教育実践の実質を、その実践様式を足場にしてとらえようとしたのである。

ここで採った方法は、芦田恵之助という典型的な国語教育者を対象として、個体史的に迫っていくことであった。国語教育実践の内実に深くわけ入るためにも、また、その実践営為の個性を個性としてとらえるためにも、「個」を追求し、その「特殊」を把握しようとした。

もちろん、個体史的接近・方法には、個人・個体の実践にのみ執しすぎて、時代・社会の全体的傾向を見失いやすいという欠陥と制約とがある。ややもすれば、視野が狭く、大局的判断がなされにくい。これらの点を自ら戒めつつ、国語教育実践史研究の基礎を固めていくため、まず個体史的立場に立って、作業を進めていくようにしたのである。

三

つぎに、国語科四領域のうち、読むこと・書くこと（作文）の領域についての史的展開の研究は、しだいにさかんになってきている。これらに比して、話すこと・聞くことの領域における史的考察に関しては、ほとんど手がつけられないままに、今日に及んでいる。

在来、通念として、話すこと・聞くことの教育は、ほかの領域の教育に比べて、不振をきわめ、低調であり、時として空白であるとさえ考えられてきた。すでにこのようにみなされていたから、その歴史的な研究も、初めから成立を危ぶまれてきたのである。しかし、はたしてそうであろうか。

「話すこと」(「聞くこと」を含めて)の形態・領域は、わが国のことばの教育の中で、無視され、軽視され、発芽もせず、成育しようともせず、見るかげもないものとして扱われたのであろうか。通念としては、そう見られがちであっても、また、事実、現場における実践に脆弱な面を持ってはいたとしても、もっと資料と事実と理論とにあたって、確かめてみなければならない。わたくしの話しことば教育史研究は、ここに出発点をもっている。

近代国語教育史の中で、「話すこと」の形態・領域の教育が、なにを源流とし、拠点とし、どのように形成されてきたのかを、見究めようと志したのである。すなわち、近代国語教育における一領域・一形態の成立過程を、できるだけ精密に追跡したいと考えたのである。

近代国家においては、とりわけ民主社会にあっては、話しことばの教育が、重い任務を有し、大きい役割を担っている。それは重視されている。であるのに、わが国においては、明治以降、それはまだじゅうぶんに定着しなかった。話しことば教育史を研究することによって、こうした特殊事情を明らかにするとともに、そこからわが国の国語教育の特質の一面をも、明らかにしていくことができよう。

こうした意図と見通しをもって、わが国の明治・大正・昭和(戦前)における話しことば教育史の調査・研究にあたった。方法としては、つぎの四つをとりあげた。

第一は、[1]堀秀成・[2]福沢諭吉・[3]馬場辰猪・[4]与良熊太郎・[5]伊沢修二・[6]山崎正董らの諸氏の事蹟・所論・実践の考察に適用した個体史的方法である。卓抜な実績を挙げ、それぞれの時期に、話しことばの教育に、重要な役割をはたし、成果をもたらした人々に対して、個体史的立場から、考察を加えていくようにした。全般的な叙述の中に、いきなり位置づけるよりも、まず個体としてとり出し、その際だった実績を明らかにしていくほうが、話しことばの教育の成立や進展を明らかにしていくのに、かえって当を得たいきかたになるのではないかと考えたからである。

第二は、大正期・昭和初期・台湾の話しことばの教育の考察にあたって採用した、文献中心の方法である。雑誌「国語教育」が大正・昭和の二回にわたって特集した第一・第二「話方号」を考察の対象にし、また、台北師範学校附属公学校研究部編「話し方教授に関する研究」（大正15年6月20日、台湾子供世界社刊）を手がかりとして、台湾における話しことば教育のありようをとらえようとした。これらは、いずれもその時期・その時代の代表的文献であり、まずそれを手がかりとして、ある時期の話しことばの教育の様相・傾向を明らかにしようとしたものである。文献資料には、資料としての性格・制約があり、それをもって、ただちにある時代を表わし示すものとはいえない。しかし、個人では企てえないものが、そこにはうかがわれることもあって、文献本位のとりあげかたをしたのである。

もっとも、第一の個体史的方法を適用した諸家には、それぞれ主著と目すべきものがあった。たとえば、[1]堀秀成の「説教体裁論」、[2]福沢諭吉の「会議弁」、[3]馬場辰猪の「雄弁法」、[4]与良熊太郎の「小学校に於ける話し方の理論及実際」、[5]伊沢修二の「視話法」などは、それである。これらの主著に重点をおけば、それは文献本位の操作にも、当然なるべきものである。ただ、主著とその著者とは、本来緊密に応ずべきもので、ここにいう第二の文献本位の方法は、どちらかといえば、複数の著者（執筆者）群による文献に向けられているのである。

第三は、話すことの形態、もしくは話し方科の形態本位に考察していく方法である。すなわち、「演説」・「談話」・「弁論」などの話すことの諸形態が、明治一〇年代・明治二〇年代において、また、明治・大正・昭和各期の旧制中学校において、どのように求められ、成立していったかを見ようとしたのは、個体もしくは一つの代表文献から迫るのではなく、「形態」を軸とし、焦点として、話しことばの教育の基本形態の成立過程もしくは展開過程をとらえようとしたのである。

また、大正期後半・昭和一〇年代後半における、小学校・国民学校の「話し方科」のありかたに関して考察したのも、形態・領域本位の見方に立つものである。これらは、制度面・実践面のこととかかわりあっており、いきおい年次順に見ていくことにもなった。

第四は、話し方カリキュラムの史的展開を考察する際にとった、通時的方法である。ひとりカリキュラム（教育課程）の問題にかぎらず、話しことばの教育に関する、さまざまな問題についても、この方法を適用し、話しことば教育史の通史的な面を開拓していかなくてはならぬ。このたびの仕事は、そういう通時的考察のための基本作業ともいうべきものである。

「話しことば教育史研究」は、右に挙げた四つの方法を、考察の対象とした、各時期の性格・特性に応じて採り用い、それぞれの話しことばの教育の側面を明らかにしつつ、全体として、明治・大正・昭和（戦前）三代の話しことばの教育の史的展開を把握しようと試みたものである。

四

本研究は、二編二〇章から構成されている。

まず、第一編　国語教育実践史研究　は、

第一章　国語教育実践の深化過程
第二章　国語教育実践の様式確立
第三章　国語教育実践の基本問題
第四章　国語教育実践の事例研究
第五章　国語教育実践の展開事例

の五章から成っている。

芦田恵之助という、初等教育部門における典型的な国語教育実践者の生涯を、その深化過程においてとらえ、明治・大正・昭和にわたる国語教育実践を、まず全一的にとらえようと試みた。

ついで、国語教育の実践様式がどのようにして確立していったかを、芦田「教式」のそれについて、読方・綴方のそれぞれをとりあげて追跡した。芦田「教式」のうち、読方に関する実践様式は、昭和年代において、とくに広く用いられ、現場に影響するところも大であった。また、綴方に関する実践様式では、いっそう独自性を持っていて、独特の風格を備えていた。これらの両様式の成立過程をたどり、同時に、読方「教式」については、国語教育関係者によって加えられた、さまざまの所説をも調べ、芦田「教式」の固有の特質ならびにその長短をも明らかにしようとした。

つぎに、芦田「教式」の運用にあたって基本の問題の一つになる話法をとりあげ、さらに、芦田「教式」の基底にある静坐の問題をとりあげた。話法・静坐ともに、芦田「教式」を支えるものとして、どういう機能が要請され、どういう配慮がなされていたかをとらえようとしたのである。

つぎに、芦田国語教育の源流の一つとして、「試験やすみ」という資料の考察を試みた。こども向読物として、わりと気軽にまとめられた資料に、かえって芦田国語教育の源流を見いだすことができた。理論・原理の述作ではない、こども用の読物に、進んだ国語教育のありかたをとらえることができた。それはまた、国語教育実践における典型とはなにかを示唆するものであった。

ついで、芦田恵之助の教材「冬景色」を扱った授業事例をとりあげ、それがどのように大正・昭和の国語教育界に考察されてきたかをみた。一つの教材を中心にして、どういう実践事例の研究がなされたかを見ようとしたものである。

つぎに、国語教育実践の展開事例として、芦田恵之助先生の薫陶を、国語教室の実践営為を通じて受けた、大村はま氏の旧制女学校における国語学習帳を中心にした指導事例をとりあげた。芦田国語教育が、その愛弟子の実践によって、どのように展開していったかを、旧制女学校の一生徒の国語学習帳を手がかりとしつつ、追跡したものである。これは、昭和一〇年代前半において、わが国の戦前の国語教育が自主的な国語学習をどのように達成していったかの一例を示すものである。そこには、国語教育実践における自己確立の問題が提起されていた。

以上、第一編の構成と論述の計画について述べてきたが、

第一編の前半では、芦田「教式」の成立・展開・深化の過程をとりあげ、その基本問題として、「話法」・「静坐」のことにも及んだ。これらの考察を通して、国語教育における実践様式の確立がどのようにしてなされたかを、とらえようとしたのである。

第一編の後半では、一資料・一教材・一学習帳にしぼって、それらにうかがわれる、国語教育の源流、国語教育実践の創造性、国語学習における自己確立の問題をとりあげ、それらの事例を通して、国語教育実践の内実に迫ろうとしたのであった。

つぎに、第二編　話しことば教育史研究　は、左のように一五章から成っている。

第一章　堀秀成の説教論の成立と内容
第二章　福沢諭吉の話しことばの教育
第三章　明治一〇年代の話しことばの教育
第四章　馬場辰猪の「雄弁法」の内容と位置
第五章　明治二〇年代の話しことばの教育
第六章　明治三〇年代の話しことばの教育
第七章　伊沢修二の話しことばの教育
第八章　大正期の話しことばの教育　１
第九章　大正期の話しことばの教育　２
第一〇章　台湾における話しことばの教育
第一一章　昭和初期の話しことばの教育
第一二章　山崎正董博士の演説および式辞
第一三章　昭和一〇年代の話しことばの教育
第一四章　旧制中学校の話しことばの教育
第一五章　話し方カリキュラムの史的展開

話しことば教育史年表

明治・大正・昭和（戦前）の各時期ごとに話しことばの教育の問題をとりあげ、それぞれの考察を加えた。

まず、堀秀成の説教活動については、これを明治初期の話しことばの教育としてとりあげ、とりわけ、堀秀成の「説教体裁論」に着目し、伝統的内発的な話しことば教育の一面をとらえようとした。

つぎに、福沢諭吉の話しことばの教育については、西欧から明治社会に、「演説」・「会議」（討論）形態を移植し、それらを国民のものとして習得していくのに、みずから先頭に立って努め、「三田演説館」を拠点として、修練に励んだ様相を明らかにしようとした。

さらに、明治一〇年代における演説形態の移入や確立については、当時の資料を調べてその実態に触れるとともに、馬場辰猪の「雄弁法」の内容に言及し、その位置づけを試みた。これらによって、明治社会における演説形態の成立過程を明らかにし、独話形態の話しことばの教育が明治社会において重視されるようになったいきさつの解明に資するところがあればと考えた。

また、明治二〇年代当初における、民間における婦人の話しことばの教育の問題を考察していくため、資料「婦人談話会旨趣書」を手がかりとした。明治社会における話しことば習得の組織化の問題をとりあげたのである。

ついで、明治三〇年代における、小学校の話しことばの教育を、与良熊太郎氏の所説を手がかりとしてとりあげた。国語科の中に話方科の問題がとり入れられ、そのありかたについての論議・実践が、この時期から本格的に出現するようになる。

なお、明治期話しことば教育の開拓者として活躍した伊沢修二の、臨床性に富む、訛音矯正・吃音矯正についても、またその理論の源泉についても、考察を加えた。

つぎに、大正期の話しことばの教育については、その基本的見通しを、大正六年（一九一七）四月の「国語教育」

（第二巻第四号）の特集「話方号」を手がかりとして、つけるようにし、さらに、大正後半の話しことば教育のありかたをとらえようとした。

なお、明治・大正両期にわたる、台湾における話しことばの教育についても、その史的展開を沿革概観として見、初期のグヮン法攝取期の様相と「構成法」期の概況を見た。

ついで、昭和期における話しことばの教育としては、その初期の様相を、昭和五年（一九三〇）九月の「国語教育」（第一五巻第九号）「第二話方号」を手がかりとして考察し、昭和一〇年代の国民学校における話しことばの教育を、制度・理論・実践の面からとらえようとした。

なお、大正末期から昭和一〇年代に及ぶ、山崎正董博士の演説および式辞について、考察を加えた。話しことばの文化の問題の一つとして、また広義の話しことば教育の問題として、その演説・式辞を分析し、その構成・表現に言及し、その地方在住の知識人活動としての意義に触れようとした。

つぎに、旧制中学校における話しことばの教育として、弁論活動の問題をとりあげた。明治・大正・昭和（戦前）にわたって、各中学校において行なわれた弁論活動の成立・展開・指導方法・組織・交流網などの問題に言及した。特別教育活動として行なわれ、国語科の中に位置づけられることは、小学校に比べて、まれであったかと思われるが、それだけに、旧制中学校における弁論活動は、その本格的な進めかた、消長、学校差など、問題を有していて、注目すべき点が多かった。

さらに、明治・大正・昭和（戦後も一部含む。）三期の話し方カリキュラムの問題をとりあげ、その史的展開を見ようとした。通時的考察を整備していくためには、さらに基礎研究を進めなくてはならぬが、これは話しことば教育の通史的記述を可能にしていくための試みの一つとしてなされたものである。

おしまいに、関係文献を中心にした、「話しことば教育史年表」を付した。

以上、第二編の構成とここに収めた一五章の論述の計画のあらましを述べた。

六

本稿の記述にあたっては、つぎのようにした。記してあらかじめご諒承を得ておきたい。

1　各種資料を、本文中にできるだけ引用した。別冊資料編として集成することも、かえって不便を招くおそれもあり、繁多なまでに引用した。資料によっては、散佚しやすく、また容易に参看する便宜の得られないものもあり、煩をいとわず引用することにした。引用に際しては、口語表記のものは、現代かなづかいに改めたところもある。この点については、その都度ことわることをしなかった。

2　本文中、敬称については、先生・氏・敬称略の三つのばあいがある。平素の慣習と執筆時の若干の事情があって、敬称略にのみ厳密に統一することができず、そのままにした。この点、ご諒承を得たい。

3　注記は、一二のものを除き、すべて本文中に組み入れた。本文の中に入れる注・後注、おのおの長短があるが、このたびは多く本文の中に注記していくこととした。

4　節を立てた第一編の第二章・第三章以外の残り一八章については、見出しつきの節立てをしなかった。便宜番号のみの分節によって記述を進めた。

5　「まとめとむすび」は、編ごとにはおかず、まとめて末尾に「結語」としておき、全体をしめくくることにした。

七

本研究の目的・方法ならびに論述の計画および記述上の凡例については、右に述べたとおりである。

本論各論の構成については、それぞれの研究主題に関し、各章を通じて、その体系化を志したが、各章はそれぞれに独立性を保有するものとなった。第一編では[1]概観↓[2]分析↑↓[3]基底↓[4・5]事例研究を、構成原理としており、第二編では、おおむね時間的展開にそうて配列し、おしまいに、やや特殊の性格のもの二章を置いた。稿ごとに構成配列の原理を異にしている。この点についても、ご諒承を得たい。

第一章　国語教育実践の深化過程

一

国語教育の実践者が、どのようにして、自己の実践を深めていったか。また、深めていくのに、どういう過程をたどったか。ここでは、国語教育実践史（学説史）研究の立場から、この問題をとりあげる。事例としては、近代国語教育史上、もっともめざましい実践者のひとりであった芦田恵之助先生をとりあげ、その実践の深化過程について考えていくことにしたい。

二

芦田恵之助先生の綴方教育思想の成立過程・変遷・展開などについては、今までも研究されてきた。それは、戦前においても見られ、戦後においても、注目すべき研究が見られる。

たとえば、つぎのような研究がそれである。

1　白鳥千代三稿「芦田氏の主張の変遷とそれに対する世評」大正10・4・20「小倉講演　綴方教授の解決」（目

黒書店）所収

2 沖垣寛著「随意選題　綴方教授の真髄」昭和10・11・20同志同行社

3 鶴見俊輔稿「生活綴方運動の発生」昭和31・11・17「現代日本の思想」（岩波書店）所収

4 森信三稿「芦田恵之助・生命とその展開」—芦田先生と私—昭和32・7・20「回想の芦田恵之助」（実践社）所収

5 田中礼子稿「芦田恵之助の綴方教育思想の成立過程について」—随意選題思想の萌芽を探る—昭和33・7・5「教育学研究」25の3（金子書房）掲載

6 中西敏稿「芦田恵之助における教育実践の一考察」—その教育観を中心にして—昭和41・3・31私刊

しかし、これらの研究は、おおよそ（4・6を除いて）、綴方教育の面に重点がおかれている。このように、芦田恵之助先生の国語教育史上に残された遺産のうち、もっとも価値のたかい分野に、研究が集中していくのは、しぜんのいきおいである。また、のぞましいことでもある。

けれども、芦田恵之助先生の国語教育実践の歴史を、全体的にとらえていくしごとも、たいせつではないか。個々の実践に即しながら、その実践の全貌をとらえていくことがのぞまれるのである。

三

一個の実践主体の実践展開の過程をとらえることは、至ってむずかしい。芦田恵之助先生のばあいも、その例にもれない。

しかし、芦田恵之助先生には、自己の実践に対する回想・追憶がかなりある。四〇歳をすぎられてからは、徐々に、過去の自己に対する回顧・反省などが加えられるようになって、公職から退かれた大正一四年に刊行された「第二読み方教授」において、「私の国語教授に関する追憶」がまとめて述べられた。これは、四六判一〇六ページにも及ぶもので、まさに略体の自叙伝であり、実践史であるといってもよい。この回想・追憶による自己反省と自己把握は、大正一四年九月以降、全国におよぶ教壇行脚に出られたのちも、つづけられていて、「教壇行脚」一〇年を回想されたものなどもある。

いま、芦田先生自身の「実践史」回想を示せば、つぎのようになる。

1 「時間の教育」（明治17・31、大正3　各年の3文章の比較考察）「綴り方教授法」（「文章研究録」12号）所収大正3・12・1
2 「昔の我」（「尋常小学校作文科教授方案」を収める。）「綴方教授に関する教師の修養」所収大正4・5・5
3 「余が最近十年の教授に対する考」「読み方教授」所収大正5・4・21
4 「余の綴方教授に関する過去の研究」「尋常小学綴方教授書巻一」所収大正7・6・18
5 「過去の文章観」・「私の過去」「小倉講演　綴方教授の解決」所収大正10・4・20
6 「私の綴方教授に関する追憶」「読み方教授の推移」「第二読み方教授」所収大正14・9・15
7 「垣内先生と私」「垣内先生の御指導を仰ぐ記」所収昭和7・7・5
8 「私の国語教壇」「垣内先生を中心とする　田辺講演」所収昭和8・12・5
9 「教壇の追憶」雑誌「同志同行」2の10所収昭和9・1・1
10 「私の綴方教育観」「綴方教室」所収昭和10・3・22
11 「国語教育易行道」序説　雑誌「同志同行」4の1所収昭和10・4・1
12 「私の綴方教授に関する追憶」「この十年（教壇行脚）の追憶」「国語教育易行道」所収昭和10・5・20

13「教壇行脚十年」雑誌「同志同行」4の7所収昭和10・10・1
14「恵雨会」雑誌「同志同行」6の1所収昭和12・4・1
15「追憶」（樋口勘次郎先生のこと）雑誌「同志同行」6の2所収昭和12・5・1
16「教壇記録（三年間）について」「恵雨読方教壇」所収昭和12・5・18
17「静坐に関する私の追憶」「静坐と教育」所収昭和12・11・20
18「私の教壇に関する思い出」「教式と教壇」所収昭和13・5・20
19「恵雨自伝」（上巻）昭和25・11・25
20「恵雨自伝」（下巻）（草稿）
21「国語教育の回顧と展望」「国語教育問題史」所収昭和26・7・10

このように、芦田恵之助先生は、事あるごとに、また、折にふれて、自己の歩んできた道を回想し、反省していられる。このことは、芦田恵之助先生が、自己の実践そのものをとらえ、内省することによって、国語教育実践・研究の生きた資料とされたこととともに、注目すべきことである。

芦田恵之助先生は、昭和二五年、その晩年に、「恵雨自伝」（上巻）（昭和25年1月25日刊、B六、三三六ぺ）をまとめられた。これには、出生から公職生活のおわりまで、二七項目にわたって、その生い立ちと、教育実践の跡がつぶさにいきいきと述べられている。これは、芦田恵之助先生が四〇歳ごろから、しばしばつづられてきた回想・追憶・反省などの集大成とみるべきである。

芦田恵之助先生は、この「恵雨自伝」（上巻）のはじめにしるされた「私はなぜ自伝を書くか」の項において、「自伝を書いてみて、これは自分のためにする大切なことだとわかりました。決して人のためにするものではありません。すべて自分の育って来たあとです。自分の教育史です。自覚史です。事業史でもあります。書いてみて、こうしたことから、こうした自覚を伴ない、このことによってこの肚がきまったのだと驚くことがあります。

自伝を書くのは、教育者の修養法として、尊いものだと思いました。私がもし五〇にして、六〇にして、七〇にして、七八にして、自伝を書いたとしましたら、その頃に読んだ書物は二倍も三倍もつよく私の上に働いたことでしょう。教育者としての動きがどれほど美しくなったかと思います。その影響を直接にうけた児童の上を思う時、私はまことに済まなかったと思います。

自伝を書いてみると、自分の長所も短所もよくわかります。自分の個性をしっかりつかまないで、他人の個性は、わかるものではありますまい。ましてそれを指導することなど、全く思い寄らざることです。人々の教育説・教育意見は、自伝ときりはなすことは出来ないものかと思います。」(「恵雨自伝」四ペ)と、述べられている。

これによれば、芦田恵之助先生は、自伝のもつ大きい新しい意義に目ざめ、自伝を、単なる回想・追憶におわらしめることなく、自己の教育史・自覚史・事業史として考えていられる。このことは、芦田恵之助先生の「実践の深化過程」を見ていくばあい、あらかじめ考えておくべきことの一つである。

ただ、「恵雨自伝」の下巻が草稿のままで、完成していないのは惜しまれる。草稿は、一八二枚で、教壇行脚の途中まででおわっている。けれども、これによって、行脚期の初期の事情は、かなりにあきらかにされるのである。

芦田恵之助先生の「国語教育実践の深化過程」をとらえていこうとするばあい、一つには、「恵雨自伝」を足場にし、そのほかの多くの回想・追憶・反省を、それぞれの手がかりにしていくことができる。それのみにたよってしまうことは危険で、慎重にしなくてはならない。しかし、自伝的資料を、及ぶかぎり生かしていくことを考えなくてはならない。

二・三で見てきたように、芦田恵之助先生の教育思想の成立、展開に関する今までの研究と、芦田恵之助先生自身によって記述された自伝的資料は、芦田恵之助先生の「国語教育実践の深化過程」をとらえていくばあい、二つの足場になろう。

四

さらに、芦田恵之助先生をめぐる歴史・社会的事情も、じゅうぶんにとらえていかなくてはならない。また、芦田恵之助先生自身の実践をふまえた国語教授についての研究を分析し、そこから実践そのものをとらえていかなくてはならぬ。そのばあいにも、自伝的資料・実践記録がかなりに残されている点は、よろこばしい。

五

芦田恵之助先生の生涯を、いくつの時期にくぎるかについては、まず芦田先生ご自身が、「私はひそかに私の一生を二つに区分して、かりに前半生、後半生となづけるのだったら、四〇の秋、岡田先生の門に参じて、静坐の修行をはじめた時をもってしたいと思います。即ち前半生とは、外に生きんとして、自ら疲れた時代。後半生とは、内に生きんとして、低処に安心を求めた時代といってみようと思います。」(「恵雨自伝」二〇一ぺ)と述べていられる。

この二大区分にしたがって、第一・二・三期にわけるばあいもある。田中礼子氏は、

第一期　静坐に入るまで、明治時代。

第二期　大正14年3月、公的生活から離れるまで。
第三期　全国教壇行脚の、野人生活の時期。

にわけている。

また、安田孝平氏は、「恵雨先生年譜」（雑誌「実践国語」一三の一四二所収）において

(1) 生い立ち（明治6～明治20）
(2) 教職生活（明治21～大正14）
(3) 教壇行脚期（大正15～昭和26）

の三期にわけている。

わたくしは、国語教育実践史の立場から、

Ⅰ　学習・成長期（明治6～明治21）（16年）
Ⅱ　教職実践期（明治22～大正14）（37年）
Ⅲ　教壇行脚期（大正14・9～昭和26）（26年）

の三つにわけておきたい。このうち、Ⅱの教職実践期が明治二二年から始まっているのは、「恵雨自伝」によらず、「第二読み方教授」の「追憶」中の記事によっている。

ついで、Ⅱの教職実践期を、

(1) 第一次地方教職生活期（明治22～明治31）
(2) 第一次上京期（東京高師付小・国学院）（明治31～明治34）
(3) 第二次地方教職生活期（明治34～明治37）
(4) 第二次上京期（東京高師付小）（明治37～大正10）

(5) 読本編纂期（大正10～大正14）

の五つにわけて、考えていきたい。

つぎに、Ⅲの教壇行脚期を、

(1) 第一行脚期（大正14・9～昭和10）

(2) 第二行脚期（昭和11～昭和20）

(3) 第三行脚期（昭和20～昭和26）

の三つに考えていきたい。

六

Ⅱ教職実践期の各期を、年次、年齢、勤務校または担任学級、勤務年数、指導者、友人関係、著書などの項目ごとにまとめて表示すると、つぎのようになる。

(1) 第一次地方教職生活期（明治22～明治31）

①	明治22	17歳	竹田簡易小学校（授業生）	（1年）	←安立洞順和尚
②	〃 23	18〃	京都府天田郡細見尋常小学校（授業生）	（1年）	←荻野国蔵
③	〃 24 〃 25	19〃 20〃	京都市淳風小学校	（2年）	
④	〃 26 〃 27	21〃 22〃	京都府天田郡野花小学校（首席訓導）	（2年）	

⑤ 〃28　23〃
〃29　24〃
〃30　25〃
〃31　26〃
福知山惇明小学校（3年）
↑落合直文
↑樋口勘次郎
↓「丙申水害実記」（明治29）
「唱歌並用実験遊戯」（明治30）
↓「尋常小学校作文科教授方案」（明治31・8・25）

(2) 第一次上京期（東京高師付小・国学院）（明治31〜明治34）

①明治31　26歳　上京し、樋口勘次郎氏に師事。（1月）
↑樋口勘次郎
↓「活動主義新教授法」

② 〃32　27〃
〃33　28〃
東京高師付小（准訓導）（1年半）
↓「小学校における今後の国語教授」（明治33・12・5）

③ 〃33　28〃
〃34　29〃
国学院選科学生（1年）
↑畠山健

(3) 第二次地方教職生活期（明治34〜明治37）

④明治34　29歳
〃35　30〃
〃36　31〃
〃37　32〃
姫路中学校（助教諭）（3年）
↑足立謙三
↑垣内松三

(4) 第二次上京期（東京高師付小）（明治37〜大正10）

①明治37　32歳　後藤胤保氏の助手（半年）
↓これから、雑誌「教育研究」に執筆する。

② 〃 38 33〃 2部5・6年（複式）（訓導） （1年）

③ 〃 39 34〃 2部1年（単式） （1年）

④ 〃 40 35〃 2部1・2年（複式） （1年）↑友納友次郎

⑤ 〃 41 36〃 2部3・4年（複式） （1年）↓「学童　暑中休暇日記」（明治41）

⑥ 〃 42 37〃 2部3・4年（複式） （1年）

⑦ 〃 43 38〃 2部5・6年（複式） （1年）

⑧ 〃 44 39〃 2部5・6年（複式） （1年）

⑨ 明治45 大正元 40歳 2部5・6年（複式） （1年）↑岡田虎次郎

⑩ 〃 2 41〃 高等科 （1年）↓「綴り方教授」（大正2・3・18）

↓「尋常小学綴り方参考書」（大正2・2）

⑪ 〃 3 42〃 高等科 （1年）↑佐々醒雪

↓「高等小学綴り方参考書」（大正3・5）

↓「文章研究録第1期読み方教授法・綴り方教授法」（大正3）

⑫ 〃 4 43〃 2部5・6年（複式） （1年）↓「綴り方教授に関する教師の修養」（大正4・5・5）

↓「文章研究録第2期綴り方教授細目」（大正4）

⑬ 〃 5 44〃 2部1・2年（複式） （1年）↓「読み方教授」（大正5・4・21）

↓「小学読み方綴り方辞典」（大正5）

⑭ 〃 6 45〃 2部1・2年（複式） （1年）↑八波則吉・高野辰之

↓「綴方十二ヶ月一月の巻」（大正6・12）
⑮　〃　7　46〃　2部3・4年（複式）　（1年）↓「尋常小学綴方教授書巻一」（大正7・6・18）
↓「綴方十二ヶ月三月五月七月の巻」（大正7・3～）
⑯　〃　8　47〃　2部3・4年（複式）　（1年）↓「尋常小学綴方教授書巻二」（大正8・3）
↓「綴方十二ヶ月九月の巻」（大正8・7）
↓「尋常小学綴方教授書巻三」（大正8・11）
⑰　〃　9　48〃　2部5・6年（複式）　（1年）↓文章二葉会研究録第一輯（大正9・1）
⑱　〃　10　49〃　2部5・6年（複式）　（9ヵ月）↑↓友納友次郎
↑山口喜一郎
↓「尋常小学綴方教授書巻四」（大正10・2）

(5)　読本編纂期（大正10～大正14）
①大正10　49歳
〃　11　50〃　朝鮮国語読本編纂　（2年半）
〃　12　51〃
↓「尋常小学国語小読本巻1～4」（大正13）
②　〃　13　52〃　（1年）↓「第二読み方教授」（大正14・9・15）
〃　14　53〃　南洋群島国語読本編纂　↓「尋常小学国語小読本巻5～7」（大正14・6～）

上に示した表のうち、（1年）は、勤務年数を、↑は指導や影響を受けた人を、↓は、著書などを示す。↑↓は、立会講演をさしている。なお、年令はかぞえどしである。

教職実践期のうち、実践年数上、あるたしかなまとまりを見せているのは、(4)第二次上京期であり、(1)第一次地方教職生活期の⑤福知山惇明小学校、(3)第二次地方教職生活期の①姫路中学校のそれぞれ三年前後のばあいが、それについでいる。(1)第一次地方教職期の前半①②③④、(2)第一次上京期などは、変動の多いことをものがたっている。これらのうち、(4)第二次上京期の、②以降は、比較的に安定しており、静坐にはいる⑨以降は、いっそうおちついてきている。⑬以降は、担任もちあがりの第二回生でもあり、実践生活のもっとも円熟した時期でもあった。しかし、⑭以降は、小学校国語読本の編纂のことにもたずさわるようになっていった。それは、(5)読本編纂期の伏線にもなっていたのである。

七

つぎに、Ⅲ教壇行脚期の各期を、行脚、雑誌（「同志同行」のこと）、著述について、ややこまかく見ていくと、以下のようになる。

(1) 第一行脚期（大正14・9～昭和10）

①大正14　53歳　9月、教壇行脚を始める。9月21日、浜松師範付小尋4の教壇に立って、「彼岸」を扱う。
　↓「第二読み方教授」（大正14・9・15）

②〃15　54〃　↓「青年訓練所読本国語の力　巻一」（大正15・8）
昭和元　↓「仮名の教授」（大正15・9・5）
　↓「青年訓練所読本国語の力　巻二」（大正15・11）

③〃2　55〃↓「尋常小学国語小読本」巻8（昭和2・1）巻9（昭和2・4）巻10（昭和2・10）
④〃3　56〃↓「青年訓練所読本国語の力　巻三」（昭和3・2）
⑤〃4　57〃↓「国語読本各課取扱の着眼点」（6巻）（昭和3・4～昭和6・7）
↓「青年訓練所読本国語の力　巻四」（昭和4・2）
⑥〃5　58〃1月、雑誌「同志同行」発刊、初版一五〇〇。7月、発行部数四〇〇〇になる。10月、廃刊。
10月「教壇日記」第1巻、越後新津から始まる。これより前は大学ノートに記した。12月29日、
台湾製糖会社の招きにより台湾を遊行。
⑦〃6　59〃↓「国語読本各課取扱の着眼点」（巻6）（昭和6・7）
「足の跡」雑誌「同志同行」再興1の1に収録。
⑧〃7　60〃2月29日、3月1日、東京千駄ヶ谷小学校において、垣内松三先生のご指導を仰ぐ。3月1日、
青山広志、はじめて先生の国語教室に入る。4月、雑誌「同志同行」再判、二〇〇〇部。一校
単位の修養を説く。
↓「垣内先生の御指導を仰ぐ記」（昭和7・7・5）
⑨〃8　61〃1月、雑誌「同志同行」の発行部数、三、七〇〇になる。還暦祝賀大会を明治神宮教育会館で
開催。6月、発行部数、四二〇〇になる。
↓「小学国語読本と教壇　巻一」（昭和8・3・15）
↓「垣内先生を中心とする田辺講演」（昭和8・12・5）
⑩〃9　62〃9月21日、妻ふき死去。1月、雑誌「同志同行」の発行部数、五〇〇〇になる。6月9日、「恵
雨会」、発会式あり。

⑪〃　10　63〃　↓「風鈴」（昭和9・9・10）

↓「松阪の一夜」（昭和9・12・15）

4月26日から「易行教壇日記」第1巻には入る。「教壇日記」48巻目である。8月16～20日、若狭恵雨会において、教壇修養会が開かれる。9月22、23日、教壇行脚十周年記念第4回恵雨会講演会が開かれる。昭和15年を期して「皆読皆書」の心願をたて、かつ提唱する。10月、雑誌「同志同行」の発行部数五三〇〇になる。

↓「綴方教室」（昭和10・3・22）

↓「国語教育易行道」（昭和10・5・20）

↓「文天祥」（昭和10・9・22）

(2) 第二行脚期（昭和11～昭和20）

⑫昭和11　64歳　1月、雑誌「同志同行」の発行部数、五五〇〇になる。5月、沖縄に教壇行。夏、樺太に教壇行。

⑬昭和12　65歳　↓「恵雨読方教壇」（昭和12・5・18）

↓「静坐と教育」（昭和12・11・20）

⑭〃　13　66〃　5月、朝鮮に教壇行。垣内先生還暦記念の催しあり。

↓「国語教育道」（昭和13・5・5）

↓「教式と教壇」（昭和13・5・20）

↓「小学国語読本と教壇　巻十二」（昭和13・10・20）

⑮〃　14　67〃　1月、兵庫県揖保郡小宅小学校において、「長期修行」はじまる。

⑯　〃　15　68〃　1月15日、三男伸三渡満して、満鉄に入社。4月9日、長男公平死去。夏、緑小学校20周記念の催しあり。雑誌「同志同行」の編集に力を入れる。
↓「呉羽読本」（3巻）（昭和15・2）
⑰　〃　16　69〃　2月、初1・初2の「聯級修行」を考える。再び満州を行脚。9月26日、雑誌「同志同行」終刊。これまでに、一二六冊をかぞえた。10月、「行脚記」を始める。
⑱　〃　17　70〃　古稀、東京に全国同志を集め、記念祝賀会開かれる。7月、保谷草庵に入り、独居の日を送る。
↓「巻頭言集」（昭和17・4・20）
⑲　〃　18　71〃　2月28日、「行脚記」第15巻となる。6月12日、「行脚記」第17巻となり、9月19日、第19巻となる。
⑳　〃　19　72〃

(3)　第三行脚期（昭和20〜昭和26）

㉑　昭和20　73歳　9月7日、「新日記」第1巻、はじまる。9月21日、「上書稿」なる。
㉒　〃　21　74〃
㉓　〃　22　75〃　雑誌「低平」を発刊する。
㉔　〃　23　76〃　雑誌「低平」、「開顕」と合併する。
㉕　〃　24　77〃　喜寿、全国各地で喜寿の祝賀、教壇研究会が開かれる。8月21日、「新日記」第16巻となる。10月14日、「新日記」第17巻となる。1月からの「喜寿の旅」日記、4巻にまとまる。
㉖　〃　25　78〃　保谷草庵を出て、郷里の竹田村樽井の法楽寺の一室に移り住む。
↓「恵雨自伝」（昭和25・11・25）

3月4日、5日、6日、滝井小学校において、「引退教壇」あり。

㉗ 〃26 79〃 鳥取県八頭郡山形第一小学校、山形郷中学校の行脚中、病を得て法楽寺に帰り、休養する。12月9日、逝去。多磨墓地にねむる。

→「国語教育の回顧と展望」（昭和26・7・10）

㉘ 〃27 →「共に育ちましょう」（昭和27・6・5）

芦田恵之助先生の教壇行脚期を第一、第二にわけることについては、芦田先生みずからつぎのように述べられている。

「教壇行脚も今は第二期にはいった。四月以来の教壇で取扱った材料は巻七を除いては、すべて数回、十数回に及ぶもののみだ。それが昨年までとは皆趣を異にして、はて新芽かと感ずることが多い。痩我慢ではない。老が不老か、不老が老かと考えさせられる。老木の新芽を見ては感殊に深い。」（「同志同行」五の三、昭和11・6・1、二ペ）

また、つぎのようにも述べられている。

「私は今年の五月に沖縄に遊び、七月樺太に遊んで来た。教壇行脚を開始して満一一年、その間に今年のように幅の広い旅をしたことは一度もない。年六四にしてようように一道三府・四三県・朝鮮・台湾・樺太・南洋をすっかり行脚し終えた。年来の目的ここに達成して、一段落と思ったせいか、多少気のおとろえを感じて来た。その上に樺太から帰って、右脚の膝関節に軽い神経痛を覚えた。それが今にどうしても取れぬ。多少旅行の手をゆるめよとの天の啓示であろうと思う。」（「同志同行」五の九、昭和11・12・1、三ペ）

これらによって、教壇行脚の第一期、第二期は、芦田先生自身の行脚心境からすれば、昭和一〇・一一の間でわけられ、行脚地の達成状況からすれば、昭和一一・一二の間で区切られるであろう。いまは前者によって、時期区分をしておく。

なお、芦田恵之助先生の教壇行脚日記については、日記の名称について、つぎのような推移が見られる。

1大学ノート（大正14・9・21～昭和5・9）

2「教壇日記」（判取帳）（昭和5・10～昭和10・3）

3「易行教壇日記」（昭和10・4・26～昭和16・9）

4「行脚記」（昭和16・10～昭和20・9）

5「新日記」（昭和20・9・17～昭和26）

これらによれば、第一行脚期の教壇日記は、1大学ノート、2「教壇日記」（判取帳一冊一巻とし、四七巻に及んだ。）により、第二行脚期の記録は、3「易行教壇日記」、4「行脚記」とから成る。「行脚記」は、国民学校になってからの記録である。第三行脚期の教壇記録は、「新日記」となっている。これらの教壇日記は、行脚登壇回数に応じて、非常に多くの巻数に達している。

こうして見れば、教壇日記も、行脚各期にほぼ応じているといえよう。

第一行脚期　1大学ノート（大正14・9・21～昭和5・9）
　　　　　　2「教壇日記」（昭和5・10～昭和10・3）

第二行脚期　3「易行教壇日記」（昭和10・4・26～昭和16・9）
　　　　　　4「行脚記」（昭和16・10～昭和20・9）

第三行脚期　5「新日記」（昭和20・9・17～昭和26）

このうち、「易行教壇日記」が、第一期分として、多少重複しているだけで、ほとんど各期の行脚の性格に応じて、日記の名称も採られていると考えてよかろう。

八

Ⅱ教職実践期（明治二二〜大正一四）の各実践期を、その深化過程においてみようとすると、どうなるであろうか。まず、準備期と活動期という観点から、

第1準備期（第1次地方教職生活期）（明治22〜明治31）

①教育学・心理学②文法・作文③「尋常小学校作文科教授方策」

第2準備期（第1次上京期）（第2次地方教職生活期）（明治31〜明治37）

①新教授法②国文学・国語教授法③「小学校における今後の国語教授」・作文教育

第1活動期（第2次上京期）（東京高師付小）（明治37〜明治44）

①綴り方教授の基礎確立

第2活動期（第2次上京期）（東京高師付小）（明治45〜大正10）

①内省的態度の確立②綴り方教授の進展③読み方教授の進展

第3活動期（読本編纂期）（大正10〜大正14）

①読本編纂活動

のようにわけて考えることができよう。

このように見れば、芦田恵之助先生の教職実践期における、その実践の深化過程は、第一・第二の準備期をへて、第一・第二の活動期において、漸次に深化してきたものと考えられよう。第三活動期は、直接に学習者を対

象とする実践活動ではないが、読本編纂という、国語教育上、重要な仕事にたずさわり、その領野において、特殊の貢献をしたものといえる。直接の国語教育実践の深化過程としては、第一・第二の活動期、一八年間がとくに考察の対象となろう。この間、芦田先生は、複式学級を担任し、前後二回にわたって、一年から六年まで、持ちあがっていられる。

九

Ⅲ教壇行脚期（大正一四・九～昭和二六）の各行脚期を、その深化過程においてみようとすると、どうなるであろうか。

まず、芦田先生ご自身の述懐によって、とくに第一行脚期（大正一四・九～昭和一〇）から、第二行脚期（昭和一一～昭和二〇）の前半にかけての、深まりの姿をさぐると、つぎのようである。

(1) 最初の三年（大正一四・九～昭和三）

「教壇行脚最初の三年は、涙のにぢむ日も少なくありませんでした。私の腕はかうも弱いものだつたろうか。教材を見る目、児童を見る目が、かうも鈍いものだつたろうかと、余りのくやしさに涙するのでした。その昔高師時代に、多少自惚も交つての自信が、全く粉砕されてしまひました。一体教育といふものは、日頃手がけてゐる子供にのみなし得るもので、一日或は数日の接触には、意義をなさないものであらうかなど考えはじめました。私は内にかうした悩みを持つと、これが何とかならなくては、気が済まないたちです。今こそ五千余の同志があつて、養護して下さいますけれども、私が教壇行脚を標榜して踏出した頃は、到る処、悉く荊棘林中でした。中には教へて下さる厚意か、それとも中傷の悪意かは知らぬがあらぬ非難、思はぬ侮蔑を浴びせて、一時の快をむさぼる方もありました。私はこの三年間に、人間の種々相を深刻に見ました。今から思ふと、それが一つの幸福でもあります。」（「国語教育易行道」二四～二五ぺ）

⑵　次の三年（昭和4～昭和6）

「その後の三年、即ち一〇年の中の三年には、たしかに一道の光明をみとめました。一日の教育には、一日の意義があることを悟りました。（中略）私は窃かに思ひました。若し魂と魂とが相搏つて、そこに眼が開けるとしたら、たとい一日の師でも、それは一生の師であることがあり、幾年師事しても、さらに心に響くところがなかつたとしたら、それは幾年か相接した他人にしか過ぎないのだと思ひました。（中略）教育は開眼の仕事であり、鍛錬の仕事であります。世には開眼のことがなくて、鍛錬のことが機械的に存する場合があります。それは多く罪悪で、被教育者の破壊に終るのが常です。ここに気がつきましてからは、私の教壇修行には可なり脂がのつて来ました。全く他人の問題ではなくなりました。自らすら安んじないことを以つて、何んで他人を安んぜしむることが出来ようかと考へて来ました。（中略）晴れた日もあり、曇つた日もあり、土砂降りの日もあつて、三年は過ぎました。その中に極楽の道は一筋である。ただ弛む心をいましめて進むことだと考へました。その頃から、垣内先生に一度御指導が仰ぎたいと思ふやうになりました。」（「国語教育易行道」二五～二八ぺ）

⑶　次の三・四年（昭和七～昭和一〇）

「今は早三年になります。昭和七年の二月二九日と三月一日、今の東京市渋谷区千駄ヶ谷小学校で、垣内先生の御指導を仰ぐ機縁が熟しました。私は尋四の女児に乃木大将の幼年時代を取扱ひました。先生は仔細に御覧下さつて、十分に御指導を給はりました。（中略）さて御指導を仰いでみて、私の歩みが、甚だしく道をあやまつてゐなかったことが明らかになりました。安んじてこの道を進めばよいとの自信もつきました。（中略）私は先生の膝下に教を請ふようになりましてから『人は師がなくては育てるものではない』と、堅く信ずるやうになりました。師の御指導を仰いで以来のこの三年『人は幾歳になつても足らぬ所はありますが、それでも多少安んずる所を得て、教壇に立つことが出来るやうになりました。うまく行く日ばかりはありませんけれども、私の安心には些の乱れを感じない日が多くなりました。生き甲斐のあるといふのは、これかなと思う日さへ出来て来ました。有難いことでございます。」(「国語教育易行道」二八〜三〇ぺ)

(4) 昭和一三年ころ

「教壇行脚も、やがて満一三年にならうとしてゐます。日本全国各府県の小学教育は見尽しました。その他、台湾・樺太・北海道の教壇にも、可なり親しみの持てる程触れてみました。また、近くの朝鮮の教壇、釜山・大邱・京城・海州・羅南等で、二日或いは三日触れて来ようと思つてゐます。朝鮮は大正一〇年から一三年まで、三年間在住したところで、私には極めて思ひ出の多い地です。その後十年余の進歩発達が、いかにあらうかと頗る興味を持つてゐます。私の教育行脚は、最初決して大きな志を抱いての企ではなかつたのです。ところが、一年々々その修行をつづけてみますと、これは決して小さい仕事ではないと感じて来ました。次第に同志の数を増して、そこに一種のつながりが出来るやうになりました。教育の真の改革は、これらの人々によつて出来るものかと思ふまでになりました。愈々微力を尽して、国家のために奉公のまことを致さねばならぬと堅く決心致しました。天もし幸に生命と健康を恵みたまはば、足のつづかん限り、息のつづかん限り、この行脚を続行して、小学教育改善のために、多少ともお役に立ちたいと思ひます。」(「教式と教壇」二一一〜二一二ぺ)

以上、(1)(2)(3)によって、芦田恵之助先生の第一行脚期における、行脚心理の深まりを見ることができる。このうち、昭和七年二月二九日、三月一日の、千駄ヶ谷小学校における垣内先生の参観指導は、芦田先生の教壇行脚に一つの大きい転機をなしたものといってよい。この時のことについて、芦田先生は、「私は、この時から教壇を我が死所と考えるやうになりました。全く垣内先生のお導きによつて、私の死所を見出したのでございます。」

（雑誌「国語教室」四の一、昭和13年1月1日、文学社刊、「垣内先生と私」七ぺ）と述べていられる。教壇行脚の決心のほどをうかがうことができるのである。

つぎに、教壇行脚の深化過程を見ていくのには、芦田先生みずから記述を予定されていた「恵雨自伝」（下巻）が直接の資料として役立つところであったが、「恵雨自伝」（下巻）は、途中までの未定稿におわった。未定稿ではあるが、その項目は、

1	野人となって	20枚
2	教壇行脚	6枚
3	昭和二年の頃	18枚
4	昭和の御大礼	10枚
5	（無題）	12枚
6	（無題）（昭和5年の夏のこと）	10枚
7	芦田書店	21枚
8	緑十周年	11枚
9	台湾遊行	37枚
10	熊本	10枚
11	花の木	8枚
12	同志大会	9枚
13	視学委員	10枚

のようになっていて、大正一四年四月ころから昭和七年末くらいまでのことが記述されている。記述の体裁は、

「恵雨自伝」（上巻）のそれに同じといってよい。この自伝草稿によって、第一行脚期の前半の、比較的に資料の乏しい時期の行脚その他の状況を察知することができる。

さらに、教壇行脚期の深化過程を、教壇修行・修養という観点から見れば、どうなるであろうか。たとえば、

1　単独修行　大正14・9〜
2　一校単位の修養　昭和7・5
3　恵雨会　昭和6・9
4　教壇修養会　昭和10・8・16〜20
5　長期修行　昭和14・1
6　聯級修業　昭和16・2

のように、はじめは、芦田恵之助先生の単独修行のかたちをとっていた教壇行脚も、行脚が広がり、かつ深まるとともに、先生みずから、「一校単位の修養」を説かれるようになった。（雑誌「同志同行」再興一の二、昭和7年5月号、三〜六ぺ）つづいては、「恵雨会」が設立され、各地に恵雨会支部も生まれ、教壇修行・研究会・講演会も、芦田先生・垣内先生、各地の同志を中心に、開かれるようになった。この間、全国における同志の数も昭和五年ころの、三〇〇〇から、四〇〇〇、五〇〇〇とふえ、時には同志七〇〇〇と称することもあった。当時の初等学級数は、三〇万学級と言われていたが、熱心な同志同行の数としては、決してすくないとはいえない。

教壇修行のくふうとしては、昭和一〇年八月に、若狭恵雨会支部による「教壇修養会」が、福井県遠敷郡三宅小学校を会場に開かれ、それをきっかけとして、それ以後、各地で開催されるようになった。この「教壇修養会」は、たとえば、芦田先生ご自身、「若狭恵雨会は、本年八月一六日から同二〇日までに遠敷郡三宅において教壇修養会を開いた。会する者二〇〇余、実に真剣な会であった。私はこの会が、わが国最初の試みであり、したが

ってその成敗が、直ちに斯道に影響することと思って、開会の辞として、会員諸兄姉の求道の態度を要望した。思わずも感きわまって、涙のとめようがなかった。(中略)処が若狭恵雨会会員の超人間的の努力と、三宅校全体の献身的協賛によって、予期以上の成績を収め、盛会裡に閉会するに至ったことは、今にしてこそ昔語なれ、当時は見るにつけ、思うにつけて、目頭のあつくなるのを禁じ得なかった。」(雑誌「同志同行」四の八、昭和10年11月1日)と述べていられるように、真剣味のあふれた求道的態度のつよいものであった。

また、芦田先生は、第二行脚期にはいってから、教壇修行については、いっそうのくふうを積まれた。「長期修行」の試みもその一つである。昭和一四年一月、兵庫県揖保郡小宅小学校において、その試みを実行に移された。そのことについて、芦田先生はつぎのように述べられている。「思ってもうれしいのはこの長期修行である。三旬の一所定住の生活、それは決して長期という程ではないが、一日二日たかだか三日で渡り行く一所不住に比して、どれほど長いものだか知れぬ。校長の前川君、首席の長谷川君、以下同僚同志の面々、西播一円の同志を思ふ時、代用教員芦田の生活が如何に豊かなものであるかが思はれる。今度といふ今度は、易行の一道を明らかに悟らねばならぬ。(中略)三旬の修行が、果してその骨子を悟り得るか否かは予期し難いが、教育の目ざさねばならぬ一点だけは、この十有三年の教壇行脚によつて捉へ得てゐる。もし小宅の修行で敗れたら、四月には青森県の田子において、若しここにも意に満たずば、八、九月の交小樽市の緑小学校において試みやうと思ふ。そこは生来の一本槍で、命のつづく限りと考えてゐる。」(雑誌「同志同行」七の一〇、昭和一四年一月一日、二ぺ)これによっても、「長期修行」(およそ一ヵ月にわたる修行)にかけられる異常なまでの熱意を知ることができる。この小宅の「長期修行」をはじめとして、つぎつぎに試みられることとなった、「長期修行」の試みは、教壇行脚のもつ断片的、分離的な散発的な性格を克服するものとして、注目しなくてはならない。

ついで、芦田先生は、昭和一六年二月には、国民学校発足にそなえて、初一、初二の「聯級修業」のことを考えられている。それについては、「年六九にして初一初二の聯級に入学した心持になって学習することです。（中略）聞く所によると、四月に初一初二の教科用書類が約四〇種出るそうです。私はそれを悉く手に入れて、まず読み、次に考え、その関聯する所を明かにし、いかに児童に添わしむべきかを研究工夫して、記述してみようと思います。」（雑誌「同志同行」九の一一、昭和16年2月1日、一〇一ぺ）と述べられ、国民学校教材研究へのつよい熱意をうかがうことができる。

以上、見てきたように、教壇修行（修養）については、

(1)芦田先生自身の、単独随時修行→長期修行→（聯級修行）のように、自己修行としての独自のくふうがなされ、さらに、

(2)全国各地の同志との一校単位の修養→恵雨会による教壇研究→教壇修養会のような、先生の教壇修行を核とした同志の修行組織がおのずと成立していった点に注目しなくてはならない。「教壇」を「死所」と感ずるはげしい求道態度につらぬかれた教壇行脚には、つよい感化力がみられ、全国的な教育行として深まっていったのである。

一〇

Ⅲ教壇行脚期の「行脚」を通しての成果は、どのようにまとめられるであろうか。

(1)教育観・教育論に関して

これには、原論的なものとして、「国語教育易行道」（昭和10年5月20日、同志同行社刊）があり、時論的なものとして、雑誌「同志同行」に継続して執筆された「巻頭言」がある。「同志同行」に載せられた巻頭言一二五編

はまとめられて、「巻頭言集」（昭和17年4月20日、同志同行社刊）として刊行されている。これについて、芦田先生は、「教育に志す名もなき者が思ひ浮かぶままに教育に関する雑多のことを取扱つたこの巻頭言です。」（「巻頭言集」一〇ぺ）と述べ、また「本来巻頭言の文は私としては力をこめたものです。まず想においてその頃の中心問題を取ります。それを八四〇字内外といふ所にまとめます。さらにその稿を清書してそれを印刷所に渡すのですから、当時の私としては精一ぱいのものです。」（同上書、九ぺ）と述べられている。なお、やや特殊なものではあるが、「静坐と教育」（昭和12年11月20日、同志同行社刊）も、原論的なものの一つに入れてよいであろう。

(2) 教材研究・教式研究に関して

行脚期間中の教材研究の成果としては、「国語読本各課取扱の着眼点」（全六冊）と「小学国語読本と教壇」（全一二冊）を挙げることができよう。前者は、教材研究とはいっても、芦田先生自身も述べられているように、「しかしこの著の大部分は私が過去二年有余の教壇行脚において真剣に取扱った記録である。」（「着眼点」巻四、芦田書店刊、昭和3年7月1日、「序」一ぺ）後者は、「小学国語読本」（サクラ読本）を対象としたもので、周到精密な教材研究となっている。

つぎに、教式研究としては、芦田「教式」について、みずからまとめられたものとして、「教式と教壇」（昭和13年5月20日、同志同行社刊）がある。これは、Ⅱの教職実践期に芽ばえていた、「教式」を、教壇行脚を通じて完成せしめたいきさつをあきらかにし、芦田「教式」の完成態の一面をも示し、その成立由来をも語るものとして、注目させられる。

なお、「仮名の教授」（大正15年9月5日、芦田書店刊）も、第一行脚期の初期の成果の一つと見ることができる。

この書は、

一　はしがき　　　　二　教科書

三　教授　　　　　　　　四　あわれな一年生
五　御参考までに
から成っている。

(3) 教壇記録・実践記録・研究会記録に関して

行脚期間中の実践記録には、
1「風鈴」（昭和9年9月10日刊）、「松阪の一夜」（昭和9年12月15日刊）、「綴方教室」（昭和10年3月22日刊）、「文天祥」（昭和10年9月22日刊）、「恵雨読方教壇」（昭和12年5月18日刊）、「教壇記録」（雑誌「同志同行」第5感臨時増刊号、昭和11年9月20日刊）
2「垣内先生の御指導を仰ぐ記」（昭和7年7月5日刊）、「垣内先生を中心とする田辺講演」（昭和8年12月5日刊）
3雑誌「同志同行」所収のもの。

などがある。昭和七年三月一日、青山広志氏が速記による精密そのものの記録を作成されるようになってから、芦田恵之助先生の教壇実践の記録は、ほぼ完全なかたちで残されるようになった。このことも、わが国の国語教育史上には、類例のすくないことである。このことは、芦田先生自身の「教壇日記」「易行教壇日記」「行脚記」「新日記」が丹念にしるされたこととともに、とくに注目すべきことである。

(4) 国語読本の編集に関して

これには、行脚期の初期に、1「青年訓練所読本　国語の力」（四巻）が編集され、第二行脚期において、2「呉羽読本」（三巻）が編まれている。これらは、自分で編まれた、「尋常小学国語小読本」（巻八、九、一〇）とともに、芦田先生の広い活動領域を示すものといってよい。

芦田先生の行脚期における成果は、以上のように、(1)(2)(3)(4)にわけて見ることができる。しかも、これらの成果が、教壇行脚の忙しさの中になされたことを考えると、驚異の念にうたれる。

芦田恵之助先生の行脚期における教壇回想は、予想をはるかにこえて頻繁であった。たとえば、芦田先生は、「高等師範に居りました四九の年まで、一度も長と名のつくものになったことのない私であります。ただ教壇と首引して居ったのでありまして、四九までは読方の教壇もかなり数を多く踏んだつもりであります。中頃、四・五年教壇に離れて居りましたがために、多少数が減ったかと思いますけれども、大正一四年の九月から立ちました満八年の読方教壇の数を加えますと、これはまた猛烈に多い数になるのであります。熊本県などへ参りますと、一日四時間位やらせます。『あんたの話をきいても駄目だ。教壇を見せて貰うのが一番よい。』などと申しまして、夏の真っ盛りに一一日間四四時間教壇に立ったこともありました。立つ者も立つ者なり、それを観たものも観たものです。」（雑誌「同志同行」二の一〇、昭和9年1月1日、六二ぺ）と述べて、常人の及びえぬ教壇回数が示されている。

また、昭和一三年の行脚足跡のうち、一月分をたどると、つぎのようになる。

1月5日～7日　岐阜県海津郡高須小学校（垣内先生の還暦記念として捧ぐる釈迦八十六回目の教壇）
8日～9日　東京市小石川区礫川小学校
15日～16日　静岡県田方郡伊東小学校
17日　東京市小石川区礫川小学校の父兄会
18日～19日　銚子市南小学校
21日～22日　大阪府泉北郡取石小学校
23日～24日　大阪市旭区鳴野小学校
26日　兵庫県印南郡曽根小学校

27日　　岡山県英田郡土居小学校
28日　　岡山県小田郡笠岡小学校の座談会
29日　　岡山県後月郡共和小学校
31日　　山口県玖珂郡玖珂小学校
（雑誌「同志同行」七の一〇、昭和14年1月1日、一七一ぺ）

教壇回数が、このような頻繁さで、一年間継続され、そのひまを縫うて、それぞれの記録・研究がまとめられていったのである。

昭和一三年一月、岐阜県の高須小学校で扱われた「釈迦」の教壇は、教壇行脚に出られて、越後の三条で初めて扱われてから、八六回目のものであったという。これは、垣内先生の還暦記念として、垣内先生に捧げられ、その精細な記録が、「国語教育道」（昭和13年5月5日、同志同行社刊）に収められている。この教壇について、芦田先生は、「高須における私の釈迦の教壇は、八〇回以上取扱つた結晶です。三条で取扱つた最初のものから高須の八〇余回のものに至るまで、私には、唯一回も同一教壇はなかつたやうに思ひます。それは私の全部を投げかけて、釈迦の文を読んでみると、その度毎に、多少とも釈迦がかはつて、私に生きるやうに思ひましたからです。その面白さに、自分でもむちゆうになり、同志の人々にも、国語教育の志ある者は、年に一度は必ずこの課を取扱つてみるやうになど申したことでした。如何なる参考書によつてなどいふ同志には、君の全生活を参考書としてといひ、文章はただ読本の文一つでなどと申したこともありました。私はこれほどに釈迦の課を重視して来たのでした。」（「国語教育道」四二～四三ぺ）と述べて、国語読本の中の一課について、その取り扱いをいかに重視し、その扱いがどれほど全身的であり集中的であったかを示し、おのずとその実践の深化の過程が語られている。

一一

Ⅲ教壇行脚期のうち、第三行脚期（昭和二〇～昭和二六）については、その深化過程はどのようにたどるべきか。これはきわめてむずかしいことであるが、ここでは二つのことをとりあげておきたい。その一つは、終戦直後の教育問題に関する「上書」のことであり、もう一つは、戦後における教壇修行のことである。

⑴ 教育問題に関する「上書」

このことについて、河合俊一氏は、つぎのように述べている。

「昭和二一年一月――終戦直後であった。私は学校の研究会に先生のおいでを願い、拙宅にお泊りをいただいた。その夜は加茂先生、中島先生、大橋先生にも来ていただいて、一二時すぎまで語りに語った。その時先生がリックサックの中から和とじの本らしいものを出されて『実は私は今こんなことを考えているのだが…』とおっしゃって次のようなことを話された。『思いがけない敗戦ということになって、今日本は未曽有の危機に直面している。こんな混乱状態が長く続いたら、本当に日本は亡びてしまう。これを建て直すのには教育以外にないと思う。私は自分がこれまで歩いて来た六〇年間の教育生活の上に立って、今後の日本教育のあり方について考えをまとめてみた。この私の考えをもし国の政治を司る立場の方に通じてもらえたら、国全体のこの不安動揺が幾分でも早くおさまるのではないかと思う。ちょうど渋沢さんを通じて東久邇首相宮に上申したいと思うがどうだろう。』というのであった。先生のお持ちのものは白表紙で、表には『上書』と書いてあり、中は半紙数一〇枚に、1試験廃止　2教育概念　3教育事実　4戦争終結の大詔を拝して　5国民教育　6家庭教育　7私の歩いて来た跡　8結語　という項目にわたって丹念に墨書されてあった。（「回想の芦田恵之助」昭和32年7月20日、実践社刊、四

〇八～四〇九ぺ）

なお、「上書稿」の表紙には、「昭和二十年九月十二日東京都北多摩郡保谷町下保谷一三二芦田恵之助」とされている。

上掲の河合俊一氏の記述によって、芦田恵之助先生が、終戦に際して、どのような考えをもたれ、また、戦前戦後をどういう態度でつらぬこうとされたかがわかる。この「上書稿」は、芦田先生の教育観の結晶とも見られるものである。

(2) 戦後における教壇修行の一面

戦後の新教育の胎動の中で、芦田恵之助先生は、どのような教壇修行を目ざされたか。教壇の新生をはげしく求められたことが、林田勝四郎氏によって、つぎのように述べられている。

「昭和二三年の一月かに、『森先生に教えを受けて、民主教育の原理に照して、わしの教壇の新生を考えたい。滝井小学校で計画して下さるまいか。』とのお便りを戴きました。

三月一八日、芦田先生来校、森信三先生、大阪学芸大学の弥吉、松末両先生も来校され、第一時中村君が一年生でウグイス、第二時と第四時に、芦田先生の『四年生の指導』教材は文部省編のかりとじの本の中の『たてごとの一回』でありました。私は第三時に『がんのむれ』を二年生に教えました。

この時の森先生の批評は峻烈をきわめ、『芦田先生は過去一切を否定し、教式も封鎖、棚上げして新しい教式を作らなければならない。単に小手先の工夫で、新しい教式を生み出せるなど思っているような、生ぬるさでは、時代に取り残されるばかりである』と、徹底的に否定されました。

夕方は七時から、高橋校長宅で、滝井の同志達が、森先生の批評に質問をあびせ、封鎖たなあげの意義を追及しました。私達は、理論としてはわかるが、実際にはどうすればよいかわからないと言って、わいわい言いましたが、芦田先生は『教壇のことは、教壇で工夫するさ。森先生の御批評はありがたく戴いて、私は新生の工夫をする。一年間修行して、来年も森先生に批評を戴くつもりだ、林田君、頼むぞ』と、言われました。

一年たって、二三年の三月五日、第一一回の新生教壇、この日の授業に対しても『外面的にはかわったように、見えるが、内面的には少しも変化が認められない――。』と、再び痛烈な批評が森先生からなされました。二四年、三回目の新生教壇についてはは記録はありませんが、七七の老翁が、生命をかけての教育追及に森先生もすっかり頭を下げて、教式の変化について、批評なさったように思います。

この三年間、森先生の学問と世界観を教壇の上で受けとめようとのひたむきな、芦田先生の歩みの中に、『生きることは育つことである。どんなに年をとっても、生きている間は伸びるものである。』との人生観が輝いていたことを思います。」（「回想の芦田恵之助」二七四〜二七五ペ）

これによれば、①昭和22年3月18日、②昭和23年3月5日、③昭和24年――と、三年にわたって、教壇の実践を通して、森信三氏の批評を受けつつ脱皮成長しようとされていたことがわかる。すでに昭和七年三月、垣内松三先生の指導を受けて、「教壇」をわが「死所」とされた芦田先生の教育魂が、戦後においても、なお不撓にもえつづけていたのである。

二

以上、芦田恵之助先生の国語教育実践は、

Ⅱ教職実践期（明治22〜大正14）

Ⅲ教壇行脚期（大正14・9〜昭和26）

の両期にわたって、六三年の間、それぞれの期に深まりを求め、また、深まりを示してきたことを考察した。これらのうち、一般には公職（教職）を引退して閑居する時期に教壇行脚を志し、それから二六年間にわたって、全国各地ほとんどくまなく教壇行脚がつづけられたことは、まことに稀有なることといってよい。しかも、そこにはいちじるしい教壇実践の深化がうかがえるのである。

しかし、この教壇行脚も唐突の思いつきから発したものではない。決してかりそめの発想ではない。その萌芽と準備とは、すでにⅡ教職実践期にあったとしなくてはならない。なかでも芦田恵之助先生が、四〇歳の時、岡田虎次郎氏について、静座を始められ、それ以後、身心ともに安定をえられるようになったことは、行脚への触発をも生むものとして見のがすことができない。

漢文教授の強い影響下に出発した近代国語教育の読むことの教育、綴ることの教育にみごとな典型的な個人様式を樹立し、その実践様式を行脚様式を通して、さらに錬磨し、多くの同志に、国民教育としての国語教育の立場から、強く働きかけ、一つの国民教育運動として展開していったことは、わが国はえぬきの国語教育実践として、注目しなくてはならない。また、その実践を通して導かれた原論・方法・具体的なくふうのかずかずにも国語教育上の遺産として、将来に生かしていくべきものが多い。

芦田恵之助先生の生涯に結晶した国語教育実践の深化は、わが国近代の国語教育実践の深化の中核をなしているといってよい。

付記　安田孝平氏には、芦田先生の諸資料について、特にご教示をいただいた。記して、厚くお礼を申しあげる。

第二章　国語教育実践の様式確立

第一節　読方「教式」の成立・展開

一

国語教育にたずさわる一個の実践主体は、その実践様式を、どのようにして見いだし、どのようにして身につけ、それによって、自己の実践営為をどのように充実させていくであろうか。個性的な実践様式の発見とそれへの習熟とその運用は、実践主体の実践深化のため、もっとも大きい問題の一つである。

ここでは、芦田恵之助先生の指導様式、ふつうに芦田「教式」とよばれているものを中心にとりあげ、一個の実践様式の成立過程を考察し、さらに、その今までになされた分析・批判をみていきたい。

近代国語教育実践史上、自己の実践様式をもっとも鮮明に樹立し、その個性のゆたかさをもりこむとともに、教壇行脚を通じて、全国にわたって、広く影響をあたえたのは、芦田恵之助先生の読解指導のための「教式」であった。その「教式」は、実践を通じて見いだされ、深められた典型的な実践様式として、大きい存在であって、ひろく注目され、また、多くの人たちに学ばれた。芦田「教式」は、その個性的な独自の成立過程をもち、さらに独特の普及形態をとって、戦前昭和期の国語教育に大きい影響をあたえた。

まず、芦田恵之助先生の「教式」の完成態の一事例として、「源氏物語」(「小学国語読本」巻十一所収)を、昭和一三年(一九三八)四月二三日(土)・二四日(日)両日に、東京市志村第一小学校の尋常六年生に、四時間で扱われた授業のそれを見ておきたい。

この「源氏物語」授業の準備にあたって、芦田恵之助先生は、全力を集中された。そのことを、つぎのように述べていられる。

「戸山小学校の講堂で、先生(引用者注、「小学国語読本」編纂者、井上赳氏のこと。)から直接に御講話(引用者注、「小学国語読本」の編纂趣旨に関するもの。)もうかがつたし、今またその筆録を拝読すると、源氏物語に対しては、肚の底が温《ぬく》もつて来るやうに感じました。

それから読本の本文を写しました。この文章は、さきに『教壇』巻十一(引用者注、「小学国語読本と教壇」、昭和13年4月20日、同志同行社刊、「源氏物語」を含む。)を書く時にも写して考えぬいたものですが、いよいよ志村第一の教壇に立つとして写してみると、一節々々の重要語句がおのずから浮び上って来るのもうれしく、全く気がつかなかつた点を見出すのも、たまらなくうれしいことでした。

私は、その写した読本の本文の各節に番号を記入しました。これは新教材に対して、私が如何なる場合にも致します第一の手続で、私の持つている読本で、取扱つたところならば、必ずその数字が記入してあります。これは私の習慣で、読みながら記入して行くと、それで考《ママ》がまとまるやうに感じます。それから一節毎に重要語句を見つけて行きました。括弧の中に記入したのは着語ではなくて、かう考えて行けばよろしかろうという私見です。」(「教式と教壇」、昭和13年5月20日、同志同行社刊、二二〜二四ぺ)

ここには、芦田恵之助先生の教材研究の進めかたが示されている。とくに、取材筆写による精読は、その特色のある方法の一つといえる。各節に番号を記入し、各節ごとに重要語句を見いだしていくのも、芦田先生らしい方法である。

以下に、その準備されたものを掲げる。

源氏物語

紫式部は、子供の時から非常に**りこうでした**。兄が**史記**を読んでゐるのを、そばでじっと聞いてゐて、兄より先に覚えてしまふ程でした。（例の一）父の為時は、

「あゝ、此の子が**男であつたら**、りつぱな学者になるであらうに。」

と言つて歎息しました。（例の二）

大きくなつて藤原宣孝の妻となりましたが、**不幸**にも早く夫に死別れました。其の頃から紫式部は、筆をとつて有名な**源氏物語を書始めました**。

其の後**上東門院に仕げて**紫式部の**名は一世に高くなりました**。彼女は**文学の天才**であったばかりか、（人となりの二）婦人としても、まことに**円満**な、**深みのある人**でした。（人となりの二）

父為時が願つたやうに、若し紫式部が**男であつたら**、源氏物語のやうな仮名文は書かなかつたでせう。当時、仮名文は女の書くもので、男は**漢文**を書くのが普通であつたからです。しかし、**仮名文**であればこそ、**当時の国語を自由自在に使って、其の時代の生活**（源氏物語）**を細かく写し出すことが出来た**のです。かう考へると、紫式部は、やっぱり**女**でなくてはならなかつたのです。

源氏物語五十四帖は、**我が国第一の小説**であるばかりでなく、今日では外国語に訳され、**世界的の文学**としてみとめられるやうになりました。

次にかゝげる文章は、源氏物語の一節を簡単にして、それを今日の国語で表したものですが、たゞこれだけで見ても、約九百年の昔に書かれた源氏物語が、如何によく**人間を生き生きと**、美しく、**細かく写し出し**

てゐるかがわかるでせう。

第一節の中心となる句は、「非常にりこうでした」というのです。「史記」の話と「男であったら」という父の歎息とは、りこうであったという二つの実例です。こういう場合、重要語句としてどれを採るかが問題です。三句いずれを採っても、紫式部のりこうであったことは説けますが、「史記」を採る人は、これによって史記の説明を兼ねようとし、「男であつたら」を採る人は、後の「紫式部はやつぱり女でなくてはならなかつたのです《ママ》」に応じようという計画であります。「非常にりこうでした」を採る分には、問題はない訳です。しかしあまりに曲がないような感じがします。

第二節は「不幸」と「源氏物語を書始めました」というが重要語句だと思います。「不幸」が書きはじめる縁となったと考えて、私は「源氏物語を書きはじめました」を採ったがよいと思います。

第三節は「名は一世に高くなりました」というが中心語句でしょう。それは「上東門院に仕へた」ことによって世にきこえはじめました。その名の実としては、「文学の天才」と「円満な深みのある人」で、それがために人が尊敬したのです。こゝでは「上東門院に仕へたこと」と「名が一世に高くなりました」とのいずれを選ぶかが問題となるでしょう。因をとるか果をとるかです。私はどちらに従ってもよいのですが、説明の便宜上、「上東門院に仕へた」方を採りたいと思います。

第四節は「男であつたら」といふ仮定から「男は漢文を書く」「仮名文の源氏物語は書かない」といふことになります。「女であつたから仮名文を書いた。」「仮名文であるから源氏物語（国語を自由自在に使って其時代の生活を細かく写し出すことが出来た）が出来た」ということになります。故に、「紫式部はやっぱり女でなくてはならなかった」の結論に達するのです。

「男であったら」「漢文」

「仮名文」「源氏物語」「女でなくてはならなかった」

こうなるわけですから「男であつたら」と「仮名文」とを採って、結論に到達すればよいと思います。

第五節は、その源氏物語の文学的位置です。「我が国第一の小説」今は「世界的文学」というのです。そこでいずれを採るかという場合、若し、我が国文化の世界的進出を説こうとするならば、後の「世界的文学」を採ったがよかろうと思います。

第六節は、次の若紫（一）末摘花（二）へのかけはしのようにも見えますが源氏の描写のすぐれている事を説いているのです。重要語句としては、「人間を生き生きと、美しく、細かく写し出してゐる」を採るがよいと思います。

重要語句を書きぬいてみると、

（1　史記――りこう　男であつたら
2　源氏物語――不幸
3　上東門院――名　天才　深みのある人）　伝略

（4　男であつたら――漢文　源氏物語は書かぬ
仮名文――源氏物語女でなくてはならぬ
5　世界的文学
6　人間を生き生きと、美しく、細かく写し出してゐる。）　語物　氏源

こういう風になります。重要語句を長く採るか、短く採るかは、その時々の場合で同一ではありませんが、私はなるべく短い方に従っています。たとえば「人間を生き生きと、美しく、細かく写し出してゐる」を、単に「生　美　細」と採る類です。

（二）

のどかな春の日（時）は、暮れさうでなかなか暮れない。

きれいに作つたしば垣の内の**僧庵**（場所）に、折から夕日がさして、西側はみすが上げられ、年とつた上品な**尼さん**（この場の主となる人）が仏檀《ママ》に花を供へて、静かにお経を読んでゐる。顔はふつくらとしてゐるが、目もとはさもだるさうで**病気らしく**見える。そばに、二人の女がすわつてゐる。

時々女の子たちが出たりはいつたりして遊んでゐる中に、**十ばかり**であらうか、白い着物の上に山吹色の着物を重ねてかけ出して来た女の子（この場の客となる人）は、何といふかはいらしい子であらう。**切揃へた髪**が、ともすると扇のやうに広がって、肩の辺にゆらゆら掛るのが目立つて美しく見える。どうしたのか、其の子が尼さんのそばに来て、立ったまゝ、しく〳〵**泣出した**。

「どうしました。子供たちと言合ひでもしたのですか。」

と言ひながら、見上げた尼さんの顔は、此の子とどこか似た所がある。

「**雀の子**（祖母と孫との間の問題）を、あの犬君が逃したの。かごに伏せて置いたのに。」

と、女の子は、さもくやしさうである。

そばにゐた女の一人は、

「まあ、しやうのない犬君ですこと。うつかり者だから、ついゆだんをして逃したのでせう。せっかくなれて、かはいくなつてゐたのに。烏にでも取られたらどうしませう。」

かう言って雀を探しに立つて向かふ《ママ》へ行つた。それは、此の子の**乳母**であるらしい。

尼さんはもの静かに、（品がそなはる）

「いやもう、あなたはまるで赤ちゃんですね。どうして何時までもかうなんでせう。わたしがこんなに病気で、何時とも知れない身になつてゐるのにあなたは雀の子に夢中なんですか。（淡いうらみ）生き物をいぢめるといふことは、仏様に対しても申しわけのなことだと、ふだんから教へて上げてあるでせう。（教訓）さあ、こゝへちよつとおすわりなさい」

子供は大人しくすわつた。尼さんは子供の髪を撫でながら、

「櫛を使ふことをおきらひだが、それにしては、まあ、何といふよい髪でせう。（かはいくてたまらない）でも、かう何時までも赤ちゃんでは困りますよ。もう、あなたぐらゐになれば、もつともつと大人しいはずです。さうさう、なくなられたあなたのおかあさんは、十二の時おとうさんをおなくしでしたが、それはそれは、よく物がおわかりでしたよ。今にでも此のおばあさんがゐなくなつたら、一体あなたはどうなさらうといふのでせう。」（孫を思ふて《ママ》のやるせなさ）

さすがに子供は、じつと聞きながら目を伏せてゐたが、とうとうつ伏せになつて泣入つてしまつた。とたんに、美しい髪がはらはらと前へこぼれかゝる。

例のように、節毎に数字を記入し、重要語句を見つけて、さて第一節が時（のどかな春の日の暮れ方）、第二節が場所（僧庵）と、この場の主となる人（尼さん）、第三節がこの場では客となる人（十ばかりの女の子）、それが雀の子のことをおばあさんに訴えている。第四節が乳母の心、第五節が尼さんの教訓とやるせなき思《ママ》、第六節がおばあさんの言葉によって女の子が今の身の上を知って、ついに泣入ってしまうところ。こうは考えてみても、十六頁迄の序文とは何だか調子が違うと思いました。知的の文章と情的の文章の差に相違ありません。なお読返してみると、地の文よりも、対話に魅力を感じます。ことに僧庵に籠って病を養っている尼さんが、おさなくしてたよりなき孫の上を思いわずらい、やるせなき心を語る言葉には、全くうたれてしまいます。この文はこゝを中心として考えなければならぬと思いました。おばあさんの言葉をよく味わわせ

るには、諳誦《ママ》させなければならず、諳誦させるには、漢字の全部書きによるがよかろうと考えました。そこで重要語句をまとめてみました。

1　のどかな春の日の暮れ（時）

2　僧庵（場所）
　尼さん（人）

3　十ばかりの女の子（人）
　雀の子（事）

4　乳母（人）

5　「いやもう、——赤。どうして　何時。わたしが　病気、何時　知　身、あなたは雀　子　夢中。
　生物、仏様　対　申、ふだんから　教　上。さあ——。」
　「櫛　使、それにしては、——、何　髪。でも、——何時　赤　困。もう、——、——大人。さう
　さう、——、十二　時　おとうさんを、それは——、——物。今　此、一体。

6　泣入ってしまった

これだけ取出せば、紫の君の生立ちの一節である、雀の子事件の時間も、場所も、そこに行動している人も、事件の筋もよくわかります。けれども之を教壇に移す場合、四「かく」の十分間では、そう思うまゝには出来ません。5の漢字の全部書以外は、二「とく」の際にでも話しあいながら記入していったらよいかと思います。或は別に「二《ママ》とく」の際に取扱うのも一法かと思います。

（二）

それから一年程過ぎた。尼さんは去年の秋たうたうなくなって、孫の紫の君は、たった一人此の世に残さ

れてしまった。

不幸な紫の君は、源氏の君のうちに引取って養はれることになった。

年の若い源氏は、小さい妹でも出来たやうに、いろいろと紫の君のめんだうを見てやった。紫の君も、源氏をほんたうのにいさんだと思ふ程、したしくなった。

しかし、紫の君は、今でも、おばあさんのことを思ひ出しては、時々泣いてゐる。此の不幸な子を、どうしたらなぐさめてやることが出来るか、源氏は何時もそれを考へねばならなかった。

今日も源氏は紫の君に画を書いて見せた。

いろいろの画を書いてやった。最後に女の画を書いて、其の鼻を赤くぬって見せた。紫の君は思はず笑ひ出した。

源氏は筆の先に赤い絵の具をつけて、鏡を見ながら、自分の鼻をいたづらに赤くぬって見せた。紫の君は、たうたう笑ひこけてしまった。

「わたしの鼻が、ほんたうにかう赤かったら、どうだらうね。」

「まあ、いやなことをおっしゃる。」

紫の君は、絵の具がほんたうにしみ込んだら、にいさんがお気の毒だと思った。源氏はわざと拭いたまねをして、

「ほら、すつかりしみ込んでしまった。落ちないよ。」

と言ってまじめな顔をしてゐる。

紫の君はさも心配さうに、水入の水を紙にひたして、源氏の鼻を拭きにかかった。

「いやいや、赤い方がまだ増しだ。此の上、墨でも附いて黒くなつたら大変ぢゃないか。」

（註《ママ》）こゝが最もわかりにくい。原文には『（紫の君が）寄りて御硯の瓶の水に、陸奥紙を濡らして拭ひ給へば、源《ママ》「平仲《へいぢう》がやうに色どり添へ給ふな。赤からむはあへなむ」と戯れ給ふ様いとをかしき妹背と見え給へり』とあり。《ママ》平仲《へいぢう》の事がはっきりしないとしっくりしない。

平仲とは有名な好色の男である。平仲が女の許で瓶に入れてある硯の水をつけて空《そら》泣きの涙としていた。それと知った女が、その瓶に墨をすりこんでおいた。それを知らずに、平仲が空泣きをしてつけたからたまらない。顔を真黒にして家に帰った。妻が之を見て、「われにこそつらさは君が見すれども、人にすみつく（女の処へしげく通ふ）顔の気色よ。」と詠んだという話がある。

「すっかり落ちましたよ。」

「落ちた。それは有難い。」

さっきまで泣いてゐた紫の君は、すっかり晴れやかになってゐた。

外はうらゝかな春の日である。木々の梢がぼうっとかすんでゐる中に、とりわけ紅梅が美しくほゝゑんでゐる。

例によって、各節に数字を記入して、重要語句を見付けてみると、これはまた（一）の若紫とは趣がちがいます。（一）は重要語句だけではどうにもならなかったのが、（二）の末摘花では、重要語句だけでよくまとまりそうです。これは想の浅深《ママ》から来るものか、同じように深くても、あらわれ方が断片的であるためか、私にはよく分りません。

第一節の重要語句といったら、「なくなって」と「残されてしまつた」が因と果をなしています。けれども「たつた一人」という語が、その二つの意義を合せ持っているように思われて、これ以外にはないと思います。

第二節は「源氏の君のうち」が、何としても重要語句です。重要語句は必ずしも主語や説明語でなく、こゝのように補語の場合もあります。

第三節は「したしくなった」が中心語句でありますが、それを「小さい妹」と「ほんたうのにいさん」の二句からしぼり出した方が、自然だと思います。

第四節は紫の君が「時々泣いてゐる」のを、源氏が「何時もそれ（なぐさめてやる）を考へねばならなかつた」というのですから、因よ果です。私はその因をとりたいと思います。以上は祖母にわかれて、源氏の君のうちに引取られてから何時もの有様です。

第五節の重要語句は、「今日も」でしょう。ことに「も」がよく利いています。

第六節は「女の画」が因で、「笑ひ出した」が果です。私はその因を採ります。

第七節は女の鼻から「自分の鼻」に転じ、それが原因で、紫の君の「笑ひこけてしまった」という結果となります。しかし無邪気な心にも「お気の毒だ」と思う、心配に似たようなものが芽生えて来ました。こゝでは「自分の鼻」と「お気の毒だ」をとらねばなりますまい。

第八節では「心配さうに」でしょう。

第九節では「晴れやかに」で、心が一つにとけあっては、紫の君も大安心の思いでしょう。

第十節はこゝの気分をあらわし得るものは、「紅梅の美しくほゝゑんでゐる」のより外にはありますまい。

それらの重要語句をまとめてみると、

1）たつた一人　いしたし

2　源氏の君のうち

3　小さい妹

いしたし

ほんたうのにいさん
4 時々泣いてゐる
5 今日も
6 女の画
自分の鼻
7 お気の毒だ
8 心配さうに
9 晴れやかに
10 紅梅

しい　心が一つにとけて

これを見通すと、横線の下に書きこんだように、第一節から第四節までは、したしんでいく姿、第五節から第十節までは、心の一つにとけあう姿で、今後には、おばあさんの事も忘れるとはなしに、忘れ勝ちになったろうと思います。

かように詳しく読んで、重要語句まで書きぬいてみると、源氏物語の、(序)(一)(二)が児童によく読めた上に、各一時間取扱ったとしたら、十分とはいくまいけれども、三篇をまとめて、源氏物語を考えさせたがよいと思います。その心で読んでみると、なお指導の手を貸さねばならぬと思うところは、

彼女は文学の天才であったばかりか、婦人としてもまことに円満な深みのある人でした。

仮名文であればこそ、当時の国語を自由自在に使って、其の時代の生活を細かく写し出すことが出来たのです。

白い着物の上に山吹色の着物を重ねてかけ出して来た女の子は、何といふかはいらしい子であらう。切揃

へた髪が、ともすると扇のやうに広がって、肩の辺にゆらゆら掛るのが目立って美しく見える。

此の不幸な子を、どうしたらなぐさめてやることが出来るか、源氏は何時もそれを考へねばならなかった。

こゝに掲げた四つの文《ママ》（序）から二つ、（一）から一つ、（二）から一つ、拾いあつめたように見えますけれども、考えてみると、緊密な関係をもっています。即ち円満な深みのある人格、紫式部の目に映った其の時代の生活を、仮名文で書いたのが源氏物語なのです。その中の女主人公、紫の君のおさな姿のうつくしさ、しかし祖母にわかれて一人ぼっちになっていた不幸な子が、源氏の君のうちに引取られて慰められている中に、相思の情が芽生えて来るというのです。少国民の持つ源氏物語の手ほどきは、此の辺まででよかろうと思います。

これが小学国語読本巻十一の源氏物語を、私が力ぎり読んで得たものです。もっと考え方もあろうとは思いますが。私の唯今の力では、これ以上どうにもなりません。しかし教壇に立つ前に、これだけ読んで、これだけ書いた事は、過去に於てまだ一度もありません。読んで下さる方には、おかしいような所も多かろうけれども、これが六十六歳の初修行だと思うと、何だかうれしい気も致します。事の序に、教案も理想的に立ててみましょう。（以上、「教式と教壇」、昭和13年5月20日、同志同行社刊、一三一～四五ぺ）

右によって、芦田恵之助先生が、教材「源氏物語」に対する準備研究を、力のかぎり精細に進められていることがわかる。各教材の各節ごとに、重要語句・中心語句を語句を求めて、吟味検討しつつ、「教式」にのせていくための周到な作業がなされている。六六歳で、こういうちこみかたをされている点、心うたれるものがある。

芦田先生は、「もっと考え方もあろうとは思いますが、」と述べられている。教材研究についても、右に記録されているもののほかに、方法があろうが、芦田先生としては、この重要語句方式に徹していられるのである。

事前に立てられた教案は、つぎのとおりである。

昭和十三年四月二十三日（土）

　東京市志村第一小学校

尋六　源氏物語（序）第一時

一　よむ　二回

二　とく　○　題目。誰が書いたか。何を書いたか。何時頃の事か。

◎　女であったから、源氏物語が書けたとあるが何故か。

○　国語・国文の力。児童は国語・国文の使用者。尊重。自重。

三　よむ（師）

四　かく

（略伝）
1　史記
2　源氏物語
3　上東門院

（源氏物語）
4　男であつたら
5　仮名文
6　世界的文学　人間　生　美　細　写　出

五　よむ

六　とく　○　事実。区分。
◎　何故紫式部は女でなくてはならなかったか。
○　世界的文学の出来たもと。
七　よむ
　尋六　源氏物語　（二）　第二時
一　よむ　二回
二　とく　○　題目を付けたら。挿画を見て、文中にあらはる丶人。中心となる人。
◎　この場合の問題。尼さんにだけわかってゐる心配。
○　誰にもまつはる運命。
三　よむ（師）
四　かく
「いやもう、——赤。どうして　何時。わたしが——病気、何時　知　身、あなたが雀、子夢中。生　物、仏様　対　申、ふだんから　教　上　さあ、——。」

「櫛　使、それにしては、——、何髪。でも、——何時　赤　困。もう、——、——大人。さうさう、——、十二、時　おとうさんを、それはそれは、——物。今　此、一体。」
五　よむ　諳誦
六　とく　○　言葉に従っておばあさんの心を求めさせる。
◎　おばあさんの心配三つ。
○　死ぬにも死なれぬ運命。

七　よむ

尋六　源氏物語　（二）　第三時

一　よむ　二回

二　とく　○　題目をつけたら。悲しい人。慰めようとする人。

◎　その間に二人の心に芽生えたもの。

○　不幸か幸か。

三　よむ（師）

四　かく

（1〜4）したしい

1　たつた一人

2　源氏の君のうち

3　小さい妹
　　ほんたうのにいさん

4　時々泣いてゐる

（5〜9）心が一つにとけ

5　今日も

6　女の画

7　自身の鼻
　　お気の毒だ

8　心配さうに

9　晴れやかに

10（一　紅梅　て

五　よむ
六　とく　○　事実。区分。
◎　源氏の君の心の動き。紫の君の心の動き。
○　「たつた一人」と「紅梅」とを結んで、不幸か幸か。
七　よむ

尋六　源氏物語（全文）第四時
一　よむ　一回　一篇を二人で
二　おさらへ　○（一）僧庵での人の関係は祖母と孫。（二）赤い鼻での人の関係は源氏の君（十八）と紫の君（十二）。以上は「其の時代の生活」
紫式部の人となりは、「円満な深みのある人」。「文学の天才」。
◎　源氏物語は「其の時代の生活」が、「円満な深みのある人」の目に映じたところを、「文学の天才」の腕によって、仮名文で書きあらはしたるもの。
○　日本の誇。国語・国文の尊重
三　よむ（省く）
四　かく（七十三字）
彼女　文学　天才、婦人、――、円満、深　人。(1)――、仮名文、当時　国語　自由自在　使、其　時代　生活　細　写　出　出来。(2)

白　着物　上　山吹色　着物　重　――出　来　女　子、何　子。切揃　髪、――扇　広、肩　辺　掛

目立　美　見。(一)此　不幸　子、――出　来、源氏　何時　考。(二)

五　よむ(諳誦)

六　とく　○　(一)は描写。(二)源氏の君の心の動き。以上は其の時代の生活。

◎　紫式部によって源氏物語が出来た。それは(1)(2)の文で説く。

○　それが日本の誇。国語・国文の力。自重を要す。

七　よむ　諳誦

(以上、「教式と教壇」、四六～五三ぺ)

このように教案(四時間分)を立ててのち、芦田恵之助先生は、つぎのように述べていられる。

「文章をよく調べて、さて教案を立ててみると、こうしたものになります。しかし教材《ママ》の要求がどうしても強くなります。」(同上書、五三ぺ)

「教壇に立つ前に、これだけ書いてまとめた事は、今度が始めてであります。全く空前のことです。これだけ準備をしてみると、その日の来るのが待遠しいようです。」(同上書、五三ぺ)

さて、昭和一三年(一九三八)四月二三日、志村第一小学校で、六年生に、「源氏物語」の授業をされる時、芦田恵之助先生は、もう一度、教案を立てられた。その折のことについては、つぎのように述べられている。

「例によつて、私は教案を書くべく朝の四時にはね起きました。机にむかうと、夜はようよう明けようとしている頃でした。さすがに東京にも、地の下から響くような噪音がありませんでした。教壇日記(引用者注、芦田恵之助先生が教壇行脚に携行され、矢立を用い、毛筆で、教案などをつけられた、大福帳形式の記録である。尨大な量に

のぼった。）と矢立を取寄せて、教案を書こうと思うと、何処かに不安を感じましたから、静かに読本の源氏物語を一回読みました。すると不安は全く拭われて、教材の隅から隅まで、はっきり見渡すことが出来るようになりました。早速筆を採って、教壇日記に書きつけました。」（同上書、五四ぺ）

どのように、親しみ扱った教材であっても、芦田先生は、必ず、授業当日の早暁、教材を読みかえし、教案を練られるのをつねとした。「すると不安は全く拭われて、教材の隅から隅まで、はつきり見渡すことが出来るようになりました。」とあるのは、芦田先生の境地を語るものである。

つぎに、四月二三日・二四日両日の教案と、授業中の板書とを掲げる。

昭和一三年四月二十三日　志村第一小学校

尋六　源氏物語　第一時

一　よむ　一、六人。二、二人。（第一回は六人で　第二回は二人での意）

二　とく　○　源氏物語

・いつ

・誰が

・何を

◎　女であつたから

○　仮名文の力

三　よむ

四　かく

1 史記
2 源氏物語
3 上東門院
4 男であつたら——漢文
仮名文——女
5 世界的の文学
6 人間 生 美 細 写 出

伝略　語物氏源

五 よむ
六 とく ○ 区分 事実
◎ 女でなくては
○ 皆さんの持つてゐる国語・国文
七 よむ

（同上書、五四〜五六ぺ）

○授業中の板書
1 史記
2 （源氏物語）
3 上東門人—名=
4 男であつたら——漢文
仮名文——国語（　）

5　世界的の文学
6　人間、生き〳〵と　美しく　細かく
（同上書、六八ぺ）

第二時
一　よむ　一、六人　二、二人
二　とく　○　題をつけさせる
若紫（源氏物語の巻の名）
・雀の子
・僧庵
・髪
・人（この場にあらはる、人の意）
おばあさん
女の子
乳母
犬君
◎　心配してゐる人
三つ（心配してゐなさることが三つの意）
女の子は

○　運命

三　よむ

四　かく

「いやもう、赤。どうして　何時。わたしが　――病気、何時　知　身、あなたは　雀子　夢中。生　物、仏様　対　申、ふだんから　教　上。さあ、こゝへ――。」

「(櫛　使、それにしては、――、向　髪。)でも、――何　時　赤　困。もう、――、――大人。さうく――、十二　時　おとうさん　――、それは――、――物。今此一体。」

五　よむ　諳誦

六　とく　○　ことばについて事実

◎　心配三つ

○　自分の運命

(同上書、五七～五九ぺ)

七　よむ

○授業中の板書

(一)　若紫

(二)

乳母

◎尼さん

◎女の子

犬君

「いやもう、(赤)。どうして　何時、わたしが（——病気、何時　知　身）、あなた《雀子》夢中。生物、仏
様　対　申　ふだんから　教　上。さあ、——。」

「櫛使、それにしては、——、何髪。でも、何時、(赤)困。もう——、——、（大人）。さう〳〵、十二　時
おとうさん——、それは——、——物。（今　此　一体——。）」

（前の言葉と後の言葉の◎は◎と、（　）は（　）と、《　》は《　》と相応するものです《ママ》）

（同上書、八八〜八九ぺ）

第三時（昭和13年4月24日　志村第一小学校）

（二）

一　よむ　　二人づつで二回

二　とく　○（末摘花）

紅花

・赤い鼻

・あそび

・仲よし

◎悲しい人（十一）

　慰める人（十八）

○二人の間

三　よむ

○　不幸か幸か

四　かく

（1—2—3—4）したしい

1 たつた一人

2 源氏の君のうち

3 小さい妹

ほんたうのにいさん

4 時々泣いてゐる

（5—6—7—8—9—10）心が一つに

5 今日も

6 女の画

7 自分の鼻

お気の毒だ

8 心配さうに

9 晴れやかに

10 紅梅

五　よむ

六　とく

○　事実　区分

◎　一語

○　たつた一人（不幸）

七　よむ　　紅梅（幸）

（同上書、九四〜九七ぺ）

授業中の板書

（二）　末摘花

紅の花…………赤い鼻

不幸　悲——十一

か

幸　慰——十八

か

（以上「二　とく」の時、書いたもの）

○

（—1—2——3—4）

1 たつた一人

2 源氏の君のうち

小さい妹

3 ほんたうのにいさん　したしい

4 時々泣いてゐる

5　6　7　8　9　10

今日も
女の画　源
自分の鼻
お気の毒
心配さう
晴れやか
紅梅

源 ◎心 紫

（同上書、一〇八～一〇九ペ）

第四時　全体

一　よむ　六人　一回

二　おさらへ

1
（一）人　僧庵
（二）人　赤い鼻
（其の時代の生活）

2
紫式部
人となり　天才
　　　　　深み
源氏物語

3　日本の誇

三　よむ　　省く

四　かく

彼女　文学　天才、婦人、――円満、深　人。――、仮名文、当時　国語、自由自在　使、其　時代

生活　細　写　出　出来。白　着物　上　山吹色　着物　重　――出　来　女　子、何　子。

切揃　髪　――扇　広、肩辺　――掛　目立　美　見。

此　不幸　子　――出来、源氏　何時　考

五　よむ　諳誦

六　とく　○　（一）（二）

　　時代の生活

　◎　誰の目に

　　天才の腕

　○　日本の誇（九〇〇年）

（同上書、九七～九九ぺ）

七　よむ

授業中の板書

目。　雀の子　悲しい

（序）手。

源氏物語　心配　晴れやか

（同上書、一一九ぺ）

〈序〉 彼女 文学 天才、婦人――円満 深 人。仮名文、当時 国語 自由自在 使、其 時代
生活 細 写 出 出来。
〈一〉 白 着物 上 山吹色 着物 重 ――出 来 女 子、何 子。切揃 髪 ――扇 広、肩辺
――掛 目立 美 見。
〈二〉 此 不幸 子、――出来、源氏 何時 考。
（同上書、一二〇ぺ）

右に掲げたように、芦田恵之助先生が、この「源氏物語」の授業をされるにあたっては、まず、[1]準備を尽くして、理想の教案ともいうべきものを立て、[2]つづいて、授業の当日、早朝、教案を立てられ、[3]つづいて、授業中に、板書をされた。このことに関して、芦田先生は、「若し[1]理想の教案と、[2]その日の教案と[3]壇上に実践したものとを比較してみると、その間に[1']型と[2']稽古と[3']真剣勝負のようなちがいが、多少発見出来るかと思います。」（同上書、一二九ぺ）と述べられている。

右に掲げた、「源氏物語」の実地授業の準備・実施に際して、芦田恵之助先生が用意され、また示された、「教案」・「授業」に見られる、「教式」（七項目を含む。）は、その準備に全力を尽くし、実施に力を入れていられる点から見て、芦田「教式」の最も典型的なものの一つを示されているのではないかと思う。

さて、右のような手続きで、教材研究・教案計画がなされたのち、実地の授業では、どのように、この芦田「教式」が運用されていくのであろうか。その授業の実態に接しておきたい。

つぎに第一時の授業経過を見ておくこととする。これは、当日の芦田先生の授業を、門弟の鈴木佑治氏が筆録

し、それをもとにして、先生みずから思い浮かぶままを記して、まとめられたものである。

○

「源氏物語」　第一時　昭和13年4月23日

東京市志村第一小学校　六年生

始業を十五分のべて、一時十五分からはじめました。何処の子供にも共通のことですが、不安の色が見えます。私が、何者であるかを知ろうとするような気分が、強く漂います。木内校長が、「こゝにお出で下さったのは、芦田先生と申し上げます。皆さんに源氏物語を四時間お教え下さいます。（引用者注、ここで、芦田先生に向かって）これが当校の尋常六年生です。よろしくお願い申し上げます《ママ》」と、御紹介下さいますと、私も児童も、共に落着いたような気がしました。

一　よむ（以下、二～八まで、引用者が便宜入れた。）

「さ、よろしいかね。私が四時間かゝって源氏物語のお稽古を仕上げてしまいます。こゝは三つの文（引用者注、文章の意。）があつまっていますが、其の一つずつを、一時間ずつで取扱って、四時間目に全体をまとめてお稽古します。この時間は最初の文だけやります。二度読んでもらいますが、はじめは一人で一節ずつ読んで、六人で一回。この文が二つにきれているでしょう。わかっていますか。一・二・三節を一人、四・五・六節を一人で読んで下さい。」

最後列の向かって左から順繰《ママ》に、岸野さん・飯島さん・宮城さん・山内さん・村山さん・吉川さん六人で読みました。二回目は塩谷さん・遠藤さんの二人で読みました。

二　とく

「御本をおきなさい。私は決して皆さんに小言なんか言いません。だから、私の問うことを、皆さんは自分のこととして考えなさい。そうすれば、どんな問にでも、お答《ママ》をすることが出来ます。」

こう言っておいて、私は「源氏物語」と板書しました。

「これは源氏物語ですね。源氏物語と言うのは何です《ママ》」

「本の名です」

「物語というのは」

「小説です」

「そう、お話ですね。源氏というのは」

「立派な家柄の名前です」

「……ふん。源氏・平家の源氏と考えましたね。こゝはそれとは違います。源氏の君という人の名です。とてもきれいな人だったので、源氏の上に光るという言葉を添えて、光る源氏の君ともいいます。天子様のお子様です。そうすると、源氏の君のお話を書いた御本ということですね。源氏物語というのは」

「出来たのは何時頃ですか。……こういう風に考えて行くと、よく分るでしょう」

「平安時代です」

「そう、九百年程前ですね」

「誰が書いたのですか」

「紫式部です」

「何を書いたのですか。……そうれだん〳〵分って行きましょうが」

「源氏の君の話」

「そうです。源氏の君が色々の事をなさった其のお話を主として書いたものです。……皆さんは小説を知っていますか。小説はつくり話ではありますが、どこかにいくらかあった話でもありましょう。」

「そこで皆さんによく考えてほしい。『紫式部が女であったから、源氏物語が出来たのだ』と書いてありますが、男でも書けそうなものです。何故女であったから書けたというのでしょう」

「男は漢文を書きましたから」

「漢文とは」

「支那の文です」

「支那の文即ち漢文では、源氏物語は書けますまい、其の国の気持をぴったりあらわすには、其の国の言葉でなければ書けるものではありません」

「皆さんが綴方で書いているあの仮名交り文で、小説が書けるでしょうか。……書けますのよ。どんな立派なものでも書けます。尊いものです。何でも自分の事として考えないと面白くありません」
三　よむ（師）
一度私が読みます。
源氏物語
紫式部は、子供の時から非常にりこうでした。（どんなにりこうであったか〔ママ〕）（引用者注、これがいわゆる「着語」とよばれているものである。以下、同じ。）兄が史記を読んでゐるのを、そばでじっと聞いてゐて、兄より先に覚えてしまふ程でした。（これが一つ）父の為時は、
「あゝ、此の子が男であつたら、りっぱな学者になるであらうに。」
と言って歎息しました。（これが一つ。お父さんの考へた事です）
大きくなって、藤原宣孝の妻となりましたが、不幸にも（これがこの物語を書く縁になった）早く夫に死別

れました。其の頃から（二十四・五）紫式部は、筆をとって有名な源氏物語を書始めました。

其の後上東門院に仕へて、紫式部の名は一世に高くなりました。彼女は（何故に名が高くなったか）文学の天才であったばかりか、婦人としても、まことに円満な人で、深みのある人でした。（こゝがえらいのです）

父為時が願ったやうに、若し紫式部が男であったら、源氏物語のやうな仮名文は書かなかったでせう。当時、仮名文は女の書くもので、男は漢文を書くのが普通であったからです。（男が仮名文を書いたら笑はれた）しかし、仮名文であればこそ、当時の国語を自由自在に使って、其の時代の生活を細かく写し出すことが出来たのです。かう考へると紫式部はやっぱり女でなくてはならなかったのです。（それで源氏物語が出来たのです）

源氏物語五十四帖は、我が国第一の小説であるばかりでなく、今日では外国語に訳され、世界的の文学としてみとめられるやうになりました。

次にかゝげる文章は、源氏物語の一節を簡単にして、それを今日の国語で表したものですが（話は昔のまゝ言葉は今）たゞこれだけで見ても、約九百年の昔に書かれた源氏物語が、如何によく人間を生き〳〵と（これが一つ）細かく（これが一つ）写し出してゐるかがわかるでせう。

四　かく

「さあ、これから私のいうことを雑記帳に書いて下さい。……私はこういう線を一本引きますが、――黒板の上方左の端に近い所から、右の端に近い所まで、殆ど全面に亘る一線――これを、さきに読んだ文章の全体と考えるのです。之を六つに切って、それ〴〵の下へ言葉を書き込んで行きます。横へ竝べて書いて下さい」

1 ├─┤ 史記

（源氏物語）

2　上東門院――名＝

3　男であつたら――漢文

4　仮名文――国語（　）

5　世界的の文学

6　人間、いき〳〵と　美しく　細かく

最初に書いたのは、横にならべて書いた七つ（六節も一つと見て）の語句ですが、「六のとく」の後の板書面は、線や括弧や附記（短い線を隔てゝ《ママ》下に記入した言葉は皆附記です）が朱書されています。

五　よむ

「さ、こゝに書いた言葉を読んでごらんなさい」

池田さん・岩井さんの二人が読む。

六　とく

「よくこの七つの言葉を考えなさい。何の為に書いたか。書取ではない。上の線と共に、この七つの言葉が、文と同じ様な働きをしています。順繰に見て行きましょう」

1「史記とは何でしょう」

というと、多数の児童は雑記帳をくりひろげて、自習書から写してでも来たろうと思われるものを読みながら挙手します。私が身慄いするほどきらいなことは、この児童の動作です。何故かというと、その言葉は第一義でありません。鸚鵡の人真似にしか過ぎません。私は、児童が辞書とか、又は適当な書物によって、自習するのは必ずしも悪い事とは思いませんが、それを雑記帳にうつして来て、見ながら答えるということは、人間の子である以上、国語を尊重する者である限り、してはならないことです。あの純真な児童、まことを求めて倦むことなき児童に、この似て非なる学習態度を附与したのは、たしかに現代の教育者です。或はその非をすら知らない人があるかとも思います。虚偽も、欺瞞も、こうした点から養われるのだと思います。私はじめ、新教育をうけた人には、その場さえよければよいというような心持が、多少ともあるかと思います。そのよって来るところが、小学校に於けるこの鸚鵡の人真似にある事を思い、一事が万事と考える時、一刻も早く之を矯正しなければならぬと思います。こうした非教育的の事実が、神聖であるべき教室内に行われているようでは、教育の真の光も出ないし、国家総動員などと声を大にしても、その動きが真髄にふれては行くまいかと案じます。私の言う所に同意したまう方々は、こうした児童の生活のすべてを、直ちにお改め下さるように願います。

「書いておいたもの見て、ものを言うような事はよしなさい。それでは暗がりで問われたら、お答が出来ないでしょう。人はいかなる所ででも、自分のものとしてはっきり話せる事を語るようにしなければなりません。さ、史記とは何ですね」

「本の名です」

「そうです。史記には支那の昔の歴史が書いてあります。それをお父さんからおそわったのは誰です」

「紫式部の兄さんです」

「それを横取りして、先におぼえてしまったのは誰です」

「紫式部です」

「どうして先に覚えたかわかりましょう。りこうだったからです。兄さんは一生懸命でならうのだが、どうしても妹にはかないません。そこでお父さんは紫式部が若し男だったらとお考えになったのです。しかし男だった[2]源氏物語は出来ないのです」

「幾つ位で源氏物語を書きはじめましたか」

「二十四・五」

「夫に死に別れた不幸が、これを書くもとになったのでしょう。四・五年はかかったろうと思います」

「[3]上東門院とは」

「一条天皇のお后です」

「御名を知っていますか」

「彰子」

「誰の娘か」

「藤原道長の娘です」

「上東門院に御奉公申してから、紫式部の名が高くなりました。それは何故でしょう」

「人となりがえらかったからです」

「[4]第四節はしばらくあずかって置きます」

「[5]世界的の文学という、その的とは何ですか」

「………」

「世界に出しても恥ずかしくない立派なものということです」

「源氏物語のすぐれた所は、[6]人間を生き〳〵と、美しく、細かく写し出したところです。気をつけなければなりません。次の時間におけいこする（一）の文でよく見ておきなさい」

「この文を書いた方は、第四節の『紫式部は、やっぱり女でなくてはならなかったのです』が言いたかったのでしょう。[4′]男であったら何を書くでしょう」

「漢文」

漢文と附記しながら男が仮名文を書いたら笑われることを補説しました。

「[4″]仮名文であったから、自由自在に使うことの出来たのは何ですか」

「当時の国語です」

「国語を使ったから、源氏物語――板書に附記してある空の括弧（　）を書きながら――が出来たのです」

「皆さんは国語を持っていましょう」

といった時、数名の児童がノートの整理をはじめました。私は《ママ》
「書いてはだめ、頭でしっかりおぼえておかないと、いざという時の間にあわない」

といって、ノートの整理を厳しくとめました。それは一つ事に身をいれることの出来ないのが、現代人の通弊です。それはこうした場合に馴致された悪習です。かつ記録しておいて、後に復習しようというのが、既に心のゆるみです。事をその場に定めて、後に思いかえし考えてみるのが、大成する道だと思います。故にノートの整理は、その日〳〵に家に帰ってからの仕事にさせたいと思います。若しそれで不明の点があれば、質問して再び師の教をこうようにさせたいと思います。

「さ、よろしいかね。漢文では国語が書けません。当時の人間の生活を[6′]生き〳〵と、美しく、細かく書くことの出来たのは、国語のおかげです。仮名文であればこそです。さ、今まで話したような心持で、一度読んでごらんなさい」
七　よむ
[1]千田さん、[2]鈴木さん、[3]大島さん、[4]豊川さん、[5]魚津さん、[6]菅野さんの六人がおちついた読みをしま

した。私はこの学級の児童の心構が甚だしくかわったことを認めましたから、少時間の余裕のあるがまゝに、次のようにまとめをつけました。

八　まとめ

まず一・二・三節と四・五・六節を括弧でそれぞれ一まとめにして、その第二段は、源氏物語についての事であることを見させました。

第四節は源氏物語の出来たわけ

第五節は世界に出しても恥かしくないこと

第六節は源氏物語のあらわし方のすぐれているところ

を明らかにして、第一段の三節をそれ〳〵に考えさせました。

第一節は頭がよかったこと

第二節は源氏物語を書きはじめたこと

第三節は上東門院に仕へて名をあらわしたこと

を明らかにして、子供の時、した仕事、名をなした事であるから、つまり一生の事、略伝と考えたがよろしいと補説して、指導を終りました。（以上、同上書、六〇〜七六ペ）

右の、第一時の筆録によって、芦田「教式」に則る授業が実地にどのように進行していくかを知ることができる。それは、飛び入りの授業という制約もあって、教師本位の指導になっていく面を持っている。

なお、教材「源氏物語」㈠・㈡についても、芦田恵之助先生の、授業の間につけられた「着語」を、念のため、以下に引用しておきたい。これは、芦田「教式」のうち、㈢よむ（師）の条で行なわれているものであるが、特色深いものであるから、採録しておくこととする。

（一）

のどかな春の日は、暮れさうでなか〳〵暮れない。（[1]うまい書きかただ《ママ》）きれいに作つたしば垣の内の僧庵に、折からの夕日がさして、西側はみすが上げられ（[2]その様子を考へなさいよ）年とつた上品な尼さんが仏壇に花を供へて、静かにお経を読んでゐる。顔はふつくらとしてゐるが、目もとはさもだるさうで、病気らしく見える。そばに、二人の女がすわつてゐる。

時々女の子たちが出たりはいつたりして遊んでゐる中に、十ばかりであろうか。白い着物の上に（[3]女の子の姿を見なさい）山吹色の着物を重ねて（[4]表は朽葉色といひますからたいしゃの薄いのか。裏は黄色です）から出して来た女の子は、何といふかはいらしい子であらう。切揃へた髪（[5]題にとりたいといったのはこれ）がともすると扇のやうに広がって、（[6]皆さんのやうに短いおかっぱさんと違ふ）肩の辺にゆら〳〵掛るのが目立つて美しく見える。どうしたのか、其の子が尼さんのそばに来て、立つたまゝしく〳〵泣出した。

「どうしました。（[7]孫だがぞんざいな言葉などは使はぬ上流社会）子供たちと言合ひでもしたのですか。」

と言ひながら、見上げた尼さんの顔は、此の子とどこか似た所がある。（[8]祖母と孫とだもの）

「雀の子を、あの犬君が逃したの。かごに伏せて置いたのに。」

と女の子は、さもくやしさうである。

そばにゐた女の一人は、

「まあ、しやうのない犬君ですこと。（[9]乳母らしい）うつかり者だから、ついゆだんをして逃したのでせう。せっかくなれて、かはいくなつてゐたのに。烏にでも取られたらどうしませう。」（[10]いかにも女の子びいきの心が見える）

かう言って、雀を探しに立つて向かふ《ママ》へ行った。それは、此の子の乳母であるらしい。
尼さんはもの静かに、（[11]これからが何とも言はれない程よい）
「いやもう、あなたはまるで赤ちゃんですね。どうして何時までもかうなんでせう。わたしがこんな病気で、何時とも知れない身になつてゐるのに、あなたは雀の子に夢中なんですか。（[12]軽いうらみがきこえる）生き物をいぢめるといふことは、仏様に対しても申しわけのないことだと、ふだんから教へて上げてあるでせう。さあ、こゝへちょっとおすわりなさい。」（[13]皆さんだってこんなことがたまにあるだらう。余りよい事でない場合に）
子供は大人しくすわつた。尼さんは子供の髪を撫でながら、（[14]この次もよろしい）
「櫛を使ふことをおきらひだが、（[15]髪の手入をしないが）それにしては、まあ、何といふよい髪でせう。（[16]生れついての美しい髪だ。この頃は髪の美しいのが美人だったのです）でも、かう何時までも赤ちゃんでは困りますよ。……、あなたぐらゐになれば、もつともつと大人しいはずです。さうさう、なくなられたあなたのおかあさんは、（[17]孫のをさないのにつけて、我が子を思ひ出す）十二の時おとうさんをおなくしでしたが、それはそれは、よく物がおわかりでしたよ。今にでも此のおばあさんがゐなくなつたら、（[18]血をはく思ひです）一体あなたはどうなさらうといふのでせう」（[19]涙のとめやうがありません）
さすがに子供は、じっと聞きながら目を伏せてゐたが、とうとううつ伏せになつて泣入つてしまった。（[20]わかれば悲しい）とたんに、美しい髪がはら〳〵と前へこぼれかゝる。（[21]髪がどこまでも美しい）（同上書、八三～八八ぺ）

（二）

それから一年程過ぎた。（[22]（一）は去年の春）尼さんは去年の秋たうたうなくなつて、孫の紫の君は、たつた一人（[23]どうにもならない）此の世に残されてしまつた。

不幸な紫の君は、源氏の君のうちに引取って養はれることになつた。

年の若い源氏（[24]十八）は小さい妹（[25]十二）でも出来たやうに、いろ〳〵と紫の君のめんだうを見てやつた。紫の君も、源氏をほんたうのにいさんだと思ふ程、したしく（[26]この言葉が大事）なつた。（[27]まことに通じる）

しかし、紫の君は今でもおばあさんのことを思ひ出しては、時時泣いてゐる。（[28]たよる人がない）此の不幸な子を、どうしたらなぐさめてやることが出来るか、源氏は何時もそれを考へねばならなかつた。（[29]たえず気にかゝる）

今日も源氏は紫の君に画を書いて見せた。

いろ〳〵の画を書いてやつた。最後に女の画を書いて、其の鼻を赤くぬつて見せた。（[30]男でもをかしいから、女ならなほさらでせう）紫の君は思はず笑ひ出した。

源氏は筆の先に赤い絵の具をつけて、鏡を見ながら、自分の鼻をいたづらに赤くぬつて見せた。（[31]自分のやうに美しい顔でも、鼻が赤くなると醜くなると、源氏物語には書いてある）紫の君は、たう〳〵笑ひこけてしまった。（[32]これからの紫の君の心の動きがおもしろい）

「わたしの鼻が、ほんたうにかう赤かつたらどうだらうね。」

「まあ、いやなことをおつしゃる。」（[33]少し心配になって来た）

紫の君は、絵の具がほんたうにしみ込んだら、にいさんがお気の毒だと思つた。（[34]同情して来ました）源氏はわざと拭いたまねをして、

「ほら、すつかりしみ込んでしまつた。落ちないよ。」

と言って、まじめな顔をしてゐる。

紫の君はさも心配さうに、（[35]自分のこととして）水入の水を紙にひたして、源氏の鼻を拭きにかゝつた。

「いや〳〵赤い方がまだ増しだ。此の上、墨でも附いて黒くなつたら大変ぢゃないか。」

「すつかり落ちましたよ。」

「落ちた。それは有難い。」

さっきまで泣いてゐた紫の君は、すつかり晴れやかに（[36]よいでせよう。心に少しの曇りもなくなった）なつてゐた。

外はうらゝかな春の日である。木々の梢がぼうつとかすんでゐる中に、とりわけ紅梅が美しくほゝゑんでゐる。（[37]紅梅を知つてゐますか。たまらない程よいところだ）

（同上書、一〇四～一〇七ぺ）

教材「源氏物語」（一）・（二）を通じて、三七個所、着語がつけられている。「着語」の機能には、さまざまのものが見られ、決して単一でない。学習者に、読みの意欲、意識を目ざめさせる意図に立つ「着語」もあれば、文章表現の正しい理解に役立つようにと配慮された「着語」もある。芦田先生の鑑賞の深まりやその境涯の見られるものもある。芦田「教式」の三　よむ（範読）は、こうした「着語」をともない、また、それに支えられてのものであった。

三

芦田「教式」は、ふつう、つぎのようなかたちで示されている。

一 よむ		
二 とく（話しあい）	} 15分	
三 よむ（師）		
四 かく	10分	
五 よむ		
六 とく	} 15分	
七 よむ		
（ほかに、教室へいく時間など5分）		

これについては、「教式と教壇」（昭和13年5月20日、同志同行社刊）に、くわしい説明がみられる。これは、読みかた教材を、一時間（四五分）にとりあげて、その読みかたを指導していく「教式」であった。これは芦田「教式」の完成態であるが、こうした七項目から成る指導様式（「教式」）は、すでに、昭和九年一月一日刊行の雑誌「同志同行」（再興二の10）においても、「教壇の追憶」の中で、とりあげてある。そこでは、「六」の「とく」が「意義」となっている。

また、昭和一〇年五月に二〇日刊行の「国語教育易行道」においては、「六」の「とく」が「わけ」になっている。ついで、昭和一二年五月一八日刊行の「恵雨会教壇」においては、「六」の項が「とく」になり、「二」の項は、「話しあい」（又は説く）になっている。また、第二時以降は、「二」の項が前時の「復習」になることも、あわせ述べてある。

この芦田「教式」について、芦田恵之助先生は、「別に科学的論拠も何も持たないのですが、私の四十年に近い教壇生活の重ね写真に似たものです。その最も黒い部分に名をつけたのが、七変化です。私は指導の教式としては、これ一つしか持たないのです。時々四十年もやったのだから、相撲でいったら、四十八手裏表の、二手や三手は手に入っていそうなものだと思いますが、私にはたゞこれ一つしか、自信のあるものがないのです。しかしこれ一つは、私としては融通自在、四十八手裏表以上に通用するものです。その一にこもる融通無碍の興味は、人に語れるものではありません。」（『国語教育易行道』、昭和10年5月20日、同志同行社刊、二〇二～二〇三ぺ）と述べていられる。

芦田「教式」が、このようなかたちに完成していく過程は、どういうものであったか。大正三年七月一日刊行の「文章研究録」（育英書院刊）七号に収められた「読み方教授法」の中には、尋三以上の読み方教授における「教授の順序」として、

一　通読（教師、生徒、いずれがなすもよし）
二　概意（各段の大意をさぐらしむ）
三　質問に対して摘書
四　緩読しつゝ、摘書の意義を授く
五　斉読
六　精査（内容に関して、語法上より見て、修辞上より見て）
七　朗読
八　約習　語句の応用　書取

を掲げ、それにつづけて、「か丶る教授の順序は各自の経験より築きあぐべきもので、必ずしも之に従わなければならぬというものではない。たゞ参考として愚見を述ぶるに過ぎぬ。」（九八〜九九ぺ）と、述べてある。この「教式」については、芦田先生ご自身、「これを見ると、今の七変化に落ちる傾向は見えていますが、然し淡いものです。ことに教えようとする意識が強くて、共に育とうとする芽生えは、さらに見えていません。私の教式の最も特色とする四の『かく』はまだはいっていません。口で説いて、耳で会得させようというものでした。」（「教式と教壇」、一三四ぺ）と述べていられる。

大正五年四月二一日刊行の「読み方教授」（育英書院）の中においても、「教授の順序」について、「こ丶まで論じて来ると、余の常に行っている教授の順序を一言しなければならぬ。こ丶に順序というも、教材により、場所によって変化することはいうまでもない。たゞある教材を取扱う際に、これだけの作業は何処かに配当して行わなければならぬという意に過ぎぬ。まず当日の教材を通読させる。次に通読の結果として概略の意義を聞いて見る。次に質問に応じて摘書する。摘書した箇所は文中の語句文として意義を授く。次に通読させる。次に意義を深究させて、朗読を以て終わる。この外に書取・応用・約習等がある。教授の自然の進行を害しない範囲に便宜之をさし加うべきである。」（三五九ぺ）と述べて、まだ一定の固定した教式にしてしまわないで、柔軟性のある考えかたに立っている。

さらに、「読み方教授」（大正5年4月21日刊）においては、「余が最近十年の教授に対する考」として、「余が最近十年間の教授に対する回顧を叙する必要がある。最初の五年間は教術に苦心した。児童の理解如何という事よりも教授はかくあるべきものとの余の理想に合致するを第一義と考えた。予備・提示・比較・統括・応用の五段を巧に踏んで、自己の満足を得ようと努めた。而して之が最善の教授であると考えていた。最近の五年間は教材はそれ〴〵異った要求を持っている。その要求に応じて取扱うのが第一義であると考えた。故に教授上教材の研究が最も大切であると信じていた。教術などは悉く教材の要求によって工夫せらる、もので、五段の段階などは必ずしも一時間に踏むべきものではないとまで考えた。この頃になって、『教授は児童が自己の日常生活を解釈し、識見を高めようとする学習の態度を確立するのが第一義。』と考え始めた。即ち教授には教術も大切であり、教材研究も大切である。しかし如何に五段の段階をうまく踏んでも、教材の要求に合致しても、それが児童の日常生活を覚醒し、発動的学習態度の確立に無効であったら、教授は全く無意義である。」（九〜一一ぺ）と述べていられる。

芦田先生が「予備・提示・比較・統括・応用の五段を巧みに踏んで、自己の満足を得ようと努め」られ、「之が最善の教授であると考え」られたころは、ちょうど東京高師付小にあって、活動を開始された時期にあたっている。

五段教授法の一例としては、明治三五年一月一〇日刊行の「小学教授法」（内藤慶助著、帝国通信教育会刊）に、つぎのように示されている。

第一　予備
　一教授の目的を示す
　二形式上
　三内容上
第二　提示
　一形式上
　二内容上
　（イ）予備
　（ロ）通読
　（ハ）摘書

(ニ) 練習
(ホ) 朗読
(ヘ) 談話
(ト) 暗誦
(チ) 書取
第三　比較
一形式上
(イ)(ロ)(ハ)
二内容上
第四　統括
一形式上
二内容上
第五　応用
一形式上
二内容上

ここには、形式・内容の二元にわけてのとりあつかいがはっきりとあらわれている。

なお、内藤慶助氏の「小学教授法」においては、「教式」を、「教授を実施するに当り、教材の性質と児童の理会の程度とに従ひて、教師が授るべき外部の手順を教授の形式といふ。即ち『教へ方』なり。之を大別して二となす。」(四〇ペ)としていられる。

その教式については、

甲伝達的教式 ┤ 一示物式 / 二示範式 / 三講話式

乙開発的教式 ┤ 一対話式 / 二課題式

の二類五式をあげて説明している。（同上書、四〇〜五七ペ）

四

さらにさかのぼると明治二二年、芦田恵之助先生が、一七歳のとき、兵庫県氷上郡竹田簡易小学校の授業生となられたころは、教式も、「寺小屋式」をわずかに細工した、

> 一説話（その日の教材の大意を語る）
> 二素読（先生の読みの後をついて音読）
> 三講義（悉く文語文だから口言葉になおす）

のようなものであった。

ついで、郡に一、二名、師範卒業生が派遣せられるようになって、右の教式に、「摘書」（難語句を書きぬくこと）と「書取」（その日に学んだ漢字を練習すること）とが加えられるようになった。

さらに、芦田先生が一九歳、二〇歳ころ、明治二四、二五年ころには、京都市の淳風小学校に奉職されていた

が、「心理学・教育学教授法の一端をかじったおかげで、読書（読方）教授に於ては、一体どれだけの仕事をしたらよいものかと考えるようになりました。これらも私の教式のためには、基礎をなしたものかと思います。しかしこの時代は読書教授といっても、文章が読めて大体の意味が取れて、漢字が書けるということを、最高の目標と考えていました。そうしてそれ以上には、一歩も出ようともせず、また出るべきものだということも知りませんでした。」（「教式と教壇」、一三二〜一三三ペ）と述べていられる。

芦田先生が明治二三年ころ、寺子屋式の教式によっておられたのは、明治一六年六月に刊行された「改正教授術」（白井・若林両氏編）の中にも、

(イ) 談話問答
(ロ) 素　読
(ハ) 講　義

のかたちで、出ている。「改正教授術」について、芦田先生は、「余は之を通読して、今日の読み方教授界にこの思想のなおきわめて力強く働いているのを見る。改正教授術は我が旧来の混沌たる教授界に対して、さながら天地開闢の始の如く、澄めるを天とし、濁れるを地として、新しき教授界を創造した効を多とすると共に、之を教授の極致として、研究を疎外した初等教育者の罪が甚だ軽からぬことを思う。同時に惰性の力の甚だ偉大なることを思う。」（「読み方教授」、大正5年4月21日、育英書院刊、三五七〜三五八ペ）と述べていられる。

当時、芦田先生が「改正教授術」をみられたのではなかったが、漢文教授の方法を継承した寺子屋式の国語教授から出発して、多くの曲折をへながら、独自の「教式」完成へ進んでいったのである。

五

芦田「教式」の成立過程は、その綴方教授法の実践と研究との深化過程と密接に関連している。

芦田先生は、「綴り方から出発して、読み方にはいると、漢文学習の流から来た取扱とは、全くちがった味の取扱が生れて来ます。これが真の国語の取扱かと思います。」（「第二読み方教授」四〇八ぺ）と述べていられる。芦田「教式」成立の母胎の一つは、ここにあることを思わなくてはなるまい。

また、芦田先生は、その「教式」の原拠について、「私の教式というものが、近頃一部で問題になって居ります。芦田の教式は、一体何が原拠であるか。東京辺には、まだ中々理屈をいう人があります。何か科学的の論拠があるのか等といいます。そんなものが、私らにあるものですか。科学的論拠が、科学者でない者にあったりしてたまりますか。そうすると何が論拠じゃと詰め寄る人があります。私が本を読んで会得するのが原拠であって、他に別段の仕掛がある訳ではございませぬ。」（雑誌、「同志同行」、昭和9年1月1日、七三ぺ）と述べて、その読書法について、

「難かしい教材を与えられました時には、私はまず読みます。それから次にはこの文章の眼目はどこだろうと眼目を探す。その次には、私は必ずその中のどの字が利いているかという利き字を書き抜くのです。そうして考える。そうしてしまいに考えがまとまり理会が熟しますと、いくども〳〵読みひたるのです。こういうことをやります。これは、尤も私が高等女学校や、中学校の教材を与えられました時に、かなしいことに私は学力が弱いからせめて間違のないことを伝えたい、お互いに学びたいという考えで、私は丹念にこの仕事をやります。ようめないような場合には、私はまた丹念にこれを写します。写してごらんなさい。恐らく分らん文章というもの

はないだろうと私は思います。教材として扱ってありますような文章ならば、私はこういう順序でむずかしい教材をこなして行く傾があるのであります。私のこの読書法を子供相手にやります、読書法は五変化だが教式は七変化になります即ち第一に子供が読みますから之が第一変化、その次の眼目が第二変化、私もいっぺん読みたいというのが之が私の立前で三変化、それから書くのが第四変化、書いたからには読みなさいというのが第五変化で、それから考えて理会に達するのが六変化、しまいに分ったら読んでみなさいというのが七変化、私が本を読みますには、こう行くのが一番確かだと思います。夫を子供とさしあい持でやる時に七変化になるので、私自身でござりますと五変化でおさまりがつくのであります。これが根本であります。」(同上誌、七三〜七四ペ)

のように、述べていられる。

ここにも、芦田「教式」成立の母胎の一つが示されているのである。

芦田先生は、その「教式」の成立過程について、

「要するに私の教式は明治二十四・五年頃から、在来の教式を少しずつ変更して来たものに過ぎないのです。」(「教式と教壇」、一三九ペ)

と述べていられる。

芦田恵之助先生は、さらに、その「教式」の成立・確立について、つぎのように述べられている。

「私の教式というものがいつ頃から出来たか。複式学級のものは、東京高師在学中に出来たが、単式のものが確立したのは、教壇行脚をはじめて四五年もたった後のことか。私が私の教式と一つになりきることの出来たのは、三年このかた位のことかと思う。」(「小学国語読本と教壇」巻三、昭和9年4月11日、同志同行社刊、二三ペ)

これによれば、単式読方教授における芦田「教式」の成立したのは、教壇行脚の開始された大正一四年(一九

二五）九月一八日から、四、五年もたった、昭和四、五年ころということになり、芦田「教式」の確立し、その運用に自在さをえられたのは、「三年このかた」とあるところから見て、昭和六年（一九三一）後半ころからと見られるであろう。

また、芦田恵之助先生は、「復習・練習・応用等の教式が、それ〴〵工夫せられなければならないが、私にはまだ私の経験に立って、之を立言する程のものがない。要は児童が飽きることなく、その求むる所にむかって努力するように仕向けることが肝要である。」（同上書、二五ペ）とも述べられていて、前掲の芦田「教式」一本に集中されていたといってよい。

なお、芦田先生は、その数式の性格について、

「一体、ちかごろの、教育についての研究者の中には子供の個性を見ることばかりつとめて居ります。何百人子供を寄せて見ても同一というものはありませんけれども、………

………{同一点を耕していく教式／差異点を耕していく教式}

差異を重く見るか、同一を重く見るか、どちらかの問題であると思うが、」（雑誌「同志同行」再興二の一〇、七〇～七一ぺ）

とも述べていられる。

同一点を耕していく教式としての特色は、こうした考えにもとづいているのである。

六

つぎに、芦田「教式」の成立過程を、さらにこまかくみていくことにする。

芦田先生は、その「教式」について、「要するに私の教式は明治二十四、五年頃から、在来の教式を少しずつ変更して来たものに過ぎないのです。」(「教式と教壇」一三九ぺ)と述べていられる。

ところで、芦田先生は、その著「教式と教壇」においては、完成した「教式」として、その七項目について、説明が加えられている。また、芦田先生自身、「在来の教式を少しずつ変更してきた」という、その変更・発見・くふうについても、著書のあちこちで述べていられる。

(1) 一 よむ↓ 二 とく(話しあい)

このうち、二とくは、すでに、大正3年7月の「文章研究録」にみえる、一通読↓二概意(各段の大意をさぐらしむ)において、ほぼ成立しているかのようである。この一↓二について、芦田先生は、「最初に通読をおいて、すぐに大意――一回の通読に対するもの。予習していればなおよし。――をきくこと、これを自分が工夫した時など閉せる狭霧を吹払ったような感《ママ》でした。文字を音声に移すことを、読むと心得る誤解などは、この一取扱で、積弊を一洗することが出来ます。したがって竪板に水を流すような無関心な読み方は矯正されてだん〳〵力のこもった、緩かな、我が物としての読み方が起って来ます。こういう経験をした私は、通読の次に大意をきくことを力説しました。ある年熊本県を旅行して、実地の教授を見るたびに、『大意をきくというおさえがきかないから、学習に力がはいりません。』と到る所で評してまわりました。よほど共鳴して下さったと見えて、その後その取扱が強度に行われたもののようです。（中略）この頃になって、通読に次ぐに児童の文に対する直観をきくことは、可なり重要視されて来ました。否この事をぬいては、取扱が成立しないとまで考えられて来ました。」（「第二読み方教授」、大正14年9月15日、芦田書店刊、四〇七～四〇八ぺ）と、述べていられる。

なお、芦田「教式」の冒頭に、この「通読」がどのようにして、いつごろ定着するようになったかについては、石井庄司博士の考察されたものがある。

石井庄司博士は、その著「国語科指導過程の探求」（昭和40年5月15日、日本書籍刊）において、「芦田恵之助の『教式』の成立史」を論究し、雑誌「教育研究」に掲載されている芦田先生などの、明治四一年から四四年ころの実践記録を手がかりとして、「通読」→「大意」の成立について考察を加えられている。それによると、明治四四年七月一一日の芦田先生の国語科実地授業の記録が、雑誌「教育研究」第九〇号（明治44年9月号）に載せてあり、その教授案（二部尋五・尋六の複式）には、

五年	自 1通読 2各段の大意をしらべおかしむ	直 1通読 2各段の大意及結構の教授
六年	直 1通読 2大意　一篇の大意 　　　　各段の大意	自 1通読 2父母弟妹のおもひ、情のこもってをることば

のように、「通読」→「大意」の成立していたさまが提示されている。（同上書、二五～二八ぺ）

また、雑誌「教育研究」第九三号（明治四四年一二月号）には、某氏の校内実地授業の記録が掲載されており、

その中に、芦田先生の授業批評もなされている。それによると、芦田先生は、教授の順序について発言され、その自説として、つぎのように提示されたという。

第一　通読させる、同時に大意をとらせる。
第二　全文を聴写させる。
第三　読ませ
第四　斉読させ
第五　内容の精査
第六　語義の調査
第七　応用
第八　朗読　（同上書、二四〜二五ぺ）

ここにも、「通読」・「大意」の冒頭におかれているのを認めることができる。

（2）三　よむ（師）

「教式」の第三項、「よむ」は、七項目中でも、とくに重視されている。この点に関して、芦田先生は、つぎのように述べていられる。

「処が三の教師の読みに対しては、私は非常に面白い感じをもって居るのであります。仮りに二、四、五、六の扱いを捨てねばならぬといたしますと、——読本は二の巻になりますと、今度は長篇物が多くなります。長篇物が多くなりましたら、時には話しあいも捨てねばなりませぬ、書く事も捨てなければなりませぬ。意義の取扱も捨てなければならぬ場合がある。その時に三のこの読みを捨てるか、二・四・五・六を捨てるか、両方天秤にかゝる事があったら、私は潔く二・四・五・六を捨てます。然しこの三の読みだけは捨てることが出来ません。」（「同志同行」、昭和9年1月1日刊、再興二の一〇、七二ぺ）

この「よむ」が加えられるようになった由来については、「私が第三変化に自分の読みを必ず加えるようになりましたについては可なりに深い訳があるのです。というのは、私が二十九歳の九月から三十歳の七月まで、国学院の選科一年にいた時の事です。時の教授畠山健先生は、徒然草の講義がお得意で、美しい女性的の声で、一回読んで下さると、後の講義はどちらでもよろしいといいたい程のうまさでした。これは私一人の評ではなく、同学一同の声でした。私はこの時中等学校以上の国語教授は、微に入り細に亘って掘返す行き方よりも、自信を声に移して、畠山先生のように読んでやるのがよいと考えたことでした。その後姫路中学に三年いる間は、私は畠山先生を真似て読んだものでした。その後東京高師の付属小学に帰ってからも、複式教授の小面倒な中でさえ、一教材に一回も読まなかったという事は未だ曽てなく、今日に至ったものです。私が一回読むことは、師畠山先生のをうけついで、約三十年つゞけた私としては捨難い道楽の一つです。」（「国語教育易行道」、昭和10年5月20日刊、同志同行社、一八九～一九〇ぺ）と述べていられる。その師承的契機が述べられているのである。

三の「よむ」については、さらに、「私は垣内先生の御指導をうけて、自分に理会したものを、声の上にのせてこれを発表するということの尊さを知りました。教師のたしかに理会して居ることを、こゝに声に現して子供に伝えましたら、子供はこの読み一つで明かに会得するような場合がありはしないか、と思います。説明も何も加えない時に、子供が意外のことを会得して居ることがあります。それは恐らく先生が極めて得意に自分の理会を声の上にのせて子供にきかせたたまものでなかろうかと、こんなことも考えて居るのであります。」（「同志同行」、昭和9年1月1日、七三ぺ）と、指導者の読みの効果について述べてある。

また、「三の読みは私は必ず壇下に下りて読むそうです。これを発見して下さったのは、青山広志君です。」（「国語教育易行道」、昭和10年5月20日、一八七ぺ）と述べ、「着語」については、「私は読んでいくうちに着語を所々に挟みます。着語とは碧巌録や従容録の、本則や頌の所々に加えてある註釈のことで、単なる註釈ではなく、註釈者読後の直感といったものです。これを読むのと、読まないのとでは、本則や頌に対するはずみがちがうのです。私はたゞ読むよりも、所々に私の読後の生々した感じを挿し加えて語るのが、聴く児童にも面白かろうと考えて、試みたのでした。これは十分に気が乗らないと、出来ることではありません。打って火花の散るような気合が大切なのです。児童が喜ぶ訳です。しかし着語をすれば、児童の理会を助けるからとか、何処かで着語をしなければならぬとか考えた場合には、うまく行くものでもなく、やって効果のあるものでもありません。『こゝはうまい』とか『たまらなくよい』とかいう位の着語でも、自然に出たものは、文を理会するのにはずみをつけるものです。変なことを申しますが、理論に縛られる方には、出来ない技かと思います。人間のする事には理窟の上を行くことがいくらもあります。お勧めは致しませんが、着語の味は行じて会得なさるがよいと思います。」（国語教育易行道」、一八八〜一八九ぺ）と述べていられる。

「着語」は、芦田先生のわかい時からの禅的体験にもとづいていることがわかる。

このようにみれば、三の「よむ」には、芦田先生の師承的契機や行的体験をもっていることがわかろう。

（3）四　かく

これについては、「四の書くこれは私の教式中最も独創的のもので、十二三年複式学級にいて苦しんだ賜です。」（「国語教育易行道」、昭和10年5月20日、一九〇ぺ）と述べ、つづいて、「御承知のように、複式学級では直接教授と自動作業がうまく組合わなくては、単式と雁行する成績を収め難いものです。故に直接教授よりも、自動作業に苦心するものです。自動作業といえば、第一に書くことでしょう。これを教授の中間にさしはさむ――止むを得ず——という事は、児童を発動的ならしむることでもあり、落着けることでもあると知って、その心持を単式教授に取入れてみたのです。従来も書取という仕事が、教授の最後に置いてありましたが、これはある意味で申訳的のもので、教授研究会の実地授業の場合などには、大抵鈴が鳴ってから始まるのが例です。私は『自分の為ている仕事の価値が、自分でわからぬようでは研究も糸瓜もあったものか』と腹立たしくなる事さえありました。従来の教授は、児童の為というよりも、参観者の批評に上らないようにと努めた傾があります。私はそこが批評に上るのだと思うのです。私はそれを真中の四変化に持って来たのです。三十分以上音声のつゞいた教授と、十七八分で書くという作業のはいった教授との、教室内の空気を比較して御覧なさい。そのしんみりとした気持は、到底較べものにはなりません。人は第三の教師の読みと、第四の書くという仕事の間に、流が切れるという方がありますが、これこそ実際にやってみれば、直ちに分る事です。頭の悪いものは、行じてみてうまく行くことでなければ、出来るとはいわないが、頭のよい方は、自分の考で、事実出来ることでも否定しようとなさる傾があります。それが為に頭の悪い者が今までは、どれほど誤られたかわかりません。」（『国語教育易行道』、一九〇～一九二ぺ）と述べていられる。

「かく」ことが、はじめて「教式」の中にとり入れられたのは、大正一五年の春のことで、それについて、芦田先生は、「さて複式教授に於ける自動作業中で、最も重要なものは、何といっても、『書く』ことです。私が書くという作業の効果を知ったのも、複式学級にいたおかげです。この効果的な書写作業を、単式学級の教授にも取入れてみたらと考えたこともありましたが、其の機会を得ないで、そのままになっていましたところが、大正十五年の春、いよいよ全国の教壇行脚を思い立ち、其の準備行動として、甲南小学校で三週間教壇の修行をさせてもらいました。其の時尋三の教材『峠から町へ』というを、尋二に取扱ってみることになりました。児童はよく出来ますが、私がだめでした。どう考えても案が立ちません。これもまた窮余の一策で

作太郎
父
峠
神明様の森
白壁造の家
製絲工場
生絲
馬車

の八語句を書いて、（記憶からうつす）挿絵とあわせながら説いてみました。教授の流もしっくり行ったし、空に問答するのよりも、何処かたしかさを感じました。これが四に『かく』をいれた最初でした。（中略）爾来適当な機会のある毎に、実際に之を試み、書写事項についても色々考えて、とうとう教式に『かく』を加えることにしました。」（「教式と教壇」、一三六～一三九ペ）と述べていられる。

さらに、「かく」をとり入れるようになったことを、「私が之を採入れるようになったのも、全く偶然で、因縁が和合して、花の咲く頃に、花が開いたのだとでもいったらよいでしょう。」（「教式と教壇」、一五二ペ）と言い、『かく』ということは、久しく我が初等教育界に忘れられていました。勿論文字を記憶させるために、書取を課したことはあります。けれど文章を理会させるために、『かく』という作業を取入れたことが、今までにあったでしょうか。それはありません。しかし、知らなかったのではありません。愛読文章を丹念に写して楽しんだということは、必ずしも碩学・大家でなくても、各自の経験にも全くないことではありません。その楽しむという意義を分解してみたら、その中には、鮮明な理会を得ることが重きをなしている事は明らかで、知ってはいながら、之を指導の中に採入れなかったというまでです。」（「教式と教壇」、一五三ぺ）と述べていられる。

「四かく」における「板書」については、「私が板書致します時には、私は精一ぱいの字を書きます。決して一点一書をおろそかには致しません。しかし限られた時間にする仕事ですから、速度には十分注意を致します。そうして私は口唱しながら板書し、児童は聴きながら簿書します。私は一心私の板書をして、児童の簿書に対して監督がましいことはいさゝかたりとも致しません。第一私は黒板に向ったら、一回でも後を見ません。若し話声でもすると、板書しながら『話をすると手がだめになりますよ』と警告します。私は之を行じて、初めて悟ったのですが、人を率いる最も有効なる方法は、丹念に行ずる以上にはないようです。」（「国語教育易行道」、一九四ぺ）と述べていられる。

芦田先生は、四〇歳の秋、岡田先生の坐下で、静坐を始められたことがきっかけとなって、その修行観が深められた。「板書」する真剣さも、またそこに由来している。その点に関しては、「静坐は、僅かに岡田先生の御指導で、物になりかけた所ですが、その他のことは、これぞといって、身を入れて行じたことがありません。喫茶・喫飯、そこにも修養の世界があることを知らずに来た生活のみじめさ、我が身ながらにあわれなりけりで、何とも致し方がありませんでした。しかし私の生活は、今後も命のあるうちは続きます。今まではたゞうかうかと過して来たことを、今からは行ずる覚悟で、緊張した心持で行いましょう。生活全部を修行と心得て進んだら、自らそこに開ける道もあろうと考えて、全力を生活の充実に注ぐことに致しました。私が板書に身をいれて書き初めたのも、この時からです。読み声に力をいれ初めたのも、この時からです。読本を丹念に研究しはじめたのも、この時からです。とにかく、自分を何とかして修行の道にのせなければ、児童といえども、之を修行に導くことは到底出来ません。教室の改造、教壇の改革は、一に教師の修行ということに落ちてまとまりました。教育の一切は、教師論に尽きるというのが、この時からの信念でございます。」（「静坐と教育」、昭和12年11月20日、同志同行社刊、一三七～一三八ぺ）と述べていられる。

また、垣内松三先生は、この「かく」（聴写）に関して、つぎのように述べていられる。「『聴写』はどうして、いつごろから』と尋ねて見ると、『教壇行脚七年の間』と答えられる。こうした問と答との間から知り得たことは、その型の上に現われて居る形式ではなくして型の内面を貫くはたらきを明かにする課題を解く契機であった。」（『思念想寂』、「垣内先生の御指導を仰ぐ記」所収、昭和7年7月5日、同志同行社刊、九ぺ）

「指導案の中に聴写という作業がある。それは『読み』の整理の後に、先生は板上に教材中の重要なる語句を図式的に摘記せられ、子供はそれを学習帳に写しとる作業である。……わたくしは先生に『うしろ向きの指導ということは初めて見ましたが、先生は背で教室の空気が感ぜられるのですか』と尋ねて見ると、先生は『え丶、後に眼がついて居るかなどと、よく謂われますが、何だかこの辺で感ずるのです。』と謂って頸筋をたたいて見せられた。先生は、なお『「背を真直にして」と後向のままにいうことがある。なんとなく子供たちの背が曲って来たように感じていうのであるが、後で参観者から聞くと、こども達が姿勢を真直ぐにするということです』とも附加えられた。よいことをお尋ねして見たと思った。『後向の指導』の間に生ずる静粛なる学習の時間は、常に聴写だけでなく、子供の視神経・聴神経・運動神経・全神経の集注して、全文を読み、語句を考え、文字を覚える微妙なる作業が一挙に操作されて居るのである。後にこの『聴写』の指導の工夫は長い年月を費されたものであることを知ったのであるが、その型は模倣することはできるかも知れぬ。そう聞いて見るとよくこの型を見うけることもあるのであるが、その運用に至っては指先の技巧で行えるものではない。」（同上書、七～八ぺ）

芦田先生の「聴写」の本質をよく洞察した述べかたになっている。そこに、四　かく　の行的特質がよくとらえられている。

なお、四　かく　については、芦田先生みずから、「この夏——昭和九年——宇和島の国語教育大会に於て、我が師垣内先生の御教示をうけて、いよ〳〵指導研究の重点をこゝにおかねばならぬと思った。」（「小学国語読本と教壇」巻四、昭和9年11月12日、同志同行社刊、二二ぺ）と述べられた。板書機構の研究に真剣にうちこまれたのである。

ついで、板書の際の「一線」については、「この一線は私が昭和八年の暮、山形県上の山の小学校で初めて用いたものでした。」（「国語教育易行道」、二二四〜二二五ぺ）として、さらにつぎのように述べてある。

「上の山であてられた教材は、高等科の『鯵釣』でした。徳富芦花氏の名文、読んでは限りなく面白いけれども、取扱うとして何処に目を付くべきか、まったく見当がつきませんでした。明日の教壇に之を何としたものか。その肚のきまらないうちは、寝ても寝られるものではありません。炬燵の上の広板に肱をついて、思案なげ首の体いよ〳〵わからなければ、その旨を断って帰るばかりさと、捨鉢の肚はきめても、忌々しさとやるせなさで、唯ぼんやりしていました。すると広板の上に広げてあった半紙に、徒ら書きか無意識か、幾本か書いた線が、合して太い一線になっていました。見るとはなしにそれを見詰めていると、それが鯵釣の文に考えられて来ました。ともかくも段にあわせて切ってみようと、切ってから重要語句を書込んで、鯵釣の一語を求めてみると、『ぴくり』に目がつきました。人さし指にかけた絲で、海底を探っていたその先に『ぴくり』と手ごたえがあったのであります。『ぴくり』を求めて前幾段、『ぴくり』の後の幾段、之によって悉く光ある感がしました。もしこの一語を失ったら、鯵釣の文が成立しないことをさえ感じました。こゝに緒を得てから、全文を深究して、取扱うべき個所を定め、翌朝は未明に起出でて、教案を練って壇に立ちました。苦労したかいに、多少児童もよくうけ入れてくれたかと思う程でした。この時からこの一線を利用して、板書と文段の関係を明らかにしました。たしかに教授は確実味を増すように感じます。」（「国語教育易行道」二二五〜二二六ぺ）

なおまた、この「一線」については、「一線を畫することを昨年から私は実行しています。雑誌『同志同行』

の上に掲載する教壇筆録の板書の写真を御覧下さい。黒板の上部に横線が一本引いてあるのがそれです。それを読本の段数に区画し、第四変化の書く時にその段に相当する板書を、その線下に記入することにしています。この一線は垣内先生が形象直観の方便として有力なるものだとおっしゃって下さいました。」(『国語教育易行道』、二二四ぺ)と、述べていられる。

さらに、漢字の取扱については、「さて恥をいわねば理が聞えぬと申します。打明けていうと、私の読方教授には、漢字の取扱は実際苦手でした。之を何処で取扱うべきか、この頃に至るまで全く成案がなかったのです。聴くから読むへ、話すから綴るへの易行道にとって、漢字は実に難物でした。ところが昨年北海道の帯広に旅行した時、やはり漢字の問題になやみぬいて帰って来る途中、富良野あたりだったと思います。『漢字だって書かせれば訳はない』と考えつきました。こうして緒がつくと、考は展開するもので、児童に書かせた漢字の成績を調べてとやかくいう様では、それは教育的でない。自分で調べて、自分の欠点を自覚させるのが一挙両得少労多数の最たるものだと考えました。それから神楽校の教壇を済まして、さて小樽の緑小学校に帰って来て『松阪の一夜』の終に漢字の練習を主とした復習を試みました。それは私の教壇叢書『松阪の一夜』の中に記録が載っています。その結果は稍成功で軽い得意を感じていました。」(『国語教育易行道』、二二三ぺ)と述べ、つづいて、「私は謹んで御報告申し上げます。吉田君の工夫にかゝる漢字練習の妙法は、私が之を壇上に試みて、極めて簡単に、深くも浅くも、時には語法から形式諸方面の整理にまで、用い得る事を明らかにしました。今年一年之を試用したら、何処までこの問題が発展するか、何処が限度かも明らかになりましょう。さらに漢字練習を中心とした形式の整理を要するものがどれ程あるかを調べたら、明年あたりは、形式を苦にし給う方々の安心せらるゝ一境をまとめることが出来ると思います。何はともあれ、国語教育易行道の中に、漢字に一座を与えることの出来たのを嬉しいことに存じます。」(『国語教育易行道』、二二八~二二九ぺ)と述べていられる。

（4）六　とく（六精査）

これは、大正三年七月の「文章研究録」所収の「教授の順序」にみえる、六精査にもあたる。そこから発展してきている。

「精査」の問題について、芦田先生は、「精査深究の手段として、文法的の取扱、修辞的の取扱等を致しますが、これはそも〳〵末の事で、想の上から、この文法・修辞法の生ずる所以、またその妥当なことを悟らせるのが根本です。綴り方の教授からはいると、読み方教授は外からする教授が、内からする教授にかわっていきます。」（「第二読み方教授」、四〇九ぺ）と述べていられる。綴方教授における実践体験が、読方教授における内容深究の面で、はっきりと生かされているのである。綴方教授での文章観・作品観が、読方教授における内容把握操作の内面的支柱になっているのである。

なお、この「とく」は、「小学国語読本と教壇」巻六（昭和10年11月1日、同志同行社刊）に、「『とく』とは今度始めて用いたことばである。これは同志古田君の教《ママ》によるもので、」（同上書、三五ぺ）と述べていられる。また、「『意義』から『わけ』にかえたのを、今度また『とく』に改めたのである。」（同上書、三五ぺ）ともある。「意義」→「わけ」→「とく」という推移を見せているのである。

以上、芦田「教式」の七項目（七変化）のそれぞれのうち、とくに、二、三、四、六の成立事情、発見契機、基礎体験についてみてきた。それによれば、一つ一つが、芦田先生の内省とくふうとから、導かれていることがわかる。

七

(1) 古田　拡氏のばあい

芦田「教式」の分析・考察については、まず芦田門下の古田拡氏がなされている。

古田拡氏は、昭和二・三年の夏のころ、はじめて芦田恵之助先生に会われ、それから昭和一六年（一九四一）、北京師範大学へいかれるまで、芦田先生の教えをうけられたという。（「芦田先生をかたる」、「実践国語」一三の一四二、昭和27年5月1日、穂波出版社刊、九ぺ）

古田拡氏は、昭和九年一二月一日刊の「同志同行」（第三巻九月）に、「教式論覚書」を発表し、その中で、「芦田式教法」について、つぎのように述べていられる。

「九、芦田式教法において、

第一のよみ

第三のよみ

第七のよみは、直観面をあらわす。他は反省面。

第二の話しあひは、教師の読書百遍によりて把握せる核なる生産点に立ちて行はるゝものなり。すでに、表現面全体に読みひたり、なほ、展望的図式を持てり。大所高所による歴々指点的なる大綱、要領をこゝに挙ぐ。画的に言へば、反省面に属す。

この生産点を打ちて、大綱を把握せしめて、教師のよみによりて、直観面に入る、豈、脉々たる生動なからんや。師曰く、説明では言へぬものこの時伝はるあるを覚ゆるなりと。

この感動を内部に保ちて徒らに発散せしめず、しいんとしたる空気の中、たゞ、師の一音のみありて、反省面の柱の句を書きぬき行く。魂に即するなり。然るをなほ師の鞭によりて、之を黙読す。一人の黙にあらず、教室全部の醸す黙なり。魂の印銘、この沈黙の深部において徹するなり。これ他教式に見るを得ざるもの。然り而して、この深部より発声す、豈、爆発せざるを得んや。われとわれらがこゝによびさまされあたゝめられて、室内の空気、あたかも酒の如し。黙読は秋気、この音声終ればとみに春三月也。こゝに『わけ』生ず。こゝに核の具体相明瞭す。

すなはち、第七の読みひたりあるなり。

一よみ　　直観面
二わけ　　反省面
三よみ　　直観面
四書く　　反省面
五よむ　　直観的反省面
　　　　　反省的直観面
六わけ　　反省面
七よむ　　直観面

（四書く～六わけ）大反省面

然して、教師のよみにおいて、『着語』あり。わけの時、書きぬきの語句の下に補ふ『朱書』あり、その上に、第二次、第三次の書きぬきは、同じ全文を見つゝ、山頂の展望、四方の眺あるがごとく、立場をかへての書きぬきあり、之に付加する朱書あり、その日の着語あり。

すなはち、第一次、二次と、層的にはふかまり行き、面的には語のあつかひ全面にわたる事となる。かくの如くにて芦田式、なほ語句をおろそかにするものと云はんや。

一〇、芦田式において念ずるは、教室の空気なり。この空気に師弟浄化されて、『まごころ』の無限によびさまされゆく所なり。国心の生々発展の根源所たらしめんとするものなり。

この空気の生産点は、教師一人の壇にあり。いかにして生産者たり得るか。曰く、全生活を教育と観ずるを同志といひ、教壇を熱望するものを同行とよぶとの師の言、之を道破されて余蘊なし。

なほ、具体的には、読書百遍、とはいかなるの謂ぞ。を探究せざるべからず。

（中略）

解釈の道は全生活的拡充、生涯稽古を要す。この覚悟のものにして、教壇に生産者、統一者と立ち得るなり。同志同行は之を念とし、捨身修行の大先達、芦田先生の下に道交日に厚く、地上の星座を荘厳たらしめんものなり。（「同志同行」、昭和9年12月1日、四七～四九ペ）

ここで、古田拡氏は、芦田「教式」を、直観・反省の二面にわけて、「教式」の活作用を説き、さらに芦田「教式」における、教室の「空気」の問題をとりあげている。

また、古田拡氏は、昭和二七年五月一日刊の「実践国語」に、「芦田先生をかたる――主として教式を――」という教式論考をのせていられる。

それによると、芦田「教式」のあらましを、

一　よむ　　　　五分
二　話し合い　　七分
三　よむ　　　　三分
四　かく　　　一〇分

五　よむ　　　　五分
六　かんがえる　一〇分
七　よむ　　　　五分
（ただし、下に書きこんだ分数は、すこしちがうかわからぬ、いま、手もとに、先生の本も、ノートもないので。――

古田氏はこう付記していられる。）
（一）はじめ、二三名に読ませて、
（二）その課の主意をつかませて、
（三）そこで大体の見当のついたところ――こどもの心を束ねて、ひとつの傾向――流れに向っているそれを、力強く流さんために、教師が、読む。
（四）つぎに、主要語句を書きぬく。教師は黒板に。児童はノートに。これは真剣に書く。
（五）こんどは、その板書をよむ。
はじめは、むちによる指黙読。
つぎには、むちによる一斉音読。
これでその学級のわるいよみぐせを直す。
（六）こんどは、その板書の語句について、その課の全文を背景にして、その意義を考え、その答のよいのをとり上げて、その板書の語句それぞれのわきへ、色チョークで書き入れる。あるいは、その課の文の補足になるような語句を。それで、全語句が解けると、あとは、
（七）全体でその課の全文を読むか、あるいは、二人、長ければ一人に読ませて、おわるのである。

と述べて、さらに、
（1）芦田「教式」の由来
（2）芦田「教式」の流れ
（3）芦田「教式」の流れの源泉と方向
について、述べていられる。
（1）芦田「教式」の由来については、
1先生自身の読書体験、先生自身のよみの心理を、教室に応用し、学級へ移行せられたとし、
2芦田「教式」の四に、「かく」がはいったのは、「先生が、多くの教室をごらんになられたその多くが、たゞ教師の口と児童の耳、ないし、児童の口と教師の耳との交渉ばかりなので、あれでは四十五分単調無変化、こどもは飽きてしまう。そこで、その中頃へ、書くという仕事を入れて前後を二分する。」（一一ぺ）ようになられたとして、「四　かく　」の機能を論じ、
3「先生が、東京高師付小訓導時代、複式学級の担任であった。当時の経験も入れたとおっしゃるのである。それは、こどもに自学のくせをつけねばならぬ。でないと複式はやれない。それには、書くことと、教師のよみを聞かすこと、しかも、その教師の読んでゆく時は、範読意識は絶対払拭すること、そして、会心の個所こそ、もしくは難語句のところで、前者はその感想を、後者はそのわけを、至極簡明に、二、三十秒位のことばで、はさんで、読んでゆく、それは、こどもにとって非常な示唆になる。このことは、禅宗の本の――無門関とか碧巌とか、従容録とか、（先生は従容録がお好きであった）――本文に対する着語から暗示をうけたとおっしゃった。」（一一ぺ）
と、述べていられる。

（2）芦田「教式」の流れについては、

「先生が、やかましくおっしゃったのは、一時間の授業の流れである。これを細らせてはいけぬとおっしゃったのである。」（一一ぺ）として、「一、よむ」から、「七、よむ」にいたる各項について、そのとりあつかいの注意が述べられている。

（3）芦田「教式」の流れの源泉と方向については、

「その流れの源泉、その流れの向うところはどこなのか。

先生は一口に言って、自己完成のためにとおっしゃる。

古人もしくは先達、この森羅万象を見、その中に生活して、会得したものがある。それを文につづる。それを後人もしくは後進が読んで眼が開ける。その開けた眼で、自己の生活および自己の身辺、自己の周囲を視、そこに新しく、昨日までのものを、見直し、見得したものを、またみずからのことばでかたり、みずからの文字でつづり、あるいはまた、先人、先達の文と自己の見解とを比較させて、わが生活《ママ》それを第二の学習意欲の喚起も、第六のかんがえるの教師の話も生活から発して、生活にかえるのである。これなくして読みの意欲なしというのが、先生の流れの源泉であり方向なのであった。師弟それぞれの自覚と自己完成へ。これが先生の念ぜられるところであった。こうして師弟同行、こどもとともに育って行こう、教師は全生活を傾けて教材を読みあい身心を挙《ママ》してこどもの声を聴く、それによって、人間になってゆく、最後の一呼吸までというのが先生のつねづねおっしゃっておられたおことばである。」（一三〜一四ぺ）

と、述べていられる。

古田拡氏は、芦田恵之助先生の門下生として、したしく授業を参観され、また、その話をきかれ、芦田「教式」の構成・由来・流れ・流れの源泉と方向について、その体験を通して考察されている。古田氏の芦田「教式」

考察の特色がそこにみられる。

（2）西尾　実氏のばあい

つぎに、芦田「教式」の分析と定位については、西尾実先生の論考・記述がみられる。

西尾実先生は、「わたくしが、先生の名を知ってからは三十何年かになると思われるが、お目にかかったことは、数えるほどしかない。」（「実践国語」一三の一四二、二六ぺ）「戦前、芦田先生が教壇行脚をさかんにされているころ、秋田県横手町の国語教育研究会から、芦田先生とともに講師に招かれたことがある。わたくしは、その時、はじめて、そして最後に、芦田先生の教壇を拝見し、講演を承った。その時、芦田先生は、読み方教授の方法を、（一）読む　（二）話合う　（三）読む　（四）書く　（五）読む　（六）とく　（七）読む　の七変化とし、きれいな字で横に板書され、その各項を説いて行かれた。

わたくしは、その板書を見つめながら、深い体験から帰納された体系であることに敬意をささげると同時に、けっきょくそれはまた読みと話合いをひとつの単位とし、

（一）読み　（三）読み　（五）読み　（七）読み

（二）話合い　（四）話合い　（六）話合い

のような立体的体系として、もう一歩つきつめることができるのではないかと考え、その後、ある雑誌に書いた覚えがある。」（二六～二七ぺ、「芦田先生の足跡」「実践国語」一三の一四二）

と述べていられる。

ここに「ある雑誌」とあるのは、「国語教育誌」（昭和13年5月号、一の五国語教育学会編、岩波書店刊）のことであるが、その考察は、昭和一五年一月二五日刊の「国語教室の問題」（古今書院）に、「指導様式と『教式』」として収められている。

それによれば、西尾実先生は、芦田「教式」を提示し、それぞれの意義を摘記してのち、

「この『教式』の主要特質を考えると、それは、

第一　『よむ』に始まって『よむ』に終っていること。

第二　七変化のうちの四変化は『よむ』であること。

であるといえる。そして、その名称は『七変化』であるが、この主要特質の示すこの『教式』の意義は、むしろ（一）の『よむ』から『話しあい』が、（三）の『よむ』から『書く』が、（五）の『よむ』から『とく』がそれぞれ展開し来る、『よむ』を基本軸とし、それの三次的展開を含んだ立体的発展たるところに存立するものと見てもよいであろう。随って、事実に於ては、（一）（三）（五）の三次的発展を含む『よむ』が、一つの『よむ』によって示されているのと同じように、（二）（四）（六）の『話しあい』『書く』『とく』の三次的展開も、それぞれの特殊性はありながら、何れもが、或は主眼点の、或は構成の、或は表現性の理解を目ざす指導である点に於て、一つの『とく』に含ませていうことも不可能ではないであろう。即ち、又、

第三　『話しあい』『書く』『とく』は共に『とく』であること。

といえる。

かく解することが許されるならば、この『教式』は、『よむ』（直観）から『とく』（反省）への展開を基本単位とした三次的発展をその本体とするものであるとすることが出来る。即ち、これは、

第一次展開	第二次展開	第三次展開	無限展開
（一）よむ → （二）とく	（三）よむ → （四）とく	（五）よむ → （六）とく	（七）よむ

の如き機構であって、この七変化は平面的線的な進行であるよりも、立体的飛躍的な発展であるといってよいであろう。尚、(七)の『よむ』は三次的発展の極としてのそれであると共に、更に無限の発展を暗示する出発点としてのそれに外ならないであろう。しかも、各段階の出発点である『よむ』は、その共通性に於て同じく『よむ』といい、それからの展開点であるべき『とく』は、その特殊性に於て、それぞれに『話しあい』『書く』『とく』と呼んでいるところに、単なる頭の理論から割出した公式ではなく、実践から得た体験の結晶たる特色が示されているように思われる。」(「国語教室の問題」一〇八〜一一〇ぺ)と述べていられる。

この芦田「教式」考察の立場については、

「私はこの『教式』について深く研究している者でもなく、又それを実践して来た者でもない。唯、偶近年比較的多くの国語教室を見学した結果、教師の教材研究の方法論から見出されて来た所謂指導過程(通読・精読・達読)の外に、児童の学習そのものから必然的に要求せらるべき指導様式ともいうべきものを究めることが、現在の読方教育の上に必要な課題であると考え、それには先ずその指導様式を構成する基本単位ともいうべきものを見出すことが必要であり、それは、今日一般に行われている用語例に従えば、自由読から指名読へ、指名読から問答へという如き展開であろうと考えていた際であったので、この立場から芦田氏の『教式』を理解して見ようとしたものに外ならない。」(「国語教室の問題」、一一〇〜一一一ぺ)

と述べていられるのである。

ついで、西尾実先生は、昭和三二年七月二〇日刊行の「回想の芦田恵之助」に、「芦田先生の『教式』について」をのせられ、「国語教室の問題」に収められていた「指導様式としての『教式』」を再録されて、つぎのように述べていられる。

「芦田先生の教式についてのわたしの、十七年前の考察を、いま読みかえしてみると、国語教育の方法論において、当時すでに教授時代から指導時代へ、指導時代から学習時代へという発展が意図されていた点で、芦田先生の教式を問題にしていることがわかって、そこにも芦田先生が先駆者であったということに、あらためておどろかされる。

が、わたしがこの考察で熱心に言いたかったのは、先生の教式が七変化ともよばれていることによって想像されがちな、一本調子の線的な延長でもなければ、読みの反復によって開かれてくる平板な平面的展開でもなく、（一）読む（三）読む（五）読むが三次的に深まっていく『読む』であって、そのそれぞれの展開として、（二）話しあい、（四）書く、（六）とく　が成立することによって明らかなように、この『読む』は、（一）通読、（二）精読、（三）達読　の語を当ててもいいような立体的な発展として理解されるということであった。したがって、（七）読む　は、『理解としての読み』の完成によって到達される『表現としての読み』である朗読でなくてはならないというのが、先生の教室体験から帰納された、下からの体系として、実にゆるぎなき体系であるということへの感嘆であった。

ところが、われわれの国語教育の歩みがその後新しい進展をみて、われわれのことばのはたらきは書くこと、読むこと、話すこと、聞くことの四つの面を備えることになったが、その四部門は昔の読むこと・書くことだけに偏り、しかもそれらを読方教授・綴方教授・文法教授などというように専門的・孤立的に学習させたのとちがって、読むことも書くことも、聞くことも話すことも、それらすべての関連においてのみ学習されるものだという立場をとるに至った。こうなってみると、芦田先生の七変化とよばれた教式には、すでに読むことの孤立が読むことの独立に改められ、しかもそれは、読むこと書くこと、聞くことと話すことの関連学習として展開されていたものであることに、またおどろかされる。

しかも、それが、近年の国語教室でよく見受けられるような、関連のための関連学習ではなく、各部門の独立によって展開される関連学習であるところに、これからの国語教育の進むべき方向が示されている。」(「回想の芦田恵之助」、五二〜五三ぺ)

西尾実先生は、ここで、芦田「教式」を、芦田先生の教室体験から帰納された、下からのゆるぎなき体系として見られ、この「教式」による学習には、読むことの独立学習と、関連学習が具現されていることを指摘して、芦田「教式」の先駆的な性格をみとめ、その価値を高く評価していられる。

また、芦田「教式」の史的価値について、西尾実先生は、「読むことの学習体系として、『読み』とそれから発展してくるものを単位として見出し、その単位をかさねてゆくことによって、学習が次元的に深まっていくという方法体系を自得されていたということは、国語教育史上の大きい寄与であると思う。」(「芦田先生の足跡」、「実践国語」一二三の一四二、二七ぺ)と述べられ、ついで、「芦田先生がなくなられてから、もう七年になる。芦田先生が最後までわが国における国語教育の歩みの中心に立たれ、身をもって国語教育を率いられたことは、当時すでに承知していたつもりであるが、先生がなくなられて年月を重ねるにつれて、そういう国語教育の歩みを身をもって歩み進められたのは、先生お一人であったということをしみじみ感じさせられる。そういう意味で、わが国の国語教育史は、わけても大正・昭和の歴史は、芦田先生の辿られた経過を記述すれば、過不及なく展望されるであろう。したがってまた、これからの国語教育の歩みは、この芦田先生の辿られた道をよりどころとして発展されるであろう。」(「芦田先生の『教式』について」、「回想の芦田恵之助」所収、四七ぺ)と述べていられる。

ここに、芦田「教式」を中心とした芦田先生の国語教育実践の史的定位をみることができよう。

(3) 安田孝平氏のばあい

つぎに、芦田門下の安田孝平氏も、芦田「教式」のことについて、述べていられる。

一つは、「回想の芦田恵之助」(昭和32年7月20日、実践社刊)に、「教式と私」として述べられている。

安田氏は、「思えば、私が先師についたのは大正十三年以来昭和二十七年十二月の逝去の時まで一世代を超えてきた。」（同上書、一八七ぺ）と述べ、芦田「教式」は、「全生命をかけられた体験と、深い思想から創案なされた教式である。」（一七九ぺ）とし、先師のことばとして、つぎのような引用をされている。

「本来教式というのは、きゅうくつに考えないのがよい。もともと仕事に手落ちがないよう、流れの自然を失わないようにと、工夫したものであるから、私がつかえばこの教式以上の教式はなく、これに上こす自由なものはない。けれども、他人の教式をそのままうけいれると、はじめは洋服の借着したようで、しっくりと身にそわぬ。けれども、長く着ていてなれてくると、服からも着る方からも歩みよって、借物でないようになってくる。如何に教式を無視する者でも、その人には必ず一つの教式ができているものである。ただ自覚なしに行ずるか自覚して行ずるかの差であると思う。（同上書、一八〇ぺ）

また、もう一つは、実践社主催第二回夏季研修大会速記録（一）（昭和32年8月8日から10日まで、高野山蓮華院でおこなわれた。）に収められた「読解指導と教式」という、安田氏の講演記録である。

そこでは、

「先師の『教式』は先生が日本の大地から生み出されたものであります。芦田先生の教式は学問によって作られたものでなく、理論によって構成されたのでもありません。かつて金原省吾先生のお宅に伺った時、先生は『芦田先生の国語教育は日本の土から生れたものである――』とおっしゃられましたが、私はまさにその通りではないかと思っております。学界の一部には芦田先生の教式は垣内学説によって生まれたものであるかの如き説をなすものがありますが、これは事実を知らざる言ではないかと思います。教式そのものは芦田先生多年の教壇実践を通してそこからおのずと生れ出たものでありまして、垣内学説は芦田教式を理論づけてくださったのでありました。」（同上記録、三ぺ）と述べ、芦田「教式」の概略を説明してのち、

「この教式の特徴と申しましょうか、特性は何であるか――。私は最もすぐれていると考える点は、授業の中間に『書く』という仕事を取り入れたということであると思います。音声交渉だけで一時間を終る授業を見受けるのでありますが、学習心理の上から考えましても、子供の理会《ママ》を高めるためにも、耳と目からとだけでは変化にとぼしく学習にあきがくる。こゝに筋肉作業に訴える書くという仕事が加わるために、『五』のよむ『六』のはなしあい『七』のよむという学習が深まってゆくのであります。

もう一つの特徴と申しましょうか、この教式における運用面の特性は横の一線を使うということであります。もしパテントというものが取れておったならばこの一線はそれに該当するほどの独創でありますが、精神文化の世界にはパテントがありません。それほどにこの一線はこの教式の運用において妙味を発揮いたします。

さて、板書でありますが、こゝでは一体何を書くか。マナスルの最高峰をきわめるには足場が必要でありますように、文の理会を深めるための板書事項は一つの足場であります。板書したものを足場として文の理会の最高峰をきわめる、そのために書くのでありまして、第一次指導・第二次指導とそれぞれ書く内容は違ってこなくてはなりません。」（同上記録、四ぺ）

と、その特色・意義について述べていられる。

なお、安田氏は、西尾先生の講演について、

「東京の全国大会で西尾実先生がこの教式は完成されたものであって、第三次的な展開を含んだ教式である、また今後の国語教育の方向を目標づけているものである。この教式は省略するところは一つもない。新しく加えるところもいらない。しかしこの教式は時代とこれを扱う教師の個性によって、それぞれその独自性が現われるのであるから、よく実践し研究してほしいという意味のことをおっしゃいました。これは『国語教育史上における芦田恵之助の位置』という題で講演して下さった時のお話し《ママ》であります。芦田先生ほど実践を重じ《ママ》られた方は

ありません。芦田先生の国語教育、教育一切が先生の足の裏から生れたものであります。一切が行であります。行が教育の効果を上げる最捷径ではないかと絶えずおっしゃっておられました。」（同上記録、九ぺ）と述べていられる。

安田孝平氏は、ながく教壇に立って実践をつゞけている方であるが、芦田先生門下として、その「教式」を理解し、考察していられるのである。分析というよりも、芦田「教式」を、実践を通して理解し、継承し、生かしていく上に主力が注がれている。

なお、安田孝平氏は、「同志同行」（七巻四号、昭和13年7月1日、同志同行社刊）に、「『教式と教壇』を戴いて」を載せていられる。これは題名の示すとおり、芦田先生の著「教式と教壇」の読後感想である。

その結びには、

「小学国語教壇の言霊の力を蔵するこの教式。吾等七千の同志は、その一人々々が弥陀の本願を拝する如く『教式と教壇』を机上に供えたいと思います。」（同上誌、一一六ぺ）とある。

八

（4）垣内松三先生のばあい

芦田先生は、芦田「教式」についての分析について、

「垣内先生は私の教式も原格として見る時には、読むと考えるとの二つだとおっしゃって下さいました。私は先生のこの言葉をうかゞった時、目がさめたように嬉しゅうございました。原格が少いから、融通無碍なのだろうと考えました。その読む中に、書く仕事もおいれ下さったのが実に有難い事に思いました。即ち四の書くは、

手で読むものとの御見解です。私は先生の一言の御指導によって、この頃は足の裏で読むなどという事を考えるようになりました。さて原格二つを自由に組合せたら、二変化をはじめとして、三四五六七八九その辺までの変化は成立する訳です。――それ以上は時間のために何ともなりますまい――児童にはどう仕向ければ、一番力がつくか、有効であるかが、解決すべき当面の問題ですから、人の疝気を苦に病むようなけちな考はさらりと捨てて、各自創作的に教式を御工夫なさるがよろしい。そのかわりこの七変化は、私にまかせておいて下さい。」（『国語教育易行道』、二〇三〜二〇四ぺ）

と述べていられる。

このように、垣内松三先生のばあいは、芦田「教式」の単なる分析ではなく、芦田「教式」の分析が、芦田先生に摂取されて、その「教式」成立に大きな影響をおよぼしているのである。

垣内松三先生と芦田恵之助先生との出会い・交渉は、芦田「教式」成立以前にさかのぼって、考えていかなくてはならない。

ここでは、読むことにかぎってみていく。芦田先生は、「読み方教授」（大正5年4月21日、育英書院刊）に、「読む方教授」の一例として、「冬景色」の課の取り扱いを掲げていられる。

垣内松三先生は、その著「国語の力」（大正11年5月8日、不老閣書房刊）の「第一章　解釈の力」の中に、「センテンス、メソッド」の実例として、この「冬景色」の取り扱いをそのまま採録され、その実例について、つぎのように分析していられる。

「この読方の全体に現われて居る作用を分析すると次のように考えられる。

1　通読（音読）――指導者の音読から生徒は文意を直観して居る。これが Sentence method の出発点である。

2　通読（音読――黙読――音読）文をたび〳〵読んで、文の形に第一段第二段第三段第四段第五段の展開があることを気づいた。

3　通読（音読）――大意が更に確実に会得せられてから自然に語句の深究が生れて居る。

4　通読（静かなる音読又は黙読）――語句深究のために作者の位置を見つけ、作者の景色に対して佇んだ時間まで考え出した。

5　通読（黙読）――板書の網目を透して全文を心読し冬景色の天地の広さ、遠さ、色（光もあろう）音等を観取し静寂の感を深く味わって居るらしい。特に銃声の後更に一層の静寂を感じたようすがあり〳〵と見える。

更にこの作用をいいかえて見ると

1　文意の直観
2　構想の理解
3　語句の深究
4　内容の理解
5　解釈より創作へ

ともいうべき順序を追うて展開して居るのである。」（「国語の力」有朋堂版、一九～二一ぺ）

垣内松三先生は、さらに、これにつづいて、「実例より見たる考察（一）（二）」を述べていられる。（「国語の力」有朋堂版、二二～二五ぺ）

これに対して、芦田先生は、「朝鮮にいました大正十一年五月のある日、垣内先生から御高著『国語の力』をいたゞきました。通読していくうちに、解釈の力の条下、六『センテンスメソッド』から見た読方の現状という所に、私が取扱った『冬景色』が、実例として引用されていました。私が漢文教授の方法を継承した我が国語教授にあきたらないで、壇上で悶えたり、考えたりして到達した『冬景色』の教授が、垣内先生のお見出しにあずかって、お役に立ったことは、たゞもうありがたいという外に言葉はありません。私も二度目に東京高師付属小学校に入ってから、足かけ十八年、こつ〳〵壇上に働いた足形が、これによって酬いられた訳です。」（「第二読み方教授」、大正14年9月15日、芦田書店刊、四一一～四一二ぺ）と述べられた。

また、芦田先生は、「私が朝鮮に去ってから後も、私の心は、先生を思いうかべる事によって、常ににぎやかでした。」「先生と私の精神的交流は寸時も絶えたことがありませんでした。ことに先生の名著『国語の力』が世に出てから、先生の国語教育に関する御意見をまとめてうかゞうことが出来、したがって先生の初等教育界に対するお考《ママ》も明かに知ることが出来ました。先生の『国語の力』は我が国語教育界の宝典であり、不滅の名著であり、永遠に我等の燈明台であると思います。」（「国語教育道」所収、「初等教育界に於ける師の御功績」、昭和13年5月5日、同志同行社刊、一二三ぺ）とも述べていられる。

芦田「教式」の成立過程において、理論的立場から、垣内松三先生がはたされた役割は大きいものであった。

芦田先生はまた、垣内先生との接近について、つぎのように述べていられる。

「偶然ともいえましょう、又必然ともいわれましょう。私にはいよ〳〵先生に近づく機会が到来しました。それは、先生が東京女子高等師範学校の教授におなりになり、高学年の教育実習を御担当になった事でした。当時東京女高師の学風は、先生御一人によって、大転回をするのではないかと思う程でした。当時学生の先生に対する渇仰は、私の姫路中学時代に於ける憧憬よりも強いと感じました。全く先生の『まこと』を以て『まこと』をうつ御指導が、教育実習生の風をなして、実習生が大塚の東京高師付属小学校に押寄せる奇現象を呈して来ました。

私が『読み方教授』という書を書いたばかりの時でありましたが、それが東京女高師教育実習生の教科書になっていたとは後に聞いたことでした。ある朝の如きは、女高師の実習生二十名許が押掛けて、『教壇を見せよ、話を聞かせよ』とのことに、私は全く面喰ってしまったことがありました。こうした事が度重なるにつれて、この陰には垣内先生のいらっしゃることも知り、私の歩いている道が、多少とも先生に認められていることも知って、ひそかに身のふとるのを感じた程でした。」（「国語教育道」、二一～二二ぺ）

右のうち、「姫路中学時代に於ける憧憬」とあるのは、明治三四年ころ、垣内先生の日本文学史に対する夏期講習の講義を、同僚足立謙三氏によって伝講され、それから、垣内先生を、「文学史の神様のように考え」ていられたことをさすのである。また、「読み方教授」は、大正五年四月二一日に、育英書院から刊行されている。

ついで、垣内先生への接近は、さらにつよめられていった。

芦田先生は、

「私が私の天分を自覚して、再び壇にさまよい出た時から、先生を慕うの情はいよ〳〵高まって来ました。『国語の力』や、時々にうかがう先生の国語教育に関する御講演は、有難いのは限り無く有難いのですが、それよりも私の生きた教壇を研究の資料として、それに関する御批評、それについての御指導をいたゞきたいものだと思うようになりました。こうした実際と理論の接近が、我が初等教育界には全く欠けていました。それでいて、それが不用ででもあるかのように、互に天狗の鼻を高くして罵りあっていました。そこで私は私の信頼する師の足下に私の教壇を投げて、自ら俎上の鮒となった訳です。先生にならば、よし悪魔外道といわれても、私はたしかに生きる道を知っていたからでした。」（「国語教育道」、二四ぺ）

と述べていられる。

昭和七年（一九三二）の二月二十九日と三月一日に、東京府下豊多摩郡千駄ヶ谷尋常高等小学校において、尋四に「乃木大将の幼年時代」を、芦田先生が取り扱われ、垣内先生がごらんになって、親しく指導された。このときのことは、「垣内先生の御指導を仰ぐ記」（昭和7年7月5日、同志同行社刊）として、まとめられている。

この時以降、芦田先生は、垣内先生に教壇を見てもらう機会をえられるようになった。たとえば、昭和七年の八月六日、七日、八日、和歌山県田辺町での夏期講習において、読方・綴方の両教壇を、垣内先生がみていられる。さらに、垣内先生に尾して、「新潟県糸魚川に、山形県天童に、また、青森に、高山に、天草に、大井に、宇和島に、戸山に、伊勢原に、東金に」親しく指導を仰いでいられる。

その間のことについて、芦田先生は、「私は先生の御志が教育事象の重視と、教材たる文章の見方にあることを感じました。私はひそかに先生のお志を体して、日々の教壇を行じて来ました。お蔭によって、老い行く私ではありますが、教壇は日に〳〵新しい境を行くように感じました。これも新経験、あれも新経験という心持に励んでまいりました。」（「国語教育道」、恵雨会編、昭和13年5月5日、同志同行社刊）と述べられ、「私は先生を晩年に於ける唯一人の師と仰いで、私の修行を完うしたいと存じています。」（同上書、二六ぺ）とも述べていられる。

芦田先生は、垣内先生から、学ばれたこととして、

1　教育事象の重視

2　教材たる文章の見方

の二つをあげていられる。

1　教育事象の重視　については　芦田先生は、「教育事象の重視、これを我が師程温い目で視た学者がありましょうか。」（「国語教育道」、二六ぺ）

寡聞にして、師以外には知らないとして、

「私も、師に教えられなかったら、無意識に過したのでしょうけれども、教室の事象に注意しはじめてみると、

児童の眼光に著しい等差のあることがわかって来ました。私が教壇に立った時の児童の眼は、一つとして輝いていないものはありません。ところが私の二語・三語・十数語・数十語と進むにしたがって、児童の眼はとろんとして来たり、がっしりして来たりします。果ては沈黙の深層に光りかゞやくものやあくびをはらんでどうにもならぬものが出て来ます。こうした活事実を看取した私は、毎時々々児童の眼に教えられて育っているのを感じます。」（同上、二七ぺ）と述べ、

「事象を深く見つめない所に、何の教育がありましょう。生みの親の目で見るということが、事象重視の真精神でありましょう。師は母性愛のような目で児童の全生活を見よとおっしゃるのでしょう。」（同上、三〇ぺ）とも述べ、「小学教師はその足下に展開する教育事象を凝視するのが、何よりも重要事である」（同上、三〇ぺ）ことを指摘していられる。

ついで、

2　教材たる文章の見方　については、

「文章の見方は、全く師に教えていたゞきました。」（「国語教育道」、三一ぺ）と述べていられる。また、

「師が文の機構を三つにわけてお説き下さることなど、私には脚下に高遠の道をお示し下さるように思われて、たゞもう有難くてたまりませんでした。私がわき目もふらず、自己に落して読むの一筋を歩みつづけましたのは、全く師のお蔭でございました。

私は師のお伴をして、文の機構をはじめ、教壇に関係深き師の御意見を度々うかがいました。そうして、それを私の教壇に生かそうと努めて来ました。もと〳〵不敏にして、師の御意見の十が一も具現することが出来ませんでした。けれども師のお説が、教壇上には如何なる傾向にあらわるべきものかは、この十幾年の教壇行脚に於て、全国各地に之を示し得たかと思います。私は、ひそかに師をはずかしめる事の多かろうという事を恐れます

けれども、力の限りを尽しての過《ママ》は、師も許させたまうところと信じて、こゝまで歩んで来ました。」(「国語教育道」、三四～三五ぺ)とも述べていられる。

さらに、芦田先生は、「私は年に四回の大旅行の終に於て、必ず師の許に、旅行中の新事実を御報告申し上げています。それは私が御教をいたゞくため、第二には、師にも亦珍らしく思召すことの十に一二はありはせぬかと思う婆心からです。」(「国語教育道」、三七ぺ)とも述べていられる。

ついで、垣内先生のがわから見れば、芦田先生の教壇・教式は、どのようであろうか。垣内松三先生は、「芦田先生の教壇に参与するようになったのは、実は昭和七年二月末以来である。教壇行脚十年の中の後三分の一の時期である。(中略)この三年間先生の教壇に参与し得ること十数回であったが、その十数回の実際の御授業を拝見する度ごとに、私としては心ひそかに自分が私の立場で考えて来たことが教壇の上にありありと出て居るような感激をもって常に教を仰いで居ったのである。」(「国語教育講話」、昭和11年1月1日、同志同行社刊、垣内松三著、二七二ぺ)

と述べていられる。

垣内先生は、芦田先生の教壇事実を資料とし、基礎として、国語教育における実践の技術学を考察された。

そこでは、

第二章　実践の技術学(上)

一　形象の問題

二　理会の問題

三　形象と理会

のような構成になっている。

垣内先生は、

「今実際の教壇に於ける教材の取扱に於て児童の心に徹するように研究が実現されて居る実例として私は幸にして芦田先生の教壇を挙げることができるのであるが、私がこれまで考え居たことが偶然にも『乃木大将の幼年時代』を教材とする芦田先生の教壇に於てまざまざと見出されたことはこの上の歓びもないのである。恐らくこうした機会は実に稀にあることとさえ思うのである。私としては自分の研究が教壇の実践に於て実見された喜びを今も感じる。芦田先生の長い間多くのものから常に批難を浴びせかけられながら教壇実践を貫行せられたことが、学問上からいえば駭くべき徹底的な規範に到達せられて居ると申し上げることができるかと考える。こゝに所謂実際と或は理論ということは対立するものでなく、又実際と実践ということも混同されてよいことではなく、実践がその内面に於て意図することを貫行する時に、たとえば『乃木大将の幼年時代』に最後の一人の子供が頭をあげ得なかった感激の姿に於て現われたように人間を形成する動力となりうるのであると考える。」（「国語教育講話」、八二ペ）と述べていられる。

垣内先生は、「国語教育講話」（昭和11年1月1日、同志同行社刊）の第二章「実践の技術学」（上）の「実践解釈学」の中で、「理会」の問題をとりあげ、

「『理会』というのは結局『わかる』ということである。読方の目的は読む文をわからせることにあることは勿論であるが、それをわかるようにさせることが一層大切である。ともかく『理会』という事はこの二点に帰着する。結局学習と指導の目標点は理会の一語に尽くされるのである。読方教育の根基をこゝにたしかに据えつけて、それを実践するためにはまず『わかる』ということを考えなければならぬ。この『わかる』ということについての研究が解釈学である。解釈学は理会の方法を研究する技術学であるといわれている。」（「国語教育講話」、九六ペ）と述べ、さらに、「今仮り《ママ》に理会の方法を解釈する技術という解釈学を一般解釈学と名をつけると、国語の解釈を主題とする解釈学はその中の一部面であり、更にこれを理論的解釈学と実践解釈学とに区別することができる。読方教育はこの最後のものと直接に結びつくのであるが、一般解釈学を遠ざけなければならない理由は少しもない。」（同上書、九七ペ）と述べ、「実践解釈学は受持の児童を十分に読方の勉強に目覚めしめそれを生い立たせ、且つ練りあげるには如何なる手続を踏まなければならぬかという事を研究するのが主眼であるから、理論解釈学の立脚地を忘れてはならぬが、一面実際に即するためにそこに実践解釈学を根基として読方教育の実際に近づか

なければならないと考える。先ず一般解釈学について行われている考えを整理して、実践解釈学の方面でまず注意しなければならぬことは何であるかということを考えて見たいと思う。そこで一般に教案は通読・精読・味読という指導過程に基いて立てるというように考えられ、或はそれと類似したいろ〳〵の学習指導過程の考え方があるが読方教育の実際に於ては先ず何よりも如何にして読む心構を練るかということから出発しなければならないと思うのである。」（同上書、一〇一〜一〇二ぺ）と、「読む心構を練る」ことの重要性を強調し、「教材を読む時のその心構という問題を述べるために先ず芦田先生の教式を掲げよう。」（同上書、一〇三〜一〇四ぺ）と述べ、以下、芦田教式の各項ごとに考察を加えられている。

(1) よみ

「この最初に行われる読みを特に通読というように特殊の性質を附与して仮説するものと同一に考えてはならぬ。最初の読みが読む心構を引き起すという心持で取扱われるときには形は同じように見えるけれども、単に知解の目的を内に含めて通読するという心構とは異るのである。この出発点に於ける僅かな開きが先へ行っては非常に大きな開きになるのである。最初の読みをどう扱うかという心構一つによって、最後のよみの到達面に於て児童に与える影響は大きな差が生じて来るのである。こうした開きを吟味することはかなり重大な結果を含めるものだと考えられる。而してこの読みが如何なる読みであらねばならぬかということが実践の技術の第一着手だと考える。」（同上書、一〇四ぺ）と述べ、つづけて、「勿論これは児童の読みである。たとえば『この課を読める人、手をあげてごらん』といって挙手を求めたとき、お受持の先生であったら、その挙手した児童がどういう読みを持って居るかということは既に諒得されて居る筈である。嚮に読みの類型をA・B・C・Dと四種に別けて見たが、国語教室に於て、当面の教材に就いて、読みの心構をつくるためには、どういう読みをはじめにさせ、その次に如何なる読みを配するかということが自然見当がつくわけである。芦田先生の『乃木大将の幼年時代』の御指導の際にはじめて壇上に立たれた少時間に全学級の『読み』の特性を見抜かれたものと見えて、この中のCという型の読みからはじまって居る。Cという型には読み違いもあるのである。しかし全体の空気を作るには頗るよい役割をするのである。勢よく流暢に読む明るい態度が学ぶ心をひき立たせるのである。しかし読みに意が据わっては居ないのである。然るに若しこの第一着手をA型にまかせたならば、その次ぎ《ママ》に立つ読みの型によっては読む心構がいじけてしまう。またD型に読ませたらその空気がずっと低く沈んでしまう。それだから読みの心構を練るためにはどの型から出発するかということは教材に依り、目的に依り、事態に依りて違うけれども、極めて典型的な実例をとって見るとそれは『乃木大将の幼年時代』に於て現われた学習指導の姿であったと思う。」（同上書、一〇四～一〇五ぺ）と述べていられる。

また、「その教室内に読むという心持がウォーミング・アップせられ、読む力が次第に高まって満潮のように押寄せる勢に着眼することが実践の技術の第一出発点であると考える。」（同上書、一〇六ぺ）しかも、「実際にそうした状勢を導き来るには、どれほど真剣な心づかいがあるかも知れないのである。そのためには壇上に立つ指導者の心構の内には実験心理学的測定の結果のようなものが一瞬に観取され、五十人余の児童がどういう心構え《ママ》で居るかということが測定などを俟たないで一瞬間に把握されて居るのである。しかも単にそれだけではない。そうして見抜いた読む心の奥底に於ける機能をかように秩序を立てて行けば、全体の読みの力を伸ばすことが出来るという測定以上の測定が一挙に敢行せられて居るのである。そして全体の読む心を引き立たせる意図がきわめて短い時間に実践されて居るのである。それを学問的に分析して行けば、それは測定学が示すところと同じことが認められるであろうけれども、実践の場合に於ては、それを俟って始めて行われるのではない。そうした全事象を看取し、しかも円かに統合して全く人格化されるというところから実践の威力が滲み出して来るのである。」（同上書、一〇六～一〇七ぺ）と述べ、「教壇に立った実践者としてはそういうものの全部が人格化されて現わされて居るのであるから指導者の何ものかが出て来なければならない。そこに実践の問題がある。それ故に第一の読みを如何に取扱うかということはすでに容易ならざる問題である。若しそれが出来なかったら、形の上に於てはその教材を教えたということになって居るけれども、児童の心の奥底まで徹したということにはならないのである。」（同上書、一〇七ペ）と述べていられる。

(2)　話しあい

「ウォーミング・アップの第二として『話しあい』ということが行われる。実践という立場から考えて見ると、『問』と『答』という国語教育の上に於ける事象論理の展開の重要なる一面をなし、読む心構を練り、これを習熟させるという目的をもってせられる話しあいであって、それは単なる読方教育の技巧ではなく読みの心構を練るために、叙述層に於ける読みの統一（ロマンインガルデンに於ては『意味統一層』といわれる）として現前するのである。芦田先生の場合では、話しあいの出発点は教材の標題である。文の標題は、その文の語らんとする主眼点を提示して居るものであるから、文の標題に基いて、読みとったところを整理し、教材の本質を直観させることが話しあいの第一歩である。」（同上書、一〇八ペ）と述べ、また、「『話合い』ということを学習指導の一環として指定することは芦田先生のお取扱によって啓発されたところであるが、今日まで『話しあい』といわれて居るのはそういうことではなく、専ら一字一語の理解もしくは知解を目的とする話しあいであって、文の全体の機構を明かに見ぬくために目を見ひらく作業ではなかったかと思う。詳しくいえば延長としての『叙述面』の知解であって、集積としての『叙述層』の理解ではなかったと思う。もし『叙述層』の理解であればそれは更に他の層位との関係の展望を可能ならしめる地位に立つこととなるのであるから、こうした一見僅かな違いのようであるが、その展開の前途にはかなり大きな開きが現われて来ると思う。従ってもしそうした誤解を避けようとすれば6『わけ』を『とく』（説く）と改められたことと関連して2話合は2『とく』（解く）と命名するのが誤解を避け易く、或は6『わけ』（『分る』の名詞）を『とく』として『よむ』と統一しようとするのであれば（2）とく（解く）（6）とく（説く）とするのもわかりよいと思う。元来『わかる』のは『わける』或は『とく』からであるが『よむ』と『とく』（読即解、解則読）との合一を示す上から見ても2話合は2『とく』として6『とく』と連ることを示すこともできると思う。」（同上書、一〇九～一一〇ぺ）と述べてある。

(3) よみ

これについては、「こゝに行われる読みは先生の読みである。この『読み』の指導過程に於ける位地は（2）『とく』をうけて（4）『かく』につづく重要なる一環をなすものである。教壇を降りて『よみ』が開始された。このことは児童に近づくというよりも児童の心に近づいて行かれるといった方が真相を現わし得るかと思う。壇上で読まれてもよいわけであろうが、わざわざ壇を下りて、児童に一歩近づくところに読む心構を練る上に有効なはたらきをして居るのはなぜであろうか。これは形の上のことでなく、こうした形が生れて来た根柢には、『無』の源泉から流出ずるような――ひとの問に答えて先生が何故という理くつは知らないが、そうしなければならないような気がして、何時からかそれをつづけて居るという旨をどこかで語って居られるのも尊い――ものが感ぜられる。」（同上書、一一〇～一一一ぺ）と述べ、さらに、「乃木大将の幼年時代」の指導記録から、「着語」の例を引き、「私は1、2、3の指導過程中に行われる読みの心構《ママ》えがたしかになる自然の進展はウォーミング・アップするというような指導の心を以てあたためられるのであるように考えられる。」（同上書、一一三～一一四ぺ）と述べていられる。

ついで、朱子のいう「三到」（眼到・口到・心到）を挙げて、文を読む心構として、これを、実践の技術学という方面から考察され、「心到というのは読の心構が熟して来る進展をいうのであるが、さきほど申したように先生が壇を下ってゆっくりと、ところどころに注意を加えて、またわからぬところは之れ《ママ》をほどいてお読みになると児童の心の中には全くその教材にかかって居た浮雲のようなものが霽れてしまうようである。なお読みの心構を正しくするためには朱子の三到の外に『聴く』及び『書く』が加えられなければならぬ。」（同上書、一一五ぺ）と述べていられる。読みの心構の上から、この（3）よみ　が考えられているのである。

(4) かく

　これについては、「『かく』ということも実は『読み』である。」（同上書、一一五ぺ）と述べ、「こゝに読みの心構《ママ》えを整えるためには眼・口・耳のはたらきを更に一段高めることを目がけて、こゝに眼・口・耳、それから心と共に全体の機能としては、もう一つ欠けている手のはたらきが加わって来るのである。それで読みという全機能が整ってはじめてしっかりして来る。故に読みの心構から読みの機能を目ざして読みの機能を鍛錬するにはこの重要なる手続を進めなければならない。ところが眼・口・耳、それは手がかりが明瞭にそこに現れているが目に見えない心のはたらきを目ざますために如何なる手続を踏《ママ》たらよいか、そこに芦田先生は手のはたらきを見て居られるのである。それがこゝに書くという『読み』が入って居るのであって、『手をもって読む』という義であるかと考える。手をもって読むときに教室全体は沈黙の深底のようである。」（同上書、一一六ぺ）と述べていられる。

　また、「人間の読むいう機能はこの五つの機能がはたらいて居るのであって、その五つの機能全体をはたらかせることによって、ぼんやりして居るものを、はっきりさせるのは実践の立場からいうのであって、こゝに書くというはたらきが加わって来るのはいかほど困難であっても、実践技術学としては是非こゝに据えつけるべきだと思う。その意味に於て書くということが加わると教室がしんとする、その時心到、すなわち考えるということに近づいて居るのである。」（同上書、一一七ぺ）とも述べていられる。

(5) よみ

これについては、つぎのように述べてある。

「この読みはすでに板上に書かれた言葉について読むのであるが、板上には教材の機構の第一層に於て、是非とも注意をしなければならない言葉だけがこゝに書き抜かれて居る。その文字を読むのである。しかも低学年に於ては『黙って読みなさい』という注意のもとに鞭でトン、トン、トンと板上を押えられ、児童はそれを声を出さずに読んで行くのが見うけられる。機能をはたらかせるためにはこの耳でなくて、心耳を、口を開くのでなくて心の発音を、たゞ漫然と文字を見るだけでなくて心眼を開かせるというのは有効である。唯、黙って読んでいる。この指導のもとに今まで気のつかなかったような読む力が加って来る。又音読の場合にも今まで聞えなかった魂の響が響いて来る。それは文字によって、文字が語っている内の言葉をきき、言葉の内の言葉をきいているからである。言葉の内の言葉はインナースピーチといわれているが、そうした内面形式を見ているからである。これは全く手のはたらきが加わったためである。そのために読むという機能がはっきりと子供の心に生い立って来るようである。」（同上書、一一八ぺ）

(6) とく

これについては、「心の機能が目ざめた後に、その次に『とく』——前には『意義』といわれ更に『わけ』といわれ今は『とく』といわれて居る。——考えるということがはじまる。心到である。意味が考えられる。以上三つを私は実践の技術学の上から機能の発生とそれを鍛錬する心構を定める用意であると考える」（同上書、一一九ぺ）と述べ、「実践の技術学として前に心構についていったように、『書く』から『とく』に至るこの過程を私の立場から見れば読むという心のはたらきに於て、どうしても眼・耳・口・手・考えるということは生理心理的に見ても欠くことの出来ない読みの機能である。この読みの機能を目ざまして、しかも背後にある人間がそこに目ざめてはたらくことを考えなければ教育にならない。陶冶の手がかりがない。故にこゝに三つのはたらきが加わって、そうしてはじめて心到に達する精神的過程の上には事象論理ともいうべき進展が見える。読方教育の具象論理である。実践の論理である。その代りにほかのことをこゝへもって来て、置換えて見ようとしても置換えられない。こゝにその全体をひきくるめて読む機能を目ざめさせ、読む機能を鍛錬するはたらきがこゝに出て来る。すでに読む心構が整い、読む機能が目ざめ、そうして一つの教材について読みが鍛錬されて居るとしたら、そこにはじめて読みの目的が達せられる段階に近づいて来るのである。これを『読み』の覚知ということも出来ると思う。」（同上書、一二〇ぺ）と述べられている。

(7) よみ

これについては、つぎのように述べてある。

「最後に『読み』があるだけである。これだけのはたらきが出来て心の中から輝く眼によって教材を読む時に心の中から響く響によって、最初の読みとは違った響が聞える。そうしてその『読む』が発音訓練のみならず、『読み』に要する一切の注意がはたらき、また一語一語、一句一句考えて読むがために句読および、その他の諸注意が明瞭にそこに現れ、文を読むというのはこういうコツで読むのだということが覚知される。最後の『読み』は実によいと思う。」（同上書、一二〇〜一二一ぺ）

以上、七項のおのおのについて述べたのち、垣内先生は、つぎのようにまとめていられる。

「芦田先生の教法はこの七つの階段を経て居る。そうして人によって芦田式といわれたり『七変化』ともいわれるが、『変化』ではない、進展して居るだけである。すくなくとも変化していない。変化するようであったら全体が破壊されるだろう。ともかく七つの段階を経ているがその階段には子供の心の奥底までをよく見抜かれて、またその子供の心のはたらきを極めて簡単に端的にこれをのばして行くという工夫のもとに読む心構をつくり、読む機能を目ざませ、『読む』ということはこういうことだということをはっきりコツを握らせる論理の上に立って居るものだと私には考えられるのである。」(同上書、一二〇〜一二一ぺ)

芦田「教式」を、実践解釈学の立場から、心構の確立、機能の目ざめ、読みの完成と統一的に考察してあるのは、大きい特色である。

垣内松三先生は、芦田「教式」の七つの各項について、的確な分析を施された。それは解説というよりも、独自の立場からなされた解明というに近い。国語教育学を実践の技術学として志向し、構築していこうとする立場にあって、芦田「教式」は、精細的確に考究されている。

西尾実氏は、芦田「教式」の機能を分析しつつ、その歴史的定位を試みられたが、垣内松三先生は、芦田「教式」に対する国語教育学的見地からの分析として、無比のものを示された。

また、垣内松三先生は、芦田「教式」に対する批評五箇条を、「同志同行」(第三巻第一二号、昭和10年3月1日刊)の沖垣寛氏のものから引用していられる。

それによると、他からの芦田「教式」批判は、つぎのようである。

「それは

(一)教材の如何に拘らず同一教式に拠るということは成立つかどうか。

芦田先生の教式は教材がどういう種類のものであっても同一の教式をとるが、それでよいか、どうかという疑問である。

次は教壇の実際家からの批評ではなく、むしろ教育行政の方面から

（一）同一教式を全校の職員が行うということは個性を無視するものではないか。

という批評がある。その意味はどの学年でもどの学級でも、どんな教材でも同一の教式で全学級全職員が行っているということはその指導者の性格を無視することではないか、という批評であるといわれて居る。次に

（三）七変化の教式を行うものは読みの練習を軽視するものではないか。

という批評である。簡単にいえば、読方教育に於ては『読み』の訓練が大切であるが、この教式で行う実際の教授は読みを無視するものではないかということである。次に

（四）此の教式の実践者は文の形式を粗略にする、文字学習、語釈等を丹念に取扱わない。

七変化の教式を踏むものは一種の内容主義であるという批評である。次に

（五）この教式を採るがために児童の自発活動が閉塞される。

その意味はこの教式全体を通じて教師中心、児童中心という立場から考えると、教師中心になって居る。この意味に於てこの教式によるものは主観主義であるというのである。（同上誌、一四一～一四二ぺ）

垣内先生は、以上の批評を、つぎのように、

（一）この教式に依ると形式を無視することにならないか

（二）此の教式に依る時は児童の自発活動を閉塞することはないか

（三）この教式に依ることは指導者の主観を強制するもので、陶冶の目的が達せられないのではないか

の三つに総括し、それぞれについて所見を述べていられる。

垣内先生は、芦田「教式」の単なる支持者ではなかった。学理の立場から、その実践の特質と機能とを洞察されていたのであった。それは芦田「教式」の弁護ではなく、つねに解明していくという底のものであった。

九

（5）沖垣寛氏のばあい

すでに見てきたように、芦田恵之助門下の古田拡氏・安田孝平氏らは、芦田「教式」のよき理解者であり、継承者であった。古田拡氏は、継承者というよりも協力者・助力者の立場にも立っていた。

古田・安田両氏を初めとして、数多い芦田門下の中で、つとに芦田「教式」の実践的研究にとり組んでいたのが、北海道小樽市在住の沖垣寛氏であった。沖垣氏は、大正五年（一九一六）の春、東京高師附属小学校の廊下で初めて芦田先生に会われてから、師の逝去まで、ずっと師事し、かつ師の信頼のもっとも篤かった高弟の一人であった。

この沖垣寛氏を中心とする、小樽市緑尋常高等小学校同人たちは、昭和元年（一九二六）以来、もっぱら芦田先生の教式によって、日々の読み方教授を進め、実験五年を経て、ようやくわがものとなってきた。その経験をまとめて、昭和五年（一九三〇）一〇月、「読方教式の研究」（四六判、一〇〇ページ）を刊行した。

この「教式」についての研究報告には、沖垣寛氏が、「教式の概観」として、つぎのように述べられている。

まず、小樽緑小学校の同人が践んできた読み方教授の教式を、形の上から眺めると、左のようであると、七項を提示している。

一、通読
二、話合　}音声の交渉（約十五分）
三、通読
四、聴写　}筆端の活動（約十分）
五、通読
六、意義　}音声の交渉（約十五分）
七、通読

これらは、[1]通読（一、三、五、七）・[2]話合（二）・[3]聴写（四）・[4]意義（六）の四項にまとめることができる。

その各項については、つぎのように概観をしている。

[1]通読（一、三、五、七）について

「この教式に於ては、通読という仕事が四箇所に置かれてある。そのうち一の通読は児童に読ませ、三の通読は教師が行う。適切に着語を施しながら読んで行く教師の通読は、形容一元に立って文意に触れるに頗る効果が多い。五の通読は、聴写の際に板書した事項を指黙読、または指音読させるのである。最後の通読はその日の学習を総括して文に対する統一的理解を得るために大切な読みである。今この四箇所の通読を読みの内面から観察すると、一の通読は文の概観であって、文意を把促するきっかけである。三の通読は文意を見つめての読み、五の通読は、文意の最も濃厚に滲み出て居る字眼を辿っての読み、七の通読は、文全体の統一的理解を得た我が物としての読みである。しかもこの七変化の流れを、読方学習指導に於ける文認識の作用から見ると、文の直観・反省・統一の過程を辿るものであって、このことは明確に説明し難いけれども、大体から云って誤りは無いと思う。」（沖垣寛著「人・教育・学校経営」、昭和8年8月15日、同志同行社刊、一三七ぺ）

2話合（二）

「この話合は、その時間の学習にポイントを打つ仕事であって、読み得たところを語り合い、学習の目的を明かにして、深究の必要を悟らせるのが主眼である。故に何を語り合うべきかということが此処での大事な問題であって、教師の問いが重要性を持つのである。」（同上書、一三七ぺ）

3聴写（四）

「四の聴写は、一から三までに至る文の概観を承けて、精査に移る契機である。この書写は精しく読み深く読み確かに読むための作業で、書くべき材料は取扱の着眼点に照して撰択する。従って文の着眼が決らなければ、聴写材料は選べない。私共が常に苦心する一つはこれである。その全文を書くか、重要部分を書くか、重要語句を書くかということは、学年により、教材により、取扱の着眼によって異るのであるが、何れにしても文字を事象として意味として書かせることが肝要である。」（同上書、一三七～一三八ぺ）

4意義（六）

「六の意義は精査と称すべき仕事で、特に工夫を要する箇所である。即ち板書を所縁として文の生命に突入し、その生命の光に照して語義・内容等を深究するのであって、取扱が叙述的機構に立つか、表現的機構に立つか、象徴的機構に立つかということも此処に決定せられると云ってよい。話合で打ったポイントが、聴写に於て生命語句に結晶し、意義の扱いに完結するのである。」（同上書、一三八ぺ）（以上は、「読方教式の研究」所収「教式の概観」を再録している「人・教育・学校経営」から引用した。）

右の教式の各項（1通読・2話合・3聴写・4意義）の機能分析は、過去五ヵ年の教壇経験を踏まえてなされているだけに、至って的確なものとなっている。當時（昭和五年ころ）としては、出色の分析・概観である。

さて、沖垣寛氏は、右のような教式による各項の作業・活動を、全一的なものとして、その取り扱いに生命あらしめるためには、なによりもまず、教師自身の読みを深めなければならぬとして、つぎのように説く。

「恩師（引用者注、芦田恵之助先生のこと。）はその著『第二読み方教授』に於て、力一ぱいに読むべきことを力説せられ、また近著『国語読本各課取扱の着眼点』にも、『国語は国民の生命だ。生命は生命で取扱う場合に、その実相に触れることが出来る。環境生理や、原拠出典に心を二三にしないで、一心に読むがよい。そこに自己の独自の世界が開けて行く。世は何故にこの第一義をよそにして、末梢をのみ追うのであろうか。国語読本の取扱とても、全くこの義に外ならぬ。生命を傾注して読破考察するところに、その真義もわかり、取扱の識見も立つ。』とおっしゃって、真剣に読むことの必要を力説して居られるのは誠に意味が深い。従来読方の教授は色々に研究されたが、教師自身が自らのために生命を傾けて読むという一事の実行は、甚だ覚束なかったように思う。この根本の修行を逸して、心を二三にするがために、焦点の決らぬ、写真のような授業をしていたのではないかと思う。真剣に読破考察しなければ、取扱の着眼は決らぬ。着眼がきまらなくては、教式の実践も機械化するの外はない。教式死活の鍵は、教材の生命的研究の如何にあるのである。」（同上書、一三八ぺ）

教式を真に全体的に生かしていくための根本は、教師みずからの読みを深め、教材の生命的研究に集中し、根本の修行としての読みを真剣に行じていくべきことを道破しているところに、沖垣氏の面目がある。——そもそも、芦田「教式」が自己の読書法に淵源していることと照応させれば、この沖垣氏らの教式に対する教師みずからの読みの重要さの指摘は、だいじな着眼であることがわかる。

ついで、沖垣寛氏は、教式の全体は、読みの自然なる発展に基礎づけられて居なければならぬとして、つぎのように述べられた。

「これは全体として、読みの自然なる発展に基礎づけられて居なければならぬ。即ち先ず文の全体に触れ、部分に入り、更に全体に帰るのであって、その流れは直観・反省・統一というように配することが出来よう。かくて読む仕事が文の直観と反省とによって進められ、更にこの二者を止揚しつゝ文我の融合による新しき自己の世界を創造するのである。たゞこの全体より部分へ部分より全体へというような言い方は、読みの作用の発展を極めて分析的に観察したもので、有機的生命体ともいうべき文自体に於ては、全体を離れて部分なく部分の外に全体がないのであるから、其処にはたゞ生きた文章そのものとして存在するものといわなければならぬ。従って読みの発展も、渾然たる読むという作用そのものからいえば、たゞそれ読む読む読むの無限の進展であるということが出来る。読むという作用そのものが、純粋持続の流れとして発展することである。従って七変化の取扱に於ける話合も、聴写も、意義も、すべて読みそのものゝ《ママ》発展に棹さして、それをより深くより大にする如く作用しなければならないと思う。」(同上書、一三九ペ)

教式の流れは、芦田恵之助先生も、もっとも重視されていたが、その流れの基礎づけを、読みの自然なる発展ということに置こうとしているのである。

昭和五年(一九三〇)という時点での教師論としては、まことに明確にまとめられている。沖垣寛氏を中心にした小樽市緑小学校の同人たちの目ざした教式実践が、形骸の模倣でなかったことは、右に見てきたことによって明らかである。芦田「教式」は、正しく受けとめられようとしていたと見られるのである。

昭和五年(一九三〇)一〇月、「読方教式の研究」がまとめられ、さらに昭和八年(一九三三)八月、「人・教育・学校経営」(昭和8年8月15日、同志同行社刊)がまとめられた。沖垣寛氏は、この実践報告に、「教壇体験の尊重」をとりあげ、その中の一節として、「教式八年」について述べられている。

沖垣寛氏は、この「教式八年」の中で、さきに見た、「読方教式の研究」所収の「教式の概観」に対して、その後の考察をも加えた、教式についての第二の概観ともいうべきものをしている。

このことについて、沖垣氏はまず、「私は、昨年（引用者注、昭和七年か。）暑中休暇を中心として数十日の間恩師と共に旅行した。そうして幾十度か師の教壇を仰ぐと共に、また教式に対する師の発表をも聴くことが出来た。どうも私などが教式を理屈に乗せると、いよ〱師の体験を遠ざかるような感じがするので、何処までも活きた教壇そのものから教えを受けたいと努めたのであったが、亦一面には、師が教式について語られる如何なる談片《ママ》をも聴き落さないようにした。今それを纏めて、更に教式を概観して見たい。」（同上書、一四〇ぺ）と述べて、七変化の教式を、読みの進展に培っていく働きの上から、つぎのようにまとめて示されている。

一、通　読 ―― 予習の総計
七、通　読 ―― 学習の総計
二、話し合い ―― 問題の決定
六、意　義 ―― 問題の解決
三、通　読 ―― 超方法的指導
四、聴　写
五、通　読 ―― 問題の結晶

沖垣氏は、右の順序にしたがって、教式の機能・役割・方法などについて、つぎのように述べている。

1　一、通読　七、通読

「一の通読は予習の総計で、その日の学習の予備のような仕事。七の通読はその時間の学習の総計ともいうべきもの。

従って一から七に至る学習の過程は、即ち文に対する理会作用の進展を物語る。然らば、何によって一の読みから七の読みに至る読みの深度を知るかというに、その唯一の手掛りは読み声である。児童の読み声である。この読み声によって文理会の程度を明察することは、頗る大事なまた頗る興味ある問題である。読方の第一問題はこの声だ。腹の底からわかったという時の読み声は、大人でも之れ以上は行けぬというほど良いものである。この教式に依る読方学習指導の進展には、この声を折込んで考えたい。

そこで七の通読は、時間が許すなら指名個読で二三回も読ませたい。優中劣の子に読ませて見るなども意味のあることだ。」（同上書、一四〇〜一四一ぺ）

2　二、話し合い　六、意義

「二の話合《ママ》はその日の学習の問題を明かにして、学習の方向を示す。目の附けどころを明かにするのである。この話合い《ママ》の中心となる問題は、一篇に一問しかあるものじゃない。こゝで一番力を入れなければならないのは、『今日の問題は何か』ということである。しかし此処では、問題を明かにして学習の方向を決めるのが主で、其の解決に手をつけたら学習の流れが混乱してしまう。処がこれは題目からはいるのが一番自然である。水兵の母（引用者注、国語教材）を読んだとして、『これを読んでどんな感じがしたか。』というような処からはいったら、極るものじゃない。このことを理会するには、我々が作文の際に題をつける気持を反省して見るがよい。私はこの夏も長い旅を続けたが、此の夏の旅を一貫してどの点から観たかというに、それは総べて我が老を験する意味のものであった。それで私は、題目を『老を験するの旅』とした。この心持がわかれば、話合を題目からはいるということの意味も、わかるであろうと思う。

それならば、題目からはいって何処へ進むか。これが叙述面から何処へ飛込むかという問題である。」（同上書、一四一ぺ）

3　三、通読

「こゝは先生が大得意になってやるべき処。それには先生の声が大事である。しかもその声の拠って来る処を考えなければならぬ。私（引用者注、沖垣寛氏）はこゝの教師の読み一つでも、国語教授の三割位の力がつくのではないかと思う。これは非常に力のあるものだ。

岩出山の子供が、発音が悪くて（キとチを混同するが如し）どうにもならなかったものだが、満五年の努力、教師の毎日の通読が知らず識らず発音矯正にも影響して、全校の読みが明るいものに代った。

読方の指導に於《ママ》て、いかなる方法でも手の届かぬ処を、この通読一つで打開することが出来る。これは説明や何かでは手の届かぬ超方法的な方法である。従ってこれがうまくいけば、その日の教授もうまくいくように思う。拙いのなら無くてもよいようなものだ。」（同上書、一四一～一四二ぺ）

4　四、聴写　五、通読

「聴写は手での読み、通読は口での読み。前者が筆で読むに対して、後者は声で読む。この二つは離すことが出来ないもので、此処でその日の学習の問題を結晶させるのである。話合できまった問題をこゝで結晶さして、解決に進むのである。」（同上書、一四二ぺ）

これら一～四の考察には、芦田恵之助先生の教式そのものに学び、その教式観をとり入れた跡が見られる。もっとも、三、通読　についての言及などには、芦田先生みずから、楽しんで範読を必ず組み入れていかれる境地には遠い述べ方もうかがわれる。

さて、沖垣寛氏は、教式の流れを、つぎのように表解することができるとして、

一、通読（予習から本習へ）
二、話合（問題の構成）
三、通読（焦点を見つめて）
四、聴写（問題の結晶）
五、通読（字眼に結晶して）
六、意義（問題の解決）
七、通読（我がものとして）

読みの必然的発展

このように示し、「この読みの流れが、文の直観・自証・証自証（引用者注、垣内松三氏の解釈体系）と進展すれば、これが理会作用の発展であるといえよう。しかも問題は睿知《ママ》の働きに帰ってくる。」（同上書、一四三ぺ）と説いている。

ついで、沖垣氏は、この教式による読むことの学習の根本問題を、心（睿知）の問題としてとらえ、

「七変化による読方の学習を、具体的な仕事として眺めて見ると、

読む（目）――聴く（耳）・書く（手）・話す（口）――考える（心）

教授といい学習というものは、要するに心の問題だ。魂の問題だ。読むも、聴くも、書くも、話すも、要は考

えるという心（睿知）一つの問題である。心が其処に集中せず、心が其処に光らなければ、一切の仕事は空虚である。読方の学習に於て、その一視・一聴・一語・一書・一考の上に、睿知が働いて居るかどうか。読方教育の根本問題は、か丶ってこの一事に帰するかと思う。」（同上書、一四三ぺ）

と述べている。これは、教式が形骸化しないように、教式を真に教式たらしめ、読みの学習を真に成果あらしめるための根本の心がまえを説いたものといえる。

つぎに、沖垣氏は、教材一課の学習に、三時間をかけるばあい、第一時から第三時へとどう進展していくかについて、つぎのように表示し、

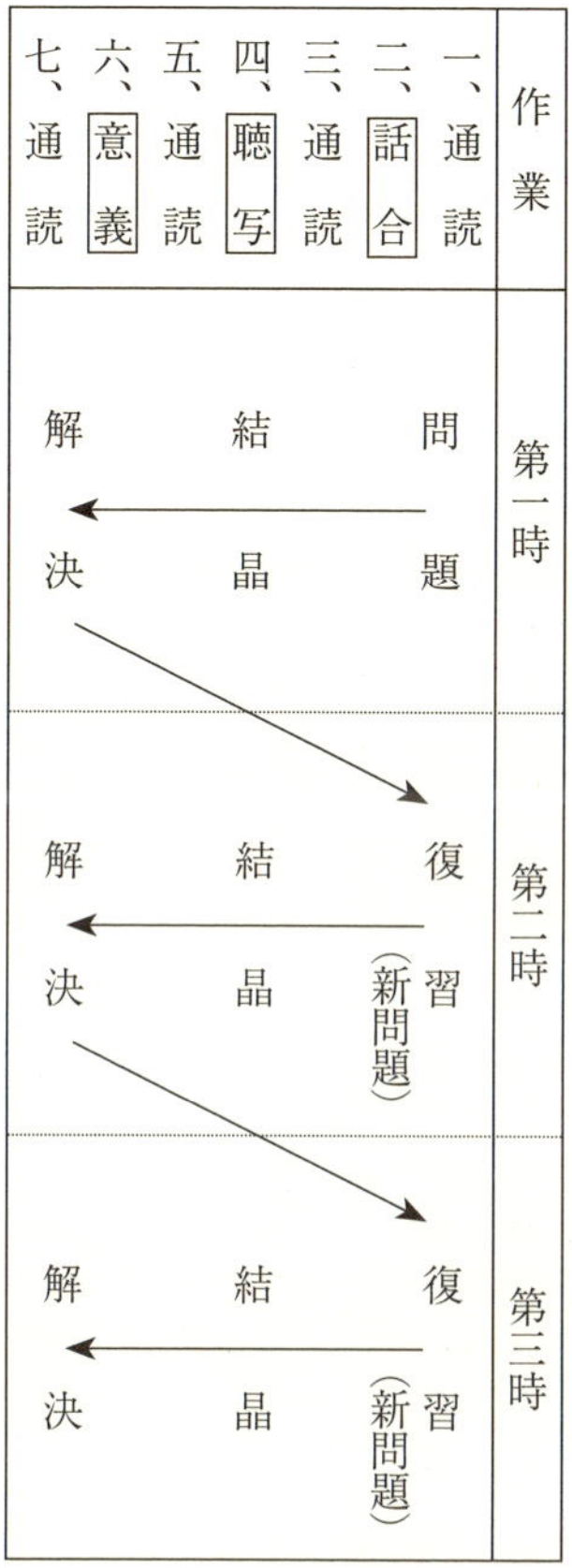

上向的旋螺

「第二時以降の復習は、前時の意義の取扱すなわち前時の解決の跡を承けて、これを復習しつ丶、そこから更に進展して新しい問題を構成し、それの結晶解決へと進む。かく繰返して進展して行く姿は螺旋的向上である。こうした進展の活きた姿は、教壇の事実で味得するがよい。」（同上書、一四四ぺ）

と述べて、教式の螺旋的向上について、その進行を示しているのである。

沖垣氏は、右のように、教式の機能について、分析を加え、さらに、教式を実修した跡を反省して、つぎのように述べていく。

沖垣氏は、七変化の教式にはいる前に、「入室」という一段をとりあげ、入室して、師弟対面の刹那の感じを問題としている。いろいろの実例を挙げつつ、対面の刹那に師弟一如の流れを醞醸するには、深い修養の必要であることを説いていく。

1　通読――読み声に読みの深さを汲む。

これについては、「さていよ〳〵教式を踏んで見ると、思うに任せないことが少くない。最初の通読は児童の読みの深さを現すのであるが、それを読声の上に感得するには、私共自身の耳が冴えて居なければならぬ。私共は永い間これに気がつかなかった。それでも両三年来このことに注意して、児童の読みを聞いて居たお蔭で、理会の程度を読声の上に聞き分ける耳もいくらかは出来て来たように思う。これは読方の教壇者として大事な修行の一つである。」（同上書、一四六～一四七ぺ）と述べている。

2　話合い――発問のくふう

これについては、つぎのように、その苦心のほどを語っている。

[1]「話合いで学習の流れを起し、それに焦点を打つことは、必ずしも容易なことではない。これは兎もすると冗長になったり、散漫になったりするものである。というのも、結局は教材が我が物になり切らず、児童が我が内容となって居ないからではあるが、この教材の生命を把促するということが中々の難事である。一年や二年で解決のつく仕事ではない。しかし幾年か壇を踏むに従って、教材に読み浸ることが根本であるということが経験の上に明かとなって、精一ぱい教材を読み抜くことに努力するようになり、其の読み抜きの中から話合いの問い

を生み出す工夫を凝すようになった。一課一問という師の言葉を光として、魂を動かす問いを搾り出すことに苦心した。処が浅ましいもので、一課一問と考えてはいつの間にか一に執着して、思わぬ無理が伴う。誘導的発問を工夫する余裕が出来出したのは、つい両三年来のことである。」（同上書、一四七ぺ）

2「要するに教壇上の行の生活、働きそのものである行の世界を外面から観察して、之を教師中心といい児童中心というならば、その事自身が既に誤って居る。この事に気附いてからは、教師本位であるというような批評には動かなくなったが、翻って私共自身の教壇を内省すると、之を師弟共流の行と称するにはまだ〳〵修行の余地のあることを知った。そこへ投げられたのが、『問いは話題である。』という師の提言であった。これは心境の問題である。体悟を要する問題である。教材の生命から搾り出した問いを、話題の義に於て提供することが出来るならば、師弟共流の世界は其処に現前するであろう。教材を師弟団欒の中に置いて、互いに自己の読みを語り合うという気分になれば、師弟共に学び共に育つということも初めて実にせられる。私共は今後いよ〳〵こうした世界を求めて、和やかな気分に満ちてしかも力ある話合いを工夫しなければならないと思う。」（同上書、一四七～一四八ぺ）

3　通読――そのむずかしさ、響きある読みを生みだすように努める。

「三の通読、これがまたしっくりといかない。この教師の通読は私共が自ら教材に浸って、一語一句の上からひし〳〵と其の核心に触れて行く働きそのものでなければならないが、何等のわざとらしさもなく之をひた〳〵と進めて行くことは決して容易の業ではない。師の教壇を見て居ると、此の読みが如何にも響きに満ちて居る。うま味というか深味というか、そのしっとりとした中に、自ずから命が現われて居る。私は師の読声を聴いて、その生きた叫びに驚いたことが幾度だか知れぬ。それで今度こそはと意気込んで、読みに浸ろうとするが、其の結果は十が一にも及ばない。殊に通読中の着語を自分の読みの自然な流れに乗せてと考えるが、読みそのものの徹底が浅いために、生きた着語を求めることが出来ない。といって師の着眼点（引用者注、芦田恵之助著「国語読本各課取扱の着眼点」などに示されている各教材の着眼点）を借用したのでは、沐猴にして冠するの笑いを免がれない。何としても、之は私共自身の問題である。私共は自己を読むの真義に徹して、響きある読みを生み出すように努力しなければならない。」（同上書、一四八ぺ）

4　聴写――三から四への内面的発展のくふう、聴写材料選択のむずかしさ

[1]「三の通読から四の聴写に移る処が、どうも不自然であるという。不自然というのは、此処で流れが切れるというのである。これは外からも批評されたことであるが、私共も早くから之を実感して居た。七変化の教式は七段に分けられるけれども、約めて言えば読みそのものの必然的自己発展を意味する。従って此の『貫く流れ』が切れるならば、生命の充実は其処に止まるものといわなければならぬ。私共はそうした内面的な感得から、二の話合と四の聴写とを結びつけて、話合いの結果が自ずから聴写材料となって結晶するように些か工夫もして見たが、力の弱いためであろう、それが中々うまく行かない。しかもその為めに、一時間の教授の全一性が崩れてしまう。そこで聴写に移ろうとする時に、『さあ。それでは書きましょう。書いて見るとよくわかります。』などいうような申訳を入れることになる。これは師も時々おっしゃることだが、師は決して一片の気休めを言って居られるのではない。たゞ、通読から聴写に移る処で流れが切れるという批評の中には、読方学習の発展を外面的機械的に観察したものも少くはなかった。けれども七変化の流れを理会作用の必然的発展として自証するならば、三と四との間には内面的なつながりの有ることを知るのである。或る時、私がこの問題を師に問うと、師は『自己の生活を書き現わしたものが文であるように、通読によって得た重要語句を書抜くのが聴写だ。それだったら、自己の生活と自己の文とに繋がりがあるように、通読と聴写とは自ずから連絡を保って居るのだ。まあ欺されたと思って、二三年やって御覧。』と教えられた。これは流れの問題を概念の世界に追いやらず、流れそのものに

浸る行によって自証せよといわれたのである。それからは疑う念が無くなって、専ら三から四への内面的発展を工夫するようになった。」（同上書、一四八〜一四九ぺ）

2「さて聴写材料の選択が難物である。教師だけが選むのは悪いなど批評した人達の多くは、自らこの選択権を経験しないからだ。教材を読みつゝ聴写材料を抜き出そうとすると、いやになる程目がちらつく。中々的確には掴めるものでない。といって『着眼点』（引用者注、芦田恵之助著『国語読本各課取扱の着眼点』）を写したのでは、自己が読み得たものでないから、教壇に力の出よう筈がない。禅門に於ける名著碧巌録をさえ、讁々相承の真相を晦ますものとして唾棄した高僧があったということが、いかにも肯けるように思う。行によって自証すべき問題を、頭だけで片づけてしまってはならぬ。そこで聴写材料を決めては崩し崩しては決め、さてどうにもならなくなると、全文を書写しながら生命語句に触れようとする。処が今よりも一層、国語を魂の叫びとして一語一句にも文の生命を読むという力の乏しい私共であったから、聴写材料の選択が困難なのも当然のことであった。しかしそれならばこそ、読本を読むという仕事が生涯の努力に値いする問題となるのである。」（同上書、一四九ぺ）

なお、聴写の扱いについては、さらにさまざまなくふうをし、そのことについて述べられている。

6　意義――そのむずかしさとくふう

「意義の取扱にはいると学習の流れが混乱して、話合から貫いて来たものを見失い、形容二元に陥り易い傾向を持つ。貫く流を失わず、あっさりした様でしかも濃淡自在にということがむずかしい。初めのうちは板書の順を追うて精査して居たが、そのうちに目が開いて、焦点から飛び込んで意義を取扱うようになり、些か教式の機械的実践を免かれて来た。けれども一時間の教授が、全一的なものでなければならないという点からいえば、話合から聴写あたりまでを貫いて来た一筋の流れが、意義の取扱に到って混乱するというようなことは、久しい間経験した。結局読みの深さに拠ることで、単なる方法技巧の問題ではない。この意義の取扱については、研究すべき事が多いと思う。

話合と聴写と意義の取扱とが一貫しなければならないということを、明瞭に自覚したのは、近年のことである。教式を実践するについて、立案の際に特に工夫すべき箇所がこの三点になることは以前から知って居たのであるが、此の三つの作業が一筋の緒に貫かれたものであるということは、解ったようでよくは解らなかった。話合に於て、教材の焦点を目指した学習の流れが起り、それが聴写となって生命語句の上に結晶し、意義の取扱に至って解決される。その流れは直観・自証・証自証と進む、理会作用の自ずからなる発展でなければならぬ。問題・結晶・解決をこの流れに融かしつゝ、読方学習として為すべき総べての作業を解決するように工夫しなければならないと思う。」(同上書、一五〇〜一五一ぺ)

7 通読——おしまいの読みのありかた

「最初の通読と最後の通読とは、読みは同じく読みでも、其の理会の深さは同一であるべきでない。取扱がしっくりと出来て一段々々文の深味に触れ得た時には、最後の通読が生々したものとなる。初めの読みと終りの読みとの間に深さの違いが感じられないようなら、取扱がしっくりいかなかったと見るべきであろう。殊に例えば、一教材に三時間を要するとした場合に、第一時よりは第二時、第二時よりは第三時と、取扱の進むにつれて文の理会は深く広く発展しなければならないと思う。処がそれが中々螺旋的向上を示さない。兎もすると、同一平面を空廻りして居るような場合が少くない。この事に気がついて見ると、一時間の取扱に於ても、数時間を考える場合でも、文の生命を目指す学習の流《ママ》を刻々にねじ上げる工夫が、頗る興味ある問題となる。こうした教壇上の行的鍛錬の世界にはいると、師の尊さを沁々味うことが出来ると思う。」(同上書、一五一ぺ)

以上、1・2・3・4・6・7の各項について、実修を通じての反省・くふうが述べられていた。教壇に立って、「教式」に従って行じてみると、多くの困難点に出会って、その克服に心をくだいているさまが、よくうかがわれた。教式実修上の苦心のほどが述べられているのは、この方面の記録として、貴重である。

沖垣氏は、教式実修者の心がまえについて、つぎのように述べている。

[1]「さてこの教式を踏んで居る私共は、いわゆる教師本位の意識に立つものではない。けれども教壇の実際が押付け気味になって、児童の自学を喚び醒ます妨げとならないように、自戒しなければならぬと思う。師が取扱われると、僅か一二時間の指導でも旺盛な自学心が触発されることは、私共が常に見る事実である。従ってこの教式に依る学習の根柢には、旺盛な自学が基礎づけられて居なければならない。この点を忘れて教式を践むならば、教師本位であるとの批評も之を甘受しなければならないことになる。（中略）七変化の教式による日々の教壇がいわゆる教師本位の押しつけとならず、強く児童の学習に対する自覚を喚び醒まし、自覚の表徴としての自発的学習を触発すべきことは、教式実修者の忘れてならない問題であると思う。」（同上書、一五一～一五二ぺ）

[2]「今日師の教式を踏む私共は徒らにその形骸を模倣せず、常に師の心を以て心とするの自覚が無ければならない。けれども型によって個性を鍛錬し、進んで自由の境涯を打開しようとする道程に於ては、一たび自己を空了しなければなるまい。此の自己否定の一道を貫いて、初めて真に個性は啓沃せられ、ようやくにして自由は獲得せられる。そうして斯くの如き行を持続する根柢は、たゞそれ不動の信である。我れ此の一事を信じて余事を知らず底の信である。故に私共が教式を践むについては、此の根柢に動揺があってはならぬ。いささかも不純の心を蔵してはならぬ。ここに至っては最早や、模倣の独創のというが如き声に脅か《ママ》される必要もない。むしろ端的にいうならば、全身型にはまり切って大いに型に囚われ、囚われて囚われ囚われ抜けばよいのである。（中略）教式に対する非難の声に脅や《ママ》かされて心を二三にするのだったら、寧ろ初めから之を践まないが良い。不惜身命但惜無上道。この一念を決定することこそ、教式行者に最根本の問題でなければならぬ。而もこの心に立ってこそ、私共は初めて真の謙虚に立ち還ることが出来る。確信と謙虚とは決して矛盾するものではない。之は私

が今にして初めて叫び得る吏心の声である。私は、そうして私共同人は、かくの如き信条に立って弥々己れを磨き、世のあらゆる批評を薪としていよ〳〵深く自らの道心を燃やしたいと思う。」（同上書、一五二〜一五三ぺ）

3「教式の実践が、国語の本質乃至は読方教授の本質に立つべきことは言うまでもない。その意味に於て、読みの対象性を規定するものとしての文の形象、形象認識としての理会作用の研究が必要となる。私共はその形象理会の問題を教壇に落して、師弟共流の行の上に解決しようと努めるのである。」（同上書、一五三ぺ）

芦田「教式」に従って、これを実修し、熟達していくのに、どういう心がまえを要するかについて、沖垣氏および緑小学校同人の決意として、右のように述べられているのである。右のうち、3については、垣内松三氏の「形象理論」のことを念頭において、発言している。

芦田「教式」を、そのもっとも早い時期から、学校全体にとり入れて、実践し、その体得を念じた、小樽市緑小学校の沖垣寛校長を中心とする実修は、まことに意欲的であった。その実修の道は、平坦ではなく、むしろ苦渋にみちていた。しかし、克服しつつ、その熟達深化を目ざしての実践には、観念的批判の域を抜け出たものがあり、篤実な精進ぶりが見うけられた。（この項の考察については、石井庄司博士著「国語科指導過程の探求」、昭和40年5月15日、日本書籍刊、5　芦田教式の特質　に負うところが多い。記して、感謝の意を表する。）

一〇

（6）勝部謙造氏の分析・批判

勝部謙造氏は、「『読む』の進行とその指導形態」という論考を、雑誌「国語教育」に発表された。これは、「国語教育」の二二の八（昭和12年8月1日、育英書院刊）、二二の一〇（昭和12年10月1日）、二二の一一（昭和12年11

月1日)、一二の一二(昭和12年12月1日)の四号にわたって、連載された。

勝部博士は、この論考において、まず、

尋常二、三年級程度の指導階段

一、読本について自由に読ませる。

二、読みとったところを自由に語らせる。

三、指名して読ませる。

四、新出漢字、読替漢字などを摘書して、その読み方を確める。

五、再び指名して読ませる。

六、文章があまり長くない時には、こゝで全文の聴写を加える。

教師が読むのを児童はノートに書く。

教師は児童と同伴して板書する。

こうした作業を加えた場合は、次の探究は、この板書文を中心として行われる。

七、文の吟味、考察。(深究)

1、先ず表現された事実をたしかめる場合もあれば、文の現している気持を語らせる場合もある。

2、児童の発表した事実、或は気持が、文の如何なる場所に現れているかを吟味し、両者の結びつきを考えさせる。

八、前の所で掴み得たものを朗読によって味わせる。

九、書取練習

一〇、文字、語句の応用練習。

を例にとって、「その各段階の有する解釈学的、教育方法的意義について」（同上誌、二三の八、二二ぺ）考察していられる。勝部博士によれば、この教式は、「斯界の権威者たる某氏についてたゞせる処」で、「云うまでもなくこれは某氏の観察であって、同氏自身の主張とか持説とかを表わすものではない。」としておられる。

勝部博士は、右に掲げた教式について、

この「指導階段の⑴⑵⑶に於いて表から読むのと、裏から読むのと、これを文に還元して確かめて置くことに依り、『読む』は先ず一段落を告げ、次に⑷⑸に於いて未知難解の語句文字の読み方を確めることに依り、その一般的意味を明にし、而してこれを再び指名読に依りて文に還元してそこに確保して置くことに依り『読む』は再び一段落を完成したのである。即ち『読む』の纏まった運動が茲に両度繰り返され、而かも⑴⑵⑶に於ける第一の完成は、⑷⑸に於ける第二回の繰り返しに依り更に一段と深められ、或は確められて、『読む』はこゝに一の進行を成し遂げたのである。然る時は次に掲げられたる階段即ち⑹全文の（文章があまり長くない時に）聴写なるものは、『読む』の第三回目の繰り返しの出発点であると同時に、前二回に於いて達成せられたる『読む』の更に深化確定に依る進行を約束するものでなくしてはならないのである。」（同上誌、二三の一、七ぺ）

「読方指導に於ける聴写若しくは書写は、かくの如くに今迄頭で以って読み来られたる文が、茲に転じて身体を以って読まれるということに重大なる意義がある。その点に於いては前掲某氏報告の指導階段に於いて⑹聴写が新なる而して第三番目の纏まりたる『読む』の出発点となるということは、必らずしも不合理ではない。何となれば『読む』はこゝに始めらるべき第三番目の円環に依りてその進行の終末完結を期待すべきであり、而して既述の如くに身体を以て読むということは、この終末完結の目標たるべき『わかる』の達成を導き出す役目を行うものである。今この第三番目の而して最後の円環の完成は⑻朗読であることは論を俟たない。読方指導は『読む』に始まって而して『読む』に終るということは、『読む』の構造そのものからして来る自明の理である。然る時は(6)聴写に始められたる円環は(7)吟味、考察を経て、(8)朗読に至りて完結すると見らるべきである。」(同上誌、二三の一二、七ぺ)

「(8)の朗読は『読む』の完成である。従ってそれは(6)(7)(8)のしめくゝりであると共に、又(1)(2)(3)及び(4)(5)及び(6)(7)(8)全体の総括の役目をする階段でなくてはならない。従ってこゝでは文が悉皆手に這入って、児童自身のものになるのである。所謂児童の全存在、全人格で読まれることに依って、『わかる』が実現するのである。」(同上誌、二三の一二、九ぺ)

「かくてこの指導階段に於いては(1)より(8)に至るまでに、三度纏りたる『読む』が繰り返され、かく繰り返されることに依り『読む』の進行は終に(8)に於いて一段落を告げたのである。これで読方の指導階段は全く終ったものと見て差支ない。只従来凡ての教授階段に於いてこの教材の理解ということで打ち切ることについては非常に未練があり、何等かの操作が必らずこれに附け加えられて居る。」(同上誌、二三の一二、一〇～一一ぺ)

「批判という如き知的理論的色彩を持たないで、而かも児童の現実生活と教材の理解とを結びつける方法は、練習及び応用ということが即ちこれである。これ前掲某氏の報告に依る読方指導階段の末尾に(9)書取練習、(10)文字、語句の応用練習という操作が掲げられてある所以である。この二つはその内面的意義の上より云えば、我々が『視る』、『考ふる』、『働く』、『わかる』の次に位せしめて居る『行う』というのに該当する。文の『わかる』は常に実行的性格を有し、その完成は常に新なる『わかる』への進出を意味する。これが即ち『行う』である。而して『読む』に於ける『行う』は、その本来の意味に於いては、更に新なる文に対する『読む』である。然しは(8)朗読に依りて既に実現せられたのであるから、『読む』の進行は最早完成して居る。然しながら『わかる』ながら教育的過程としては、かゝる新なる『読む』の成立する糸口として若干の工作が行われることも必要とする。そこに書取とか応用文とかいう如き練習的側面が必要になって来るのである。」(同上誌、二三の一二、一一～

一二ぺ）

と述べていられる。

勝部博士は、一三節にわたって、各階段ごとに考察したのち、

「以上の某氏報告の最も普通に行われつゝある読方指導階段は、一二既説の如き難点はあるにしても、先ず大体としては『読む』の構造に従える進行階段を示せるものであり、これに依って児童の読方学習指導を行うて先ず大過なきことを得る。勿論それは上記各階段の意義の理解の正否深浅に依りて、一概には云われないところもある。然し全体としては只難が尠いというだけであって、矢張り深みとか又味いとかに乏しい。云わば平凡型である。平凡型であるが故に教師その人に依りて、その成果に大した相違がない。概して知的理論的に流れ、科学的態度及び芸術的態度と区別せられたる言語的態度という点に於いて明確なる見解を欠く。いわんや国語教育に依る人間形成、国民性の陶冶というが如き点については、長鞭馬腹に達せざる憾なしとせない。」（同上誌、二二の一二、一二ぺ）

とまとめていられる。

勝部博士は、某氏報告の読みの指導段階について、その項目ごとに分析・考察を加え、平凡型としての指導様式について、その長所・短所を指摘された。読みの構造をふまえた指導段階であるかどうか。はたしてどのような教育成果を挙げることができるか、勝部博士は、こうした視点からも、批判の目を向けられた。

勝部博士はこの平凡型の教式に対して、深みとか味わいに乏しい点を指摘していられる。

勝部博士のこの考察は、芦田「教式」に対する批判的考察の準備ともなり、基礎ともなっていったかと考えられる。

ついで、勝部謙造氏は、「文の機構と『読む』の進行階段」について、雑誌「国語教育」に連載されている。

これは、さきの「平凡型」に比べて、芦田「教式」を考察の対象にしたもので、「国語教育」の、二三の一（昭和13年1月1日）、二三の二（昭和13年2月1日）、二三の四（昭和13年4月1日）、二三の七（昭和13年7月1日）、二三の八（昭和13年8月1日）、二三の一一（昭和13年11月1日）、二四の一（昭和14年1月1日、育英書院刊）、にわたって掲載された。

この論考については、さらに、雑誌「同志同行」八の一一（昭和15年2月1日、同志同行社刊）、八の一二（昭和15年3月1日）に、その全文が転載された。

芦田「教式」をとりあげる趣旨については、

「我々が今次に取扱わんとするこの新主張は、机上の理論家に依って提唱せられたものではなくて、現実の教壇人、而かも小学校の国語読本の編纂にも従事せる経験あり、尚過去五十年に亘る国語教育者としての尊き体験を有する斯界の先覚者に依り所謂行じられたものであるが故に、主張者自身の実行的示範、その教壇行脚そのものに就いては、我れ人共に甚深の敬意を表せざるを得ない。それは全く是非批判の彼岸に置かるべき教育的生命そのものである。然しかくして所謂行じられたる読方指導の方法が全国に散在する所謂同志に依りて模倣或は追従せられ、更にこれが間接的に全国の初等教育者に伝承せらるるに至る時は、そこにはこの主唱者の教育的人格と離れて或種の型が成立して来るのは当然である。そこで我々は今かく全国の熱心なる国語教育者に依りて従われ、学ばれつゝある此種の指導形式について考察を進め、その内面的の意義について考えて見たいと思う。その目的は全く我々自身がこの問題について何等かの見解を得たいということの外にはないのである。」（同志同行」八の一一、四ぺ）

と、考察の基本的立場を述べていられる。

また、勝部博士は、芦田「教式」確立の動機について、

「この新主張の方法確立の根本動機は極めて、調子の高き修業精神である。文を読むことに依りて人間を深めて行く、錬えて行くという動機が強く働いて居る。独り紙上の文のみならず、天地間の万物悉く読まるべき対象である。我々はそこに我心を読み、人間鍛錬の機会を見出すことが出来る。その上に尚こゝに読まるべく第一の与えられある国語は、所謂国心の発露である国語を正しく語ることは、即ち国心を働かすことである。この意味に於いて国語教育は国心の教育として、国民教育の第一線に立つべきものであるというのである。この種の精神的色調高き教育態度に於いては、較々もすれば技術的・方法的要素の軽視を伴うものであるが、此新主張に於いては此方面にも特に異常の注意が払われつゝあることは、さすがに教壇体験五十年の成果であることを思わしめるのである。」（「同志同行」八の一一、六ぺ）

と述べ、つづいて芦田「教式」の七段階のそれぞれについて、その内面的意義を検討してみようとされている。芦田「教式」の検討にあたっては、芦田恵之助先生著の「国語教育易行道」（昭和10年5月20日、同志同行社刊）および「恵雨読方教壇」（昭和12年5月18日、同志同行社刊）から引用されている。

勝部博士は、まず、芦田「教式」の(1)読む　についてとりあげ、先に考察した「平凡型」教式において、自由読みから始められているのに、芦田「教式」では、それを否定していることを問題としている。平凡型における自由読みを否定する根拠として、芦田「教式」においては、1、児童が家庭にあって、すでに読本の文章に接しているという事実を認めてかかろうとしていること、2、読方教壇を、がやがやと騒々しいものにせず、厳粛な、しんみりした修行所らしい気分の溢れたものにしたいと考えていることを挙げている。

芦田「教式」における修行本位の求道精神重視については、勝部氏も、「これは実にこの新主張の基調であってこの気持は全指導体系を一貫して居る。人生の問題をば真面目に考え、如何なる場合にありても求道修養の精神に燃えて居る新主張のこの態度は、読方教育をばどの位高揚拡大したか分らない。単なる口の先や筆の先の技巧の問題でなくて、人間の問題であり、腹の問題であるという風な見方を成立せしむるに与って力あったのは、実にこの新主張に於ける修業的気分である。この点、即ち『読む』に依りて人間陶冶が行《ママ》われるという点については我々も全く同感である。」（「同志同行」八の一一、七～八ぺ）と述べて、同感の意を表している。

　しかしまた、人間陶冶のありかたという点から、芦田「教式」における、修養本位のいきかたについて、つぎのように勝部氏みずからの見解を述べている。

「只問題はこの人間陶冶が如何にして行われるかという点にある。この点に於いて我々はこの新主張に於いては幾分天才的、貴族的の気分が窺われる様に思う。がや〴〵するのは子供の自然である。大都会の老成じみた子供は兎も角として、田舎の純朴な子供は活気横溢、餓鬼大将である処に子供の本性がある。かゝる餓鬼大将をしてしんみりと修業的気分にならしめるものは、『読む』そのものの力でなくてはならない。それを始めからして静寂を期待するということは果して如何であろうか。然しこのことは読方教室をして不真面目に乱雑にならしめることを許すという意味ではない。要は子供が自己活動に依りて文を読み取ることを行わしむべきであるということである。」（「同志同行」八の一一、八ぺ）

「読み」そのものの力・構造を重視し、学習者の活動本位に考えていこうとするところに、勝部氏の立場が見られる。

　このように異見は投げられているものの、芦田「教式」(1)よむ　については、つぎのようにまとめられているのである。

「これを要するに第一階段に於ける読みは、主張者の提示する様《ママ》に教師又は優等児の読みを以て始められても、その後の階段に来るものの次第では別に差支ない。こゝで兎も角児童が家庭で各人各色《ママ》に勝手に読んで来たものが、一応正当な形で取り纏められる。文そのものに即して統一せられると見て差支ないのである。」（「同志同行」

八の一一、八ぺ）

さて、芦田「教式」の⑵話しあい　については、まず、「平凡型」における話しあいと比較して、それとの根本的なちがいを、つぎのように指摘する。

「第一階段の読みの次に第二階段として話し合いが置かれるということは、我々が嘗て平凡型について論ぜる如くに、大体としては頗る当を得た所置である。然し曩にも示せる如くにこの新主張に於いてそれ等が行わる、根本精神そのものは、平凡型の場合とは全く趣を異にして居る。自由に読ませ、而してその読み取りたる事柄について自由に語らせるというのが平凡型のやり方である。新主張に於いてはこの読み取りたることについての話し合いは、教師の熟練せる指導の下に行われる。文の表わせる事実の『要所要所を押えて行く』様に、工夫をこらされたる問いかけに依り、所謂開発的に指導せられて行くのである。従ってこゝでは我々が曩に平凡型について指摘せる如き⑴の読みに於いて文を表から読み、次に⑵の話し合いに於いて『語る』に依り文を裏から読むということは、全く行われないとは云われないが、然しよし行われるにしても、それは頗る限られたる意味に於いてのみ可能である。何となれば茲では文の表せ《ママ》る事実の『要所要所』についてのみ『語る』が行われるからである。而かもこの『要所要所』は教師に依りて既に決定せられ居り、児童はこの教師に依りて提示せられる急所について語らせられるのに過ぎないからである。つまり文のあらわさんとせる事柄をば、その要所につき、綱要的に飲み込んで行くという方法が取られて居るのである。」（「同志同行」八の一一、九〜一〇ぺ）

つづいて、勝部氏は、この⑵話しあい　の有効性を認め、その機能について、氏自身の理論的見地から、説明を加えている。

「新主張の所謂話し合いは、⑴の読みに於いて児童の実現し得たるものを確め《ママ》、即ち果してどれだけのものを読み取ったかということを明《ママ》にし、尚学級的にこの話し合いが行われることに依り、児童各自の読み取りたるところの雑多性をばいくらか統一し、実に一層完全に読むことの出来る様に事実の理解を可能ならしめるということに対しては極めて有効適切である。従ってこゝに行われる話し合いは、我々自身の語に直して見ると『考ふる《ママ》』である。思惟の働く進行形態は弁証法的である。この場合読方指導の階段としての話し合いは、教師の熟練せる指導の下に児童をして考えさせ、文の表わしつゝある事実の理を明にせしめようというのである。この点に於いて新主張は所謂皆読皆書のモットーに従い、全級の児童をして理解せしめることに対して異常の努力を払いつゝあるのが認められる。」（「同志同行」八の一一、一〇ぺ）

けれども、(2)話しあい　における、問いのありかたについては、一つの疑問が提示される。

「然しながら我々の茲に一つ疑問に思うことは、一体かく読方指導の第二階段からして既に文を離れて、文の綱要の如き所謂『要所要所』なる図表的のものを取扱うて行ってそれで宜しいのであろうかという事である。文の表わせりと思わるる事実そのものを明に《ママ》するという点に於いては、この『要所要所』につき開発的問答を用うることは確かに有効である。然し一体文の直接表わしつゝあるものはその様な図形的の事柄なのであろうか。科学的真理の如きは元来図形性を特質とする。理科の教材といった様なものであれば、それは『要所要所』を手掛りにして漸次明《ママ》にして行かれる。理は即ち条理である。筋目である。この筋目が明になって、而してかゝる筋目を有する『こと』」なり『もの』なりが明になる。理が即ち『こと』を現す言葉となるのである。文はこの様な事柄が、ソックリそのまゝ語という発表機関に依って現わされて居ると見れば、文を読むことの第一とまで行かずとも、最も重要な条件の一は、その表わしつゝある『こと』を明にすることである。然しながら文とその表わせる『こと』との関係は其様《ママ》に簡単なものでないことは、我々の屡々論じ来れる通りである。科学的態度と言語的態度とは互に交渉する処あるのは勿論であるが、然し又両者はそれぞれに独自のものを持って居る。従って科学的に、理的に内容を明かにして行くことをば、読方指導の殆ど冒頭に近い処に持って来ることは果して当を得

たものであろうか疑なきを得ない。」(「同志同行」八の一一、一〇〜一一ぺ)

原理的に鋭い批判ではあるが、芦田「教式(2)話しあい は、いつも「要所要所」のみを図式的におさえていくとは限っていないのであって、読もうとする気持ちを育てていくための話しあいであるから、その点では、一方的に、(2)話しあい に対して、既成の考えかたを固め、それに対して疑問点が出されている感がある。

いずれにしても、勝部氏は、(1)(2)の段階のみで、独断的批評を下すことをさけ、(1)〜(7)の全体を見通した上で、その正しい理解を心がけている。これは妥当な態度と考えられる。

勝部氏の「教式」批判には、1「平凡型」、芦田「教式」の比較検討、2芦田「教式」としての妥当性・有効性、3芦田「教式」に対する勝部氏の立場からの理解・解釈、4芦田「教式」への疑問・批判、5芦田「教式」分析・批判への慎重な態度などが見られる。(2)話しあい は、そのような勝部氏のいきかたを、よく示している。

つぎに、芦田「教式」の(3)よむ(範読)について、勝部氏は、(3)の教師による読みがその全指導体系の中に占める意義を、左のように説く。

「我々は今これ(引用者注、(3)よむ)が全指導階段体系中に有する意義からして検討を試みて見たい。先ず(1)の『読み』及び(2)の『話しあい』の後に、茲に(3)の『読み』が置かれるということに就いては我々も異議はない、《ママ》『読む』そのものの進行の上から見ても適切妥当である。何となれば茲では我々が嘗て平凡型について指摘せる如くに、『読む』が不完全ながら一応は完結するのである。この完結は矢張り文に還元すること、即ち読みに依って始めて達成せられるのである。但しこの新主張の指導体系に於いては、この『読む』の完成が平凡型の場合とは異りたる形態を取ることは、我々が曩に(1)及び(2)の階段に就いて述べし通りである。」(「同志同行」八の一一、一三ぺ)

つづいて、(3)よむ を、教師みずからが行なうことの意義に言及して、勝部氏は、

「然らば即ちこの(3)の読みをば教師が行う《ママ》ということには、果して如何様なる意味が見出されるのであろうか。

このことに対する最も単純なる解釈は、茲で指導全体系七段中の中心部に於いて教授に変化を与うるため、教師が特に積極的役割を取るべきであるということ、竝びに教師が指導的立場を取るのには矢張り中心部であるこのあたりが最も適当であるという主として技術的立場からの見解が考えられないことはない。然しこれ等の動機は寧ろ其次《ママ》の(4)の書くに於いて最も強く働けることを認むべきであって、茲ではそれ等の動機も多少は働いて居るであろうが、然し夫は主要なものではない。我々は矢張りこの(3)の教師読みは茲で『読む』が一段落を成すための仕上げの働《ママ》を営むと同時に、進んで次の読むの一円環を踏み出して行く足場として行われるという風に解釈したいと思う。何故に教師が読むかということに対する一応の解答は、茲で児童に依り一応は読み了られたのではあるが、何分未だ充分に深く読み取って居ない、《ママ》文字語句について正確な吟味も未だ行われて居ないし、又文に対する充分の情熱も喚起せられて居ない。従って茲で児童に読ませるのも一つの方法ではあるが、それよりは寧ろ教師が児童に代って、而かも児童の立場に立って読んでやるということが一層有効適切である。(1)(2)(3)の形成する『読む』の円環は未だ児童としてはその文に対する教室内での初めての試みであるが故に、(1)の読みと(3)の読みとの間には(2)が働いて居るが故に、(3)は『読む』の完成であるには違いないが、未だ幼稚未熟なるを免れない。この故にこゝでは教師が児童の読みあらわさんと欲して未だこれを克く成し得ざる処を、代って行ってやるという点にその意義が見出さるべきであろう。」(『同志同行』八の一一、一四～一五ペ)と述べている。勝部氏は、右のように、芦田「教式」の(3)よむ(範読)を、教師が児童に代って、児童の立場に立って読んでやること、――児童の読みあらわさんと欲して、未だこれを克く成し得ざる処を、代って行なうところに、その意義を見いだしている。さらに、範読に際し、芦田先生が必ず壇を降りて行なうことをとりあげ、児童に代って読みあらわしていく点に、貴重な精神の存することを認め、児童の立場に立ってその読みを代行することに、教育的な意義の深いもののあることを述べている。

さて、この⑶の教師読みは、勝部氏自身の立場からは、「読む」における「わかる」の達成であると位置づけ、この教師読みの有する東洋的性格に言及していくのである。

「新主張者（引用者注、芦田恵之助先生。）はかく《ママ》この教師読みは彼の個人的体験より得来れる、彼としては『捨て難い道楽の一つ』であると自白して居るのであるが、然し我々の見る処に依ればこれは、一層普遍的の発祥根拠を有する。即ち、これこそは我国《ママ》在来の読方指導の方法であって、現代に於ける教育学とか教授法とかいう西洋発祥の方法説が汎く採用消化せられる前の云わゞ純東洋風の読方教授法なのである。音吐朗々と読み上げて行き、如何にも面白くて堪えられぬと云った態度で、而かもそれが重なる部分であって、所謂『微に入り細に亘った』講釈は殆どなしで終ってしまう。而かも聴講者はそれだけで充分満足し《ママ》その文のうまみに引き入れられ、最も大切な生命に触れたという体験は、明治大正年代に未だ残れる昔風の老儒の教を受けた人々の等しく体験せる処である。この意味に於いて茲に我々の取扱って居る新主義読方指導法は、最も東洋的日本的の指導法である。苟くも国語教育を説く程の人々は、その思想内容が日本的であることは固より論を俟たないが、茲では方法上の問題がそれなのである。日本的方法、東洋的方法が取られて居る。最も新らしく思われて居るが、実は最も古い方法なのである。古きが故にその価値を云為することは出来ない。古きが故にこそ常に新しいのである。而してこのことは更に又この新主張者の⑶教師読みの今一つの特色たる所謂著《ママ》語なるものに密接なる聯関を持つ。」（「同志同行」八の一一、一七〜一八ぺ）

⑶読む（範読）の由来については、勝部氏もそれを承知した上で、右のように論じているのである。この「読み」を、「捨て難い道楽の一つ」としている芦田先生の心情については、もっと重視していくべきではないか。かなり高い境地（「わかる」の実現、三昧境の実現とも、勝部氏は指摘している。）に立ってのことであったと考えられる。勝部氏は、この教師読みの方法の発祥根拠を、一人の偶発的な個別経験だけでなく、もっと広く求めようとされ

たのであった。

ここで、勝部氏は、芦田「教式」における(3)読む　にともない、「著語《ママ》」の特性に考察を加えて、左のように述べている。

「殊にこの著語に至りては単なる知的の訓詁に止らないで、そこに全人格を以て読む情意的なるものが働かされる点に於いて、『読む』が『わかる』を達成するための貴重なる糸口であることを思わしめる。即ちこれに依りて文は云わば説明せられて、知的表象的側面のみではどうしても実現出来ない光彩を生じ、情熱を帯びて来るのである。かゝる光彩を生じ、情熱を帯びるに非ざれば、文は真に『わかられる』ことは出来ない。それは飽くまでも読者と対立せる別物であって、読者自身の血肉となり、生命となることは出来ないのである。」(『同志同行』八の一一、一八〜一九ペ)

「著語」の機能を、よく理解しての発言となっている。

このように、(3)よむ　における、範読・著語を、まっとうに理解し、その特性を認めた上で、勝部氏は、その方法としての欠陥の面について、つぎのように、その弱さの存する点を衝いている。

「然しながら更に飜って考うるに、音吐朗々と読み上げ、又要所要所に著語を挟むということのみでも、昔の時代に於いては立派な読方指導方法ではあったろうが、然し今日それがそのまゝで完全な方法であるか否かは疑問である。そこには最も貴き本質的なるものがあるではあろうが、それは捕え来って今日の我々の読方教育に即したような形態に発展せしめられなくてはならない。そこに働きつゝある精神には最も偉大なるものが認められ得る。即ち教師が真の『わかる』を達成しつゝあるということである。然しながらこれは児童をして『わかる』を達成せしめ、所謂『皆読皆書』の理想を実現する方法であるとは必ら《ママ》ずしも云われない。何となればそれは云わば無方法の方法であるからである。昔の芸道の達成が弟子を養成する場合に於けるが如くに、唯見させておくといった天才的の方法である。『習う』は『ならぶ』であり竝んで模倣することが学習であるということは、今日の教育に於いては通用しない。新主張者も勿論こゝに見る処があるのであろうかして、教師読みは全指導体系の只一階段を成さしめて居るのみである。」（「同志同行」八の一一、一九ぺ）

東洋的伝来精神に充足せる教師読みの階段とその他の階段における指導工作とがはたしてよく調和し、統一せられるかという問題は、なお、(4)〜(7)を考察しおわるまでは、残された問題であると指摘している。

かくて、勝部博士は、芦田「教式」の各段階(1)〜(3)について考察を進められ、(4)の「かく」を、「或る意味に於いてはこの(4)が新主張の大黒柱であり、中核的要素であると見て宜しいと思う。」（「同志同行」八の一一、一一ぺ）と、位置づけていられる。

勝部博士は、「新主張者の所謂七段式の指導案は、三つの小体系の組み合わせで、否むしろ『繰り返し』で成立して居る。即ち（Ⅰ）(1)よむ(2)話しあい(3)よむと（Ⅱ）(3)よむ(4)かく(5)よむと而して(5)よむ(6)わけ(7)よむとが之である。而してこの各小体系に於いて初の『よむ』は我々の云い表わし方ですれば『視る』であり、而して終の『よむ』は即ち『わかる』である。而してこの『よむ』と『よむ』との中間に位せる『話しあい』とか『かく』とか又『わけ』とかいうのは我々の謂う『考うる』に該当する。『かく』も矢張り身体を以て『考うる』ことであり、それは矢張り文そのものを叩いてこれを確める機能を有って居る。然る時は孰れにしても最後の(7)『よむ』の前に来るべきは矢張り『考うる』の操作でなくてはならない。只然しこゝでこの三つの小体系が繰り返されていく間にその各々にはそれぐ〜又特徴がなくてはならない。繰り返されるに従って『読む』は進行して行くのであるから段々に深まって行くことが示されなくてはならない。それを示すものが即ち『話しあい』、『かく』、及び『わけ』である。それで第一小体系に於いて『考うる』が『話しあい』となって居り、こゝで文の荒筋をこなすということは既説の如くに妥当である。問題は其次の第二小体系のそれが『かく』であり、最後のが『わけ』

であるという点にある。『かく』が中段即ち第二小体系にその位置を占むる所以は、既説の如くに新主張者がこれに依りて学習指導の単調を破り、児童をして一層の能率を上げしめんとする教授技術上の考慮から来て居る。この事実は当然全指導体系のクライマックスをば第三小体系の(6)『わけ』に置かしめる。『かく』に於いて身体を働かし、『わけ』に於いて頭脳に帰りこゝで一切のしめくくりをつけるということになるのである。この排置《ママ》は一見甚だ自然的であるようであり、又実際教壇に於いては児童の状勢に応じて常に多分の技術的工作が必要であるが故に、この方法に依って相当の効果を収め得ることは想像に難くない。」（「同志同行」八の一二、一二～一三ぺ）

と述べ、さらに、

「我々の見る処に依ると、この『かく』操作には所謂一心不乱になって書写するという作業的の態度に依り、精神及び身体の統一的集中が行われ、こゝに児童の精神に於ける情意的側面が、発動を始め、文中の情意的なるものを受け入れるに適当な素地を作る。云わば文そのものの持つ情熱を引き出し、喚び起す導火線となるのである。然るに若し文の完全なる理解が(6)『わけ』に至って始めて達成せられるのであるとする時は、この『わけ』の取扱方に対して『かく』が或種の制約を加えることになる。即ち情意的になったものが再び知的に返って行くという処にシックリせないものがある。勿論知の働に対して情は常に先駆する。完全に理解するためには気持の上の裏付けを必要とする。而して理解せられたるものに対しては又情がこれを照明し彩りを与えて具体的にするという風に円環的の関係があることは、我々が種々の機会に度々述べ来りし如くである。一つの学習指導階段の体系としては、先ず知的に充分に正確確実に把促せられたるものに対して、情意的色彩がこれを照明して立体的に実現するというのが順序であると思う。然らば文に対する『わかる』――これが実に『読む』の窮極の目標であるが、――較々もすれば主観的になり、独りよがりに終り、真の意味に於ける『文に於いて自己自身を読む』

ということが実現出来ないのではあるまいかと思うのである。」（「同志同行」八の一二、一三～一四ペ）

と述べていられる。

ついで、勝部氏は、

「全指導体系中の第一小体系に於いては文そのもの、地の文が取扱われる。而して第二小体系即ち(3)(4)(5)の一群に依って縮約文が作られる。而して第三の即ち最後の小体系に於いては中心語句が発見せられる。かくして『読む』の進行は、原文→縮約文→中心語句という方向に進み、そのピラミッド型の立体化の尖端たる中心語句に於いて文の一切が一点に集中要約せられ、かくして文は完全に読み取られるという見方がこゝに成立するのである。この見方に対して我々は先ず文がわかれて我々自身の血肉となるためには、それが立体化せらるべきこと、及びかく立体化せられるに従って、文中に所謂生点若しくは集注点なるものを成立せしめ、この点からして文が我々自身の中に流入して『わかる』を実現するということ、これ等《ママ》の意味に於いては新主張者（引用者注、芦田恵之助先生のこと）が文の立体化を考察せることに対して甚深なる敬意を表する。然しながらそれと共に又他面我々はその立体化の方法、乃至その意味付けに就いては幾多の疑問を抱くものである。」（「同志同行」八の一二、一五～一六ペ）

と述べて、芦田「教式」における、(4)かく、(6)とく　についての、疑問点を提示された。

すなわち、勝部謙造氏は、「中心語句の発見が原文を離れて、所謂縮約文たる板書語句に依って行われるということが教育的に見て果して妥当であると云われるであろうか。」（「同志同行」八の一二、一六ペ）と、板書された重要語句によって、原文から離れて、中心語句の発見がなされることについて、疑問を投げかけているのである。国語学習においては、「科学が図表性の実現であるのに対し、言語が聯係性の実現である」（同上誌、一七ペ）ことを考えれば、文中の主要語句についても、「それは常に全文の地盤の中にはめて、その全体の背景をまってこれを立体化し、生命化して行くことが必須である。」（同上誌、一七ぺ）として、芦田「教式」の主張者が、こうした点に、無注意《ママ》であったとは思わないが、指導体系そのものの構成においては、その意図はじゅうぶんに実現せられていないことを指摘している。

勝部氏は、右の点に関して、「重要語句の板書に依って縮約文を作成するということは、如何にも科学的教材を図表化して居る様な趣がある。言語には科学的取扱が可能であり、又有効なる部分もあるが、然しそれ以上の部分がある。これを逸する時は国語教育に於ける人間陶冶ということは望まれない。国語教育に於ける人間陶冶は文を取扱って行く間に、その内容に沿うて教訓的な言辞を挟むということ位のものではなくて、国語そのものの無言の力に依って人間を練り上げ鍛え上げて行くのでなくてはならない。」（「同志同行」八の一二、一七ぺ）と述べている。基本的、原理的には、ここに指摘されているとおりであるが、芦田「教式」において、各節の重要語句の抽出が、いつも科学的図表化の操作のみに終始していたわけではない。この点、重要語句抽出の理論化は、芦田「教式」にはなかった。その面での弱点を衝かれているものとみられよう。

このようにして、勝部氏は、「重要語句の選択摘出に当って異常なる困難が随伴して来る」（同上誌、一七ぺ）ことを述べ、重要語句を手がかりにして、中心語句を発見させ、文章を児童に理解させていくことの困難さを指摘しているのである。

勝部氏は、「そこでどうしても児童は心の中でかくの如き縮約文を作り、その縮約文の各章節の符号として所謂重要語句が板書せられるという風に見るより外仕方がない。然る時は全文の中心語句を見出して文の『わかる』を完結せしめるというのにかくの如き符号だけを相手にして、原文から遊離して空に色々議論をしたり、話しあいをしたりしてこれを行うという事は、教師自身の如くに既に『読む』の専門家となれるものにして始めて出来得ることである。而かもこの場合たとい専門家であっても、かゝる符号使用に依る簡便法を行うということは、文に於ける最も重要なる人間陶冶的なるものを取り脱すことになり、決して推奨せらるべきことではない。」(「同志同行」八の一二、一八ぺ）と述べている。

実際の「教式」の運用においては、重要語句・中心語句を扱うのに、原文から遊離してしまうということは、必ずしも考えられない。(1)(3)においても、原文を読んだり、聞いたりしているし、また、芦田先生の、(6)とくにおける方法は、すべてを児童に答えさせるやりかたではなく、指導者の誘導・補説がかなりはいっていたのである。勝部氏のは、学習者本位の「読み」の進行における方法としての弱さを、強く指摘されている。

勝部謙造氏は、この論考において、芦田先生の「乃木大将の幼年時代」（尋四）という、実地授業を、具体例として、分析・批判の対象としつつ、考察を進められているが、「中心語句」（引用者注、全文章の主題をになっているような中心的語句）のとらえかたについても、右の授業例をとりあげて考察されている。そして、「読方教材として与えらるゝ文には、常に一定不変絶対確実の中心語句なるものは見出され得るのであろうか。又読方の指導に於いては常にこれを高調することを必須とするのであろうか。この問題は相当厄介な問題である。それは文の意義決定に際して絶対確実の客観的普遍的なものをどの程度に認むべきかという問題と関聯して居るからである。若し文に絶対確実なる中心語句なるものが必須であれば、一の文が正確に読み取られた場合には、必ずそれが明晰に意識せらるべきであるからである。」（「同志同行」八の一二、一二一～一二二ぺ）と述べている。

ここで、勝部氏は、「文なるものの機構そのもの」（引用者注、ここの「文」は、現在いう「文章」をさす。）について、氏独自の立場から、その基本構造を明らかにしようとされている。

勝部氏は、実存哲学の立場から、文章を読むことを、「交通」の視点からとらえ、その基本様式、構造として、「現存在」に立脚する、「読み」の実用主義的構造と、「意識一般」に立脚する「読み」の理論的構造と、「精神」に立脚する全体的構造の三つを認めている。芦田「教式」における、(4)かく、(6)とく　の重要語句・中心語句方式は、右の「読み」の基本構造のうち、第二の理論的なものに立つことを指摘し、読みの指導においては、さらに、第三の立場に立つことの重要であることが述べられている。

その点については、さらに、

「この様《ママ》に読方指導には実用的側面も、亦理論的側面もそれぞれ必須である。然しながら我々が今国語教育なるものの本質に立ち返って、そこに単なる有用なる知識並びに技術の習慣を認めるのみに止らず、又それに依って頭脳とか情操とかが陶冶せられることのみに満足せず、進んでこれ等のものを通じて人間全体が陶冶せられ、形成せられて行く、殊に所謂『国心』が陶冶せられて立派な日本国民が育て上げられるということにその本質的使命が存することを認めるならば、読方学習指導は我々の曩に挙げた第三の精神の立場に立つことを必要とする。文をば精神の実現として読み取る、文の精神をば我が生活に於いて実現する、従って文をば体験的にわかって、これを以て我が血肉とするという風になって、始めて国語教育に依る人間陶冶ということは可能なのである。しかもこの立場の特徴として他の二者をば拒否することなく、これ等を自己の中に包括する綜合的立脚地であるということである。」（「同志同行」八の一二、三〇～三一ぺ）、「これに対して精神の立場は人間修業的、即ち最も広い意味に於ける教育的の立場であるということが出来る。故に読方指導はかかる意味に於ける精神の実現、換言すれば文を体験的に我が生活に依り読み取ることを以て第一の目標とせられなくてはならないのである。」（同上誌、三一ぺ）と述べている。

こうした勝部氏自身の考え方からして、芦田「教式」の「中心語句」方式については、つぎのように述べているのである。

「人間は理論的態度を離れることは不可能であり、又我々は常に絶対不変の真理に対する信念を抱かなくてはならない。この意味に於いては新主張者が凡ての文に唯一の『貫くもの』が存することを信ぜ《ママ》ることに我々も同感をするものである。只然しこれを如何なる場合にも文中に於いて現実的に所謂中心語句として見出さるべきであると思考し、而か《ママ》もこれを児童自身をして発見せしめるということは、国語教育の全体的立場からしては如何であろうか。」(「同志同行」八の一二、三三一ぺ)

「教師が自己の『読む』の深さに応じて読み取りたる中心語句をば、自己の信念に従って唯一絶対のものとして提示し、これに依って児童の『読む』を指導して行くというのであれば、一の教育的の工作として首肯せられぬことはない。然しその場合これを児童をして自ら発見せしめるという方法を取ることは、結局暗中模索に時間と労力とを費し、文の精神が児童に体験的に実験的に実現せられることを妨げる恐れがある。要は先ず精神を体験せしめることにある。」(同上誌、三三一〜三三二ぺ)

この問題については、とくに、(6)とく　の扱いについては、芦田先生も、心を潜めかつ工夫を凝らされたところであったが、勝部氏も、周到に心をくばりつつ、その方法の持つむずかしさ、ならびに傾斜について、言及しているのである。

芦田「教式」のうち、(4)かく　(6)とく　の両者を関連させて、勝部氏は、もっとも周密精細に、その批判的分析考究をされた。

ついで、勝部氏は、「教式」のうち、(7)よむ　について、「この『読む』は既説の如くに(5)(6)(7)の三階段に依る第三小体系の終末完結であると共に又(1)より(7)に至る全指導体系の締めくゝりである。このことは主張者自身も夙に自覚せる処であって、この(7)読むは(1)読むと『相対して居』ると云うて居るのはその意味であろう。我々の用語に依って表せば、こゝでは所謂文の『わかる』が実現せられ、一の物として与えられたる文が、これに対して加えられる『読む』の進行につれて歩々に精神化せられて、終には文と読者即ちこの場合では児童とが『読む』

の中に吸い込まれてしまうのである。或る文が歩々に精神化せられ、従って其の生命を露出し来って、これが児童の生命となり、力となるとも云い得よう。」（「同志同行」八の一二、三四～三五ぺ）と位置づけ、この何⑺よむ

に対する芦田先生の考え方については、

「この点に於て《ママ》我々がこの新主張の最後階段に置かれたる『読む』に就いて甚だ愉快に感ずる処は、主張者が矢張り暗黙の内にかくの如き『わかる』を予想して居ることである。それは先ず主張者が『六のわけでその時間の学習のまとまりは付くのですが、自分の物として読んでみるのは七の読みです』と云って居る点に窺われる。『自分の物として読む』ということが大切なのである。文が文として存在し自分と何の関依《ママ》なく独立な客観的な対象である限り、それは未だ完全に、読めたとは云われない。自分の物、否自分自身になることが即ち文がわかったのである。勿論我々をして云わしむれば、主張者が文の学習のまとまりをば六のわけに於て見出し、七の読むは幾分か附録的、応用的な気持で取扱って居るのではないかと疑わしむる点もないことはない。六つのわけで充分であるが、然し念のために自分の物になった処をさらって見るという風な心持も主張者にはあるのではあるまいかと思われる。果してそうであるとすると、これは主張者の指導体系に於ける合理主義的若しくは主知主義的傾向が然らしめるのであって、それはこの最終階段の読むに就いてのみでなく、新主張指導階段の全体系に就いて指摘せらるべき特徴である。」（「同志同行」八の一二、三五ぺ）

と、⑺よむ　に対する、論者（勝部氏）の疑問を提出されている。芦田「教式」に対して、その指導体系を、合理主義的・主知主義的傾向があると見ること、したがって、「わかる」段階の重視をする勝部氏から見れば、それをやや副次的に扱う傾向のあることを、指摘されているのである。これは、芦田「教式」に対する、勝部批判の根本となるように思われる。

この見地から、勝部氏は、⑺よむ　には、やはり、原文抽出ではなく、地の文にしなくてはならぬとし、つぎ

のように述べている。
「文の『わかる』の実現は児童が心身の一切を動員して、その全人格、全存在を以てこれにぶつかって行くことに於て実現せられる。このためには、只論理的の見地のみからして簡約せられ、図形化せられたものでは、児童の知性に訴うる処はあっても、その全存在を動かして所謂精神性を実現するには至らない。この意味に於ては我々は指導階段の終末としての『読む』は矢張り地の文に差し向けらるべきであると思う。文を離れてその内容のエキスを取り出してこれを吟味考察するというようなのは、それは科学的知識に対して妥当する態度である。言語としての文は科学ではない。それはあくまでも文という具体的な文に帰り、文をして自らにつき充分に語らしむると共に、それが又児童自身の『語り』と成って居るという境地を作り出されなくてはならない。国語教育が人間教育であり、また主張者の所謂『国心』への教育であるということの為には、『読む』はこの深みにまで到達せなくてはならない。かくして始めて児童は文中に於いて自己自身を読み出すことが出来るのである。」（同志同行」八の一二、三六ぺ）
つぎに、勝部氏は、「新主張者が某教授（引用者注、垣内松三教授を指す。）よりその『教式も原格として見る時には、読むと考えるとの二つ』であることを指摘せられ、『目がさめたように嬉し』く感ぜる由を自白して居るのであるが、その心持は我々にもわかる様な気がする。」（同志同行」八の一二、三七ぺ）と述べつつも、さらに、「只主張者がこの『読む』及び『考える』の二つに於て一切が終るものと考えつゝあるかどうか、我々の最も興味を感ずる点である。」（同上誌、三七ぺ）と述べて、芦田「教式」における、(7)よむ　の読み声に注意し、これを重視していることについて言及し、それは「わかる」の境地であることを指摘しつつ、「かゝる境地が新主張者に依って漠然とではあるが意図せられて居ることは想像することが出来る。只憾むらくはそれは自明の事として寧ろ指導階段の運用上の問題とせられ、その体系自体の中に意識的に取り入れられてないことである。」（同上誌、三八ぺ）と批判的に述べてある。

このようにして、勝部氏は、(7)よむ　のあるべきさまを、つぎのように述べている。

「凡ての学習指導は教師その人の個性に依りて様々な形を取り得る。教授は教師の活動である、否教師と学級児童との共同の活動である。この故に教師自身がその教育的の人格の力に依って教材に於ける『わかる』を実現することが出来ればそれで充分である。然し又他の一面よりこれを見る時は、教育は元来具案的なることを以てその建前とする。案を立て、方法を講ずるということは、そこに又誰人にも通用し得る普遍的な何物かゞなくてはならない。天才者でなくとも誰人でもこれを使用し、しかも自分で出来る限りこれを活用し、自分のものにしてこれを行うという処に方法の意義がある。この意味に於ては読方指導の階段とか教式とかいうものを苟くも建てる以上は、『読む』の進行に於ける本質的なるものをば悉くこれに取り入れて、児童に依りて実現せられる『わかる』の原型を示さなくてはならない。この点に於て我々は新主張者の指導階段の終末の『読む』は、単に『読む』と『考える』との原格に満足せる読むに終ることなく、寧ろ『視る』即ち『読む』、『考うる』及び『わかる』を以て原格となし、この『読む』は原格の第三段にして而かも前両段の綜合であり、又後段であるところの『わかる』に該当するものと見たならば、全指導体系に活を入れてその合理主義的傾向をば精算《ママ》することが出来たであろうと思う。」（「同志同行」八の一二、三九ぺ）

「読む」・「考える」の二元核観に対して、「視る」・「考うる」・「わかる」の三原核観を対比させ、「わかる」段階の重視すべきことを強調しつつ、その点から、芦田「教式」のありかたについて、批判的に見ているのである。

さて、勝部謙造氏は、芦田「教式」の第三小体系(5)(6)(7)において、おこなわれる漢字の全部書きについて、古田拡氏の報告（「復習上」）などにも触れつつ述べたのち、おしまいに、芦田「教式」全体に対する総括的考察をしている。それは、まず、つぎのようにまとめられている。

「この新主張が我が国語教育方法論の歴史に大きな足跡を残すものである事に就いては誰人も異存ない所であろう。従ってそこには国語教育の研究者や又教壇人に依って学ばるべき幾多の貴重なる教訓が見出さるべきことも亦固より論を俟たない。この新しき主張に対して賛否孰れの立場を取るにしても、これを全然無視することを許さゞる何物かがその中に存して居る。然しそれと同時に又上来我々がその学習指導の各階段の考察に際して言及せる処あるが如くに、新主張の中にはそのまゝ受け納れることを躊躇せらるべき事柄もある。これ等は主張者及びその追従者も亦一般教壇人と共々に更に一段の研究工夫を要する点であろう。」（「同志同行」八の一二、四三ぺ）

ややまわしの述べかたにはなっているが、まず穏当の見解といえよう。

勝部謙造氏は、芦田「教式」の国語教育に対する偉大なる貢献として、

1　国語教育の深刻化

2　国語教育の方法化

の二つが認められるとしている。

前者の国語教育の深刻化について、深刻化とは、芦田先生によって、国語教育が深く掘り下げられて、そこに人間教育若しくは国民教育の完成が期待せられていることであるとして、国語教育を深く掘り下げて、そこに国心の教育を見出さうとしているのは、すこぶる当を得たものと述べている。このことはまた、芦田先生の根本的教育態度そのものに起因すると見ている。すなわち、国語学習教室を一つの修練道場とみなす厳粛な態度、修業的気分を指摘しているのである。

同時に、この深刻化を誤解して、形骸の模倣に傾いたり、浅薄な教訓主義などに陥ることのないよう、芦田

「教式」の追随者に警告している。

つぎに、後者の国語教育の方法化については、その方法化の根本思想として、芦田先生の主唱された、「皆読皆書」と、読方を「綴方本位」に見ていくということの二つを指摘している。

芦田「教式」の特質を、右の二面において見つつ、この「教式」の構造について、勝部氏は、その見解を、つぎのようにまとめられた。

「かくの如くにして成立せる新主張の七段式指導法は、我々が上来その一々の段階にわたって指摘せる如くに、その内面的構造に従って見る時は、全体としては先ず適切正当であると云わなくてはならない。何となれば、この指導法は我々の用語に従えば、『読む』自体の進行の構造に基づくものであるからである。『読む』は云わゞ《ママ》文自体の運動であり、立体化である。それは物より心に、浅より深にと進行し、学級児童に於て『わかる』を実現するに至って一先ず完成する。この進行過程には色々な段階がある。この段階を正しく把握し、而かもこれを教育的に実現することが、それが即ち読方の学習指導である。而して教育は活ける精神の活ける実現である限り、その実現の一歩一歩はそれぞれに具体的生命のあるものでなくてはならない。生命のない要素が集積して生命を実現するということはない。生命あるものは細胞である。部分が活けるものであると共に、又部分は全体を形成して更に大なる生命を実現するという風でなくてはならない。而して我々が曩に屡々論じ来れる如くに『読む』の細胞的構成は『視る』、『考うる』、及び『わかる』の三段階を取る事を以て本則とする。然るに新主張の七段式学習指導体系は、〔Ⅰ〕(1)(2)(3)、〔Ⅱ〕(3)(4)(5)、及び〔Ⅲ〕(5)(6)(7)に於いて、各々この『視る』、『考うる』、及び『わかる』の一体系を形成し、而して〔Ⅰ〕、〔Ⅱ〕、及び〔Ⅲ〕は更に大なる意味に於けるこの三段階より成る大体系を形成して居るのである。『読む』の進行の構造に即せる方法であるというのはこのことを云う《ママ》のである。これが実に新主張の方法に於ける本質的なるものであり、国語教育の研究家や教壇人に依って学ばるべき点は

こゝにあるのである。」（「同志同行」八の一二、四六〜四七ぺ）

このように、勝部氏自身の読みの進行の構造観（三段観）から、芦田「教式」の構造は、まず全体としては適切正当であるとしつつ、さらに、芦田「教式」の指導体系について、二つの重要契機、1合理主義・2工作主義を指摘している。

たいせつなのは、教育の方法の確立に必須な、この二つが、融合統一されているかどうかであり、「二つのものが互に相親しまず、交り合わない時には、未だ何等かの研究反省が必要とせられる状態にあるのである。」（同上誌、四七ぺ）として、芦田「教式」への問題点を、おのおのについて述べられている。

1　芦田「教式」における合理主義の問題

まず、合理主義というのは、指導体系の中段、⑷書く　以下に現われている文章の図形化的の側面に、もっともいちじるしいとして、それについて、つぎのように述べている。

「考え方によっては［Ⅰ］［Ⅱ］［Ⅲ］の中［Ⅱ］は『考うる』に該当する小体系であるから、ここで図形化的合理主義が働くということは当然である。そうなくてはならんとも見られる。又文はその内容が明晰判断にせられることなしに読まれることは不可能である。この故にその指導のいずれかの段階に於いて、十分に思惟を働かし、深究を重ねるということは必須的である。然しながら新主張に於いてはかく［Ⅱ］に於いて始められたる図形化は［Ⅲ］に至るも矢張り益々その力を大にし、僅かに［Ⅲ］の⑶よむに至りて始めて地の文そのものに還源《ママ》せられて居る。こゝに我々が曩に述べし如くに文を読む言語的立場と一般知識獲得の科学的立場との混線があるように思われる。文の文としてのうま味、よさ、その力と云った様なものが今少し具体的に実現せられることが必要ではあるまいか。」（同上誌、四八ぺ）

また、科学の精神としての図形化ということも、国民教育においては、大いに高調せられる必要があり、このような大衆的立場から、合理主義をとることは、すこぶる意味があるとしつつ、勝部氏は、さらに、つぎのように指摘している。

「然しその様な特殊の動機でなしに、一般的に国語教育を考ふる場合には、矢張り［Ⅱ］に於いて充分に図形化を行うと共に、［Ⅲ］に於いては既記《ママ》の感じとか勘とか云《ママ》う方面をも参加せしめ、或は他の言で云えば、情意的要素の協同を求めて体験的全心意的『わかる』の実現を確保するのが宜しいのではあるまいかと我々は思うのである。」（同上誌、四八ぺ）

2　芦田「教式」における工作主義の問題

工作主義というのは、教授技術上の考慮から行われる操作を指しており、芦田「教式」の(4)かく　は、教授の単調を避け、児童の活動を有効ならしめるため、それが全「教式」中、中段におかれていることなどをいう。

このことについて、勝部氏は、つぎのように述べている。

「この点については我々も主張者の苦心を了解するに吝かならざるものである。只然し全体として主張者の指導体系が一方には極めて合理主義的であるが故に、この種の工作的のものも矢張り理論的に重大なる意味とか根拠とかがあるかの如くに人をして思わしめ勝《ママ》である。『かく』を(4)におくことのみでなく、これと聯関して漢字の全部書を行わしめ、これを飛石として全文を復誦せしめる操作の如き、これを一の教授技術として見るならば、甚だ便利な一の方法であるのに違いない。只若しこのことが国語なり国語教育なりの深い理論的根拠の上に置かれて居ると見る人があれば、それは誤解である。漢字の飛石が全文の中核を発表するものであるということは理論上は成立し難い。それで我々の切に希う処は主張者なり、又その同志達なりが将来一層研究を重ねられてこゝ《ママ》に見出される理論と工作の二元をば教壇上の具体的体験に基づいて一層統一せられるということが即ちこれである。」（同上誌、四九ぺ）

以上、1・2ともに、基本的には妥当な見解が提示されているといってよい。芦田「教式」における、「合理主義」・「工作主義」にも、それぞれ、読書体験・教壇経験にもとづいて発想されていることではあるが、「教式」を、いっそう充実したものとするために、右に挙げたような点に関する見解は、やはり謙虚にきくべきであろう。

勝部謙造氏は、右のように論述したのち、芦田「教式」を学ぶ人々の心がけるべきことを、つぎのようにまとめて述べられた。

「上来我々が論じ来れる国語教育の新主張者は教壇上の天才である。彼が歩み来れる五十年の教壇生活の結晶がこゝに一の様式として足跡づけられ、方法化せられて七段式指導階段となって居る。この意味に於いて我々も純真なる敬意を表したいと思う。然し飜って又思うに、所謂学習指導階段という如きは天下一般の教育者の国語教育をする足掛りである。語は穏当を欠くかも知れないが、教育方法というものは云わば凡庸教育者をして教育の大道実現を行わしめる足掛りであり、突っかえ棒たることを必要とする。従って指導方法そのものは先ず何を措いても極めて堅実であり、而か《ママ》も万人に依って使用せられ得る様な普遍性を持つことが肝要である。それは見る人が驚嘆する様な花々しいものであることは決して出来ない。然しそれと同時にこれを使用する人々の心掛け次第では、如何様にも深く又高くして行くことが出来るというような包容性のあるものたることを要する。普遍的であるということは、調子を下げて低級通俗のものにするということではない。そこに教育は窮極に於いては方法ではなくて、人そのものである所以がある。我々は若し天下の国語教壇人が新主張に興味を感ぜられるならば、その方法よりは先ず主張者自身の『人』そのものにつき学ばれることを勧めたい。方法とか指導階段とかいうことについては、自ら又工夫開発せられる処があると思う。取りて学ぶべきは学び、更に研究すべきは共々に

工夫を重ねて行かれる処に途は開けて来ることを信ずるのである。」（同上誌、四九〜五〇ぺ）

芦田「教式」そのものを、そのまま模倣踏襲するのでなく、「教式」を生んだ芦田先生その人に学ぶように、そして「教式」については、みずから工夫開発し、さらに共同研究をしていくようにとの所見は、けだし適切で穏当であろう。

芦田「教式」の七つの段階について、精密に考察を加えて、その理解をはかりつつ、芦田「教式」の特性をなしていた、(4)かく (6)とく については、とくに、勝部氏独自の「読み」の構造観に立脚しつつ、その長短を吟味し、そのさらに考究すべき点を、指摘されたものといえる。

右に見てきたのは、国語解釈学、「わかる」ことの教育観について、思索を積まれた、勝部謙造博士の、包容性のある理解力と、鋭い洞察力、識見の示された考察であった。芦田「教式」としては、第三者の立場からの、国語解釈学者・哲学者からの理解ある、公平な批判・考察を受けたものと言えるであろう。

一一

（7）波多野完治氏の分析・批判

教育心理学者・文章心理学者である、波多野完治氏もまた、氏の立場から、芦田「教式」に対して、分析・批判を加えられている。

波多野完治氏が、初めて芦田恵之助先生の実地授業を参観されたのは、昭和一二年（一九三七）一二月二二日のことであった。東京市杉並区第八尋常高等小学校で行なわれた、芦田先生の、尋常二年（男）・三年（女）・四年（女）五年（男）の四学年の授業を見られたのである。

波多野完治氏は、この時の感想・所見を、「芦田先生の教授様式――昭和十三年年頭試筆として――」という文章にまとめて、雑誌「国語教室」（第四巻第二号、昭和13年2月1日、文学社刊）に寄せられた。その論稿は、昭和一三年（一九三八）一月三日の執筆であるが、のち、単行本「児童心性論」に収められ、また、雑誌「同志同行」（第一〇巻第五号、昭和16年8月1日、同志同行社刊）にも、転載された。

波多野完治氏は、芦田先生の授業に接して、その感銘・印象を、つぎのように述べられた。

「私は芦田先生の授業を参観して、非常に大きな感動を受けた。それは一年のうちにも、あまりたくさんはないと思われる位の感動である。始めて偉大なる音楽をきいたときとか、すぐれた映画を見たときとか、或はよい小説を読んだときとかにおぼえるあの魂の向上感である。このような一種の芸術的な感激が、芦田氏の授業を見ることから生れて居るのである。私が偶然の（幸福）という言葉をつかっても決して不思議ではないであろう。

偉大な芸術作品に接して二三日の後までのこる一種の夢遊的な状態が、芦田氏の授業に接した後の私を支配した。

今私は芦田氏の授業を偉大なる芸術品に擬したが、事実それは、後にのこらないだけが欠点の、一個の完成せる芸術品であると思う。唯この芸術品は、形式的な意味での完成をもって居るのでない。むしろ、人生派的な内容的にすぐれた意味での芸術品である。この点は、芦田氏の授業が『七変化』とか言って、形式的な整備の点で、すぐれて居るとされて居るので、特に注意したい。形式的な美しさで芦田氏の授業よりもすぐれて居る授業はたくさんある。芦田氏の授業から受ける感動は、芦田氏の人格からじかに発散して居るものだ。」（「国語教室」第四巻第二号、七～八ぺ）

また、波多野氏は、この論稿のおしまいを、つぎのように結んでいる。

「いずれにしても私は芦田先生の授業を見て、ある程度の精神高揚を経験し、その意味で、今の若い教師たちが進んで先生の授業を見て、これからたくさんの遺産を継承されんことを望みたいのである。私は今の若い教師が芦田先生の授業をそのまま形式的に模倣することをのぞむのではない。今の若い人にはもっとずっとかわった授業が可能であろう。唯、この六十五翁が決して古い授業をしないこと、多少の古さはあっても、それをおぎなってあまりある偉大なものをもって居ること、これを獲得することが今の若い教師に課せられたシネ・クワノンであることを言いたいのである。」（同上誌、一九ぺ）

――芦田先生の授業に対する、しっかりした把握と理解とがなされている。そこから、どう学ぶべきかについても、氏独自の意見が述べられている。

波多野氏は、芦田先生の「授業」を分析し、批評をする立場・態度について、つぎのように述べる。

「芸術作品の場合には、唯一個の同種のものがあれば足りる。これに反して授業の場合には、全《ママ》ての教育者が、芦田氏と同じところに到達することが要求されるのである。芦田氏は単に芦田氏であってはならず、それは必ず、全ての教育者に模倣され、継承されて、教育上の遺産として教育文化の血肉となってしまわねばならないのである。その点で我々はどうしても、芦田氏の授業の『分析』をやらねばならなくなる。その迫力、その効果《ママ》、その印象性、その児童への接近がどこから来るかを分析して、それを一定の因果関係にまでおいつめ、他の教育者が同じ迫力、同じ効果、同じ印象性を得られるようにしてやらねばならないのである。授業という芸術品は、かように『普遍性』を要求する、きわめて特異の芸術なのである。それはユニークなものであってはならず、必ず万人によって学ばれなければならないのである。この意味で私は外の芸術作品にも増《ママ》して授業の批評を、それがどんなにいやであっても、行わなければいけないのである。」（同上誌、八～九ぺ）

ここには、「授業」批評・「授業」研究の基本の独自の立場が明確に示されているのである。

波多野完治氏は、芦田先生の偉大な「授業技術」を、もっと積極的に吸収し摂取していくべきことを強調している。そして、芦田先生の教授技術の特性・根拠を、つぎのように述べている。

「勿論芦田先生の教授技術は、芦田先生の人格乃至教育的熱情と密接につながって居る。氏の技術は之を人格からきり離して、技術だけをとり出しうるようなものとちがう。そうしてその点が他の教育上のテクニシャン等とちがう点でもある。

筆者は芦田先生の技術の根拠を必し《ママ》も『古い』とは思わない。氏の読方授業の根帯にはインガルデンの『作品の層序』の原理があるようである。この考えは日本では垣内松三先生によって展開されて居る『現象学的解釈学』の中心考想《ママ》であって、必し《ママ》も古くない。」（同上誌、一〇ぺ）

——これには（とくに後半）、芦田先生を、古く、過去の人と見る見方に対しての、反論的発言もこもっている。

さて、波多野完治氏は、「生れて始めて会った人に対して、子供の心にそのような深い信頼がどうしておこりうるのか。まずこれが問題になろう。」（同上誌、一〇ぺ）として、芦田先生の飛入り授業で、児童たちが先生になつき、深い信頼の態度を示すことを、問題とされた。

「これに対して、ある人は、これは芦田先生が、子供になり切って居るからだという解答をした。私はこう云《ママ》う解答ほど愚劣なものはないと思う。」（同上誌、一〇ぺ）と、波多野氏は述べ、このことについて、くわしく説き進めて、つぎのようにまとめられた。

「芦田先生が子供と一つになれること、生れてはじめて接した子供に、すぐ同化してしまわれるようなおどろくべき能力が、決して、芦田先生の天性の子供らしさから来るのではなくて、つくられた境地であること、極度の具案性の発露であること、ギコチない具案性をつきぬけた上での『故意』なのであることが理解されればよいのである。」（同上誌、一三ぺ）

芦田先生とこどもたちとの一体化と融けあう境地について、教授心理学的な視点からの分析をしたものといえよう。

さらに、波多野氏は、芦田先生が、右の一体化のほかに、自己とこどもとをまとめる特殊の方法を用いているように見えるとし、その具体例として、芦田「教式」の　五　よむをとりあげて、つぎのように考察された。

「よく知られて居るように、芦田先生は読本の一課の全体をいくつかの段落にわかち、その各段落についてその各《ママ》を最もよくあらわす中心的な語句をひろい出してそれを板書される。そうしてこの板書にもとづいて解釈の作業が進行して行くのであるが、一通り進行したあとで、氏は児童全体に、始めは無言で板書したものを心の中でよませ、次に声一杯にその板書をよませる。私の観察によればこの二つの作業――無言の読みと声一杯のよみ――で教室が実にまとまった一つの全体となるように思う。

実を言えば、私は芦田先生が『だまって声を出さないで』板書をよませることを二年の子供にやらせるとき、びっくりしたのである。始めこの命令が出たとき、私は、二年ではこれは無理だ、どんな結果になるだろうと思った。ところが芦田先生はこの板書黙読を見事に二年の子供にやらせてしまった。これには私は尚びっくりしたのである。

とも角黙読によって、教室は静寂になり、やや一つにまとまって来る。そうしたところで今度は、芦田先生は声一杯にこれをよませる。教室が一つになるように姿勢をよくし、胸をはって板書をよませる。これで教室は完全に一体になる。教師も生徒もなくなり壇上の人と壇下の人とは区別がなくなりここ《ママ》に始めて一つの気持で一つの方向にむかって居ることを意識する。

従ってこの作業以後教室での授業は実にやりよくなるような気がする。全教室が気をそろえて一つの課業をはげむようになって居る。私にはこの作業は一時間の授業の中で一つの頂点をつくって居るように思える。一時間の授業はこの作業でまとまるのである。この作業が全体のKnotenpunktになって居る。芝居風にいえば一つのクライマックスである。」（同上誌、一三～一四ぺ）

右は波多野氏が観察されて、もっとも感銘の深かった点を、五　よむ　に見いだし、それを授業中のクライマックスと認めているのである。

ここで、波多野氏は、このようなクライマックスは、いかなる教授理論からきているのかを問題にしなければならぬとする。また、このようなクライマックスは、最初の一時間ごとにつくり出すのか、一時間ごとにつくり出すのか、それも問題であるとする。このとき、波多野氏の参観したのは、いずれも一時間目の授業だったから、こうした疑問を生じたのである。

芦田「教式」中、五　よむ　によってかもしだされるクライマックスが、どのような教授理論に導かれてのことであるかは、波多野氏自身、もう少し考えて、根本的に解決したいと述べて、それ以上の考察については保留し、あとは、三つの点について、気づきを述べている。

その一つには、芦田先生の授業が「頭」だけの授業でなく、「人格」のそれであることを指摘されている。

「芦田先生があの老齢をもってして、四時間の授業にたえるということは、私には一つの奇蹟にさえ思われる。どこからこの力が来るのか。私などは二時間の講義をやるとヘトヘトである。では芦田先生の授業は、質的にコムパクト（緊密）でないかといえば、どうして反対である。生徒たちはこの一時間の授業を、おそらく一生わすれないであろう。こんなに緊張した一時間の授業が四時間もつづけられるということはどこから来るのか。

私の解釈はこうである。

芦田先生は授業を人格でやって居られる。それに反して、私どもは講義を頭でやる。だからすきのない講義をしようと思うと大変である。講義の内容許りでなくその形式、どこで笑わせ、どこで教室を静に《ママ》させるか、一回の講義をどんなにしてまとめるか、等々が全て頭でまとめて考えられて居る。このようなやり方では、人間の頭に限界がある限り結局限界があるのであろう。

小学校の授業は頭では出来ない。それは知識を教えるのではなくて、読本を通して人間修業を教えるのであるからだ。この点、芦田先生の授業は頭を人格の統制下におき全人格でやる。その点で氏の授業は、氏のいつもの生活の一形式なのであろう。氏の授業は、氏の人格が授業において発露したにすぎぬ。だからつかれることがないのであろう。氏はどこへ行っても自分を自分として出して居る。――云うまでもなく、この人格は、先程いったように、教育者としてきたえ上げられた人格である。――教室における氏は氏以上でもなければ氏以下でもない。これでつかれるのはどうかして居るわけである。我々の講義は、自分の講義の内容からひきはなして講義自体だけを聴衆にとり出させようと努力する。そこに両者のちがいがあるのではなかろうか。いずれにしても、小学校教育として、芦田先生の方向が本道であることは言うまでもない。」(同上誌、一四～一五ぺ)

二つには、芦田先生がはっきりした児童理解をもち、各学年の心理をよくつかまれていることを指摘し、ことに低学年では、児童の学級統制の訓練に重きをおかれていることが述べてある。

「芦田先生にははっきりした児童理解がある。各学年の心理が実によくつかまれて居る。一年の児童はどの位、二年はどの位、女の子はどんな風、ということがはっきりわかって居る。それで、今度のように、二年三年四年五年というように四時間同じ一時間目の授業をしても、少しも同じにならないのである。

このことについては、筆者は前に随意選題について考えたときにのべたことがある。随意選題といっても決して教科課程がないことを意味しない。芦田先生には、一年の綴方はどの位のことを要求してよいか、二年はどの位ということがわかって居るのだ。だから課題をきめないでも、自然に子供をのばして行って、一定の具案性を得ることが出来るのである。あまり児童心理が習熟して居ない人がやれば、収拾がつかなくなってしまうような自由選題も、芦田先生のように児童心理への理解があれば、その次の発展段階がわかって居るのだから決して混乱におちいったりはしないのである。

今度の公開授業でも勿論このような点が見られた。（中略）

低学年では、先生は児童の学級統制を重《ママ》に訓練される。たとえば自分の考えたことを先生に発表するのに勝手にてんでんいってはならない。先生に物を言うときには必ず手をあげてからになさいというようなことである。

低学年の子供は社会的訓練が出来て居ないことを特徴とする。だから低学年の学級統制は、この社会的訓練をうけつつ行うことが必要なのである。『序列』『順番』『手をあげること』『しずかにすること』等いろいろあるが、全《ママ》てこれらは、子供を学級的に――大きく言えば社会的に訓練する方途なのである。

徳川時代の教育学者はこのことをよく知って居た。彼等は『礼』を教えることを教育の第一歩としたのである。礼は社会生活の形式的方面をはっきりおしえて、訓練してしまう。それから段々と、その内容、その意味を教えて行くのである。このような教授段階をはっきり主張して居るのは、益軒であるが、中井履軒の教育説にも同じような思想が見られる。

芦田先生は低学年の教育において、特にこのような学級的訓練に意をそそいで居られるように見える。国語教育の中でこのような訓練を一緒にしてしまう、ということが既に大したことであるが、この際、氏はそんなことをすると皆がめいわくするからよしというように、理由をもって、子供たちを導いて居られた。このやり方には特に私は心をうたれた。私の道徳教育――訓練はその一つ――の主張は、道徳をいつも理由とともに教えるべきだという点にあるので、丁度この適例をここに見たように思ったからである。私の道徳教育の考えが若い人にではなくて、老師の授業の中で実現されて居ることは思いもよらないことであった。

このような訓練は三年四年になると、もういらなくなる。彼等はこのころには一通りの学級生活が出来るようになってしまうからである。もっとも、三年四年になっても、学級生活になれない子供はある。彼等はいつも学校をなまけたがりチコク《ママ》をし、悪い点をとる。つまり学校生活に習熟出来ない子供たちなのである。習熟に失敗した子供なのである。然しこれらについては、今は問題としない。

高学年では、だからこのような訓練はいらない。その代り、高学年では私は立派な産婆術（ソクラテスの）適用を見た。」（同上誌、一五〜一六ぺ）

三つには、高学年における問答法（「産婆術」）について、つぎのように考察が加えられている。

「芦田先生は高学年の授業を、生徒に質問をすることですすめて行かれる。それはどういう意味、それはどんな考え？　等々。これは芦田先生の考えでは高学年の子供たちはもはや自分で考える力をもって居るのだから、これを出来るだけ発揮させなければいけないというのである。実際先生に質問されると、子供たちは実によく考える。そうして、たしかに我々が質問しても決して到達しないであろうような高い解答に到達する。そのようなすぐれた産婆術がどこから来るか。

これもやはり、芦田先生が児童心理をはっきり知っているところから来るのである。一体質問は、やたらにしたっていい解答が出るものではない。ハイデッカー式に言ってよければ、『問い』は一定の方向をもって居る。『問い』は必然的に解答を準備して居るものである。だから、先生の生徒に対する質問は生徒が考えれば答えられるような方向に向けられて居なければならぬのである。勿論、質問があまりやさしすぎたり、又は公開授業においてよくやるように、キレイな授業をやろうと思ってする質問はだめである。生徒に一心に考えさせて、その解答が考え出せるような方向に質問がなければならないのである。ところでそのためには、先生が先ず生徒の解答能力を知って居なければならぬ。このような意味でよい産婆術は、必ずすぐれた心理の理解を前提しなければならないのである。唯『質問がうまい』などというのではない。子供をくわしく知って居なければうまい質問は出来ないのである。

さて、高学年において、芦田先生が生徒から抽き出そうと試みて居るものは、読本の一課のイデーである。たとえば、扇の的において、芦田先生は、次の板書の中からこの中で一番大切な、一課の中心になって居る語句をさがし出させる。

扇の的

1 赤き扇
2 余一
3 覚悟をきめて
4 いかなる弓の名人も
5 一心に
6 要ぎは
7 馬のくら
ふなばた

この課『扇の的』の中心テーマは、余一が『一心に』なって、弓をいたところであることは無論であるが《ママ》芦田先生はこれを生徒から産婆しようとされる。

同様に『母の力』の課では、『母の一念』という中心的イデーを把握させようとするのである。

この方法は産婆術として面白い許りでなく、解釈学的に言っても、いろいろ興味ある課題をふくんで居る。子供たちはともすれば話の、事件の外形に心をうばわれがちである。末梢的なササイなことに注意をとられて、本質的なものをつかまぬ。然し解釈の作業を発達させるには、中心的なテーマをつかませるように、生徒をしむけて行かねばならぬ。そこが芦田先生のこの板書及び中心テーマの産婆術となるわけであろう。

　私はこの授業を見ながらインガルデンの作品の層序の考えを思い出した。芦田先生がとり出そうと骨をおって居る層序は作品の第四の層序を忘れようとする点を考えれば、もっともな理由があるが然《ママ》し作品の完全な理解ということから考えればどうであろうか。

　インガルデンは、作品の第四の層序のみが、作品において唯一の大切なものとは考えて居ないのである。作品には四つの層序がある。それは作品の理解がふかまるに従って、第一、第二、第三……というようにわかって行くのである。従って第四の理解には、どうしても第一第二等々が必要なのである。第四は第一第二等々を通して、それの終《ママ》においてのみ把握されるのである。

　この点から考えると、芦田先生が板書から作のイデーを抽出することはどうであろうか。作のイデーは読本の課の形象から即ち文章を通して抽出して来られるのがのぞましい。勿論先生が板書される字は、いつも読本の中にある文句であって、この点はよいのであるが、それが一旦板書されると読本の形象からはなれる傾向があると思う。

　筆者には、先生が作の中心イデーを重要視されるあまり作の層序を軽く見て居るのではないかという気がするが、然し他の層序は、第四のものにおとらず重要なのである。一つの課が文学作品として、まとまったものであり、『表現』である限り、それは形をのぞいては意味をなさない。読本中の各課はかりにも一つの芸術作品なのであってその限り具体的な形象をはなれてはイデーも何もあったものではないのである。垣内先生がインガルデンを引照される真意はやはりこゝにあるのではなかろうか。

　然しこの問題は芦田先生を本質的に把握するのにきわめて重要な契機をふくんで居る。つまり芦田先生は精神的なものを重要視する環境にそだち、あくまでも形式よりも内容を重んじて生活をととのえられて来たのである。

この意味から言って作の形象を透してイデーを見るという見方を重要視せず、直下にイデーに肉迫するという方法をとるのではなかろうか。

この問題は芦田先生の随意選題の思想にもつながりをもって居る。私は前に先生の随意選題を自由教育思想に関聯をもって居るものと断定した。この考えは今でもあやまって居るとは思わない。唯先生の『自由』が西洋流の『拘束のない自由』でなく、もっと東洋流の、心情の自由を中心としたものらしいことに今度気がついたのである。禅のもつ境地がそれである。この問題については尚つっこんで考えるべきものが多いのだが――即ち大正四五年のころに、なぜこのような東洋的な自由主義が再建されたか、ということ等――後の機会にしよう。」（同上誌、一六～一九ぺ）

右に引用した、波多野完治氏の三つの気づきのうち、三　における、芦田先生の問答法の分析と、その問答によって、芦田先生が、学習者から引き出そうとしていられる、作品（教材）のイデーについての操作批判とは、別して鋭いものがある。

芦田「教式」のうち、四　かく、六　とくについて、芦田先生が作品の中心イデーを重視するあまり、他の層序を軽くみたり、また、板書によって、作品の形象からはなれる傾向があるのではないかという見解は、勝部謙造氏の「教式」批判とも、共通している。

右のような傾向にある、芦田「教式」の弱点とも見られる点について、波多野完治氏は、そこにかえって、芦田先生の本質を見ようとしている。すなわち、精神的なものを重要視する環境に育ち、作品の形象を透してイデーを見るという見方を重要視せず、直下にイデーに肉迫するという方法をとるのではないかとするのである。これは一つの見方といえよう。

さて、波多野完治氏の考察は、芦田先生の教授様式について、多角的になされた。おおむね好意的に扱われているが、教授心理学の立場から、その裏づけや補説的言及もなされていた。教授者と学習者との交渉・交流を、その雰囲気・統制誘導・問答などの視点から解明し、芦田「教式」に立つ「授業」の根本性格を明らかにしようとしたものといえるであろう。

そこには、終始、教授心理学・文章心理学専攻者の「眼」を感ずることができる。

なお、波多野完治氏には、「指導案に就いて」という論が、「国語教育誌」（昭和13年12月号、第一巻、第一二号）に載せられている。教育にあたっては、指導案を必要とする側に立ち、教育の創作性・経営性を論究しつつ、能率的な指導案の重要性を説いたものである。波多野氏の、教育現場への理解を示した論説といえよう。

また、波多野完治氏は、雑誌「同志同行」（第八巻第一〇号、昭和15年1月1日、同志同行社刊）に、「『国語教室』に求むるもの」という書評を寄せられた。これは、篠原利逸氏のすすめにより、古田拡氏の単行本「国語教室」（昭和14年8月30日、同志同行社刊、四六判二三一ページ）の書評をされたのである。

この書評において、波多野完治氏は、この書物に現われている古田拡氏の境地の高さを指摘しつつ、この書物の方法的特質を、つぎのように説いている。

「古田氏と我々とのちがいは一体何なのか、それを具体的に言うことは出来ないだろうか。出来る。一口に言えば、分析的方法の有無である。

この本は人に説得する。然し証明はしない。人に印象づける、然し人を納得させるわけではない。それは結局この事には『分析』というものが用いられて居ない事によるのである。この本は始めから終りまで一つの主張、一つの流れである。たえず思想を流して居る。それは思想の流れをとめて、これを分析することをしないのである。

そうして、これは又、又此の読みの理論でもある。此の読みの理論において、一番分析的方法に近いのは『事』についての部分であろうが、ここを読めばわかるように氏にあっては『事』は、文章の分析から出て来るのではなくて『事』の知識が文章を把握しやすからしめ、又文章によって『事』がゆたかになるというので、事は文章の機会（きっかけ）を提供するにすぎない。事によって文が深く把握出来るのである。文から事が析出されるわけではない。文の内容としての事柄の分析は、此の読みの方法からはおよそ遠いものである。おそらく現在の読方教育（解釈学的にあやまって呼ばれて居る）は此の意図からは実ににがにがしいものであろう。なぜならそれは文を分析して、あまりにも『事』にいたる道をとりすぎて居るから。

我々の学問では、これに反して、分析が生命である。分析は精神科学において一度は排斥された。然し今ではやはり分析が必要とされて居る。それは機能的分析又は条件的分析というものであって、所謂要素的分析とはちがうのではあるが、然しやはり分析は分析なのである。分析なくして科学はない。私はこの点から言いたい。この本は科学の本ではない。それは我々に科学以上のものを教える。然しそれ自身は科学的書物ではない。と。

さて、こう考えて来て、私は日本で修養といわれて来たことが、このような非分析的方法によって高い境地にいたる――証明によって得られるのと同じ位又はそれ以上に高いところへ到る方法なのだった、ということに気づく。この本の著者はおそらくこのような方法で『修業』したのであろう。修業によって高いところへたどりついた人なのである。それが分析を一つもやらないということは、充分理由のあることであると察しがつくのである。」（「同志同行」第八巻第一〇号、昭和15年1月1日刊、八九～九〇ぺ）

波多野完治氏は、右の古田氏の方法的特質への言及から転じて、その師、芦田恵之助先生の方法に及び、それを継承していこうとする若い世代の人々に、その継承・摂取のありかたを、つぎのように説いている。

「芦田恵之助先生の教授方法がやはりこれと同じであった。それは先生にじかに接する事によって高いところへつれて行ってもらえるので、速記録をいくらよんでも、あまりその理由は発見出来ないのであった。

結論をいそぐが、私は芦田主義の若い先生方は、この境地的修業を自分の身につけて自分を高いところへつれて行く方法を芦田先生や古田氏から学ぶと共に、他面、この境地的なものを分析的方法によって、生徒にとり出して見せ、そこへいたる理論的な道を示すことを心がけるべきではなかろうかと思う。人が、長い間の超人的苦業によって到達したものを、外面だけまねたとてその境地にいたり得るものではないのである。むしろその苦業を再び新たに自分のこととしてやって見る勇気が必要ではなかろうか。それと同時にそれをいつまでも非分析なものとしておかず、これに分析のメスを入れ《ママ》これを理論的にときほぐし、かくして、次の時代のものにそのよさを示して、それを入れさせるようにすることが、若い世代の芦田主義者のつとめであると思う。」（同上誌、九〇ぺ）

「境地的修業」を否定するのでなく、その長所を認めつつ、さらに分析的方法を生かしていく科学的理論的研究の必要を強調している点は、波多野氏の立場を示すと同時に、その宏量であることをも示している。

波多野完治氏は、この「国語教室」の書評を結ぶにあたって、

「古田氏の本は私に芦田主義に関して年来考えて居たことを更につよく感じさせてくれた。然しそれと同時に、私に、この東洋的な教育理論――そこには西洋的なものもとり入れられて居るが、面白いことに、カントの『綜合判断』というように綜合であって、同じカントの分析判断のことが出て来ないのである。

これは氏に分析がないことに考え合せることが出来よう――をあらためてもう少し深くつっこんでしらべて見たい、という一つの気分をふるい起させてくれた。その意味でもこの本は私に一つの激励をあたえてくれたのである。」（同上誌、九〇ぺ）

と述べている。

この「書評」を通じて、波多野完治氏の、当時の芦田主義者に対する批判と要望とを汲みとることができる。

波多野氏には、雑誌「同志同行」の読者（注、それは芦田主義者が多いのであるが……）に、呼びかけたい気持もあって、この「書評」をまとめたもののようである。

右の波多野氏の書評は、芦田「教式」そのものの分析・批判ではないが、芦田・古田の方法的特質に触れ、その「教式」継承・実践について、批判的提言がなされている点で、注目すべきものをもっている。

波多野完治氏は、「回想の芦田恵之助」（実践社編、昭和32年7月20日、実践社刊）に、「芦田恵之助における生くべきものと死すべきもの」という論考を寄せられた。この論考は、

1　芦田教式の心理学
2　芦田恵之助における生けるものと死ぬべきもの
3　結論にかえて

という構成になっている。なお、この論考は「学校教育」2「日本教育の遺産」（昭和32年5月、明治図書刊）にも収められている。

波多野完治氏は、芦田恵之助先生には、前後三回ほど会っている。第一回は、昭和一二年、東京市杉並第八小学校において、第二回は、実際指導研究会の席上（戦中・戦後、いずれかはっきりしないという。）において、第三回は、昭和二二・三年、杉並区の小学校において、であった。

芦田恵之助先生の授業は、波多野完治氏に強烈な印象と感銘を与えた。みずから、「わたしには芦田さんの印象は実に強烈にやきついている。初等教育者というものの一つの典型としてうつる。」（「回想の芦田恵之助」、五九ぺ）と述べられている。

また、波多野完治氏は、「随意選題論争」について論究されたため、芦田先生の初期のものには、ひと通り目が通してあり、「松阪の一夜」（教壇叢書第二冊）のことを、垣内松三先生に教えられて読んだり、「国語教育易行

道」（昭和10年5月20日、同志同行社刊）・「教式と教壇」（昭和13年5月20日、同志同行社刊）・「恵雨自伝」（昭和25年11月25日、実践社刊）などにも目を通している。みずから、芦田「教式」については、「教式と教壇」がいちばんいいようだとも述べている。

さて、波多野完治氏は、芦田「教式」の成立について、つぎのように述べていく。

「芦田さんはこの方式をつくるについて、垣内理論の『手続』と『手順』という概念を適用する。垣内さんによると、『手つづき』と『手順』とはちがう。『手つづき』とは茶の湯でいうと、お茶をのむ、ということで、お茶がのめれば、どんな手つづきであろうと、目的は達せられる。手順というのは、そのお茶をのむスジミチである。手をどうごかしてヒシャクをつかむか、お茶碗をどうひねくるかということが大切になる。

教授課程においてもその通りで、手順がきまらぬと、手つづきを達成することができない。教育界には手つづきの論は多いが、手順についてくわしく考えたものはない。

自分の考えた手順が『七変化』なのだ、と芦田さんはいうのである。

今のことばに、これを飜訳してみよう。感情的認識と理性的認識との統一として、ある『文学作品』（ここでは読本の一単元）を把握しなければならない。よんでわかった、というのではだめでカンジンのところが、どういうわけで作中の人物がこうなったか、どういうわけでこういう語句がつかわれているか、というところまでいかぬと、理性的認識を得たことにならない。

それを得られる指導過程を、時間のながれにそうてこまかく段階をきってきめてみようではないか、というのが芦田さんの考えである。

これをやるために、芦田さんの七変化では四回『よむ』行為をしている。これは生徒または先生の感情的体験である。（四回中一回は先生がよむ）。他人がよむことは自分がきくことだから、いずれにしても感情的体験である。

この感情的体験を通して、なにほどかの理性的認識が得られるだろう。つまりよんでいるうちに文学作品の内容なり、作者の意図なりが、いくらかはわかるだろう。しかし、それでは、文が真に『よめた』ことではない。その『読書』の効果が、第二信号系としてつかまれ、生徒が、その文中の大切な個所を『コトバ』で押えることができて、はじめて、読方についての感情的認識と理性的認識との統一が達成されたのである。

そこで都合四回の『よむ』のあいだに、理性的認識を達成するための作業がはさまれる。それが

二　とく

四　かく

六　とく

である。」（「回想の芦田恵之助」、六二〜六三ぺ）

芦田「教式」の成立について、第二信号系理論の上から、また、理性的・感性的認識論の視点から、これを見ようとしているのである。

波多野完治氏は、以下、芦田「教式」の各項について、つぎのような分析・考察を加えていく。

（1　よむ）

2　とく　について

「二のとく、は、子どもが子どもの力でよみ、かつ、しらべて、わかったところを先生と話し合うことに成立する。だからこれは漠然としており、綜合的であって分析的でない。これだけでは、文の真の理性的認識は成立しない。もしこれで理性的認識が成立するなら、それは『読本』の文章として、先生と一緒に学習する必要のない、やさしい文章ということになる。しかし、文章をつかむ仕事はそこからはじめられなくてはならぬ。

この構想が、いわゆる『全習法』にもとづくものであることはあきらかであろう。垣内松三さんが、国語教壇の革新を企て、いわゆるセンテンス・メソッドを立てられたのだが、この考えは垣内理論の『全体主義的基礎原理』にねざしているので、これを高学年の文章解釈作業に適用すると、まず文の全体について、大体の概念を得、次にそれを分析していき、さらに最後に分析の結果をまとめて綜合に達する、という綜合――分析――綜合、という弁証法の図式にあわしてあるのである。

で、とにかく、まずそういう作業が生徒とともに行われる。第一の『よむ』と第二の『とく』とこの二つの作業によって、生徒の読方についての『評価』が自然に先生の心にできてくることを注目すべきである。つまり芦田さんは評価について、今式のやかましいテストを実施はしなかったが《ママ》垣内理論に順《ママ》って評価の価値をみとめて解いたのである。その評価は第一の『よむ』第二の『とく』なのであった。（直覚的評価、ただしこの評価には理性的認識がともなわぬことに注意せよ）《ママ》。

3　よむ（師）について

第三のよむは、先生によっておこなわれる。これでは先生がよみながら『着語』をするのが特長であり、先生のよみは『範読』であるが、芦田さんの読みは『範読』であるばかりでなく、それに芦田さん独特の情をそえていくのである。

着語は芦田さん自身の感想であることもあり、文の区切りについての解釈であることもあり、また難語句の場合には、それをやさしくいいかえたものであることもある。芦田さんのこの着語は、子どもが『一』『二』をへてきているので、大いに役立つ。『一』のよむと『二』のとくとがなくて、いきなり、範読兼着語をやると、生徒には混乱を生ずるばかりであろう。

『一』『二』で、すでに、子どもに多少の心がまえが出来ており、作品について、いくらかの疑問が生じているので、着語で『ハッ』とわかることがあるわけだ。

芦田さんの範読は、少しゆっくりめで、あまり演技をつけず、素朴な朗読であった。つまり黙読がおもわず声に出た、という調子のよみ《ママ》であった。（引用者注、波多野氏みずから、授業を実地に観察していることから、このように述べたものであろう。）

4　かく　について

第四の『かく』これが、垣内解釈学と、芦田さんの実践との結合点で、また七変化の中心であろう。

これは、文または作品を一本の横線であらわし、その線の下に、各段落の中心となるべき重要語句をかきしるしていくことを中心とする。

これは先生の仕事で、子どもにはやらせない。（引用者注、このつぎに、「教式と教壇」一五六ページからの引用がなされている。）

つまり作品の一番よい解釈を先生がやり、それにもとづく中心重要語句の書取を、先生が生徒に課するのである。先生がこれを板書するときには作品の全体を頭において、それが、黒板に『開花』する心もちでやらねばならぬ。

生徒はそれを書取する。（引用者注、このつぎに、「教式と教壇」一五六ページからの引用がなされている。）

5　よむ　について

第五番目のよむは、作品をよむのではなく、板書した事項をよむことである。この場合はじめはこれを口のなかで黙読的によませ、次にそれを大きな声で、斉読させることが多かった様《ママ》だ。
板書した事項は読本の単元中の一番大切なことがらなので、全体を頭にとっておかせるために、このようなよみをさせるのである。

板書事項は、今の言葉でいうと、国語の作品を第二信号系にかえたものといってよいだろう。それは作品の中からぬいたものではあるが、作品の精随《ママ》で、ここをおさえれば、作品のカナメをおさえたことになる。こういう重要語句を作品の中からさがすことは、最近一般意義学に影響されたアメリカの国語教育で行われるようになった。一般意義学では、語句はかならず作品の中からさがさねばならぬことになっている。

垣内理論が、モールトンの影響を受けていることを考えると、芦田さんのこのやり方は、今日の立場からいっても、決して時代おくれのものではないようだ。問題は、これを生徒にさせないで、先生がやり、それを生徒にうつさせる、というところにあるわけだが、師弟の『同行』性を中心とする指導が、これ以上の展開をさまたげたのでもあろうか。

6　とく　について

第六の『とく』は、板書について行われる『作品』の第二信号系化である。板書は作品を、いわば『名前』として『概念』としてとらえた。今度はこの概念をてがかりとして、作品を『自分の言葉』でとらえねばならぬ。こうしてはじめて作品についての理性的認識は獲得されるのである。

7　よむ　について

第七のよむは、理性的認識と感情《ママ》的認識との統一としての作品の獲得が、ふたたび感性化され、生徒の実践と

なって、より高次の段階において実現される段階である。(以上、「回想の芦田恵之助」、六三〜六七ぺ)

波多野完治氏は、右のように、芦田「教式」の各項(とくに、二〜七)について、的確に分析したのち、つぎのようにまとめられている。

「以上のべたところによって、芦田さんの教授方式が『作品』の理性的認識をうるにも、感性的認識をうるにも、またその統一としての全認識を得るにも、ある程度の成功をおさめるべきものであることがあきらかになったとおもう。

国語についての実力を、ごく素朴に、字がよめ、字がかければよいと考えていた人の多かった時代に、ここまでの教式を考えたことは、垣内松三氏の解釈学のたすけがあったにしても、おどろくべきことといわねばならぬ。」(「回想の芦田恵之助」、六七ぺ)

芦田「教式」に対する、かなりに好意的な考察がなされている。右の「教式」分析の中で、四『かく』が、「垣内解釈学と、芦田さんの実践との結合点で、また七変化の中心であろう。」(同上書、六五ぺ)とあるのは、新しい見方であるが、「七変化の中心」とするのは動かないが、これを結合点とするについては、また別の見解もあろう。むしろ、芦田先生自身の読書体験から導かれている点が多く、どのように結合したかについては、その結合点の究明が必要となろう。

つぎに、五　よむ　について、六　とく　について、「作品」の第二信号系化であるとする見解も鋭く新しい。このようにして、はじめて作品についての理性的認識は獲得されるとしているのも、理論の適用とその成果とを、好意的にしかもやや楽観的に見ている点があるようだ。この点に関する見解において勝部・波多野両氏の「教式」批判がわかれてくるように思われる。

このように見れば、波多野氏の芦田「教式」の分析は、垣内理論と芦田実践との結合という点を、その緊密さを、過度に見ているきらいはあるが、読むことの学習指導のありかたを、広い視野から見て、この「教式」のよさ、すぐれている点をじゅうぶんに認めているといえる。

さて、波多野完治氏の芦田「教式」に対する批判は、どのようであるか。きっぱりと、つぎのように言う。

「では、芦田さんの方式は、今日でも充分妥当なものといえるかどうか。

とんでもない。

そこには前教育に特有ないくつかの欠陥があって、決して今日の学習指導の標準方式として適当なものではない。」（「回想の芦田恵之助」、六七ぺ）

そして、つぎのように、三つの点を指摘している。

1　クラスの横の関係の欠如

2　生徒の個人差が考えられていないこと

3　読みにおけるテクストと読者との分裂

右のおのおのについて、波多野氏は、つぎのように述べている。

1　クラスの横の関係の欠如

「以上の七変化では、先生と生徒との関係はよくでてくる。(2)のとくは生徒が先生にとくのであり(4)《ママ》のかくは、先生と生徒とがともに書くのである。こんな風に、先生と生徒とは相互に交渉するが《ママ》クラスの生徒同志は交渉しない。たぶん、芦田さんの学級では、生徒は時間中『ハナシをしない』つまり相互に口をきかぬことが、行儀がよいとしてしつけられるのであろう。（引用者注、つぎに、「国語教育易行道」一四四ページから、引用されている。）

おたがいに私語するのは、授業時間中によくないことだが、生徒相互の交渉がないのは『民主的』とはいいかねる。

生徒が自分の『読み』について語る。他の生徒が、これを批評し、もとの生徒が反駁する。こういう風にして、生徒の読みはふかくなっていくのである。

このような学級作法が成立したのは、もちろん芦田さん一人のつみではない。昔の教授様式ではみなそうであった。教師中心、教科書中心の教授は当然の帰結としてこうなるのである。だからこれは芦田さんの一人のつみではないが、しかし『感情的認識』から『論理的認識』へ、さらにこの両者を綜合した高次の認識へ子どもを高めていくには、これは不都合である。なぜなら論理的認識は、自己の感情的認識について、『コトバに出して話し合う』ことなくては完結しないから。」

２　生徒の個人差が考えられていないこと

これは⑷のかくにいちばんはっきりあらわれる。かくは、先生の解釈による重要語句の板書およびそれのノートへの書写である。生徒の一人一人の読みに応じて、重要語句がかわっていくかもしれぬのだが、その点は考慮されない。

これは、いろいろな原因にもとづくようである。

このやり方だと、生徒は何人でもよい。一人の先生に一人の生徒でもよいし、また一人の先生に百人の生徒でもよい。学級の大小におうじて、教授形態をかえる必要はない。

だが、近代の社会心理学は、学級の人数の大小が、子どもの学習態度に、いかに大きな影響をおよぼすかをはっきりしめした。二十人の学級と七十人の学級とでは、生徒の学習態度に大へんなひらきがある。だから、芦田方式は、この点では近代心理学の原理にあわないのであるが、これを芦田さんは、『人格的迫力』でおぎなおうとしたのである。

三十人の集団だと、やさしい女の先生の話し《ママ》でも、子どもはよくきいている。七十人になると、声が大きい男の先生でないとだめだ。

芦田さんは、自分の人格的圧力で、三十人でも七十人でもおなじようにあつかうのである。また子どもの方も、きっと芦田さんのクラスでは、真剣にきいたに相違ない。しかし芦田さん自身でも七十人のクラスをもった後には、心身の疲労が大きいことを感じたかもしれぬ。

芦田さんに心身の疲労となってひびくのは、芦田さんほどの人格的圧力のないものには、教授結果のみじめさとなってあらわれる。

（中略）

どうして、こういう劃一的授業方式が成立したか。これは芦田さんの『教壇行脚』というやり方と関係している。

教壇行脚では、一学級の人数を予測することはできない。今日は三十人のクラスで『源氏物語』を講じたが、明日はこれを七十人のクラスでやらねばならぬかもしれぬ。同じやり方で、同じ効果を出すには、生徒の異同などかまってはいられない。

だからわたしはこれを教壇行脚の生んだ悲劇とみたいのである。悲劇であるから、これは芦田さん自身よくしっておられたものと思う。」

3　読みにおけるテクストと読者との分析

「芦田さんは、読みとは自己をよむことだ、とよくいう。だが、また、氏の『かく』は、先生のつかんだ作品の『理念』を子どもにしみとおさせる手つゞきであった。これは先生には『客観的妥当性』を有するものとうっている。相対的な、主観的なものとはみえないのである。

もし、読みが自己をよむのであるなら、生徒に、生徒らしい読み方を許してもよいのではないか。この生徒のよみを通して、それを一歩一歩ふかめる読み方教授の方法が考えられるべきではないか。

読みとは、真実のところ自己をよむのでもなく、対象をよむのでもない。作品すなわち形象を媒介として、作者と読者とが、協力してある世界をつくっていくことである。それは作者と読者との共同作業である。

しかし、これは形象を媒介とするので、形象についての正しい知覚が前提されなくてはならず、この知覚の上に立って、作者と読者との弁証法が展開される。それが読みである。

作者と読者とは弁証法的に交渉するので、それは『読み』にしたがって深くなる。この深まりの方法を、深まりの技術をおしえるのが、読み方教授でなければならぬ。

したがって、読み方が非常に高度に達すると、これは作者がおぼろげにしか意識していなかったこともよめるし、作者が無意識の下に抑圧しており、したがって作者が思ってもいなかったことまでもよめることになる。

こういう技術が解釈学である。

垣内解釈学には、このような考えがある。芦田さん自身もこのことをいっておられる。

『即ちよむということは作者と読者との共同作業のようなものと考えたらよいでしょう。』(『国語教育易行道』一五八頁《ママ》)。

だが、芦田さんにおいては、この共同作業が『自己を読む』形に解消されるのである。これは芦田さんが『観念論』または理想主義を基礎としていた、ということからほか、解しようがない。

『私が二十年前に読方教授という一書をあらわした中に『読むとは自己を読むなり』と立言したのがそこです。……牛または馬について、作者の書こうとしている心の奥の響も、結局読者の認めたというその物で、それも作者のものであるというのはむずかしいと思います。』（『易行道』一五七頁《ママ》。傍点は波多野氏）

この傍点の部分は、芦田さんの観念論をよく示しているとおもう。

自己をよむこと。そこからくる自己の成長、つまりライプニッツのモナド式の自己発展という連続的、有機的、線的な成長である。

力学的、革命的、またあとしざりをふくむ弁証的発展の考えが、芦田さんにはなかったようだ。

これは芦田さんが『禅』をやっていたことを考えると一寸不思議な気がするが——禅は、西田哲学によってあきらかにされたように、弁証法をふくむ——芦田さんのかいたいろいろなものをみると、どうもそうである。

『解釈学』の解釈が芦田さんの教授方法をあのような固定形式においこんだとみられる。」（以上、「回想の芦田恵之助」、六七～七二ぺ）

以上のうち、1・2は、波多野氏の専攻領域の一つである教授心理学の立場から指摘されており、3は、解釈学的立場の検討からなされている。

ここでは、思いきって、「教式」批判がなされている。

芦田「教式」における、劃一的授業方式の成立を、「教壇行脚」に関係ありと見、また、「教壇行脚」の生んだ悲劇とも見られている。「悲劇」と見るべきか否かは、にわかに言えないであろう。外から見れば、画一主義とも見られるこの「教式」について、芦田先生自身は、かなり自在に運用されていて、決してそれにしばられてはいなかったという面がみられるのである。それを、一概に、負け惜しみと弁解とだけ見ることはできない。

芦田先生の教授方式を、固定形式においこんだのは、「解釈学」の「解釈」だと見られている。これも、芦田先生自身は、必ずしも平浅なる意味の固定化は考えられていなかったようである。しかし、ここでの波多野氏の指摘は、その読み方教授観の批判にあると見ていいであろう。

波多野完治氏は、以上のように、芦田「教式」の分析・批判を、精細に試みつつ、教育界における、進歩と反動の問題について、その識別・洞察のむずかしいことを述べ、「芦田さんのような人の『遺産』をとり出すことは、実に微妙な細心の注意のいる仕事になる。」(「回想の芦田恵之助」、七四ぺ)と言い、さらに、「芦田さんが、特にその信者が日本の教育界で反動的な役割を演じたことはたしかだ。だが、その反動的な役割の中に、『子どもと接触する』という面で、進歩的な教師が学びに学ばねばならぬ宝があることも否定できない。」(同上書、七四~七五ぺ)と結んでいる。

教授心理学の立場から、芦田「教式」の分析・批判は、その理解と批判とにおいて、確実になされている。かなりに大胆な論断もなされているが、批判の三点は、やはり傾聴すべきものをもっている。

一二

(8) 輿水実氏の分析・批判

輿水実氏は、「国語教育の方法」(「コトバの教育」〈コトバの科学〉第七巻所収、昭和33年10月15日、中山書店刊)という論考において、「解釈学的方法と現在の指導過程」について、つぎのように述べている。その中で、芦田「教式」にも部分的に触れている。

「センテンス・メソッドの時代には、国語の指導過程は〝読みにはじまって読みに終る〟といわれた。まず第一に教科書の全文を通読させ、次に、内容深究、すなわち各段階の吟味、語句、文字の吟味などをして、最後に、そうした理解の上で、もう一度文を読む。この最後の読み、仕上げの読みは、たいてい、学級のいっせい音読であった。教師はその読みごえに耳を傾け、そのこえが澄んできたことで、学習の効果があったと判定した。

この読みを、第一次の読み、第二次の読み、第三次の読みといった。それに名前をつけて、通読段階、精読段階、味読（達読）段階などともいった。語句や文字には各段階でふれる。特に第二次の精読段階でややくわしくやるわけである。しかし、それだけでは練習の面がないので、この三次的展開のあとには練習段階を加えるものもあった。

これより前から、一部に、芦田恵之助のはじめた七変化の教式というものがおこなわれていた。そして解釈学的な三次的な指導過程の考えが強くなったころには、これが次のように三次的に整理された。

(1) よむ	第一次	（全文通読）
(2) 話し合い		（教師と児童との問答）
(3) よむ	第二次	（段落に分けて読む）
(4) 書く		（段落に分けて解釈し要点を板書する）
(5) よむ	第三次	（板書を読む）
(6) とく		（板書によって全体を理解する）
(7) よむ		（全文を読む）

ただし芦田の七変化は一時間の中での指導過程である。(1)よむの全文通読は、その時間に扱う全文である。芦

田の教式は、見せる授業からきたもので、どうすれば一時間（四五分〜五〇分）こどもをあきさせないか、というところにくふうがあった。（特に〝書く〟ということを取り入れた点）[注11]

これに対して、いわゆる解釈学的方法は、一つの文あるいは文章の理解、解釈に対して原理的にいわれていたことで、必ずしも一時間の取り扱いというわけではなかった。むしろ一課（一単元）の取り扱い方であった。

戦後の指導過程は、〝評価にはじまって評価に終る〟とされた。最初の評価はいわゆる予備調査で、最後の評価は効果判定である。今日の指導案は、こどもの学力の実態を考えて作られる。目標や効果判定のない指導案はない。

それは一般論であるが、特に国語科の場合、教材が物語本位でなくなりつつあるので、指導過程もいちようではありえなくなっている。〝教材の類型による読みの指導方法の相違〟ということが考えられてきている。戦後最初にできたのは文部省の〝みんないいこ〟の〝いいこ読本〟であったが、ここで教材は、

詩教材　物語教材　随筆教材　劇教材　言語教材

の五つに分けられた。方法的にいって、物語教材についてはは劇化・紙芝居化などが奨励され、劇教材や言語教材では、実演、実行が要求された。また詩教材や随筆教材は視写とか朗読とかがよいとされた。

いろいろな検定教科書が出はじめてから、教材の分類はさらに進んで、読みにも説明文、解説文、報道文などの〝知識・情報教材〟というものが出てきた。言語教材は、〝話し方・聞き方の教材〟、〝作文教材〟、それに〝言語教材〟の三つに分かれてきた。そしてそれぞれがちがった取り扱いを必要とすることがわかってきた。そのために、精読、味読だけを目標とした解釈学的方法は、一時まったくかえりみられない状態であった。

戦後の指導過程の特色としては、上にちょっとふれたように、劇化する、実際に調査する、などというような行動化が多いことである。もうひとつ読書指導との結びつきが考えられてきたことである。教材として物語や伝

記を読んでも、それで終らずに、〝他の物語を読む〟、〝読んだものを教室で発表する〟というようなことが加わり、いわゆる〝発展的な取り扱い〟になってきたことである。理論的にも、精読主義一本でなく、そこに多読主義を取り入れようとしているわけである。

現在の教科書には、たいてい、〝学習の手引き〟という名前で、各教材なり単元なりのあとに学習のしかたが出ている。これが戦後の特徴で、この学習の手引きの中には、ワーク・ブック的なこともはいっている。

以上のように、教科書の教材にいろいろな変化が出てきたし、また各教材のあとには〝学習の手引き〟がついていてワーク・ブック式になっているので、現在の国語教科書は〝雑誌のようだ〟という批評が出てくる。文学形態別あるいは時代別に名家の名文をのせていた昔の読本式教科書から考えると、たいへんな変化である。取り扱いもまた豊かで、解釈学的指導過程一本でなく、そこにいろいろの読書、読解の技能の修練を取り入れようとしている。たとえば要点をとる、要約する、抜粋する、そういう技能の修練を取り入れようとしている。しかし、教科書の教材である以上、一回読んで終りというものではなく、結局その文の読み方がわかり、文字、語句、ことばづかいがわからなければならない。そういう意味では、やはり、第一次、第二次、第三次の読みというか取り扱いというか、解釈学的な、精読主義的な方法がいぜんとして根本に残っている。ちがいは、第二次の過程に、実際に文を書く（作文教材の場合）、実際にやってみる（話し方、聞き方教材の場合）、実際に調べてみる（言語教材の場合）、実際に劇をやる（劇教材の場合）というような作業がはいってくることである。これを第三次にしている人もある。また他の本を読んでくる（物語教材の場合）というような発展的な取り扱いが多いということである。」（同上書「コトバの教育」、二二六～二二九ぺ）（注11、芦田恵之助、教式と教壇、一九三八、P一八三）

輿水実氏は、昭和三三年（一九五八）ころまでの指導過程について、要を得た展望をしている。これは概観であって、芦田「教式」のみを論じたものではないが、解釈学的な方法・指導過程との関連において扱ってある点に特色がある。

興水氏の論述のうち、芦田「教式」(1)〜(7)が、「解釈学的な三次的な指導過程の考えが強くなったころには、これが」三次的に整理されたとあるのは、的確な指摘とはいえないようだ。勝部謙造氏は、芦田「教式」を、第一次〜第三次に分けて考えられた。解釈学者としての勝部氏が、芦田「教式」をそのように見たという事実はあるが、芦田「教式」自体、三次的に整理されたということではない。

また、「ただし芦田の七変化は一時間の中での指導過程である。」(同上書、二七ぺ)とあるが、これは一時間の中での指導過程であると同時に、二時間以降にも、(2)話し合い を、復習 としつつ、展開され、運用されていくのであって、その点では、一時間外にもかかわりをもっているのである。

さらに、興水実氏は、「芦田の教式は、見せる授業からきたもので、どうすれば一時間(四五〜五〇分)こどもをあきさせないか、というところにくふうがあった。」(同上書、二七ぺ)と述べている。「見せる授業からきたもの」という考えかたは、芦田先生の授業が教壇行脚による飛入りの時間であったことからすれば、たしかにそういう面をもっていたが、それは「見られる授業」とでもいうべきものであった。また、どうすればこどもをあきさせないかというところにくふうがあったというのも、たしかにそのとおりであるが、芦田「教式」のくふうは、それのみを主眼とするものではなかった。とりわけ、(4)かく ということをとり入れたことについては、授業を内面化していくくふうがあった。それはこどもをあきさせないというだけのものではなかったようだ。

右に見られるように、興水実氏の芦田「教式」そのものについての理解には、じゅうぶんとはいえない点もある。解釈学的な指導過程の一類として、芦田「教式」を見ようとしているごとくである。指導過程の流れの中に位置づけて、見てあるのは、特色の一つであろう。

さて、輿水実氏は、氏の立場から、国語科指導過程について、考察を加えられた。それは、つぎのように報告されている。

1　国語科指導過程の歴史的な流れと現在の問題点
「国語教育の近代化」第一号　昭和37年8月1日刊
2　国語科指導過程編成の立場
「国語教育の近代化」第五号　昭和37年12月1日刊
3　思考過程からみた指導過程
「国語教育の近代化」第六号　昭和38年1月1日刊
4　（指導過程についての報告・提案）
「初等教育資料」　昭和38年4月号
5　「国語科学習指導の科学化」　昭和38年10月2日刊
6　基本的指導過程による能力養成
基本的指導過程による学習指導
「国語教育の近代化」第四号　昭和39年5月1日刊
7　基本的指導過程の理論と実践
「国語教育の近代化」第二号　昭和39年9月1日刊
8　読解指導過程の理論的根拠
「国語教育の近代化」第五号　昭和39年12月1日刊

（注、「国語教育の近代化」は、輿水実氏のの会員制個人雑誌で、その号数は、半年毎に一号～六号を付している。）

輿水実氏は、「国語科指導過程の歴史的な流れと現在の問題点」（「国語教育の近代化」、第一号、昭和37年8月1日刊）という論考において、読解指導過程の歴史について考察している。その中で、輿水実氏は、

一　素読中心の指導過程
二　註釈主義の指導過程
三　センテンス・メソッド
四　形象理論
五　解釈学的指導過程
六　芦田式七変化
七　戦後における解釈学的指導過程の壊滅とリバイバル

について述べている。

これらのうち、六　芦田式七変化　については、

当時（引用者注、解釈学的指導過程の行なわれていた、昭和一〇年（一九三五）前後を指している。）、芦田恵之助を師とする芦田式の七変化の教式というのがあった。この『教式』というのは、指導過程のことである。これは一時間の指導過程で、

一　読む
二　話しあい　｝一五分
三　読む（師）
四　書く　一〇分

五　読む
六　とく　｝一五分
七　読む
合計四〇分である。教室の出入に五分をみると、学校時間の一時間になる。
この教式が完成したのは昭和八年で、これは全体が、『読みにはじまって読みに終わる』ということになっているばかりでなく、一二三、三四五、五六七とそれぞれ『読む』でつつまれた三段階の過程である。
この七段階は、すぐにできあがったものでなく、はじめはいろいろであって、大正十五年に教壇行脚をはじめる時に、特に『書く』という仕事を取り入れて、ここに芦田式教式の基礎ができあがった。昭和八年に、黒板の上部に横線を引くようになって、これで教式が完成した。（『教式と教壇』昭和十三年）
『書く』という仕事は、芦田式の特色のひとつであるが、はじめに黒板の上部に横線を引いておいて、それを文段に切って、各文段の『光ったことば』（キイワード）を書き出し、それによって文章のすがたを図式的に現前することが、芦田式の特色である。
この芦田式は、芦田恵之助個人の発明であるが、垣内によって力づけられた部分もあり、その時代の影響も受けて、けっきょくは、やはり、解釈学的指導過程のひとつ、しかも、その最も完成されたもののひとつであったとみるべきである。」（同上誌、七～八ぺ）
芦田「教式」の完成を、昭和八年（一九三三）と断定するのは無理のようだ。板書における「一線」のくふうのなされた時期をもって、そのように見られたのであろう。また、大正一五年（一九二六）、教壇行脚をはじめる時にとあるのも、また、そのとき、「書く」をとり入れて、「教式」の基礎ができたというのも、すこし無理な見かたではないか。

芦田「教式」に関するかぎりは、一応の紹介がなされているだけである。ただ、芦田「教式」を、「けっきょくは、やはり、解釈学的指導過程のひとつ、しかも、その最も完成されたもののひとつであったとみるべきである。」(同上誌、八ペ)と位置づけている点は、妥当といえよう。つまり、時代様式・個人様式の交錯の中に、個人様式・集団様式としての成立・深化が見られたわけであろう。

また、輿水実氏は、この論考のうち、「学習原理と指導過程の変化」の項において、

「芦田式で『書く』という仕事がやまであるといわれるが、書くことは個人的な仕事だからでもある。現代の教室の読解指導は、余りに、話し合い主義、したがって一斉学習主義・共同学習主義である。読解指導においても、学習形態として、個人学習・グループ学習・一斉学習のそれぞれの長所を取り入れるのでなければならない。その取り入れかたで、指導過程が変わってくるものである。

要するに、国語科学習指導は、学習原理によって動くものであるから、われわれは、教育学の教えを、もっと取り入れなければならないし、われわれとしても、そのほうに寄与するのでなければならない。」(同上誌、二八ペ)

と述べている。芦田「教式」のうち、四　かく　に、その大きい特色を認めるのは、輿水実氏も、他の人々と同じであるが、ここでは、「かく」ということが、学習者個々人の仕事であり、それが、「教式」の一つの「やま」をなす因になっていることを指摘しているのである。「教式」中の　四　かく　は、むろん、指導者自身の態度も操作も問題になることで、その半面を見のがすことはできないのであるが……。

いずれにしても、右に引用したような視点(学習原理・学習形態など)からする教式論には、輿水氏の独自の見かたがあらわれている。

つぎに、輿水実氏は、「国語科指導過程編成の立場」（「国語教育の近代化」第五号、昭和37年12月1日刊）において、現代国語教育における指導過程の中心問題をとりあげ、

一　二十世紀の国語教育は技能性を自覚した国語教育である。
二　註釈主義の指導過程から解釈学的指導過程へ
三　解釈学的指導から読解の諸技能の指導へ
四　技能を主とする指導過程か文章の生命を主とする指導過程か
五　現在の教科書における人間形成と技能養成のディレンマ

これらの項目を挙げて述べられている。これらのうち、五　において、輿水実氏は、つぎのように述べている。

「昔の国語教育は人間形成本位で、あとは言語の習得を目ざした。技能は自覚しませんでした。教材もそのつもりで出していました。昔の国語教育は、特に人間形成を強く自覚していました。精神形成という高い使命を自覚していました。そういう面でたしかにすぐれていたと思います。

さっき志波先生が芦田恵之助先生の授業のことをおっしゃっておりましたけれども（引用者注、この論述は、昭和37年2月28日、東京都新宿区仲之小学校研究会での講演に手を加えたもの。志波先生は、志波末吉氏のこと。）、芦田先生の授業を見ていますと、確かに、子どもたちは深く感動していました。感動したということは、おそらく、人間形成されたのでしょう。そういうようなところがはっきりみえました。

戦前の国語教育には、その指導過程において盛り上がりがありました。しかし、その国語教育には、さまざまの技能の自覚的な指導というものがなかった。それでは最近の国語教育は、技能の修練ということに非常に徹底しているかということになります。これが必ずしも徹底していない。まだこれが始まったばかりであります。」（同上誌、一三〜一四ぺ）

ここでは、芦田先生の授業・指導過程を、人間形成本位の、昔の国語教育を代表するものの一つとして、挙げられているようである。戦前の国語教育には、さまざまの技能の自覚的な指導というものがなかった——と、断定することができるかどうか。ここには、なお、検討の余地もあるように思われる。芦田「教式」に、技能指導が欠如していたとはいえない面もあるのではないか。

輿水実氏は、「初等教育資料」（昭和38年4月号）において、読解・作文などの基本的指導過程についての試案を提示した。以後、輿水氏のいわゆる「基本的指導過程」についての論究が多くなされている。

「基本的指導過程による学習指導」（「国語教育の近代化」第四号、昭和39年5月1日刊）において、輿水実氏は、

1　基本的指導過程とは何か
2　なぜ戦後一時消滅したか
3　最近なぜ基本的指導過程を要求するか
4　基本的指導過程をどうやって作るか
5　基本的指導過程による学習指導

などの諸問題が論述されている。

「基本的指導過程」について、輿水氏は、

「基本的指導過程というのは、めいめいの、個々の指導過程ではない。個々の指導過程の根底にある共通の指導過程であります。そのまえに、指導過程というのは何かということになるが、指導過程というのは、一応、指導の手順、指導の手を打つその順序である、ということにしておきます。

指導の手順は、みなさんがめいめいお持ちになっていらっしゃる。また、教材教材によって、それぞれ多少違ったことをおやりになっている。しかし、その根底にある、根底に考えられる一つの指導過程、そういうものを、

基本的指導過程と呼ぶのであります。」（同上誌、一九ぺ）

と言い、その「基本的指導過程」の作成要領については、つぎのように三つのことを示されている。

「第一は、学習指導の実態をとらえること。そのため、指導案を集めてその重ね写真を作る。

第二は、それに原理的な考察を加えること。実態には、間違い、手ぬかりがあるかも知れないから、それに原理的な考察を加える必要があります。

第三は、いままでの伝統的な指導過程との関連を考えること。そうしたものの近代化の線を考え合わせ、基本的指導過程としては最も簡単明瞭で、やりやすいものにすることが必要であります。」（同上誌、二八～二九ぺ）

この三項目は、輿水氏らしい手続きといわなくてはならぬ。

輿水氏によれば、戦後さかんに行なわれた、単元学習の、「単元」の指導過程の標準化は考えにくいとしている。これに対して、戦前、一時間の指導過程は可能だったことを、芦田「教式」に例をとって、つぎのように述べている。

「一時間の指導過程はどうなるか。戦前、芦田式七変化が可能だったのは、教科書教材が同じようなどっしりした教材であったからです。特に芦田先生が全国を行脚してごらんに入れた授業は、みな同じような、精神訓話がかった『乃木大将の幼年時代』『鉄眼の一切経』とかいう教材ばかりである。そういう教材ばかりだと、どの時間も同じ指導過程でできるのであります。」（同上誌、二七ぺ）

輿水実氏には、いつも念頭に、芦田「教式」のことがあって、それをややつきはなすようにして、例示するという面が見られる。

さて、輿水実氏の提案になる「基本的指導過程」は、つぎのとおりである。

1 読解の基本的指導過程

(1) 教材を調べる。わからない文字・語句を辞書で引くなり、文脈の中で考えて、全文を読み通す。

(2) 文意を想定する。読みの目標や学習事項をきめ、読み方の性格を決定する。

(3) 文意にしたがって、各段落、各部分を精査する。

(4) 文意を確認する。

(5) この教材にでてきた技能や、文型、語句、文字の練習をする。

(6) 学習のまとめ、目標による評価。

2 作文の基本的指導過程

(1) 導入、動機づけ

(2) 計画の話し合い

(3) 書く

(4) 推考（自己批評・共同批正）

(5) 書き直し

(6) 処理、まとめ

3 聞くことの基本的指導過程

(1) 教材である話を実際に聞く。

(2) 聞いたことについて話し合う。

(3) もう一度聞く。

(4) 聞き方の原則や基準を導き出す。

(5) 原則や基準に合わせてもう一度聞く。
(6) 聞いたことの意義・価値を確認する。

4 話すことの基本的指導過程
(1) 計画を立てる。
(2) 見本、サンプルにふれる。
(3) 基準を導き出す。
(4) 実際に話す。
(5) 共同批正
(6) もう一度話す。(同上誌、二九〜三〇ぺ、三三ぺ)

輿水実氏は、これらの基本的指導過程の編成によって、初めて研究のための共通基盤ができるとし、さらに、これらの過程による学習指導によって、
(1) きまりがついてくる。
(2) 手落ちがない。
(3) だれでもできる。
ということになって、そこから初めて真の研究ができるようになるのだと述べている(同上誌、三二ぺ)。

ついで、輿水実氏は、「基本的指導過程の理論と実践」(「国語教育の近代化」、第二号、昭和39年9月1日刊)・「読解指導過程の理論的根拠」(「国語教育の近代化」、第五号、昭和39年12月1日刊)の両稿において、読解の「基本的指導過程」についての論究をされている。

さて、前者のうち、「国語科指導過程の歴史と現在の問題点」において、戦前のばあいを、

(1) 形象論以前
(2) 形象論的指導過程
(3) 解釈学的指導過程
(4) 芦田式教式

のように考察されている。芦田「教式」については、つぎのように述べられた。

「芦田恵之助先生を師とする同志同行の人々は、教壇修業中でも、指導の手順、過程を重くみた。それは最後には『七変化の教式』として完成されたが、『教式』ということばでいわれていたことからもわかるように、古い歴史を持ったものであった。それが、最後に、形象論的、解釈学的な『読みにはじまって読みに終わる』ものになったのである。それは

1 読む　2 話し合い　3 読む
(3 読む)　4 書く　5 読む
(5 読む)　6 とく　7 読む

である。( )の中のことを加えて考えると、垣内先生の第一次、第二次、第三次の読みの深化に一致する。

芦田式の妙味は、とくに、この『書く』にある。芦田式の信奉者の教室の黒板には、最初から、上のほうに横線が引いてあった。その横線を文段に区切って、各文段の下にいわゆる『光ったことば』を書いて行く。この光ったことばというのは、その文段の中心語句であるが、芦田式の根本的な着眼点は、作者の気持ち《ママ》、作者のねらい、あるいは教訓をとらえることにあったから、光ったことばというのは、各文段における作者のそうした心持ちをあらわす語句であった。

話し合いを通して、そうした光ったことばを取り出し、それの全体的な概観で、作者のめがけているものを浮き彫りにする。それを『板書機構』といった。そうした構造化、立体化をめがけた。

ただしこれは、一時間の指導過程である。芦田式の教式がなぜ一時間の指導過程として完成されたか。これは、日本の実地教育者たちの研究方法が一時間の授業を対象とすることがほとんど大部分であること、および、芦田先生のは、教生に対する、あるいは代用教員に対する、模範授業、あるいは、教員再教育における一つのモデルとしては提供されたものであったからである。ここには『授業の仕方を学ぶ』ということはあったが、ほんとうに、ある学習事項の指導の仕方を『研究する』というようなものではなかった。

作品・文章を全体としてとらえる力の弱い児童たちのために、適当な発問、話し合いを実施することによって、その中から全体構造の概観を導き出し、それをもととして、作品・文章を読むことによって、深い感銘を与えるというのが、その主たる役割り《ママ》であった。

そしてここでも、難点となっていたのは、新漢字や語句の学習、その練習、定着であった。当時は読み取り方のスキルの学習というようなことは、考えられなかったから、その問題はなかった。もちろん、文章を読むことを通して、文字・語句は、その生きた働きでとらえられていたから、文字・語句の学習がなかったというわけではない。しかし、授業がじょうずでない人たちの場合、何か、その方面に注意が足りないような印象がないでもなかった。」（同上誌、一四～一五ぺ）

右には、芦田「教式」に対する、輿水実氏の見解が、まとめて述べられている。その芦田「教式」への理解、内面的に「教式」そのものを掘り下げていって、的確にその内奥の神髄に触れるという、いわば体現的理解ではない。むしろ、学究としての批判的な立場に立つものである。

それだけ、芦田「教式」への理解は、外面的なものの批判に傾いている点も、ないわけではない。右に引用した記述に見られる、芦田「教式」の、四　かく、六　とく　についても、また、教壇行脚の授業研究の真の意義と価値についても、周到に理解されているとは言えない面もある。
その意味では、輿水実氏の芦田「教式」批判は、第三者としての冷静さを持つ、局外批評の性格をもっていた。ただ、近代国語教育史における、「指導過程」の歴史的考察をなし、そこから、「基本的指導過程」を導きだしつつ、「教式」・「指導過程」について、思いをひそめ、理論的検討を加え、国語教育の近代化に資していこうとする努力は、じゅうぶん認められる。その間において、芦田「教式」の位置づけと評価とは、部分的に妥当し、全体としては、つきはなして見つつ、その戦前様式の欠陥の面に目を注いでいるという印象はうすくない。理解者としてよりも、批判者としての傾斜がつよいのである。

（9）倉澤栄吉氏の分析・批判

倉澤栄吉氏は、その著「読解指導」（昭和31年9月30日、朝倉書店刊）において、「読むことの教育思潮」に関する論述をし、その中で、芦田「教式」に言及された。ここで氏は、〈芦田式〉の長所・欠陥を中心に述べられている。それは、つぎのようである。

〈芦田式〉　理解行為としての読みの指導の歴史をたどっていって、すべての人がつきあたる成果は、芦田恵之助の「教式」である。芦田式の読み方指導には、今日までかなりの批判があった。戦後これに対して、ほとんど意味がないとまで極論する人さえあった。しかしながら、芦田教式にはすぐれた多くの長所がある。

イ、生活や意味に根ざした語い指導、文字指導がなされたこと

ロ、読みが単なる技術でなくて、人間形成と結びついていたこと

ハ、教師と子どもの関係が、きわめて自然でありかつ人間的であって、つねに語りあいがなされたこと

ニ、簡潔な言葉のやりとりが教室にあふれて、誠実な雰囲気がかもし出されていたこと
ホ、一つの仕事に徹底し専念して、うわずった指導はすこしもみられなかったこと、など。

しかしながら、これらの長所にもかかわらず、なんといっても読みの本質的な点からいって指摘できる欠陥は、「読みの目あての全面をおおうことができなくて、ごく一部の読み方の指導に止まっていた」ということであろう。ふつう、芦田式（えせ芦田式）の欠陥として指摘されているところは、

(a) 遅進児に対する科学的処理がじゅうぶんではなかったこと
(b) 一種の教師中心主義になりやすく、教師の独話によって児童をひっぱっていく、いわゆる教えこむやり方がなされる傾向にあったこと
(c) 文をじゅうぶんにかみしめかみしめて、深い意味にまで到達はしたけれど、児童生徒の文に対する自主的な主体的な読みの態度を養うには至らなかったこと
(d) 文を尊重しすぎたあまり、いわゆる即文主義になりすぎて、教科書・教材偏重に陥ったこと
(e) 文学的な教材に適用することが多く、ふつうの文、例えば説明文や記録文などには、必ずしも適用しない方法だったこと

などであるが、これを要するに、一種の学習読みに偏って、生活読み的な色彩がきわめてうすかったというのが一般的な批判であるように思われる。このすぐれた方式においては、範読も指名読みもまた黙読も、適当に使われ、各種の読みが自然に行われていた。けれど、「皆読皆書」の字の通りにすべての子どもがすべての読みを経験していたかどうか。読み手が読みのすべての目あてを身につけえたかどうかについては、かなり疑問があるのである。（同上書、五四～五五ぺ）

芦田「教式」に対する、倉澤栄吉氏の批判は、「教式」そのものに対してというより、「教式」の運用面に対してなされていた。この点では、特色あるものとなっている。「読みの目あての全面をおおうことができなくて、ごく一部の読み方の指導に止まっていた」という批判は、もっと具体的に指摘するのでなければ、的確とはいえない。

また、「すべての子どもがすべての読みを経験していたかどうか。読み手が読みのすべての目あてを身につけえたかどうかについては、かなり疑問があるのである。」という批判は、芦田「教式」の画一性・狭小性を指摘しているものであるが、芦田「教式」による実地授業を、どのように評価していくべきかも、吟味されなくてはならない。

さて、倉澤栄吉氏は、さらに、「回想の芦田恵之助」（昭和32年7月20日、実践社刊）所収、「芦田恵之助先生の遺産」において、つぎのように述べられた。

> わたしは、芦田先生の影響を直接には受けていません、《ママ》という意味は、親しく教えを受けなかったということです。しかし、間接には、つまり恩師垣内先生を通じては、かなり影響を受けたと思っています。
>
> わたしは、大学卒業後、ゆえあって小学校につとめました。三年の女の子相手に研究授業もしましたが、その中の一回は、きわめて印象的で、今もはっきりと覚えています。教材は「牛かい」でした。わたしはこれを、いわば芦田式に扱い、その点がみんなの好評を得たゆえんでした。しかしわたしは一方、《ママ》修正芦田式の考えで扱いました。つまり、芦田式の指導のコースを多少変更し、随時に——はじめにも終りにも——文脈に即する語句の扱いをいれたのです。重要語句と目されるものはむろんのこと、重要語句と思われないものについても、文脈の上にはっきりと定位しょ《ママ》うとつとめました。そして、全体が一つのテーマとして、がっちりと捕えられるよう

に指導をすすめていきました。この修正的指導は悪評を買いました。教師中心であり、知識的であり、がっちりしすぎていたというのです。

しかし、わたしは現在（引用者注、昭和三二年前半）でも、考え方としては右の考えは正しかったと信じている。そして、無礼な言い方がゆるされるならば、芦田先生の考え方は次第に修正されるべきであり、また、現に修正されていると思っている。芦田式のよさには、今でもわれわれがこれによらなければならない原則的な面がいくつかある。たとえば

※主体性の尊重

はその一つである。「読み手とともに」とか「読み手の立場にたって」というのがそれである。教材は、主体としての読み手の働きの媒介として意味を持っている。読み手あっての作品である。この考え方は、少くとも「作品の読解」に関する限り、正しい。そして、今もその考えが実践に生かされている。文学作品を読む、物語を扱う時の問題意識による方法がこれである。芦田先生が「共流」ということばで表わされたのも、主体性の尊重にほかならない。――もちろん主体性の尊重といっても限度がある。論理的な文章を読ませる時や、文法的な扱い、言語要素を主としてねらった指導などでは、文体の学習は知識《ママ》や指導の下位におかれなければなるまい。

また、芦田式の指導では

※一回一回の指導が、それぞれの意味を持つということを強く打出している。いわゆる一期一会である。これは大事な心構えである。指導をする人は、同じ教材を扱っても、その都度命をかけている。教材は同一でも、指導者と学習者と場面がちがえば、全くちがった教材となるはずである。この点、職人とちがうのである。職人の場合は、回を重ねるに従って腕が上達するはずである。もちろんある域に達すれば、それから先は、一作一作に、出来、不出来もできるようになる。しかし、一般には、「同一の童話を百度やらなければ自分のものにはならな

い《ママ》」という童話家の考え方が普通であろう。この考え方は、いわば完成主義である。ところが芦田先生の考え方に従えば、そしてその実際がよく示しているように、一回一回の指導に精魂を傾けて立向かう。その時のいろいろな条件のために、精魂を傾ける純粋度が高まれば高まるほど、外的条件がものを言って、そのために、出来、不出来が生じるのである。——もちろん、一期一会の考え方には非合理主義がある。体当りのよさはみとめるとしても、メンミツな企画性を逃げて、ひたむきな実践だけを頼りとするというそしりもまぬがれまい。

芦田先生の教式は、読みにはじまって読みに終《ママ》ると理解されている。しかし、より正しく言えば読みをその他の活動（話しあい書く）の中に位置づけて、読み本来の力を充分に発揮させようとしたと解すべきである。たとえば教式の「第二の話しあい」は、今日の考え方からすれば、いわゆる問題設定なのである。読めないこどもには、聞いてわからせるという方法も使って、同じ問題に向かわせる指導をしたことなどがそれである。また、第六のわけ（とく）は終末の段階としての意義をもっている。しかもそれは、作品読みの形をとっているから、いよいよ完ペキになる。このように芦田式は

※センテンス・メソッドを中心として、もろもろの学習活動を統一的に位置づけたところに、特色の一つがあって、それは今日でも生きている。板書法などは、今日では、少しおろそかにされているが、芦田式では、しっかりと位置づけられていた。板書は、今日のカード学習の簡易主義に比べて、はるかに高い価値を持っているとさえいえるのである。そのほか、音読法にしても、視写、聴写にしても、今日、芦田式に学ぶべき点が多いのである。——もちろんこのすべての方法を取り入れた完ペキな芸術品も、それが型になってしまうと問題が起きる。指導課程《ママ》の形式化は、指導者の自由を奪うといわれている。文字↓語↓文↓文章の一方交通も、文章↓文↓語↓文字の一方交通もいけない。文字からはいるか、文からはいるかなどは、教材や児童によって異るべきことが当然である。芦田先生のいわれたことばの中で

※自己を読む

ということばほど現代にまで強い影響をおよぼしたものはない。わたしは、時枝学説の考え方に、自己を読むという意味のものを発見して、はたとひざを打ったことがある。「観察者」によって観察される言語経験は、観察者の経験であって、決して、第三者の経験そのままとはいうことができないものであるが、観察者の経験をできるだけ第三者の経験に近づけて、観察者の意識の中に再編成することができるならば、これを第三者の経験と認めてよいわけである。第三者の経験を、観察者の中に再編成する作業を、一般に解釈といっている。（時枝誠記「現代の国語学」一五三、一五四頁《ママ》）とあるのを読むと、「自己を読む」「自己を書く」ということの言語学的意味が何われる思いがする。――もちろん「自己を読む」ときに、何を読むかが大事なのである。「自己を読む」とは、他人のものを読んでいくうちに、だんだん自分のものに（他人のものが）なっていき、けっきょく自己の力がおよぶ範囲においてしか（他人のものを）自分のものにすることができない、という意味なのである。芦田先生のことばはもっとも謙虚な意味において発せられたのであるが、それをもっともごうまんに理解することもできる。また、「自己を読む」とは、もっとも誠実な行為をめざしたものであるが、これをもっとも安易な行動として逃げることもないわけではない。

このように、芦田先生の考え方のすぐれた点を条件づきで受けとるのが、私のいう修正です。最近各地に芦田式再興の気運が強いということです。事実老師の影響を強く受けた方々の間に、その実際がみられます。わたしは最近、沖垣、中村、遠藤、三氏の編による「芦田恵之助先生の道と教育」を贈られて読む機会を得ました。そして読みすすめているうちに、次のように思ったのです。

芦田先生の考え方が熱心な一部の人たちによって再興されるよりも、修正芦田式がもっと広く多くの人々に理解されることが、芦田先生の遺産を受けつぐことになるであろうと。」（同上書、八一～八六ペ）

右の文章を述べたとき、倉澤栄吉氏は、東京都指導主事であった。

倉澤氏は、芦田式のよさについて、1、主体性の尊重（「共流」観の重視）、2、一期一会性、などを指摘しつつ、芦田「教式」について、「より正しく言えば読みをその他の活動（話しあい書く）の中に位置づけて、読み本来の力を充分に発揮させようとしたと解すべきである。」「芦田式は、センテンス・メソッドを中心として、もろもろの学習活動を統一的に位置づけたところに、特色の一つがあって、それは今日でも生きている。」（同上書、八四ペ）と述べて、その特性がおさえられている。また、芦田「教式」における板書法についても、こんにち学ぶべき点の多いことを指摘されている。

しかし、倉澤栄吉氏は、芦田「教式」そのものの再興よりも、その修正による遺産継承をなすべきことを強調している。条件づきで、芦田「教式」なり、芦田恵之助先生の考え方なりを受けとっていくことを、「修正」とし、その修正・継承の立場をとっているのである。

芦田式（芦田「教式」）の修正による継承は、型・形式の固定化をいとい、すぐれた遺産を学びとって、新しい前進・創造に生かしていこうとする立場から主張されている。それは穏健な立場であり、すでに芦田門下の間でも、考えられていたいきかたであった。

一三

（10）その他の諸家の分析・批判

飛田多喜雄氏は、その著「国語教育方法論史」（昭和40年3月、明治図書刊、A5判、四六〇ページ）において、その第Ⅱ《ママ》章　文学教育期の方法と批判的考察——第二期・教材研究時代——　二　指導原理の探究と指導法の樹立——後期・指導原理形成期——の２　指導原理の探究と多彩な指導法　の中で、その七番目に、「芦田式七変化の教式」をとりあげている。

ここで、飛田多喜雄氏は、「国語教育易行道」（昭和10年5月20日、同志同行社刊）・「恵雨読方教壇」（昭和12年5月18日、同志同行社刊）・「教式と教壇」（昭和13年5月20日、同志同行社刊）・「垣内先生に御指導を仰ぐ記」（昭和7年7月5日、同志同行社刊）などによって、芦田「教式」の要約紹介をし、「教式」による実地授業例（「乃木大将の幼年時代」）を提示している。

当時の、芦田七変化教式に対する一般の批判のさまざまであったことを述べ、波多野完治・平井昌夫・輿水実氏らの見解を紹介している。それらのうち、平井昌夫・輿水実両氏の見解について、つぎのように紹介されている。

１「現代の国語教育の立場から、芦田教式は過去のものであって、国語教育の主流から遠のいてしまったと、幾つかの観点から厳しく批判（「教育科学国語教育」二十七号『七変化の教式』）を加えた平井昌夫氏も、現在学ぶべき光った点として、『学習活動の変化を適当に時間区分したことは学習の注意の集中の持続という点から心理に合っている。』『書くことを文章理解の手がかりとしたことや文脈の中での語句の指導はよい着想である。』『正確な内容理解のため教材研究が徹底的にされたこと。』を挙げている。さらに芦田教式を現代に生かすもっともよい場として、『読みのおくれた児童のグループに対しておこなう治療指導にふさわしいのではないかと考えています。読みのおくれた児童は、治療の段階で、教師によって強く引っぱってもらわなければならないからです。』（一二八ページ）と注目すべき提言をしている。」（同上書、一九八ペ）

２「いずれにしても、輿水実氏が、『芦田式は、芦田恵之助個人の発明であるが、垣内によって力づけられた部分もあり、その時代の影響を受けて、けっきょくは、やはり、解釈学的指導過程のひとつ、しかも、その最も完成されたもののひとつであったとみるべきである。』（『国語教育の近代化』第一号）と意義づけているように、この教式は、解釈学的な流れを汲む読みの指導過程の一つの、完成された方式であって、そのこと自身が史的意味を持つものであり貴重な遺産である。」（同上書、一九八ぺ）

このように、平井・輿水両氏の芦田「教式」評価の摘要を紹介してのち、飛田多喜雄氏は、つぎのように、氏の見解をまとめている。

氏はまず、「私見によれば、芦田の自己を読む（皆読・皆書・皆話・皆綴）の立言と、随意選題の提唱を、この国の国語教育史的観点から高く評価するものであるが、それと共に、七変化の教式も注目すべき遺産として価値づけたいと思う。」と述べて、「『一つの完成された方式』といったのは、教材の性格が単一な読本から複雑な機能を含む基礎教科書と変わり、自主的に目的を持って読むことが要求され、学ぶ者の興味・関心が考慮され、技能重視、教科構造の変革された今日、この教式ですべてを律することのできないことは時代の変化から当然であるが、一つの文章の読解・鑑賞指導の方式としては継承する価値があると思う。特に、事前の深い教材研究と、教式に織り込まれた『よむ』『かく』『とく』の全一的な活動、通読の最初の位置づけ、文字指導の生きた機会、作業の時間区分のくふうは、今日的にも学ぶべき点であると思う。また、流れ、共栄共楽、包む、易行道、同志同行の一連のことばにみられる、禅的、東洋道徳的、教育哲学的、また、静坐修業や行的体験を背景にして生まれたこの教式は、それ自身として史的価値を持つばかりでなく、すべての面において、とかく便宜主義の形式に陥り易い今日、教育愛、国語愛の生きた根源をさぐる手がかりともなろう。」（同上書、一九八～一九九ぺ）と結んでいる。

ここで、飛田多喜雄氏は、芦田「教式」の現代における限界を認めた上で、そこから学ぶべき点について、列挙している。氏の芦田「教式」考察は、「教式」の歴史研究を志向するものではなく、「教式」からこんにちなにを学ぶべきかをさぐるにあった。その点、「教式」の歴史的評価には、概括にすぎる点も、甘い点も見られる。たとえば、「今日的にも学ぶべき点であると思う。」としている、「文字指導の生きた機会」など、どこをどう学ぶべきかを明らかにしなければならない。芦田「教式」では、ある面からは、漢字指導がうまくとりこめないと言われていたからである。

国語教育方法論史としての、概観的考察として、飛田多喜雄氏の紹介と所見は、芦田「教式」理解への一つの手びきをなすもので、各自はそこから、芦田「教式」から学ぶべきものを、求めていかなくてはならない。

なお、近藤国一氏は、秋田県にあって実践に従い、成果を挙げている指導者であるが、その著「読解鑑賞指導」(昭和36年3月、明治図書刊)において、九　読解・鑑賞の学習指導法　に、昔の名授業の具体事例として、芦田恵之助先生の「松阪の一夜」(六年)の実地授業のあらましを紹介し、その批判をされた。

芦田式の授業について、近藤国一氏が批判して、指摘しているのは、つぎの諸点である。

(1)　系統学習でないこと
(2)　自主的学習でないこと
(3)　個人差に応じた指導でないこと
(4)　共同学習の不足
(5)　評価の不足
(6)　生活経験の軽視

これらは、戦後の国語教育が直面した諸問題を、その批判的拠点にして、述べられているかのごとくである。

ただ、近藤国一氏は、その欠陥を指摘するだけではなく、芦田式の授業(とくに指導法・教材研究)から、学びとり、継承すべきものを、つぎのように挙げられた。

① 一般学習指導上から

(イ) 教師は指導者であったこと

いくら子どもの自主性を尊重しても教師は常に指導者であるはずです。戦後の児童中心主義は、指導を放棄したのではないかと思われる教師さえ生みました。

(ロ) 子どもの内面的欲求に即応させたこと

人間の子として、子どもは価値を求める心をもっています。伸びていこうとする意欲をもっています。芦田先生はこの内なる欲求を見ぬき、それに適合させた指導を展開しました。

(ハ) 巧みな問答法

問答一点ばりであり、教師の考えを注入するものではあったが、芦田先生の問いは実にすばらしいものでした。しかも、その問いは断片的なものでなく、文章全体の意味を把握するようなからみ合いをもっていました。そういう点で、わたしたちは先生から「子どもに」《ママ》思考させる技術を学ぶ必要があります。

(ニ) 能率的指導

芦田先生の指導は実によく計算されたもので、子どもは少しのけん怠もなく学習を続けています。そこには一分のすきもありません。そういう点で戦後の指導には、何のためにこんなことをやらせるのかと、疑わしい作業さえ多くありました。

(ホ) 示範

芦田先生の範読、板書、話し方は、ほれぼれするくらいりっぱなものでした。話には多少、関西方言も交じっていたが、内容といえ《ママ》、話調といえ《ママ》、内心にくい入るようなものでした。それだけ、先生は修練を積んだわけです。芦田先生を思い、自分を省みると、お粗末の一語につきる次第です。

②　国語教材上から

(イ)　読む力は読むことで

読みの力は、読むことによって伸びていくものです。芦田先生は七つの学習活動のうち、四つまで読むことにあてています。

(ロ)　総合的活動

芦田先生は正しく読ませるために、聞くこと、話すこと、書くことと結びつけて総合的に展開しました。あの展開から聞くことや話すことを取りのぞいたり、あるいは書くことを省けば、先生の授業は瓦解してしまいます。

(ハ)　朗読の重視

文学作品の鑑賞にとって、教師や子どもの朗読がどんなにねうちがあるかは今さら説明の要がないほどです。子どもたちへの作品紹介は教師の朗読が最も力があることは周知の事実です。

(ニ)　全文取り扱い

読み方指導は語から文へと移りましたが、文学教材ではさらに文から文章（作品）へと移り、作品全体に心を注ぐことが大切です。芦田先生は全文を読ませ、また、例の「板上の一線」によって全文を意識させ、一段落を指導するときでも、全文の中の一段落として取り扱いました。また、長文では重要段落は徹底的に、他はあっさり取り扱うこともしました。

(ホ)　板書の重視

教師の板書は単に、理解や記憶を助けるためのものではなく、学習を計画的に進め、それによって読みを深めるものです。したがって先生は読みの深化によって変わる教材のすがたを板書しました。これを板書機構といって芦田先生は重視されました。

(ヘ) 読書意欲の開発

芦田先生はきょうの読みはあすの読むを起こすものとして、いつも次の読みへの発展を意図されたが、読書指導のこつはこれだと思います。(以上、同上書、一四六～一四九ぺ)

近藤国一氏は、芦田「教式」そのものの分析・批判というよりも、「教式」に即しその指導法から、継承すべきものを示された。そこには、現場実践者としての目が光っている。ただ、芦田「教式」の内側にはいりこんで、そこからの純粋継承を志向するばあいと、芦田「教式」による、すぐれた授業方法から、遺産を継承・摂取し、自己の実践に資していこうとするばあいとでは、おのずとちがってくる。近藤国一氏のばあいは、後者の例と見ることができよう。

一四

以上、芦田「教式」のうち、読むことの「教式」について、その成立過程を追い、その分析・批判の跡をたどった。

芦田「教式」が、明治・大正・昭和(戦前)にわたる、独自の国語教育実践を通じて成立し、読むことの教育の実践様式として、典型的な存在となったことは、すでに上来見てきたとおりである。

もちろん、芦田「教式」は、個人様式であって、芦田恵之助という実践者の創始によるものであった。その根底には、芦田自身の「読書法」があり、「読むとは、自己を読むことだ。」とする、内省派としての読むことについての自己主張もあった。烈しい教壇実践を通じて、四〇年余にわたる実践体験を通じて、独自の「教式」にまとめられたのは、「行」を通じての、自己の実践様式の確認でもあった。

しかし、芦田「教式」は、本来個人様式ではあったが、その完成への道程において、多くの門弟たちの参加があり、学理の側から、垣内松三教授の緊密な協力・助言もなされた。その中心は、あくまでも、芦田個人にあったが、「教式」は、ある面では、創始者芦田の手をはなれてもいた。

芦田「教式」の成立過程を究明していくのには、こうした、個人様式の側面と共同様式の側面とを見ていかなくてはならない。

戦前の国語教育実践の様式の確立は、その典型的な例を、芦田「様式」に見ることができる。芦田「教式」には、明治から大正をへて昭和に至る間の、国語教育実践のさまざまな問題が、教壇実践と思弁とを通して、しだいに結集していったとも考えられる。それはまた、漢文教授を主にした実践様式から、国語そのものの学習指導を主にした実践様式へと、わが国の国語教育がしだいに自主的に自己の実践様式を確立していった過程をも示している。

芦田「教式」は、もちろん万能ではなく、完璧でもない。けれど、読むことの学習指導を中心にした、「実践様式」として、熟達したものを持ち、よく整備されたものであることは、否定することができないであろう。

こうした芦田「教式」について、多くの分析・批判がなされたのも、当然であった。当然とはいえ、そのことは、画期的であり、かつ注目すべきことであった。

本節においては、

（1）古田拡氏の分析・批判

（2）西尾実氏の分析・批判

(3)安田孝平氏の分析・批判
(4)垣内松三氏の分析・批判
(5)沖垣寛氏の分析・批判
(6)勝部謙造氏の分析・批判
(7)波多野完治氏の分析・批判
(8)輿水実氏の分析・批判
(9)倉澤栄吉氏の分析・批判
(10)その他の諸家の分析・批判
1　飛田多喜雄氏のばあい
2　近藤国一氏のばあい

の諸家の芦田「教式」に対する考察をとりあげてきた。諸家の所説とその立場・態度などについては、それぞれに紹介し、指摘してきたとおりである。

国語教育実践様式としての芦田「教式」が戦前・戦後において、これらの諸家によってとりあげられている有様は、壮観であるというほかはない。的確・精密な分析と、厳正・鋭利な批判とは、諸家それぞれの発言の随処に見られた。それらの分析・批判によって、芦田「教式」は、その実践様式としての実質を明らかにされてきたといってよい。戦後は、ことにきびしい批判を浴びるに至ったが、それでも、芦田「教式」は、亡びはしなかった。むしろ、遺産をどう継承・摂取すべきかについて、真剣に考えられている。門弟の間に、その純粋継承を志している人たちも、むろん少なくないのである。

芦田「教式」が諸家により、分析・批判されることは、同時に、芦田「教式」の新生・発展の可能性を確かめることでもあった。修正「芦田・教式」の問題も、そこに存立していくであろう。

また、芦田「教式」の成立過程をつぶさに探究していくことによって、国語教育実践の創造性の問題に触れることができ、さらに、「教式」確立についての、具体的な問題群にもつきあたる。このようにして、芦田「教式」そのものの模倣ではなく、個々の実践主体が自己の「実践様式」の創始・活用に資していくことが可能になる。

芦田「教式」は、戦後の新教育思潮の渦巻の中で、はげしい苦悩を経験した。その経過についても、克明に調べていかなくてはならぬが、ここでは、戦前における芦田「教式」の完成態ならびにそれへの成立過程を足場として、考察の範囲を限ったしだいである。

第二節　綴方「教式」の成立・深化

一

芦田恵之助先生の読みかた指導における七変化の教式（1、よむ　2、とく　3、よむ　4、かく　5、よむ　6、とく　7、よむ）は、戦前における典型的な読解指導教式の一つとして完成され、それは芦田先生の全国教壇行脚を通じて、広く普及し、大きく影響した。

その読みの七変化教式に対して、綴ることを指導していく、綴方の教式は、芦田恵之助先生のばあい、どういうものであったか。ここでは、綴方教授における芦田先生の「教式」をとりあげ、その成立過程と特質とを見ていくようにしたい。

二

大正一四年（一九二五）九月からの教壇行脚において、芦田先生は、読むことを中心にした実地授業をつづけられ、読みかた教授の実践と研究にその力とくふうとを傾注されたようである。しかし、もともと芦田先生は、国語教育の実践にとり組んだ当初から、「綴方」に心をひそめ、「綴方」に本拠を求めていられた。そのことは、「国語教育易行道」（昭和10年5月20日、同志同行社刊）において、

「私は決して言葉のいたずらで言うのではありませんが、人が聞いて、必ず笑う言葉があります。私は綴方を呼ぶのに故郷の名を以てしています。それは唯懐かしさ一ぱいだからです。私はこの外にこれ程しっくりした言葉を知りません。人は余りにもかけ離れている為にか必ず笑います。そうして『読方は』と反問するのが例です。私は『出稼のようなものです』と答えますが、人はいよ〳〵笑います。しかし綴方と読方に対する私の感じは、まさに故郷と出稼地です。いつわらざる告白です。私には綴方の畠で育ったという自信が強いからでしょう。」（「国語教育易行道」、二二七ペ）

と、述べてあるのを見てもわかる。芦田先生は、当時すでに六三歳であり、「国語教育易行道」は、教壇行脚一〇周年の記念としてまとめられたものであった。この点から見て、「綴方と読方に対する私の感じは、まさに故郷と出稼地です。」と述べていられるのも、比喩的回想的であって、読方教授を芦田先生が軽視されたわけではないけれども、綴方そのものに国語教育者としての精神的な本拠地を求めていられたことは、これを察知することができる。

芦田先生はまた、「日本に生えぬいたような綴方教授を建設して死にたい、私はそんなことをたのしみにして

いるのでございます。」（「垣内先生を中心とする田辺講演」、昭和8年12月5日、同志同行社刊、七〇ぺ）とも述べていられる。当時芦田先生は、六〇歳（昭和七年）であったが、このことばには――とくに、「日本を生えぬいたような綴方教授を建設して死にたい。」ということばには、芦田先生の「綴方教授」に対する抱負・悲願をうかがうことができよう。

三

芦田恵之助先生は、綴方教授を本拠（故郷）とし、綴方教授に、このような抱負（悲願）を抱いていられたが、綴方教授の方法については、それをつぎのようにしぼって考えられた。

1「綴方教授の方法については、結局綴ろうという気分にして綴らせるという一法、即ち記述が存するだけです。記述すればそこに成績物が出来ます。成績物が出来れば読みます。読めば添删をします。添削《ママ》の結果は、級の傾向について、或は共通の美点欠点について、板上批正という仕事が出来て来ます。こう申しますと、綴方教授が頗る多岐に渉るように考えられますが、要は記述の唯一つを真剣にさせる為の工夫にしか過ぎないのです。」（「国語教育易行道」、二七四ぺ）

2「綴方教授の要は、記述をさせ、出来た成績を読んで、文話・鑑賞・批正の適材を得、それを取扱って、文を綴らんとする心構、綴りつゝ行う推敲、綴った後の手入等に関する指導をして、結局自信ある記述に到達せしむるのです。これが私の文ですと、何等の不安なくいい得る人にするのです。」（「国語教育易行道」、二八七ぺ）

ここでは、綴方教授のかなめとして、なによりも「記述」が重視され、「処理」「指導」「批正」などは、「記述」を生かしていくものとして、「自信ある記述に到達せしむる」ものとして位置づけられている。

この「記述」本位観、「記述」尊重の考えかたは、たとえば、「綴方教室」（昭和10年3月22日、同志同行社刊）においても、

「一般の綴方教授についてゞありますが、記述を尊重して頂きたい。批正は省いても記述を省いて貰いたくないのであります。先生が御多忙で、子供の文章を読んでやる時間がありませんでしたら、批正を省かれてもやむを得ませんが、あの記述だけは必ず省かないで頂きたいと思います。子供の態度さえしっかり出来て居れば、記述中に得る自己の開拓ということが非常に大きなものであって、下手に理屈を言うことをやめて、記述を正確にさせるのがよろしい。文字は汝の文字である、言葉は汝の言葉である、己れのものを使用するのに己れが責任を負わぬということはない。この点をしっかり押えて置いて記述に放って貰いたいと思います。」（「綴方教室」、二九七ぺ）（傍線部、引用者注。）と述べてあって、その「記述」本位観を、うかがうことができる。とくに、右の傍線部には、芦田先生の綴方観・綴方教授観がよく読みとれるであろう。

四

芦田恵之助先生が、「随意選題の教式」として、はっきり述べていられるのは、「小倉講演綴方教授の解決」（大正10年4月20日、白鳥千代三編、目黒書店刊）においてである。

そこでは、「随意選題の教式」として、

一、題を十くらい言わせます。

二、記述

三、処理（簿上）

の三段が示され、それについて、まず、

○この場合、教授上の予備も提示も応用もありません。強いて求めるならば教師のニコ〳〵顔が文を書くための予備とも見られましょう。

と、述べて、その教式の、ヘルバルト五段式の教式に比べて、きわめて簡素なものであることが示されている。予備の段階として、教師の「ニコ〳〵顔」をあげていられるのは、さすがに経験から得られた知恵の一つとして受けとれる。綴方教授の境地として、よほど熟達した段階になければ、「ニコ〳〵顔」をとりあげることは、むずかしいであろう。

ついで、綴方「教式」の各項については、つぎのように説明を加えていられる。

(1)（文題）（引用者、注記。以下、(2)(3)のばあいの注記も同じ。）さて、始めに題を言わせることについて種々非難する人がありますが、私は一種の世間話だと解しています。人間の生活に世間話が全然無意義でない以上、教授に世間話があってよい筈であります。或人は他のもののよい題目に引きこまれて模倣する傾を生じるという者がありますが、綴る態度がきまれば決してそんな心配はいらない。その上題をいわせることは軽い指導ともなります。成程よい題材を捉えたものだと、自己の想を啓発する上に役立つものであると思います。

(2)（記述）私のこの教授に対してその様な教授が果して教授ということが出来るかという人があります。しかしこの外に随意選題の教授はないと思います。この場合教師の任務は教壇上に立って居ればよいのです。かの机間を巡視して児童の綴方帳に爪を立てて児童を益々固くさせるなどは役にも立たぬことである。それよりか泰然自若として椅子に腰かけて、誰が見ようが少しも動揺のない心持を以て児童に対し得る態度こそ大切である。こうして児童は他に何等の雑念に煩わされることなく、緊張した態度で筆をとることが出来ます。その有様は世の何物よりも美しいものです。私はこの教室の緊張振を見る毎に、こんな家庭があったらと思う。又こんな国家があったらばと思う。堅実な家庭といい、理想的の国家といい、皆その団体に属する各個人がそれぞ〳〵緊張した気分を以て真面目に働くということを外にして、成立することはないと思います。

(3)（処理）記述の次は処理ですが、之は主に教室外の仕事になります。児童の作品を読むことが面倒だとか厄介だとかいう人がありますが、児童の真剣な作品を読むことは、下手な小説を読むより数段面白いものです。この作品を通読することによって、その学級の傾向を知り、之を導く道をさとるのです。又各個人についての適切な指導をすることも、その処理の上に立たねばなりません。故に随意選題に於て最も大切な点は処理でありま す。」（「小倉講演綴方教授の解決」、九〇〜九三ぺ）

これらの(1)文題、(2)記述、(3)処理　の説明には、この「小倉講演」（友納友次郎氏との立会講演）という性格・事情も手伝って、いくらか弁明的な配慮も見える。しかし、「記述」の純粋性を確保しようとされている点は、認められる。

○「ニコニコ顔」――(1)世間話――(2)緊張感――(3)処理（指導の方向把握）、こうした「教式」観には、芦田先生ののびのびした考えかたがうかがわれる。

右の「教式」説明のうち、(3)（処理）において、「随意選題に於て最も大切な点は処理であります。」とある、「処理」重視の立場は、さきに見た、「記述」重視の立場とあいいれないように思われる。これは、文章を綴る側、学習者の側から、「記述」を重視し、「記述」の結果、その文章・作品を、どのように扱っていくかについては、指導者、教授者の側から、「処理」を重視していると、考えていくべきであろう。

この点から見れば、芦田恵之助先生の綴方教授観は、「記述」本位に考えられてはいるけれど、より正しくは、随意選題式を推進していく「記述」・「処理」の二元を重視しているといえるであろう。

さて、芦田先生は、「処理の教式」として、まず、

一、総評　一口評、今度のは非常によいとか、少しゆるんだとか。
二、優良文通読　約五篇位。著しい所は聴方批正。
三、批正材料の聴写　教師は板上に、児童は簿上に。
四、細評
五、各自訂正

この教式は、下学年から上学年まで共通して行くことが出来る。（「小倉講演綴方教授の解決」、一三四～一三五ぺ）と、一～五までを示し、「処理」のことについて、つぎのように述べていられる。

「随意選題を生かすものは、教師の児童作品の処理であります。この処理が十分に行われることによって各個別指導が行われ、更に全般の傾向を察してその上に指導の手が加えられ、又は文に対する鑑識訂正の眼と力を養う資料を提供されるのです。この処理の手が省かれることは、随意選題にとっては此の上もない痛手であります。

処理の手続を述べますと、第一通読によって、注意すべき点、賞揚すべき点に符号をつけ、評語又は評点をつける。特殊な文、（剽竊の疑《ママ》あるもの、作者の意向の不明なる者等）は膝下に呼んで注意又は話しあいをする。全級四十人として約二時間を費す。しかし之が八十人となると二倍の四時間では眼が通しきれない、六時間かかる。八十人近く学級をお持ちの方の御苦労は実に大へんなものと御推察いたします。けれども児童の文を見ることがつらいと考えたら四十人でも苦痛です。そこが心の置き所で、子供のために、職務のためになど、他の為めにすると思わないで自己の修養のためだと考えれば、苦痛どころか、尊い修業の一となります。」（「小倉講演綴方教授の解決」、一三三～一三四ぺ）

ここでは、芦田先生の随意選題の綴方教授の体験から、修養観に立つ「処理」の重要性が強く説かれているのである。

この「処理の教式」は、およそ一五年後、昭和一〇年（一九三五）には、「国語教育易行道」において、「批正の教順」として、示されるようになる。

そもそも、「批正」とは、芦田先生によれば、「批評訂正の略語で、是を是とし、非を非とする批評から、誤謬の箇所を訂正する仕事までをまとめたもので、成績物通読の総決算のようなものです。そこで批正の志すところは、結局記述の為にするもので、記述の有効大成を期するものです。表現の末々にも狂いなく、一心のまことにも動揺なきに至らしむるのが眼目です。私は批正という中に、文話・鑑賞・批評・訂正等をまとめて取扱うようにしています。」（「国語教育易行道」、二八五ぺ）と、述べられていて、ここでいう「批正」は、かなり広い範囲にわたって、狭義の「批正」に関連する、「文話」、「鑑賞」などを含めて考えられているのである。

このような「批正」観に立つ「批正の教順」については、「国語教育易行道」において、つぎのように述べられている。

(1) 総評　これは一束の綴方成績物について、通読所感を語ります。出来のよしあし、級の傾向、特に伸展したこと等を語って、警戒もしたり、奨励もしたりします。

(2)（通読）優良なる文、新傾向の文、その他特殊のものを数篇読ませます。聴方によって修業の方向を定めさせようというのです。

(3)（書写）批正の材料を書写させます。その材料というのは、文としては質のよい物、即ち直せば直し甲斐のある物でなければなりません。しかし美点を有すると共に、欠点を相当に有するものでなければなりません。そうした文を一束の綴方の中心に求めて、それを書写させるのです。

余談ですが、私は読方の教式に於て、第四変化に書く作業を入れております。この批正も五つの中の三つ目に、書くことを置いています。これはことさらに工夫したものではなく、私が多年複式学級にいたことから、自然とこゝに至ったもののようです。書写を中程に持って来るのが、私の教壇の特色のようです。
(4) 細評　板書し――または印刷したもの――たものについて読みを練習し、その中に就いて、美点欠点をあげて、鑑賞訂正させます。この作業が批正教授の力点で、之によって文を見る目が高まり、記述中又は記述後の推敲の力が進んで行きます。要するにこれによって伸びた力が、記述に安心を与えることになります。
(5)(訂正)　訂正細評によって美点を明らかにし、欠点を訂正した箇所を、各自に書写しておいた文に加筆して、明確に会得させるのです。」(「国語教育易行道」、二八五～二八七ぺ)

これによると、

A	B
(1) 総評	(1) 総評
(2) 優良文通読	(2) (通読)
(3) 批正材料の聴写	(3) (書写)
(4) 細評	(4) 細評
(5) 各自訂正	(5) (訂正)

「批正」の教式は、A「小倉講演綴方教授の解決」(大正10年)のばあいも、B「国語教育易行道」(昭和10年)のばあいも、その項目、順序については、ほとんどかわっていない。

「記述」の教式に比べると、「批正」の教式は、五段の順序をふむことになっていて、
(1) 総評(とく)
(2) 通読(よむ・きく)
(3) 書写(かく)

(4)　細評（とく）
(5)　訂正（かく）

のように展開している。(1)とく(2)よむ（きく）、(3)かく、(4)とく、(5)かくを見れば、読みを中心とする読解の教式に対して、書くを中心とした教式として構成されていることに気づく。

右の教式では、五つの中の三つめに、「書写」（書く）が置かれている。「書写」を中ほどにおくのは、芦田「教式」の特色のようだと、芦田先生はみずからも認めていられる。それは、「読方」・「綴方」ともに、ことさらにくふうしたものではなく、多年複式学級にいたから、自然とここに至ったもののようだと、芦田先生は述べられた。

また、(4)細評　において、芦田先生は、「この作業が批正教授の力点で、之によって文を見る目が高まり、記述中又は記述後の推敲の力が進んで行きます。」と、述べられ、これが批正作業の力点であることを説いていられる。「批正」（「処理」）の教式の各項は、芦田先生によって、それぞれ掘り下げられているといってよい。(5)（訂正）なども、各自訂正によって「明確に会得させる」ねらいは、明快である。

五

芦田恵之助先生の「随意選題の教式」（一、文題、二、記述、三、処理）の源流は、どこに求められるであろうか。これら一～三のうち、「記述」の重視については、多分に、樋口勘次郎氏の作文一段説の影響を受けられたようである。そのことについて、芦田先生は、つぎのように述べていられる。

「その頃の樋口先生は、旧教育の破壊者で、自発活動を重視した教育を唱え、かつ実行していらっしゃいました。私は多分にその感化をうけました。中でも作文は、書く一段があるばかりだという先生の所説、――信州の上田で冬季講習のあった時、私はお伴をして、講演筆記をまとめたものです。それが『活動主義新教授法』の原稿のもとになりました。ある時先生に、『何が何でも、作文の一段というお話は無謀です』というと、『出来た本を見てくれよ。御心配には及びません』とわらいながらおっしゃいました。新刊を見ると、なるほど記述と批正かになっていました。――に動かされました。私の随意選題は、丙申水害実記に芽生え、それが樋口先生の旧教育破壊に育てられたのは明らかです。」（「国語教育易行道」、二四〇～二四一ぺ）

これによれば、書くこと（作文）の教育を、その自発活動に中心をおいた「書く一段」にしぼって考えようとした樋口氏の所説が、芦田先生の随選教式の源流の一つになっているとみられる。

もっとも、「随意選題」方式（「教式」以前の）の成立過程については、芦田先生みずから、

「打明けて申します。丙申水害実記に芽ぐみ、樋口先生に育てられ、姫路で稍熟し、高師で試み、友納君に鍛われましたが、西に友納あり東に芦田ありといわれた頃の随選は、たいしたものではありませんでした。たゞ課題に比して、いくらか易行であるというだけでした。」（「国語教育易行道」、二四二～二四三ぺ）

と述べていられる。樋口氏の自発活動を中心にした教育観は、随意選題の教式の根底にあって、それを支えていったものと思われる。

なお、芦田先生の随意選題は、「丙申水害実記に芽ぐみ」といわれているが、「丙申水害実記」は、明治二九年（一八九六）八月三一日の福知山の水害の体験記で、この時の芦田先生自身の「書く」体験は、随選の母胎の一つをなすものと考えられる。

「恵雨自伝」には、つぎのように述べてある。

「私は九月一日の朝、九死に一生を得て、隣の屋上から洪水の惨状を目撃した時は、福知山をして、再びこの

惨害を被らしめてはならないと考えました。それにはこの悲惨の現状や、惨害を大ならしめた原因等を、詳細に調査記載して、後に残し、年々の記念日に語りあって、警戒を怠らないのが、最も有効な方法だろうと考えました。早速材料の蒐集に着手し、あつまるに従って綴り、山口加米之助先生に文章の添削を請いました。出来上ったのを『丙申水害実記』と命名して二部清書し、一部は学校に、一部は藤木喜兵衛翁に寄贈しました。これには水害の翌年、四月頃までか丶りました。」（「恵雨自伝」、昭和25年11月25日、開顕社刊、一二二ぺ）

また、「国語教育易行道」には、この「丙申水害実記」のことについて、つぎのように述べてある。

「私が二十四の年、明治二十九年だったかと思います。福知山に洪水があって、私は長男の公平が生れてよう〲九ヶ月目のを背負って、屋上に逃げ上り、やっと命を拾ったことがあります。私はこの時、死に直面した苦しみを思って、今後の福知山町民をして、この苦しみを再びさせてはならぬと考えました。そうして丙申水害実記百四十枚ばかりのものを書いて、小学校には清書した一部を納めておきました。文体は落合先生流ですが、中に盛込んである想は、私の生命でした。この頃から、私は題作に対して、反逆の態度をとったのです。」（「国語教育易行道」、昭和10年5月20日、同志同行社刊、二三九ぺ）

さらに、「綴方教室」には、つぎのように述べられている。

「私が二十四の年に私の郷里福知山に洪水がございました。唯今三十九になった長男が生れて八箇月位の時でした、裸《ママ》一つで長男を背中に兵児帯でしかと結えつけて、二階の窓から、泥水に頭が浸りそうになるところを匍い出して、漸く命を拾ったことがあります。其の時に私がしみ〲考えたことは、福知山というところが、こんな水害に幾度か遭うだったら到底助かることがない。十年毎に来るか、二十年毎に来るか、洪水にやられてはたまったものでない、というところから、私は半年ばかりか丶りまして『丙申水害実記』というものを書きました。僅か百四十枚程の文でございましたけれども、福知山を永遠に救わんがために書いたという点からは私の力限りのものでございました。それが私の腕を進めてくれたと思います。その事あって後、石田道三郎という方の普通文作法（引用者注、明治27年4月刊）というものを読んでみましたが、身につくほど面白かったという記憶があります。即ち、われわれは作文法から作文の秘訣を会得するのでなくて、書く、綴るという自分の行から育って、その育ったものに磨きをかけるものが作文法であると思います。私は固く之を信じております。」（「綴方教室」、昭和10年3月22日、同志同行社刊、一三八ぺ）

以上、三つの引用から、「丙申水害実記」によって、芦田先生の書くことの力がたかめられ、それが後に、「随意選題」への機縁になっていることを知るのである。

また、芦田恵之助先生は、「この頃（引用者注、明治29年ころ）から、私は題作に対して、反逆の態度をとったのです。」（「国語教育易行道」、一三九ぺ）と、述べていられる。芦田先生には、その作文の学習体験から、課題を蛇蝎視される点があった。そのことについて、芦田先生は、つぎのように述べていられる。

「先生は自分の気に入った題をお見つけになると、何でもかでも課題せられたものでした。『洗竹の記』などは、最も振《ママ》った部の一つです。竹の緑を愛する人が、葉や幹に附着している塵埃を洗い流して、之を賞したというのであります。如何にも竹を賞する意が面白いとあって、課題せられたのですが、生徒には誰一人、こんな経験の持合せがありません。そこで必然思想整理ということが行われなければなりません。いくら整理されても、無い袖はふれません。唯仰せかしこみかしこみて、記述するより外ありませんでした。『こんな文があるものか』と叱られたのでしたが、今から思えば、『そんな題があるものか』といいたい程です。

日用文の題としても、『倫敦にある兄に父の死を報ずる文』というのを書けと課せられたことがありました。書いても書いても、先生からは叱られる一方で、『これで父が死んだと思えるか』『これで倫敦にある兄と思えるか』と膝詰のお小言、たゞ恐縮の外はありませんでした。私は窃かに、父や兄は家にいて、染物をしておるものを、どうして死んだと思い、倫敦に在ると思えようと、一人で悲しんだことでした。私が課題を蛇蝎視するのには、こういう背景があったからでしょう。因に申します、洗竹や倫敦の私の先生は、当時山東十幾校を牛耳っていた先覚でした。先覚にしてこの有様ですから、以下の先生は推して知るべしです。作文は多く省略に従うという部であったのでしょう。」（「国語教育易行道」、二三七～二三八ぺ）

六

芦田恵之助先生は、綴方の全作業を、

- 材料
  - 文題の選択（教）
  - 思想の蒐集（生）
- 自作
  - 対話的自作
  - 独演的自作
- 指導
  - 構想の指導
  - 発表の指導
- 処理
  - 批正（教）
  - 推敲（生）

のようにまとめ、これらのうち、とくに、「自作」については、

「自作は綴り《ママ》方の本幹である。文章を学習する活元である。指導・処理は要するにその本幹に培うに過ぎぬ。

自作には対話的と独演的とがある。対話的自作とは問をまって想を発表するもので、独演的自作とは問をまたずして自発的に発表するものである。従来の綴り方教授に於て、自作を綴り方最後の到達点の様に論じたのはあやまりである。この作業は尋常一学年入学当初に於ても明かに認めることができる。」（「綴り《ママ》方教授」、大正2年3月18日、香芸館出版部刊、五〇～五一ペ）と述べられている。

ついで、芦田先生は、この綴方の本幹としての「自作」について、つぎのように述べていられる。

「自作を方法の一に見ること、余は甚だ奇怪に堪えぬ。方法とはある目的に到達するために計劃した手段でなければならぬ。児童が自分で文題を選定し、自分で思想を蒐集し、而して自分で記述するのを、果して教授の手段と見ることが出来ようか。勿論教育的の作業ではあるが、教授の方法ではない。教師はこの場合に於て、たゞ有力なる注意者に過ぎぬ。何処までも児童が主動者であることは、この作業の性質である。

児童が文章を自作する場合の事情は

第一　文題を選定しなければならぬ。

第二　主想を定めて之をあらわすに足る思想を整理しなければならぬ。

第三　記述しなければならぬ。

第四　反復通読して推敲しなければならぬ。

第五　必要に応じて清書しなければならぬ場合もある。

自作した成績物は第六に批正して結末がつくのであるが、それは処理の方法に属することで、別問題である。余は窃に綴り方教授研究者の教授段階と称するものは、この自作の心的変化に名づけたものではあるまいかと思う。教師がすきなことを書け（随意選題）と命じた場合にも、児童はさきの五変化をふまえなくては文は綴れないが、之をもし教授段階をふんで教授したということが出来ようか。余はこれ等を思いあわせて、自作は教授の方法としてたつべきものではなく、綴り方に関する自学が教師の前に行わる丶ものと見るべきではあるまいかと思う。」（「綴り《ママ》方教授法」、一〇二〜一〇三ぺ、「文章研究録」、4号所収、大正3年4月1日、目黒書店刊）

ここでは、「自作」を五変化（五つの心的変化）に分けて考え、その「自作」を、教授の方法として考えるのではなく、「綴り方に関する自学が教師の前に行わる丶ものと見るべきではあるまいか」としていられる。ここに「自作」を中心に考えた、「記述」本位の随意選題の教式の成立する原処が見られると思う。

芦田「教式」のばあい、読方「教式」において、自己の読むこと自体に、その母胎が求められるように、綴方「教式」のばあいも、「自作」や自分の「実作」に、その母胎が求められるようである。

芦田先生は、「綴り方教授の作業は要するに自由に思想を発表させることと、発表の方法を会得させることとである。前者は遠心的の作業で、後者は求心的の作業である。遠心的の作業即ち自作は、教師の前に自学或は練習をしておるもので、教授方法中に組入れることは穏当を欠く。かく論じて来ると、先覚によって研究せられ、案出せられた方法の大部分は、求心的の作業即ち指導の上に用いらるべきものといわねばならぬ。」（「綴り方教授」、一〇三〜一〇四ぺ）

と、述べて、「自作」を教授方法に組入れることをさけようとされたのである。

七

芦田恵之助先生は、綴方における各指導法の教授段階について、つぎのようにまとめていられる。

1　視写・聴写・諸《ママ》写の教授段階

一　予備　材料を教授の予備として一二回通読する。

二　書写　写しはじめては、専心注意して、一字一劃の粗漏なきを期せしむる用意が肝要である。ここが即ち視写・聴写・暗写の骨子で階段にあてれば提示（書写）に相当するのである。

三　推敲　次に自分の写した文章中の書写の間違を一々に調べて訂正するのが推敲で、これまた一階段と見るべきものであろう。

2　改作法の教授段階

この方法は、口語と文語の聯合を強固ならしめることが眼目である。材料としては児童の思想に適合する文を選定する。

一　予備　聴写・朗読をさせ、

二　記述　その文を文語に訳し、或は口語に訳し、

三　推敲　訳に粗漏なきかを推敲させる。

3　連接法の教授段階

この方法は、主として文と文との連接を説くのであるから、連接その度に過ぎた悪文をとる場合と、連接の適当な文をとる場合とがある。いずれもその年級に適合した材料を選ばなければならぬ。

一　予備　聴写・朗読をさせ、

二　連接　悪文ならば切断して後連接に移り、連接の適当な文ならば、その点を指摘し、試みに之を切断し、又連接せしめて、連接の次第を会得させるのである。

三　応用　かくして得た智《ママ》識を類例によって応用させるのである。

4　縮約法・敷術法の教授段階

○縮約法についていえば、範文即ち読本の文章などの一段一篇を採って、その中心思想又は主想を損じないように、比較的縁遠きものを省略するのである。

○敷術法についていえば、中心思想又は主想を得て、之を明瞭にするために、比較的縁近きものを附加し敷術の程度によってさらに縁遠きものに及ぶのである。

○故に縮約法は範文により、敷術法は発生的に之を組立つるのである。

A　縮約法の教授段階

一　予備　聴写・朗読より入り、

二　縮約　想の軽重を鑑別し、去るべきは去って、簡潔なる文に組立てる。

三　推敲　その文の誤謬・混雑等の点なきかを推敲させる。

B　敷術法の教授段階

一　予備　中心思想又は主想を示し、

二　敷術　之に関する思想を蒐収類別して一段又は一篇を組立てさせる。

三　推敲　誤謬・混乱等の点なきかを推敲する。

5　直観描写法の教授段階

一　問答　実物・絵画についての問答

二　練習　談笑の練習

三　記述
四　推敲
この教授に於て、第一と第二が主なる作業で、第三第四は第一第二の作業の徹底の度を検するのである。

6　叙述法の教授段階

一　予備　思想の喚起
二　練習　談話の練習
三　記述
四　推敲
想の順序は時間的のものあり、空間的のものあり、因果的のものあり、論理的のものがある。その材料によって、順序はそれ〲にちがうから、具体的に之を会得させなければならぬ。

7　範文法の教授段階

一　聴写　範文の聴写
二　指導　文の結構についての指導
三　記述
四　推敲
文の結構には起首・中要・結尾の完備せるものあり、中要のみのものあり、起首・結尾のいずれかを欠きたるものもある。ことに主想に対して必要の他の思想関係を知らせることは肝要である。

8　文段法の教授段階

一　予備　書くべき思想の範囲内を限定し、

二　指導　主要なる段階を定め、之をあらわすについて重要な段落を配置し、こゝに文の結構を作りあぐ。

三　記述　記述に移り、

四　推敲　推敲してまとめるのである。

範文法とは全く表裏の関係である。

9　題作法の教授段階

一　文題　まず文題を提出して、各自に好む想を蒐集せしめ、

二　批判　之を批判し、

三　記述

四　推敲

叙事・記事・説明・議論などいずれか一体を重くして書かせるのである。

以上の九つの各種指導法を、芦田先生は、つぎのように、一つの表にまとめていられる。

指導

形式

(1)視写・聴写・諳写法……文字の運用
(2)填充・改作法……語句の運用
(3)連接法……文の連接
(4)縮約敷衍法……段落篇の考を明かにする
(5)直観描写法……想の何物たるかを知らする

内容

(6)叙述法……想に順序の大切なることを知らする
(7)範文法……想の結構を具体的にする
(8)文段法……想の結構を抽象的に知らする
(9)題作法……文体の考を明かにする

(「綴り方教授法」、一一二～一一三ペ)

形式・内容に分けて考えていくのは、明治・大正期の一つの特色である。二元観に立っていることがわかる。

さて、右のうち、形式指導の教授段階は、一予備、二□、三推敲の三段階を含み、内容の指導は、一予備、二□、三記述、四推敲の四段階をふむようになっている。教授段階が三ないし四段階にまとめてあるのは、芦田「教式」の原型をなすものと見られる。

芦田先生は、「自作」の順序としては、

一　文題の想定
二　思想の整理
三　記述
四　推敲

の四つを挙げ、さらに、「自作」と「指導」とのちがいについては、
「自作は記述が眼目である。発表の動機を盛《ママ》ならしむる助力は記述を有効ならしめる手段に過ぎない。全く出来上った文章のよしあしが、自作の成否の分るゝ所である。指導はこの点がちがう。露骨にいえば記述はたゞ授けた作文法の徹底如何を検する手段でこれによって優秀の文を得ようとは望んでいるのではない。時に優秀の文の得らるゝことはあっても、個性の発露と見るべき文は到底得られないのである。要するに、自作は遠心的の作業、指導は求心的の作業であることから、この差を生ずるのである。」(「綴り方教授法」、一二二～一二三ぺ)と、述べていられる。

右にも、「自作は記述が眼目である。」とあり、芦田先生の「随選の教式」が、「記述」に重点をおいているのも、「随意選題」を「自作」のもっとも自然な形式とみれば、よくうなずけるのである。

八

つぎに、芦田恵之助先生が、「記述」と同じように重視された、「批正」の教授段階は、いつごろから定着したものであろうか。「批正」の教授段階について、芦田先生は、「綴り方教授法」において、すでに、つぎのように述べられた。

「児童に批正の趣味が起り学級に批正の要件が具備すると、こゝに板上批正は遺憾なく行わるゝのである。板上批正の教授段階は、

第一　総評を試みるがよい。こゝに所謂総評とは、児童の成績を通読した所感で、『意外に出来がよい。』とか、『予期した程に書けていなかった。』とかいう類である。

第二　級中の成績の優秀なもの数名にその文を朗読させるのである。総評と朗読は之を併せて予備と見るべきものである。即ち批正の作業に対して、熱烈な注意を払わせよう《ママ》手段である。
第三　その日の教材を聴写させ、これに附帯して教材を通読させ、それが出来るようになって、
第四　細評にうつる。細評は板上批正の骨子とも称すべきもので、こゝに批正の趣味もわかり、鑑識眼も養成せらるゝわけである。即ち第三第四は提示に相当するものである。細評が終れば、
第五　各自の訂正に移る。当日聴写した材料をなおす事より、各自の文章をさきの細評に照して訂正するのである。即ち第五は応用に相当するといってよい。
批正の教授段階は、下尋常二学年頃より上高等科にいたるまで、これに従って少しの差支もない。」（「綴り方教授法」、一二六～一二七ぺ）

右によれば、「批正」の教授段階は、

一　総評……………
二　朗読……………｝予備
三　聴写……………
四　細評……………｝提示
五　各自訂正…………応用

の五段階をふんでいることがわかる。この教授段階を、予備・提示・応用という語によって、まとめているところに、明治期のヘルバルト派の五段階教授に影響されている跡を見いだすことができよう。

これによってみれば、「批正」の教授段階は、「綴り方教授法」のまとめられた、大正三年四月一日までに、すでに定着していたことがわかるのである。

九

昭和七年（一九三二）八月六、七、八日の三日間、和歌山県の田辺町において、国語教育講習会が開かれ、芦田恵之助先生の「綴方の教壇」と垣内松三先生の「理会と表現」についての講演が行なわれた。

この時行なわれた綴方の授業について、芦田先生は、八月七日の講演でつぎのように述べられた。

「昨日と今日と、この二時間殊に綴方でありますが、綴方のこの二時間は、私と致しましては、これは真剣なものであります。私は、あの二つで、綴方が、すべてが解けるとひそかに考えて居るのであります。高等師範に居りまして、『随意選題』を唱えましてから、今日までかれこれ廿五年でございましょう。その廿五年に、あゝもして見ようか、こうもして見ようか、と、苦しみ抜いた結果が、あの二つに結晶したのでございます。これが最上のものだと、私は言うのではございません。これを垣内先生に、失礼でございますけれども投げつけて、取るべきは取って頂きます、《ママ》捨つべきは捨て《ママ》頂きまして、私はこゝに更生の歩みを踏み出そうと考えて居るのでございます。お前のように年取って、更生の歩みもないじゃないか、と仰言られましょうが、一日生きて居れば、一日更生しなければ意義がありません。最後の一呼吸まで、これ更生の旅であります。それが人生というものじゃないか、私はそんな考えをもちまして、昨日と今日をやって見たものであります。で先生の御指導を、これによって頂きました私は、日本に生えぬいたような綴方教授を建設して死にたい、私はそんなことをたのしみにしているのでございます。」（「垣内先生を中心とする田辺講演」、六九～七〇ぺ）

また、つづいて、八月八日の日の講演で、芦田先生は、つぎのように述べられた。

「昨日も申上げましたように、私はずっと前から綴方に足を踏み込んだものであります。昨日先生の仰言った

『随意選題』今となっては語るに足らないものでありますけれども、その昔は、廿幾年の昔はあれがやっぱり時代の尖端を行く人の唱えるような、滑稽なものであったんです。今などは随意選題といっても、その外の綴方がどこかにあるかいと人が仰言る位のものでありますが、その昔は人に背いてやらなければならないようなものでした。何べんか私は叱られたことがあります。お前の綴方はどういうことをやっているのか、その叱言も監督の人には監督の任務があります。すると私は別に違ったことをやって居りません。それでおし通したものです。課題ばかりやりよる中に、好きなことを書けということです。しかし好きなことを書かないで、文というものが伸びるものでしょうか。私はそんな途から入りまして、そして綴方の筋を立てたのであります。筋は立つのであります。とうとうそれを二つに追いつめてしまったのでございます。それは間違っているかも知れませんけれども記述と批正であります。この中間に成績物というものがある。これが一番の手懸である。子供を育てるのには、何んとしてもこれになります。記述によって出来た成績その成績物を批正することによって、児童を導かなければならない。こゝまで私は追いつめて居ったのであります。こゝまで来て、もう二進も三進も行けない、先へは私は行けないで、昨日も申しましたように、失礼でございますけれども、この講習会で、垣内先生の前にこの問題を事実のまゝに投げつけて、御指導を仰ぎたいというのが私の一念でございました。これは私が垣内先生に投げつけたというと変に聞えますけれども、皆さんに代って、代ってということも変でございますが、まァ代表者というような気持で投げつけた、こうお考え下されば非常に面白いと思います。そうして御指導を頂きましたのが、きのうのあの先生の御講演でございましょう。私は、先生は記述の中に指導する途がなければならぬ、学理からいえば、記述が去った後に記述の指導というものがどう出来るか、先生が昨日仰せられまして、私の一番強く御指導を頂いたのはこれでありました。子供の書いているのをどう指導するか、これは皆さんがお考えになりますと、そんなことが出来るかい、子供がせっせと書いているのに、どう指導出来るか、それは不可能なことでないか、と思われましょう。しかし私はこころに思い当ることがあります。私がどんな行き方をするかということは、こゝには申されませんけれども、私が沖垣君の学校（引用者注、芦田先生の高弟、沖垣寛氏の北海道小樽市の緑小学校。芦田先生の教えを奉じて、学校経営をし、当時、全国に聞こえていた。）にでも行きまして、十日か十五日足留めさせて貰う時には、私は綴方に没頭して、如何にして記述中の子供を指導するかという、到底出来ないような問題、出来ないと思われるようなことを、私はこれから解決してみせます。そこになりますと、先生は昨晩も仰言って下さいました、『お前は綴方で死ね。』と。私はどこまでもいって居りますが、読方は出稼ぎのような気がしてしようがござりま《ママ》せん、《ママ》私に与えられたる天地は綴方でござりましょう。綴方をふまえて読方をのぞく日に、ほんとうの読方というものが、そこに考えられるのじゃなかろうかとさえ考えているものでございます。何日《ママ》になりますか、命のある間に明りが立つか立たないかわかりませんけれども、私はやってやってやり抜くつもりでおります。その記述の中に指導をするのは『黙』こういう仕事がありはせんか、黙ということがどれだけ強い力であるか、若し黙ということが強い力であったならば、この途によって全級の子供を率いるということも出来ないことではなかろうかと思います。

要目（引用者注、講演の要項。）の十一に私は『私と綴方』と書きましたけれども、未成品を皆さんに物語るほどの愚者ではござりません。他日私が、しっかり仕上げました時に、またこれからは垣内先生のお家にせっせと通って御指導を仰ぎまして、出来上りました時に、また皆さんに呼びかける日があるだろうと思います。」

（「垣内先生を中心とする田辺講演」、八二〜八四ぺ）

芦田恵之助先生の「随意選題」の由来のあらましと、その「教式」の「記述」——（成績物）——「批正」の二元性と、そのいきづまりならびに打開への決意を、右の講演記録によって、知ることができる。

垣内先生によって、「記述」そのものの指導、「記述」の中の指導が指摘され、それをできるだけ自己のものにしていきたいと考えられている。「記述」中の指導として、「黙」のことに言及されているのは、この方向に深めていきたいと考えられてのことであり、「静坐」からの自得も、それを支えているであろう。

垣内先生の「表現の展開」についての講演から、自己の実践上の問題点を、はっきりとつかみとって、それに即して、綴方教授建設へのりんりんたる決意を披瀝し、抱負を宣言するあたり、ただならざる気魄を感じさせる。

一〇

芦田先生は、昭和一〇年（一九三五）三月三日、「綴方教室」（教壇叢書第三冊）に「序」をよせて、つぎのようにいわれた。

「私はこの十数年、綴方について一つのなやみを持っていた。というのは随意選題にしたがって、せっせと文を書いて行けば、自己究明の漸次深まることを信じていた。然るにどうしたものか、生気の欠けた随意選題と称する文章が現われて来た。私は随意選題の堕落だと思っている。今の随選は実用的見地からは、多少見るべき所があるとしても、教育的見地からは全くいかゞわしいものだ。

しかしこの悩みは垣内先生の御指導によって氷解した。即ち内省を伴う記述を重視すれば、――批正も記述の為に存するものだと考えるようになれば――立処に解決する問題である。それは『垣内先生を中心とする田辺講演』という書に詳しい。師の御指導を教壇に行じて、鋭意体得につとめてはいるが、境涯は遅々として一向に進まぬ。けれども今歩んでいる道が、長安に通ずる大道であることだけは、信じかつ安んじている。」（「綴方教室」、昭和10年3月22日、同志同行社刊、二～三ぺ）

これによって、「田辺講演」における垣内先生の講演中の指摘（「内省」重視の記述）によって、芦田先生は自得するところがあったことがわかる。

芦田恵之助先生の綴方「教式」の成立は、「記述」「批正」のそれぞれについては、明治期に、「随意選題」方式を発見し、育成して、大正期に、修養主義・内省主義の立場に立つことによって、ほぼその体制を確立することになったと見られよう。

その点では、読方「教式」が教壇行脚に出るようになって確立したのに比べれば、時間的には、ずっとはやかったといえる。

ただ、「記述」・「批正」の二元にまで追いつめてから、一つの行きづまりが、芦田先生の内部に感じられていた。それを、垣内松三先生の「田辺講演」における指摘によって、さらに「内省」重視の立場をとることによって、克服しようとされたかのごとくである。その壁がどのように克服されたかについては、その内部消息を明らかにすることができないけれども。

第三章　国語教育実践の基本問題

第一節　芦田「教式」における話法の問題

一

芦田「教式」が国語教育の実践様式として、近代国語教育史上、独自の位置を占め、典型性を保持していることは、ここにいうまでもない。芦田「教式」は、実践様式として確立され、その形態の面から見ても、一よむ　二とく　三よむ　四かく　五よむ　六とく　七よむ――と整備され、しかも自然の流れをなしている。

この芦田「教式」の実践契機としての、「教式」における話法面は、「教式」の形態に対する機能として、重要な意味をもっている。「教式」は、実地に、どのように運ばれていくのであるか。芦田「教式」の機能としての「話法」の問題をとりあげ、以下のような項目にしたがって、考察をすすめたい。

1　芦田「教式」における話法の機能
2　芦田「教式」における話法の工夫
3　芦田「教式」における話法の自覚
4　芦田「教式」における話法の分析

二

芦田「教式」（読方教授における）は、ふつう、つぎのような構成になっている。

一　よむ
二　とく（話しあい）　15分
三　よむ（師）
四　かく……………10分
五　よむ
六　とく　15分
七　よむ
（ほかに教室へいく時間など5分）

ここに掲げた、芦田「教式」においては、二　とく（話しあい）ならびに、六　とく　の二項において、師弟の話しあい（問答を中心とした）が行なわれる。したがって、芦田「教式」における話法の機能の問題は、まずこの二項（「教式」の二、六）に中心がおかれる。

二　とく（話しあい）では、その時間の学習目標を定め、学習意欲を高めることにねらいがある。この点について、芦田恵之助先生は、「（前略）私はつい近頃まで、大体の明かりを立てることに腐心しましたが、問を工夫して事実の要所々々を押えていけば、大体の明かりはその事によって見えてくるものです。たゞ注意を要することは、こゝで事実に深入りをすると、次に進むことが出来なくなります。三四問であっさり片付けて、而も読んだところと相俟って、大要を掴ませることが肝要であります。私の七変化によって修行にはげんでいて下さる方々は、こゝが非常に困難だといっていらっしゃいます。」（「国語教育易行道」、昭和10年5月20日、同志同行社刊、一八六～一八七ぺ）と述べられている。事実の要所々々をおさえつつ、事実に深入りすることなく、学習目標をうちたてるところに、この二の話しあいの困難さがある。すこし気がゆるむと、話しあいが間のびしてしまうのである。教式　一　のよみをおさえて、学習者の学習意欲の方向づけをするのに、この、二の話しあいは、有効適切でなくてはならない。この話しあいは、目標確立・意欲喚起の機能を、持たされているのである。

つぎに、六　とくは、二の話しあいと相照応するもので、「二では読み得た所から問題を捕え、六ではその問題を解決して、今まで読んだり、書いたり、種々工夫をして来たものに、まとまりをつけて、所謂画龍点睛」（「国語教育易行道」、一九八ぺ）をするところである。内容について、くわしく調べ、問題を解決していく話しあいである。内容探究、問題解決の機能を、この話しあいは持たされているのである。四　かく　において、教材（文章表現）の中から、各節ごとに選び出された、重要語句・中心語句を手がかりとして、この、六　とく（話しあい）の仕事は進められるのである。

これら二、六のほか、芦田「教式」の話法の問題としては、三　よむ（師）において、範読をしながら、ところどころにさしはさまれる、「着語」がある。また、四　かく（これは、芦田「教式」において、もっとも特色深いものとされている。）における、板書途上の「沈黙」がある。先生は黒板に向かって児童たちは机上の学習帳に向かって、それぞれ静寂のうちに書き進むのである。この、「着語」による読みの深化、「沈黙」による静かさの自覚にも、東洋的禅的な話法の機能が認められる。

四　かく　に関して、芦田先生は、「私は一心私の板書をして、児童の簿書に対して、監督がましいことはいさ、かたりとも致しません。第一私は黒板に向《ママ》ったら一回でも後を見ません。若し話声でもすると、板書しながら『話をすると手がだめになりますよ』と警告します。私は之を行じて、初めて悟ったのですが、人を率いる最も有効なる方法は、丹念に行ずる以上にはないようです」（「国語教育易行道」、一九五ペ）とも述べられている。

また、教式の、一　よむ、七　よむ　においても、芦田先生には、学習者の読み声に傾聴する態度がいちじるしく、とくに、七　よむ　については、「指導は学習と相俟つ相手仕事です。そこに魂と魂と相搏つ活気が失せたら、蓄音機が声を発しているのと同じ義になります。教壇修行者は児童の目を見落してはなりません。そうして七の読声に深く反省する所がなくてはなりません。」（「国語教育易行道」、二〇二ペ）と述べられている。

また、五　よむ　に関しても、芦田先生は、つぎのように述べていられる。「私の教式の中で、最も教室内の空気の澄む時は、五の『よむ』の指黙読（引用者注、四　かく　において、なされた板書事項を、先生のむちの指示にしたがって、学級の児童たちがいっせいに黙読していくことをさす。）の時です。私は常に思います、この際にわずかに指導すれば、自己を読むこつなどは、すぐに分《ママ》るものだと思います。何にしても、研究者の見落してはならない児童の姿です。指《ママ》斉読には音声を練習する意味もあります。一級一心の訓練をなす意義もあります。児童の音声は如何なる場合に於ても、自分の満足をする自由なものに発達せしめておかねばなりません。自己に徹した声を出すように訓練することも重要であり、一級が一心に動き得るように訓練する事も国民教育として大切であります。五の『よむ』は六の『とく』への門戸をなすものですから、十分に気合が乗って来なければならないと思います。」（「教式と教壇」、昭和13年5月20日、同志同行社刊、一五八ペ）

五　よむ　の指導について、芦田先生がどれほど徹底して行じていられるかがわかる。

このように見れば、芦田「教式」においては、一　よむ　三　よむ　五　よむ　七　よむ　においても、二　とく　六　とく　においても、また、四　かく　においても、それぞれ、話法の機能を見いだすことができる。

①「よむ・きく」、②「話しあい」、③「よむ・着語・きく」、④「かく」（沈黙）、⑤「よむ・きく」、⑥「話しあい」、⑦「よむ・きく」が、一個の実践様式として定着させられ、指導者の話法がそれらを縫うようにはたらいているのである。

三

芦田「教式」における話法の工夫は、つぎの五つの点に見られる。

1　第一問の工夫――二とく（話しあい）のばあい
2　話しあいの工夫――六とく（話しあい）のばあい
3　単純化の工夫
4　「自己管理」の工夫
5　一年生への工夫

1　第一問の工夫――二　とく（話しあい）のばあい――

二のとく（話しあい）の第一問は、必ず題目（教材の）からはいることにきめられ、それによって狂うことはないとまで、芦田恵之助先生は言われる。発問上の工夫の一つが、熟達の極限までおしすすめられたとも見られるほどである。

第一問の工夫に関して、つぎのように説いていられる。

「私はいつでも一番はじめに通読をさせます。その次に話しあいを致します。この時の第一問は段々と修行が積んで来まして、この時の第一問を、私は必ず題目から入ることにきめています。これは若し御採用をいたゞくだったら、やって見て下さい。狂いっこはありません。今回取扱いましたリンカーンの苦学に就いて申して見ましても、〇苦学とは何んだね　とこう入る。そうすると、それさえわかればよいのでありますが、こちらの生徒さんは非常によい答をしましたが大抵は　△苦しんで学問します　というのです。そうしたら、ちょいとひっくり返して向うへ返す、〇そうすると、学問をすることが苦しいのかね……　どこやらで引っくり返っているんだが、さァ子供は目を円くしてついて来る　△学問をするのは楽しみです。〇それじゃ苦学とは何故いうか　ぴたっと押えて行きさえすれば、こゝが分ればその日の仕事はまとまりが、ほゞつくといってよい位のものであります。たゞこれは一言だけ申上げて置きますが、『話しあい』では、その日の研究をする問題が何んだかということが見つかればそれでよいのであります。こゝで解釈を試みたらもう駄目であります。解決に急いだら駄目であります。問題をこゝで掴んで置く。」（「垣内先生を中心とする田辺講演」、昭和8年12月5日、同志同行社刊、七八～七九ペ）

ここには、発問の工夫のしどころが、簡明に語られている。また、にくらしいくらい、こどもの心をひきつける問いかたへの工夫がなされている。――これは、芦田先生のばあい、自得し会得された、発問法の一端であろう。

2　話しあいの工夫――六　とく（話しあい）のばあい

教式の六　とく（話しあい）については、つぎのように述べられている。

「児童の目は板書を読むことによって輝いて来ます。一のよむから五のよむまでに盛上って来ている自己の読み得、聴き得たものが一段の活気をそえて来ます。其の活気は、師がこの板書の上に、何を説いて下さるかという期待がうむのです。私は、児童の五の『よむ』を聴いていると、その期待の強さを聴取ることが出来るように思います。私が、事実から話をすゝめて、節を段に区分し、さらに板書の最高峯である一語を押える場合と、直ちに最高峯の一語に飛込んで、それから全体に展開し、事実・区分に軽く触れる場合と、節を段に区分して事実に及び、最後に一語に達する場合などあります。何故こうした区別を生ずるかは自分で自分が計り知られないように思います。これは全く五の『よむ』に強く左右せらるゝもののようです。
六の『とく』の成功・失敗は、児童の既に解釈している線を行くか、児童の解釈している線を一歩超えて、彼等の求めている線を行くかによって定まるようです。理解にも達しかねているような場合ならば、理解に達せしむるのが、彼等の求める所であります。既に理解に達している場合ならば、まとめて考えるという事が、彼等の求める所であります。既にまとめて考えるまでに到達している場合ならば、それを人生問題に関係つけるなどが、彼等の求めるところです。こういう事を話すと、それはどうして知るかと反問する方がありますが、これが勘か、骨とかいうものでしょう。説明の及び所でありません。私は決して言葉を曖昧にして責任を回避するのではありませんが、私の力では説明が出来ません。結局真剣に踏んだ段数《だんかず》が会得せしむるものでしょう。行によってのみ悟るべきものを耳や目で知った気になったり、知ろうと努めたりしているのが、時代相の浅薄になって行く故でしょう。とにかく児童の求むる一線をねらわなければ、彼等の学ばんとする心を内に養うことは出来ないと思います。」（「教式と教壇」、昭和13年5月20日、同志同行社刊、一五九～一六〇ぺ）
右にも述べてあるように、六　とく　において、話しあいを進めていくのに、
（1）事実→区分（節を段に）→最高峯の一語へ。
（2）最高峯の一語→全体→事実・区分にふれる。
（3）区分→事実→最高峯の一語
の三つのばあいを認め、また、児童たちに対して、どの次元でどれだけを話しかけていくべきかを説いていられる。実地授業を通して、どのように話しあっていくべきかは、行じて会得すべきことも説いていられる。その話法の精錬がはげしい実践修行によってなされていることを知らされるのである。

なお、六　とく　の工夫に関連するものとして、芦田先生は、つぎのように、三つのばあいについて、述べていられる。

「教壇の工夫として、師弟の間におかれた教材にやどる響の響かせ方によって、児童の求める心を培い、時にはその心を枯死せしむるに至ることすらあります。[1]説いて知らせようとする師があります。[2]響を生ずべき急所をうって、響を児童から聞こうとする師があります。[3]工夫を絶した場合には、師が感じた径路を語って、独り楽しむが如くに振舞う師があります。この三人の師について言ってみると、[1']前者は最も拙劣です。時には響を求むる心を枯らすおそれがあります。説けば分るという考は、児童の伸びる力を無視した傾があります。往々にして児童が自分で求めて楽しむということを無視することになります。説いて気の済む先生は、弟子としては迷惑至極な場合があります。それが独演であっても、問答であっても、注入に終る場合が多いのです。[2']中者は最上乗のものです。響を生ずべき重要点に力を加えて、それから生ずる心の流れに、響を生ぜしめようというのです。そうして、その響を児童から聞いて満足しようというのです。児童からいえば、導かれたのは師であるが、発見したのは自分です。そこに学習の喜を感じ、求むる心を生じ、学習の方法を悟るのです。要するに教育するということは、真剣に生活した跡にあらわれたる発見・発明に、師が印可証明を与えることではあるまいかと思います。[3']後者は工夫を絶した場合で、この他に道の見出せない時ですが、どうにもならぬ方法であるだけ、真実味がゆたかです。随って効果も多いように思います。しかし、その効果は、師が真剣に行じたために生ずるものですから、行じない師がこの方法をとれば、前者の説く拙劣の師よりも、更に拙劣であることは言うまでもありません。」（「教式と教壇」、昭和13年5月20日、同志同行社刊、二〇一～二〇二ぺ）

右は、直接「六　とく」について、述べられたものではないが、「六　とく」において、教材の内容深究が行なわれるばあい、もっとも適切に役立つ注意となっている。実地に経験をしたものとして、その三つのタイプの提示は、鋭いものにみちている。

3　単純化の工夫

問答の単純化――このことは、つねに心がけてこられたところであるが、単に単純化するばかりでなく、「問答」と「独演」との機能を、真に発揮するように心をくばられたようである。

このことについては、つぎのように述べられている。

「私は問答を常に単純化したいと考えています。ことに教材の真義を説こうとする時などは、問答を用いないで独演式で行きたいと考えています。私は、ひそかにこれもわが教壇の一特色だと思っていました。ところが筆録のあとを精しく見ていきますと、却って同志を警めた言葉がはずかしい程です。人を責めるは易く、自ら行ずるは難いことです。しかしこの七綴（引用者注、芦田先生みずからの実践授業の速記による記録）の教壇記録を整理した所得は、『他を言う前に自を見よ』という教訓と、私の問が物になっていないという事実でした。私はよく同志に、『問で教授の流を押して行ってはならない』と申します。言う心は『二つ三つ問をかけて、話を思うつぼに落すことをするな』というのです。答を含んだ問をたゝみかけて行って、いやでもおうでもうなずかねばならぬような教授は、決して世に少くはありません。『わかった人』と掛声をかけると、全部挙手するけれども、その挙手は『先生のように考えたら』という条件がついていることを忘れてはなりません。問は、これから教えようとする問題に対して、児童にどれほどの素養があるかをたしかめる場合、又は教えた事柄をどれほどまで児童が理解し得たかを験する場合に用うべきもので、教授はすべて問答によって行わるべきものだなどいうのは誤解の甚だしいものです。また問答法によれば、それが開発式で、独演法でやれば、それは注入式だなどいうことも、以ての外の考です。もし現代の国語教室をくわしく見ていったら、問答法による注入式でないものは蓋しまれでしょう。児童の眼さえ輝いているならば、独演法で終始しても、児童の心には開発式でうけとられているのです。こゝの誤解が、我が初等教育界をどれほど毒しているか知れません。その誤解から生れて来るものが駄問駄答一問一答で、前者は時間を空費する事が甚だしく、後者は室内の空気を惰気漫々たるものにしてしまいます。私は自分の教壇記録を整理して、問答について深く考えてみなければならない事を痛切に感じました。」（「恵雨読方教壇」、昭和12年5月18日、五二七～五二九ぺ）

芦田先生は、問答について、その単純化をくふうすると同時に、問答法・問答式について、その適切な活用のしかたを心がけていられたといってよい。

[1]問答法→開発式　[2]独演法→注入式　とは、必ずしもいえないことを、きびしく指摘し、現代の国語教室では、[3]問答法→注入式でないものは、けだしまれであろうと、鋭い批判をされている。

問答法について、つきつめた考えかたがなされていた点は、注目すべきであろう。

しかし、芦田先生みずから、問答については、未熟な点がすくなくないことを強く反省されている。自己の教壇記録をみずから整理されて、この反省はいっそうきびしいものとなったようである。

4　「自己管理」の工夫

これは、教育話法の根本の工夫の一つである。この問題について、芦田先生は、つぎのように述べていられる。

「中等学校には『生徒に白い歯を見せるな』という教訓があります。『笑うな』ということです。人間からこの尊い笑を除いたら、どんなに冷たい淋しいものでしょう。笑があればこそ、共に道を進む楽しさが語られるのです。そこで育って来た先生は、多くは笑を忘れています。忘れたのではない、ほんとうには笑えない人です。その笑えない心に被教育者は手にあわないものと考えているのだからたまりません。ところが児童は決して手にあわないものではありません。如何なる場合にでも、教師が児童を押えようとか、うまく率いようとかいう考を捨てて、教師自ら落着いてごらんなさい。児童はひとりでに落着くものです。他人を管理する秘訣は、自分を管理することです。子供が騒ぐ以前に、自分がまず騒いでいるのです。よし何かの変調で、児童が一時間さわぐようなことがあったら、『こうした中では、誰でも仕事は出来ますまい』と澄ましておれば、児童はおのずとその非をさとるものです。』（「国語教育易行道」、昭和10年5月20日、四一～四二ぺ）

右のうち、とくに傍線を施した部分には、芦田先生の話法の工夫の根本が道破されているといってよい。「他人を管理する秘訣は、自分を管理することです。」ということばには、それを信条にして行じてきた人の心がこもっている。

5　一年生への工夫

芦田恵之助先生は、東京高師付小で、よく一年生を受持ち、「一年博士」とまで言われたかたである。古来、小学校一年生に向かって話すことは、きわめてむずかしいとされているが、芦田先生のばあい、一年生への根本の態度や一年生の特性について、的確な把握がなされている。

(1)「尋一の先生は人間として肚のきまった人でありたいと思います。（中略）私の常に理想としている一年生の先生は将に飛ばんとする雀の子を片手に握り得るような方でありたいといっていますが、言う心は強く握って死に至らしめず、緩きに過ぎて飛び去らしめもせず、手は天地の大法、しかし温みあって快く、雀の子もその処に安んじ得るようなという義でございます。」（「国語教育易行道」、一五一～一五二ぺ）

(2)「児童は中々言うようにはならないものですが、為るようには必ず為るものでございます。教育が内からとなり、内へとなって行きましたら、如何に易々たる中に、効果の大なるものが得られるかと思います。」（「国語教育易行道」、一四〇ぺ）

(3)「児童は一体にくど〳〵説明することはきらいです。桜の一枝を携え来って、これは何ですかなどは、先生がおっしゃることだから、黙って謹聴しているものの、若し仲間がいったとしたら、怫然として『馬鹿にするない』という所です。（中略）それを一跳如来地に入って『この桜の花きれいでしょう』と、先生がまずながめ入って御覧なさい。桜の美しさは説明の出来ない所まで、児童は見てしまいます。」（「国語教育易行道」、一三一～一三三ぺ）

右の（1）（2）（3）には、一年生に対する工夫の本末二つながらの結晶が見られるであろう。

低学年、就中一年生を持たれての経験から導かれた、示唆深い工夫というべきである。

芦田恵之助先生は、単に一年生ばかりでなく、他の各学年の児童・学級に対しても、話法面での工夫を積まれた。ここでは、その顕著な事例として、一年生のばあいをとりあげたにすぎない。

以上、

1　教式における発問の工夫
2　教式における話しあいの工夫
3　教式における問答の工夫
4　話法の根本態度（「自己管理」）の工夫
5　発達段階に応ずる話法の工夫

を見てきたが、これらすべてをつらぬく基本態度として、「内へ」「内より」の工夫をとりあげなくてはならない。

芦田先生は、この点について、

「要するに尋一の教室は、静粛でありたいと思います。むやみに拍手したり、発言を争ったりすることなく、読むにも一心、聴くにも一心、書くにも一心というように仕向けたいと思います。先生の態度が何時も『内へ』何時も『内より』というのであったら、その感化は必ず内へ、内よりとなるものだと思います。」（「国語教育易行道」、一四八～一四九ぺ）と述べられている。

この内面化への志向は、その「静坐」の行によるところが大きい。

芦田先生はまた、アクセント矯正問題に関して、「アクセントの矯正を実行問題とするには、多少考慮を要するものがありはしないかと思います。然らば日々の教壇に立つものは、アクセントを如何に考うべきか。それは訳もないことです。自分の生きた耳で、児童の生きた声をきくことです。そうして如何《ママ》わしいと感ずる所は矯正すべきです。人は到底それ以上の事は出来るものではありません。」（『国語教育易行道』、一五〇〜一五一ぺ）と述べられている。アクセント矯正のことは、国語のアクセントの分布ならびにそのアクセント感の形成期の問題やアクセント型の対立の問題などを考えると、決してやさしくはない。したがって、芦田先生の所論には、音声学やアクセント論の進歩を、どのようにおさえられてのことか、はっきりしない面も見られる。ただ、ここでは、「自分の生きた耳で、児童の生きた声をきく」という基本態度がうちだされている。このことに着目したい。

要するに、芦田「教式」における話法上の工夫は、すべて、この「内へ」「内より」の根本態度から導かれているといってよい。

四

芦田「教式」における話法の自覚の問題は、「内へ」「内より」の根本態度と関連している。

すでに、大正初年ころ、芦田先生は、「吾人は日々の教授に於て、話術は是非に研究しなければなるまい。小学教師は三寸の舌を以て、七十内外の児童を繰るのであるから、話術に於ては一般の人よりはすぐれておるべきである。この一歩すぐれているとこを以て、人を指導するに利用すべきである。」（『綴り方教授』、大正2年3月18日、四四一〜四四二ぺ）と述べられている。話術への関心は示されてはいるが、かなりに技術主義的傾向を見せており、まだ内面化された発言とはなっていない。

しかし、大正一四年（一九二五）ころになると、「読み方教授には師弟ともに日常の言葉を尊重し、注意することから始まらなければ、真の成績を収めることは出来ません。いかなる名文でも、魂のこもった口語の上に浮べて見なければ、その真義をさとることは出来ますまい。（中略）これによって自己を教育する基礎は、漸次ふみかためられて行くのです。」（「第二読み方教授」、大正14年9月15日、七八～七九ぺ）と述べられ、日常語への自覚が示されてきている。本格的に真剣な態度が示されている。芦田「教式」も、このことばの内的自覚の上にきずかれていくようになるのである。

さて、教壇行脚に出られるようになってから、一〇年余もたった、昭和一〇年（一九三五）ころには、芦田先生のことば自覚は、ぎりぎりにおしつめた形で、つぎのように示される。

（1）「私は、自分の口語に内省の興味を持たないような人が、何で古人の言葉や、子供の言葉に興味が持てようかとおもいます。徒に言いふるした言葉を、鸚鵡のように口真似して、安んじようなどとは、たしかに人生の冒瀆です。」（「国語教育易行道」、昭和10年5月20日、九八～九九ぺ）

（2）「国民をして国語使用に関する自覚を喚起せしむるに、最も有力な地位にあるものは、小学生の先生です。小学《ママ》先生は、如何なる場合にも、おのが使用する言葉のまことに欠ける所のないように努めなければなりません。おのれを監視するものはおのれです。」（「国語教育易行道」、一〇五～一〇六ぺ）

（3）「まことを語るの根本を逸したら、国語教育はついに成立しまいと思います。言葉も第一義、行も第一義、かくしてまことの世界に安んじさせることが教育の真意義であり、国語教育の志す所であると思います。」（「国語教育易行道」、一一一ぺ）

（4）「まず一心の決定が大切でございます。決定とは、読まんとする心になりきって読み、綴らんとする心になりきって綴ることです。聴く時には全身を耳となし、話す時には全身を口となすことです。この決定の姿を自覚状態というのでございましょう。この状態の尊いことは、師といえども弟子といえどもその間に些の区別はありません。即ち師弟一如の修行であります。師の修行振《ママ》が弟子に影響し、弟子の修行振が師に影響して、共に求道の目的を成就する大修行となるのだと思います。」（「国語教育易行道」、二八九～二九〇ペ）

　以上、芦田先生は、自己のことばに対する内省の重要さを説き、自己の用いることばにまことの欠けることのないように説き、まことを語るの根本のたいせつなことを説き、一心の決定に立ってことばの生活を進めていくことのたいせつさを説かれている。

　つまり、一心の決定に立って、まことを語る自覚の緊要なことが説かれている。この点から、芦田「教式」における話法の自覚の問題は、もっとも深奥なことばの自覚に立つものとみることができよう。

　さて、芦田先生のこうした、ことば自覚は、教壇修行に即しての話法の工夫となって生かされていた。決して空疎な観念論におわるものではなかった。

　たとえば、つぎのような自己省察に立っていたことを思うべきであろう。

（1）「師弟の間に教材をおいて、之を理会させようというには、言葉が有力なるなかだちであることは、誰も承認するところです。けれども、言葉の力はおそろしく強いものですから、これが使用をあやまった場合は、それがために、指導の破壊されてしまうことがあります。叮嚀《ママ》親切にと考えて、言葉を多く使った場合など、動機はさらに悪いのではなくても、その結果は注意の緊張を破り、印象を破り、印象を淡くして、所期の効果をおさめることが出来ません。」（「教式と教壇」、昭和13年5月20日、同志同行社刊、二〇二～二〇三ペ）

（2）「言葉に間をおくものとおかないものとでは、他に与うる感銘に甚だしい差を生じます。私は早口でとか、間がおけなくてとか、なくて七癖が誰にでもあるものです。しかし他を動かす言葉の力に想到したら、その癖を矯正することに工夫しなければなりません。私の経験では、間の抜けない程度に、言葉の緩かなのがよいように思います。私は黙をも言葉の一種と考えたいのですが、黙の力を思う時、言葉の少い《ママ》ということは、言葉の力を強める一つの工夫のように思います。教壇に於て、言葉の速度がはやくなり、押えても押えても言葉の数が多くなるような場合は、内に多少の乱れを生じているしるしで、その勢に乗って行けば、指導は多く失敗に終るものです。」（同上書、二〇三～二〇四ぺ）

（3）「私は、教案をもらっても大抵見ないのが例です。それは、私の不忠実なのでは決してありません。教授者の言葉を丹念に聴いていれば、その取扱の意図は言うも更なり、教材に対する気持や、教壇に対する気持までを明らかに聴きとる事が出来ます。のみならず、教壇者の個性なども、決して覆うことの出来るものではありません。最初はいかにおだやかに説きはじめても、鋭きはやがて鋭く、鈍きはやがて鈍き姿にかわって行きます。言葉について反省工夫を怠ったら、教壇は決して落着くものではありません。巧妙なる童話者が、教壇に於てしっくり行かない例などは、何処にでも見られます。大衆を喜ばせて率いるこつと、教室の児童に考えさせながらついて来させるこつとには、可なり違いがあるようです。私の過去なども、とかく教壇上の言葉が無関心に過ぎて来ましたが、非常なあやまりであったとしみじみ後悔しています。よし残年はいくばくもなくても、一時間でも、一日でも、その教壇のために深く注意し、修行しなければならないと思います。こゝまで書いて来ると、言葉に行ずる意図の洗練、気持の平静、個性の修養等がさらに必要だとも思いますが、それは問題として、こゝに記しておくに止めます。」（同上書、二〇四～二〇五ぺ）

（4）「言葉の力を述べてみると、私は身体の力とか、挙動の力ということも考えないではいられません。言葉の力は、単に口から発する音声ばかりではないようです。身体の全部、ことに顔面筋肉などは、常に何事をか語っているようです。こう考えて来ると、一挙手一投足でも、言葉だと考えない訳にはいきません。そこで先覚は、教容ということを可なり強く考えました。話す時の姿勢、板書する時の形、その他本の持方、鞭の使い方など、随分うるさいことをいったものです。甚だしく微細に亘る要もないかとは思いますが、見ておかしくない程度の教容は、教壇のつつしみとして、是非確立しておきたいと思います。指導は折角うまく行きながら、教容のために、その効果の喰われて行くかと思うことがあります。教壇に生きる方は、注意すべき事かと思います。」（同上書、二〇五〜二〇六ぺ）

（5）私が教壇生活中、最も苦になったことは、顔面の紅潮することでした。十七歳にして教壇に立ちはじめてから、最近に至るまで、壇に立つと、程なく顔が紅潮して、それが気になってならなかったのでした。その紅潮が何から来るかと考えてみても、よくは分りませんが、極めて小膽に生れたのがその一でしょう。小膽でいつわる事の嫌いであった私は、小学時代に読めといわれて読めない場合、真紅な顔をして立ったことをよくおぼえています。先生と私の顔との間を、読本で遮って叱られたこともありました。そうした私が、自信のない教壇に立つようになって、毎時間紅くなって暮したことが、ついに紅潮になったのでしょう。ある時慶安太平記を読んで、由井正雪が丸橋忠弥に、小瓶に水を入れ渡すところを見つけました。それは、悪事が露見して、忠弥が公儀の訊問をうける時、顔色がかわってはと心配すると、正雪はこの薬を顔に塗っておけば、決して顔色のかわる気遣はないといって、小瓶を渡しました。その中にはいっていたのは水でした。小胆の忠弥はそれを信じて、公儀に出る前に、それを塗りましたから、何をいっても、顔色が少しもかわらなくて、公儀の役人を煙にまいてしまったとありました。私は何度その水がほしいと思ったか知れません。ことの東京高師の附属小学校に於ける研究教授の際には。私は常に思います、私の幼い時に、一言『小胆は小胆に安んぜよ』『劣等生は劣等生たることに安んぜよ』と教えて下さったら、この紅潮卑屈の癖を生じなかったろうにと。なお病の根が深かったら、『汝の小膽、汝の劣等を去って、何処にか汝の生くべき天地があるのか』と教えて下さったら、大抵は目がさめたでしょう。なお病根深くして目がさめなかったら、『安んずることは育つ第一の道だ』と導いて下さったら、永年相対観の紅潮癖になやまなくて済んだのでしょう。『あゝ師は無情だった』と、感じてはならないような事を感じます。」(同上書、二〇七〜二〇八ぺ)

(6)「今一つの話は、茗荷谷の林泉寺で、嶽尾来尚老師から従容録の提唱をきいた時、その第一則をきいて、よい気持になったことです。第一則は『至尊陞座』というのです。至尊は釈迦如来のことです。『陞座』とは座所におのぼりになったということです。即ち釈尊が説教をなさる御座所にお陞りになりました。すると文珠菩薩が白槌していわくとあります。白槌とは、槌をもってかちっと木をうつことです。そうしていいました。『諦観法王法、法王法如是』と。その意義は『よく法王の法というものを見なさい。法王の法というものはこれです』というのです。なお詳しくいうと、大衆すべからく注視せよと白槌して、『釈尊をよく見なさい。これが法王の法というもので、法の中の第一の法です。法王の法は釈尊のこのお姿に説きつくされています』というのです。すると、釈尊はそのまゝ座を立って、自分のお部屋にお帰りになってしまいました。説教を聴こうとて集ったものが、無言で座を下られたので、大騒になったという話です。私は之を老師から聴いて独り喜んだものでした。教育の真意義はこゝだと思いました。説かずして分る《ママ》。しかしそれは説かないのではありません。全身全霊をもって説いているのです。口で説かないというだけです。誰かの着語に、文珠が白槌して、『諦観法王法　法王法如是』と説明をつけたのが不都合だとあったかと思います。紅潮癖の私が、この無声の説法をたまらなく喜ぶのです。」(同上書、二〇九〜二一〇ぺ)

以上、(1)から(6)まで、芦田先生が教室で話すことの反省を、どのように切実に掘り下げて、されているかがわかる。

(1)教育におけることばの力の強さ、その用いかた

（2）教育におけることばの「間《ま》」の問題
（3）教育におけることばの反省工夫を怠らざること
（4）教容のたいせつであること
（5）幼時からの紅潮癖のこと
（6）説かずしてわからせる教育話法の至境

これらについて、深い省察がなされ、また具体例（5・6）が引いてある。（4）（6）には、芦田先生のことば自覚の深さを見る思いがする。

五

以上、芦田「教式」における話法の問題を、その機能、工夫、自覚の面から見てきた。それは、長い間の実践と精進とから導かれた話法として、独自の深さとたくみさをもっている。

しかも、芦田「教式」による実践（実地授業）は、青山広志氏をはじめとして、多くの人たちによって、精密に記録されて、授業の流れもふんい気もその細目も、再現されている。それらは、話法研究の対象としても、貴重な資料群である。

昭和初期の「授業記録」の典型的な例は、昭和七年（一九三二）二月二九日と三月一日、東京市外千駄ヶ谷尋常高等小学校において、芦田恵之助先生が尋常四年生にされた「乃木大将の幼年時代」の研究授業である。芦田恵之助先生は、当時すでに全国教壇行脚を継続されていて、六年半ほどを経過していたときであった。このときの第二時限の教授の実際は、青山広志氏によって速記され、教壇の事実が精細に筆録された。また、垣内松三教授がその国語教室に臨席されて、授業の実地をつぶさに鋭く観察され、その教壇事象を克明に分析しつつ、学理の視点から、講演をされた。

実践者・記録者・研究者・参会者のみごとな協力がなされ、「授業研究」に一時期を画したといってよい。これらは、のち「垣内先生の御指導を仰ぐ記」（昭和7年7月5日、同志同行社刊）としてまとめられた。

同じ方式は、同じく昭和七年（一九三二）八月六・七・八の三日間、和歌山県西牟婁郡の田辺第一小学校における、授業研究にも用いられた。芦田先生は、読方については、「リンカーンの苦学」を六年生に三時間、綴方については、尋常四年生に、記述と批正の二時間を取り扱われた。垣内松三先生は、それらの授業を丹念に観察され、それを徹底して分析しつつ、「理解と表現」について講演をされた。

このときの、芦田先生の授業と講演、垣内先生の講演は、すべて青山広志氏によって速記され、完全に再現された。これら一連の記録は、「垣内先生を中心とする田辺講演」（昭和8年12月5日、同志同行社刊）に収められた。右の田辺大会において、綴方の実地授業（とくに、記述と批正）がほぼ完全に記録化されたのも、注目すべき画期的なことであった。

青山広志氏は、速記による教室事象精写の苦心について、つぎのように述べられた。

「まずわたくしは、教室内で発せられる芦田先生と児童の言語を、教室内の一隅に席を設けて、忠実に、精細に、原型のままを一語も聞きもらすまじと書き留めるところに記録の根拠を置く。教室内で記録せられるべき事象はいかに多くあろうとも、師弟の間に交わされる言葉がその根本をなすものだと考えざるを得ない。その瞬間に消え去る言語を、発声に応じてそのままの形でとらえるには現にそれを職業としている速記の記号によった。次で指導者たる芦田先生の目（その光り、流れる視線、口にもまして物言う目—）顔（照り、曇り乃至は顔のかしげかた）手（物言いたげなポーズ、押さえそうな恰好、その他—）立たれた場所（教壇の上か下か、乃至は子供たちの机の間に入っていられるか否か）その足もと（どんな踏まえ方か）あるいは全体の姿勢といったものを観察しつつ、間の終わり、答の前にすばやくそのスケッチを書きこむのである。このことは児童の側についても同じことである。経験を積むに従ってそこにかもし出される空気を感じとる余裕も生じるのでそれをもその場、その瞬間に書き留める。話し合いの中にすすめられる黒板上の変化、発展を時の経過において記入するのはもとよりである。参観者の数、あるいはその種類についても又一瞥を送る。教室内の事物、当日の気象状態にも注意を吝まず、校内の他の諸作業がこの教室に及ぼす音響的乃至は学習上の心理的な影響をも想察しようとする。もしその日芦田先生が全校乃至はその学級の児童にむかって短か《ママ》い訓話をせられた場合など、教室内にあらわれたことば、意味との連関においては、それを能う限りとりいれる。時計を用いてよみの速度を測り、よみ損じとそれに対する先生の注意、よみ声の強弱、色合いによって感じられる理解度の深浅など少しく主観的にはなるが記録者の感じをも記入する。教授の流れの中で生まれてくる答え、それがとりあげられるまでの微妙な言葉の間合、児童の目の輝き、相貌の照り、曇りといったものにも注意を働かせる。そして授業が終わるや直ちに消し去られる板書はカメラにおさめ、時に気にかかる児童があった場合は担任の先生についてその特質をきき、あるいは子供たちに話しかけてその感想も書きとり、控室に帰られた芦田先生が、垣内先生と御同席の際は、その授業についてお二人が短かい会話をなさればそれを書きとって記録の補いとする——以上が記録作成にあたる、わたくしの記録のあらましの操作である。」（青山広志氏稿「国語教育誌学の実践と展開」、雑誌「実践国語」、昭和27年、第一三巻第一四七号所収、一一一〜一一二ぺ）

速記者独自の専門技術と芦田先生への傾倒ぶりとが一つに生きて、可能なかぎり精細なものとなるよう、精魂をこめて操作されているのである。

青山広志氏の筆録になる記録は、単行本として、教壇叢書第一冊「風鈴」、第二冊「松阪の一夜」、第三冊「綴方教室」、第四冊「文天祥」、「恵雨読方教壇」にまとめられたほか、雑誌「同志同行」に、百篇余を発表された。

わたくしの調査によっても、芦田先生の授業記録は、つぎのように残されている。

学年	綴方	読方	記録
尋　1	0	6	6
2	0	11	11
3	1	9	10
4	5	10	15
5	5	11	16
6	3	24	27
高　1	0	2	2
2	0	3	3
複　式	0	2	2
高女1	1	1	2
高女3	0	1	1
計	15	80	95

未見のものを加えれば、この授業記録数はさらに上回るものとみられる。いずれにしても、これだけの授業記録が残され、その授業の展開過程の分析考究がなされたのは、さいわいである。

垣内松三先生は、学理研究の立場からも教室事象の研究を重視された。国語教育の事実をどのようにして確認し、いかにして客観化するかという問題について、垣内先生は、「国語教育誌学考」（「コトバ」第三巻第一一号、昭和8年11月号、四～五一ページ）を発表された。これはのち、「国語教育科学概説」（「国語教育科学」第一巻、昭和9年4月30日、文学社刊、一五〇～二〇〇ページ）の中に収録された。青山広志氏は、「教壇記録の技術学」を目ざされていたが、その原理的考察は、垣内先生によってなされたのである。

さて、芦田恵之助先生は、昭和一三年（一九三八）四月二三日・二四日の両日、東京市志村第一小学校の六年生に、「源氏物語」を四時間かけて行なわれた。そのうちの第三時間（二四日に授業された。）の授業記録を、考察の対象としたい。まず、以下に、その記録をかかげる。

かかげつつ、随時、話法上の気づきを、書き入れていくことにする。

第三時（昭和13年4月24日）「源氏物語」（二）

九時一五分指導開始。今日の教室の気分は、少くとも半年位な知己のように感じました。（引用者注、芦田先生の指導される国語の授業では、不思議にと言っていいほど、こどもたちと授業者とが、知己のように親しくうちとけられるのである。前日〈四月二三日〉、一時間すでに授業が行なわれていたので、この時間の初めは、なおさらであったろう。）

一　よむ（便宜、引用者が入れたもの。以下、同じ）

「（二）のところは十に切れていますが、之を十に切って読むと面白くない。二つに切ったがよいと思います。分っていましょう。一・二・三・四節を一人、五・六・七・八・九・十節を一人で読んで下さい《ママ》」

鈴木輝子さんと渡辺さんで一回、伊東輝子さんと木ノ島はるさんで一回読みました。この学級の読みが一体に速いので注意しました。

「決して小言をいうのではないが、（引用者注、芦田先生がこどもたちに注意をされるとき、こうした言いかたになる。こどもたちに安心感を与えようとの配慮に出るものであろうが、すこし弁解じみてきこえる面もある。）皆さんの読みは少し速過ぎる。ゆっくり読んでごらん。読むのが楽しい。聴いている者も楽しい。けれども、水が急に流れるような読み方をすると、心にしみるひまがない（引用者注、ただゆっくり読めと言うだけでなく、読みを深めていくのに、なぜ、はやく読みすぎてはいけないかについて説かれている。）」

二　とく（話しあい）

（二）と板書して、

「題を考えて来ましたか。（引用者注、とくの一番目、端的にはいっている。）源氏物語の巻の名には『末摘花』としてあります。末摘花とは紅《べに》の花のことです。長く続いている文章の一部分をとったものです。さあ、題をいってごらんなさい」

「赤い鼻」

「これは誰も考えていたでしょう。皆さんの鼻を赤く塗ったらおかしいでしょう。頬や唇を赤くぬっている人はあるが、あれを鼻に持って来たら変ですね」（児童喜ぶ）

「外に」

「源氏の君」

「それでは少しばっとする。外に」

「不幸な紫の君」

「皆さんの綴方の題だと考えたら、うまいのが出来るわけだ。（引用者注、児童たちに、自主的に考えさせようとすることばである。これは、こういう話しかけの基本には、芦田先生のばあい、いつもこの考え方、国語学習観がある。）外に」

「源氏の君と紫の君」

「国法と大慈悲（引用者注、他の国語教材の題目、AとB式のつけかた。）流だね。どうです、

『あそび』

『仲よし』

など考えた人はありませんでしたか。（引用者注、この二つの題は、芦田先生みずから腹案として予定されていたもの

である。）題は文章を深く読むことによって得られるものです。末摘花は紅の花、紅の花は赤い鼻（花）しゃれた題です（引用者注、この一文は、板書をもとにして説いていられるのである。）」

「こゝに悲しい人がありましょう。誰」（引用者注、ここで、とくの二番目にはいっている。）

「紫の君です」

「どうしても慰めてやらねばならぬ人がありましょう。誰」

「源氏の君」

「そう、年をいってみると、源氏の君が十八。紫の君は十一。七つちがいです」

私は、此の時板上の紫の君を現わす「悲」という字の上に、「如何にも不幸な方だと見える」といいながら、「不幸」と記し、源氏の君をあらわす「慰」という字の上に、「慰められて晴れやかになる幸な方とも見える」といいながら、「幸」と記しました。そうして不幸と幸のならんでいるそれぐ〳〵の左に、「か」の字を書き足して、「不幸か幸か」と読み上げました。

「『不幸か幸か』おもしろい言葉になるでしょう。（引用者注、こういう、児童へのもっていきかたも、芦田先生の得意とされるところである。「おもしろい言葉になるでしょう。」と話しかけることによって、こどもたちのことば〈ここでは、『不幸か幸か』〉への関心・共感を誘うようにしてしまうのである。）紫の君は、全く不幸が幸を生んだといってよいお身の上です（引用者注、ここでの話しあいを、これ以上こみ入ったものにしないで、「源氏物語」（二）を読んでいくのに、読み味わっていく目標を目あてとして抱かせる程度に切りあげてある。それは伏線的な役割でもあろう。）」

「同じ文章に題をつけてみると、題がちがうのは読む深さの違いです。之は、綴方の時にもよく〳〵考えなさい。（引用者注、ここで、もう一度、とく　の最初のトピック、この教材の（一）の部分の題つけのことに帰って、それについて、考え方・姿勢を正しくしていくように、ことばが加えられている。）さあ、私が一度読みましょう」

三　よむ（師）

（二）

それから一年程過ぎた。（[1]（一）は去年の春）尼さんは去年の秋たうたうなくなつて、孫の紫の君は、たつた一人（[2]どうにもならない）此の世に残されてしまつた。（引用者注、着語1は、この教材の時節を、本文に即していっそう明らかにしていくために、2は、読んでいくとき、「たった一人」という、紫の君の運命に対して、それを感慨をこめつつ、ふっと言ったもの。芦田先生の着語の性格としても、この両様がある。）

不幸な紫の君は、源氏の君のうちに引取つて養はれることになつた。

年の若い源氏（[3]十八）は小さい妹（[4]十一）でも出来たやうに、いろ〳〵と紫の君のめんだうを見てやつた。紫の君も、源氏をほんたうのにいさんだと思ふ程、したしく（[5]この言葉が大事）なつた。（[6]まことは通じる）（引用者注、着語3・4は、こうした事実が明らかにされるだけでも、読みとるのに、人物二人の間柄がくっきりとしてくる。5は、この語への関心を喚起せしめ、6では、かなり芦田色の濃い着語となっている。この6のような着語も、芦田先生好みのものだったと考えられる。）

しかし、紫の君は今でもおばあさんのことを思ひ出しては、時時泣いてゐる。（[7]たよる人がない）此の不幸な子を、どうしたらなぐさめてやることが出来るか、源氏は何時もそれを考へねばならなかつた。（[8]たえず気にかゝる）（引用者注、着語7は、前文を受け、つぎの文にもかかっていくような役割をもっているかのごとくである。8は、なにげなく言ってあるが、これで、本文の叙述がかえってひき立ってくるようである。7・8ともに、芦田先生らしい、洗練された着語といえよう。）

今日も源氏は紫の君に画を書いて見せた。

いろ〳〵の画を書いてやつた。最後に女の画を書いて、其の鼻を赤くぬつて見せた。（[9]男でもをかしいから、女ならなほさらでせう）紫の君は思はず笑ひ出した。

源氏は筆の先に赤い絵の具をつけて、鏡を見ながら、自分の鼻をいたづらに赤くぬつて見せた。（[10]自分のやうに美しい顔でも、鼻が赤くなると醜くなると、源氏物語には書いてある▼）紫の君は、たう〳〵笑ひこけてしまつた。（[11]これからの紫の君の心の動きがおもしろい）（引用者注、着語10は、補説的に扱い、11は、以下の文章を読むのに、さりげなくヒントを与えて、児童たちの心をその方向へむけている。）

「わたしの鼻が、ほんたうにかう赤かったらどうだらうね。」

「まあ、いやなことをおつしやる。」（[12]少し心配になって来た）

紫の君は、絵の具がほんたうにしみ込んだら、にいさんがお気の毒だと思つた。（[13]同情して来ました）源氏はわざと拭いたまねをして、

「ほら、すっかりしみ込んでしまった。落ちないよ。」

と言つて、まじめな顔をしてゐる。

紫の君はさも心配さうに、（[14]自分のこととして）水入の水を紙にひたして、源氏の鼻を拭きかゝった。（引用者注、着語12・13・14は、紫の君の心の動きを中心につけてある。14は、芦田先生の、この文の読みの結果が盛りこんである。）

「いや〳〵赤い方がまだ増しだ。此の上、墨でも附いて黒くなったら大変ぢやないか。」

「すつかり落ちましたよ。」

「落ちた。それは有難い。」

さつきまで泣いてゐた紫の君は、すつかり晴れやかに（[15]よいでせう。心に少しの曇りもなくなった）なつてゐた。

外はうらゝかな春の日である。木々の梢がぼうつとかすんでゐる中に、とりわけ紅梅が美しくほゝゑんでゐる。

（[16]紅梅を知ってゐますか。たまらない程よいところだ）（引用者注、着語15・16、ともに、鑑賞をいざなうように、着語されている。その根底に、芦田先生自身の「表現読み」（味わい読み）のなされていることはいうまでもない。――全体として、一六ヵ所の着語は、範読の途次、さしはさまれるものとして、わずらわしい感じではなく、程よくつけられているのではないか。着語には、着語者の読みの境涯があらわれてくるものである。）

四　かく

「さ、皆さん、書きなさい」

この一時間に板書した全事項を次《ママ》にか丶げておきます。

（一）　末摘花

紅の花

…

赤い鼻

不幸　悲――十一

か

幸　慰――十八

か

（以上、「二　とく」の時、書いたもの）

○

1）――たつた一人

2――源氏の君のうち

3 小さい妹　＝した
ほんたうのにいさん　＝しい
4 時々泣いてゐる
5 今日も
6 女の画
自分の鼻
7 お気の毒
8 心配さう
9 晴れやか
10 紅梅

源 ― 心 ― 紫

五　よむ

六　とく（話しあい）

「四　かく」の時、一線の下に書いた語句を、春日さんと福田さんが読みました。

「さ、板書したことについて調べて行きましょう。最初読む時に、一・二・三・四節を一人、五・六・七・八・九・十節を一人に読ませたが、前は去年の秋からこの頃まで、後はこの頃の一日です。読んでみて気持が違いましょう。どう違いますか」

「前はどことなく悲しいようです。後は晴れやかです」

「たしかにそうです。どの言葉が其の感じをあらわしていますか」

「たった一人」

「それもそうです。がもっとしっくりしたのがありましょう」

此の時、級中の挙手に頗る不確実なのが見えましたから、

「手は挙げたのがよいでもなく、下げているのがわるいのでもない。わかった時に挙げて、わからない時に下げているのがよいです。挙げた時には挙げっきり、下げた時には下げっきりでなくてはいけない。手の動くのは心の確かでないしるしだ」

と注意を与えました。（引用者注、この挙手に関する注意は、芦田先生の、国語学習の姿勢――ひいては、人間としての姿勢を正しくさせるために与えられたもの。こうした角度から、機を逸せず発せられる注意は、芦田先生の授業には、しばしば見受けられた。なお、発問①～②～③の呼吸を見ていくと、どのようにむだなく学習者に考えさせていくかが、よくわかる。）挙手と第一義の国語とは、二にして一、一にして二の関係です。すると全級の手がしっかりして来ると共に、答までが確実味を加えて来たように感じました。

「時々泣いている」

「そうです。その泣くということが、去年の秋から続いているのです。その秋から春までの間にも、よい感じのする言葉があります。『小さい妹』『ほんたうの兄さん』その二人の心の間から浸み出している言葉「したしい」（引用者注、着語5で、だいじなことばであることを指摘してある。）がそれですが、それでもおさなき者には泣きたい感じが強そうです。」（引用者注、児童の答に対して、うまく補説し、誘導している。）
④「春の一日の気持のあらわれている言葉は」
「晴れやかです」

「そうです。（引用者注、板書してある項目を、順に見ていくのである。）では順繰に見ていってごらんなさい。⑤源氏の君に関する言葉は」

「⑥紫の君に関するのは」

「お気の毒、心配さう、晴れやかです」

「⑦ごらんなさい。今日ものもがよく利いていましょう。いつもです。今日もです。この源氏の君の親切が、紫の君の心をほぐして来ました」（引用者注、「も」の扱い、切り離して孤立させて扱わないで、心情をおさえていく中で扱われている。）

板書した源と紫の中間の(心)を指して、

「⑧このとけあったような心の中には、泣きたいような気持はなくなっていましょう。お祖母さんの事も忘れるというのではないが、此処にこうしている事が楽しいというようになっているでしょう」

「⑨私はこの文を見て、しみぐ〜うまく書いてあるものだと思います。最初の『たった一人』のさびしさが、源氏の君のまもられて、『晴れやか』になって行きました。此の二人の間の心の動きをほんとうにあらわすだったら、『とりわけ紅梅が美しくほゝゑんでゐた』とより外に言いあらわし方がなかろうと思います。寒さを耐えて春を知り、真紅に咲き出てた紅梅の花はまさにこの場の心でしょう。もう一度読んで下さい。よく分ったと思いますから」（引用者注、発問④⑤⑥は、わりにさらっと運ばれ、説明⑦⑧⑨は、むりに問答で運ぼうとしないで、本文の心情・書きぶり・ことばのはたらきに迫っていくようにしむけてある。この、⑦⑧⑨のように流していくのは、やはり芦田先生の独得の展開のさせかたといえよう。）

七　よむ

川池さんと津田さんが読みました。理会《ママ》した事がだんぐ〜声に表現されて来るようで、速度も多少ゆるくなって来たかと思いました。（引用者注、傍線部から見れば、だんだんと表現読みが可能になってきていることを語るものであろう。）

○　次時の予告

「次の時間には、源氏物語全体をやります。『しかし仮名文であればこそ』から『写し出すことが出来たのです』まで、（一）の『白い着物の上に』から『目立って美しく見える』までを、諳誦出来るようにしておいて下さい」（引用者注、しかるべき個所の諳誦ということも、芦田先生のよくとられた方法の一つであった。）（「教式と教壇」、昭和13年5月20日、同志同行社刊、一〇〇～一一四ぺ）

以上の筆録は、鈴木氏によってされたものであって、青山広志氏の速記による授業記録とはちがっている。しかし、授業経過の要点は、ほぼとらえられていると見てよい。

なお、右の「源氏物語」の授業については、そのとく（話しあい）に関して、芦田恵之助先生みずから、つぎのように記されている。

二　とく（話しあい）

「(二)にも題目はありません。源氏物語には末摘花とあります。末摘花とは紅《べに》の花《はな》のことで、『花が紅い』というのを、『鼻が紅い』にかけてあるのです。源氏の君が通われた一人の女に、鼻の紅いのがあったのです。しかしそんな補説は不要です。児童に題目をつけさせたら、『あそび』だとか、『紅い鼻』だとか、『仲よし』などもないとは限りません。これもまたこの文の感じ方のちがいで、いずれも間違っているのではありません。中心の問題は、源氏の君が不幸な子、紫の君をあわれんで慰めようとなさること、画を書いて見せらるゝのも、鼻を紅くぬって見せらるゝのも、たゞ気をまぎらせてと思わるゝ一心からです。紫の君はその親切がおのずから心にしみて、おさなき心にも、鼻の絵の具を心から心配なさるというのです。その絵の具がすっかり落ちて、紫の君の心もすっかり晴れやかになるという春の一日のあそびです。これもまた悲しい日の、晴れやかな日にかわって行く運命の一くさりであることが思われます。
○　題目作成——悲しき人。慰めんとする人
◎　その間にうまるゝもの——相思ふ心
○　幸か不幸か——運命
かようにまとめて考えることも出来ましょう。

なお繰返して申します。二の『とく』は、児童が過去に得ている読書力で、読みこなして、多少ともまとめているものを、師の力でまとまりをつけて、道をたがえず、方向をあやまらず、研究の歩をすゝめる心構を作らせるのだといったらよいと思います。」（「教式と教壇」、昭和13年5月20日、同志同行社刊、一四五～一四七ぺ）

六　とく（話しあい）

「第三時の（二）の例についていってみると、一語として児童に解せられないものはありません。たゞちに区分にはいって、第一・二・三・四節を一段、第五・六・七・八・九・十節を一段として、各段の一語を見させたいと思います。即ち第一段は『時々泣いてゐる』で、第二段は『晴れやかに』であります。若し文字で採るだったら『泣』と『晴』です。鮮明でしょう。字眼で行くのもよいものです。去年の秋からこの春に至る半年余の紫の君の心の動きは、なくなられたお祖母さんの方へ流れました。その中には、源氏の君をほんとうの兄としてしたしんで行く事もあるのですけれども。『今日も』かりの画のあそびで、心が一つに融けあって、すっかり晴れやかになりました。紫の君の心の動きは、輝かしい希望へとむかったのです。児童の求めているものは、『たった一人』のさびしい不幸な境地から、『とりわけ紅梅のほゝゑんでゐる』境地への転換、この心の動きと、この気分をあらわすものは、紅梅の外にないなど『とく』と、児童は魅せられたように耳を傾けます。」（同上書、一六三～一六四ぺ）

芦田先生は、「源氏物語」第三時の六　とく　について、右のように述べたあと、さらに、六　とく　の機能・成果について、つぎのように述べられた。

「こういう風に、六の『とく』を運んで行くと、一の『よむ』から盛上って来た教室の空気を呼吸し、それぞれに理会を打立てていた児童は、更に師の導きによって向上の自覚を得る訳です。即ち散漫であった考《ママ》にまとまりがついたり、一歩の高次を指示されたり、時には遠い遠い所に一道の光を見せられたりして、文章の深みに触れたり、深みに触れる読み方（読む仕方）をさとったりすることでしょう。こうなってこそ、教材は全部読まんとする心を養う糧となり、求むる心となり、ついには人間形成の大道が、その脚下に展開することをさとるようにもなると思います。こゝまで進んで、文章の円満な理会も得られるし、それによって永遠の人にもなれるのだと思います。この学習の結果を表現するのが、次の『よむ』です。」（同上書、一六四ぺ）

右に述べてあるところによって、芦田「教式」六　とく　においては、どういう根本態度から、その「とく」（話しあい）活動が導かれているかを、知ることができる。

さて、芦田先生は、その「教式」のうち、

二の「とく」と六の「とく」

について、両者を対比しつつ、とくに、その間に用いられる、問答法について、つぎのように述べられた。

「二の『とく』は、読み得たもの聴き得たもの、乃至経験している事等を集めて、学習の基礎を整えるのであり、六の『とく』は、その上に求むるものを建設して、その真、その美、その善を味わえさせるのです。前者には、多く補説の要はないが、後者には、それが重要な地位を占めます。共に指導の推移は、問答法による場合が多いから、それについて注意すべきことを述べておきましょう。何にしても、二の『とく』は、六七分でまとめなければならぬし、六の『とく』でも、十分以上はかゝれないのだから、話をよく精撰しておくことが肝要です。話というものは、長くても、短くても、始と山と終があるものです。私が教案中に○◎○であらわしているのがそれです。私は人に説明する時、これを三角形にあらわしますが、話の緒をいかに始めて、いかに展開させて、それをいかにまとめるかと自問自答し、七分に適し、十分に適するように工夫すれば、たいした違算は生ずるものではありません。

問答は説明と相まって、『とく』の効果をおさめるものです。問答のみで、『とく』の目的を達しようとするものは、多くは単調に堕し、倦怠を催し、かつ時間を要して、失敗に終らざるものは稀です。問答は、川を徒跡するのに、瀬踏をするようなものです。児童の理解の浅深がわかれば、それに応じて適度の補説・説明を加えて行くのです。問答法による場合、問と答の指導の目的に対する価値を常に考えていなければなりません。

問は師が発して、児童全体がきくものですが、答はある一人の児童の言を師が聴くような形になっています。けれども、これは師と共に、全児童が聴くものとならなければなりません。即ち問も全級に徹底させなければならず、答も亦全級に徹底ささなければなりません。幸に、師は全児童と共に一児童の答をきくべき位置にあるのですから、常に聴く態度を、その行持によって、示さなければなりません。如何なる場合に於ても、範示するのが有効であります。私が、時々ある児の答えた直後に、『聞えたか』という駄目をおして、大抵の場合私が復唱しますが、これは、主として一人の答を全級化する工夫なのです。児童の答を必ず復唱する癖の師がありますが、聞苦しいものです。斉答は芝居の並大名以外に、社会に存在するものではありません。修行所などに於て用うべきものではなく、国語の尊厳からいってもなさしむべきものでありません。

二の『とく』には、甚だしい関係はありませんが、六の『とく』には大抵の人が次のような弊に堕さない者はまれです。多くは精しく説くということを深く取扱うということとを同じに考えているようです。これは稀れに一致することがあるかも知れませんが、大抵は背反するものです。却って急所を説いて、他をうっちゃった方が、自ら深めて行くたよりになり易いようです。一の『よむ』から次第に盛上って来た児童の自解を利用して、簡単に、而も急所を外さぬ説明を加えるのが有効であると思います。いろはがるたにも、『下手の長談義』といって、児童もそのいやな事をよく知っています。

二の『とく』も六の『とく』も、共に自己の生活を基礎として理会にすすむのですが、前者は自己の生活中に存在することを集めて理会の料となし、後者は理会したることを自己の生活にもち来して、自己の生活を意味づけ、或は教材と相通ずる点を見出させるのです。たとえば釈迦を取扱う時に、家に仏壇があり、村にお寺のあることから、釈迦と我等が遠き昔より関係のあることを考えさせるのは二の『とく』に属します。釈迦が修行を積んで、まことの道をさとり、永遠の生を得て、今に世を救っているが、我等も修行人として、その足跡をたどることが出来ると運ぶのは六の『とく』に属するものです。同じく自己に立脚しても、これだけの手心が違います。

同志中に二の『とく』がむずかしい、六の『とく』がむずかしいということが、よく話題になりますが、むずかしいといえば、共にむつ《ママ》かしいし、易いといえば共に易いと思います。しかし、二の『とく』は空な広野に地形をはじめる事であり、六の『とく』は出来ている地形の上に、運んだ材料や考えたことで、建築するようなものですから、難とか易とかは考え方ですが、私にも六の『とく』が易いように思います。不思議なことに、初心のうちは六を難とし、進んで来ると二を難と言わすようです。愛媛の古田君（引用者注、古田拡氏のこと）とも、いつかそんな話をしたように記憶しています。二と六の『とく』は考え考えやってみると、かわった持味があって面白いものです。」（同上書、一七三〜一七四ぺ）

芦田先生の長い期間の経験から、二　とく、六　とく　両者のちがい、それぞれの話しかた・説きかたのちがいが、くわしく究明されている。中でも、二　とく　に、補説の要はなく、六　とく　において、重要な地位を占めることが説かれているのは、芦田先生の「教式」を運ぶ上での、大きい特色といえよう。

また、問答は説明とあいまって、有効であるという考えかたにも、傾聴すべきものがある。この問答観――説明とあいまっての問答を考え、問答本位観に立っていない点は、注目すべきである。

二・六のとくについて、一般に、初心のうちは、六を難とし、進んでくると、二を難とするというのも、興味深い体験事例といえよう。

六

明治以降終戦までの教育話法研究文献のうち、その目ぼしいものを示すと、つぎの通りである。

1	「改正教授術」	若林虎三郎・白井毅著	明治16・6	普及社	疑問心得
2	「新編教授法」	釜沢寅之助編	明治25・9・3	文栄堂	疑問法
3	「普通教授新論」	湯原天一編	明治25・11・2	金港堂	発問の要件
4	「小学教授法」	内藤慶助著	明治35・1・10	帝国通信講習会	対話式・諸話式
5	「教壇上の教師」	加藤末吉著	明治41・3・12	良明堂	説明の仕方・問答の仕方
6	「教室内の児童」	〃	明治41・11・18	良明堂	無用の問答・学校言葉
7	「教育教授の新潮」	槙山栄次著	明治41・11・20	弘道館	ドイツにおける発問法
8	「学校教育社会教育講話資料集成」	角田政治・橋本留喜著	大正2・10・20	隆文館	講話資料・講話上の注意
9	「続教壇上の教師」	加藤末吉著	大正4・6・1	良明堂	発問術・説明術

10「新教授の原理及実際」　槙山栄次著　大正6・4・8　目黒書店　発問法
11「問答法の新研究」　山田秀作著　大正7・5・13　金港堂
12「新潮教授汎論大集成」　近代学術研究会編　大正8・10・10　中興館　問答的教式
13「問答法の新研究」　朝日文彦著　昭和9・6・30　高踏社
14「国語教育と発問の実際」　浅黄、佐藤 河野稿　昭和12・11・1　厚生閣　雑誌「教育・国語教育」7の11
15「『問』の本質と教育的意義」篠原助市稿　昭和13・7・25　宝文館「教育断想」所収
16「教授原論」　篠原助市著　昭和17・11・10　岩波書店　問答と対話
（右のうち、8の系列は、省略に従った。教授法関係文献も、多く省略に従った。）

明治期では、主として教授法の一部として説かれ、大正期にはいっては、問答法をとりだして考察したり、諸家の見解を集成したりするようになっている。昭和期には、その傾向に加えて、さらに学理の上から深い考究がすすめられた面もみられる。

これらの教育話法研究史の上で、芦田「教式」による話法の実践とその立言は、実践をさながら記録にとどめえた資料とともに、真の教育技術としての話法を求めたものとして、一つの規範を示したものといってよい。その面での全国各地の門弟への影響は、まことに顕著であった。

第二節　芦田「教式」における静坐の問題

一

ここでは、国語教育における実践心理の問題の一つとして、芦田国語教育における静坐の問題をとりあげたい。

わたくしは、さきに、国語教育における実践様式の成立（確立）過程を、読解指導過程・綴方指導過程のそれぞれについて調べ、その成立経過と特質とを考察した。つづいては、芦田「教式」を実地に運用していく基本的方法の一つとして、「話法」の問題をとりあげ、その機能・工夫・自覚の面について考察を加えた。

ここでは、芦田「教式」の様式展開上の特質ならびに方法運用上の特質を支えているものとして、静坐の問題をとりあげ、その実践心理の行的特質を明らかにしていきたい。

この考察を通して、芦田国語教育の基本的性格を明らかにすることもできよう。

二

以下、つぎに掲げる項目にしたがって、芦田国語教育、なかんずく芦田「教式」の根底に見いだされる静坐の問題について、考えていくことにする。

1　芦田「教式」の成立

2　参禅と静坐　①参禅　②静坐
3　静坐の性格
4　静坐と教育
5　「教式」と静坐

三

芦田「教式」（ここでは、読解指導に関するものを指す。）が、いつ成立したかについては、芦田先生みずから、「私の教式というものがいつ頃から出来たか。複式学級のものは、東京高師在学中に出来たが、単式のものが確立したのは、教壇行脚をはじめて四五年もたった後のことか。私が私の教式と一つになりきることの出来たのは、三年このかた位のことかと思う。」（「小学国語読本と教壇」巻三、昭和9年4月11日、同志同行社刊、二三ぺ）と、述べられているのによるべきであろう。

これによれば、芦田「教式」の成立したのは、教壇行脚の開始された、大正一四年（一九二五）九月一八日から、四、五年もたった、昭和四、五年ころということになり、芦田「教式」の確立し、その運用に自在をえられたのは、「三年このかた」とあるところから見て、昭和六年（一九三一）後半ころからと目されるであろう。

芦田先生は、

一、読ませる
二、話しあいをする

三、教師が読む
四、書かせる
五、読ませる
六、わけをしらべる
七、読ませる

このような順序を踏んで進行し展開していく、自己の「教式」の由来の一つについて、「これが私の教式である。この頃これが私の読書法から来ていることを知って、決して他に強うべきものではないと信じた。即ち他には自ら他の読書法がある訳だ。したがって他の教式があるわけだ。要するに読み方の指導は、読書法を体得させることである。」(同上書、二五ぺ)と、述べられている。自己の「読書法」に発した「教式」については、これを他にみだりに強制すべきではないと考えられているのである。ここには、一人一教式とでもいうべき考えかたに通ずるものが見いだされる。

また、芦田先生は、自己の「教式」に関連して、つぎのようにも述べられた。

「復習・練習・応用等の教式が、それ〴〵工夫せられなければならないが、私にはまだ私の経験に立って、之を立言する程のものがない。要は児童が飽きることなく、その求むる所にむかって努力するように仕向けることが肝要である。」(同上書、二五ぺ)

これは、芦田先生が、みずから確立された「教式」のほか、「復習」・「練習」・「応用」などの学習に応ずる「教式」のあるべきことを考えられていたことを示すし、また、当時の芦田「教式」の限界について、謙虚に感知されていたことをも語るものであろう。

さて、芦田恵之助先生の「教式」観は、どのようなものであったか。それは、つぎの引用によって、端的にうかがうことができよう。

「教式は自分の読書法――最も有効であると思う体験――から生まれなければならないものである。人々個性が違うように、読書法もちがう。したがって、児童のためによかれと祈る教式も、ちがうのが当然だろう。そこで教式は自己の工夫したものが最もよいということになる。要は児童の心の動きが一つに流れるか、教室の空気が次第に澄んでいくか否かということが教式最後の批判である。何としても流れが統一せず、空気が澄んで来なかったら、それはいかなる理論に立っても、教師の心構に欠点があるか、教式が不自然であるからだ。」(同上書、二七～二八ぺ)

これらの「教式」観は、芦田先生みずからの「教式」実践の体験を通して、立言されたものと言えよう。「教式」発生の母胎として、自己の読書法をとりあげることも、「教式」批判の最終の拠点として、児童(学習者)の心の流れ、教室の空気の澄みゆくことを挙げることも、すべて自己の実践体験からきていることである。

右のうち、「教式」観としてうちだされている、「要は児童の心の動きが一つに流れるか、教室の空気が次第に澄んでいくか否かということが教式最後の批判である。何としても流れが統一せず、空気が澄んで来なかったら、それはいかなる理論に立っても、教師の心構に欠点があるか、教式が不自然であるからだ。」の一節は、芦田先生独自の見解に溢れている。芦田「教式」による実践成果の裏づけがあって、初めて示せる自信のほどである。どのような理論に立つ「教式」であっても、流れが統一され、空気が澄んでくるのでなければ、すぐれた「教式」とすることはできないという考えかたは、「行」によって、「実践」の究極を求めていこうとする態度から導かれてきたものであろう。芦田先生の授業参観者は、目のあたり、その「教式」によって、児童(学習者)の心の流れが統一され、教室の空気が澄んでいくのに接して、驚異の念をおさえることができなかった。こうした面で、

「教式」体現者であった芦田先生が、こうした「教式」観を把持されたのは、当然のことでもあった。

しかも、こうした「教式」観は、芦田先生の行じられた静坐から導かれている面が多い。静座によって、「教式」が深められたことも否めない。この点で、静坐は、芦田「教式」（芦田国語教育）と、深くかかわっていると考えられるのである。

四

まず、芦田恵之助先生の静坐への入門動機は、どのようなものであったか。

大正元年（一九一二）、四〇歳の時、東京高師　峯岸教授宅での水曜会という静坐会へ参加したのが、岡田式静坐法の創始者、岡田虎次郎に師事するきっかけとなったのである。水曜会に参会するについては、芦田先生が、峯岸教授の次女愛子さんを担任していたことも、有力な機縁をなしていた。この間のことについては、「恵雨自伝」に、つぎのように述べてある。

「私は静坐を思うと、いつでも東京高師の教授、故峯岸先生を思います。大正元年の暑中休暇の終りに、附属小学校の職員室に出てみると、峯岸先生が半裸体になって、しきりに静坐の効果を説明していらっしゃいました。『この夏のはじめから、岡田虎次郎先生の指導をうけて、この道にはいったところが、病いは癒えたし、健康は進むし、心身の爽快、何ともいえないものがある。毎週水曜日、午後六時から白山御殿町の私の宅で、静坐会を開くから、志ある方は御参会下さい』大体こんな話し《ママ》でした。その時、私は、『話は半分にきいてもえらい』と冷笑的にきゝました。その道にはいろうなどとは、もとより思っていませんでした。

峯岸先生の次女愛子さんは、私の担任している児童で、当時尋常五年生でした。岡田先生の偉大を説くに妙を得て、『先生、一度いらっしゃい』と、しきりに誘ってくれました。けれども私は『愛子さん、私には病気がない。もし坐っていて、病気がなおるのならば、病院も、お医者様もいらないわね』と、反対とも、皮肉ともつかないことをいって、その誘いをことわっていました。

愛子さんの純情には、到底かつことが出来ませんでした。ある晩、水曜会の静坐をのぞいてみると、岡田先生を中心として、その右えんがわに添って、会員が四五人坐っていました。峯岸先生は、岡田先生にむかって、室の略真中に白衣で坐っていらっしゃいました。御一家全部は、岡田先生をめぐって坐っていらっしゃいました。私はこのこと〴〵しい第一印象が、甚だおもしろくありませんので、心ひそかに、『静坐はやめだ』と考えました。

峯岸先生の紹介によって、私は岡田先生の直前、膝の相接するほどの処に坐りました。坐法呼吸法の指導をうけました。けれども、肚に坐ろうという気がありませんから、三十分の静坐時間が、長いの長くないのって、お話しになりません。それよりもどうにもならないのは、足の痛いことでした。静坐が終って、立とうとしたが、足が自由を失って、立つことが出来ません。それをむりに立ったから、座敷のまん中に、横なげにたおれました。一座どっと笑いましたが、私には笑い事ではありません。すると岡田先生が、『芦田さんは、余程行儀わるく育った方ですね』といわれたので、私の面目はまるつぶれとなりました。私は『もう〳〵こんな所へは来ない』と、肚をきめて帰りました。

しかしこの一夜が、私をしかと捉えてしまいました。まず岡田先生の見るからに偉大な体格、何ともいわれない温容、何処かに強い力を蔵しているような感じ、それに、当時危険思想の雄として認められていた木下尚江氏が、岡田先生に随喜している姿、峯岸先生の一家をあげての信仰等々、私は思うまいとしても、寸時も忘れることが出来ませんでした。そして指導されたように、坐法・呼吸法を行じてみたりもしました。（後略）」（「恵雨自伝」、昭和25年11月25日、開顕社刊、二〇五〜二〇七ぺ）

右の文章によって、芦田恵之助先生が静坐にはいられた動機とその折の有様がくわしく描き出されている。初めから気乗りして、静坐入門をされたのでないことも明らかである。しかし、静坐への機の熟していたことも、また見逃がせない。

なお、峯岸教授自身は、どういう動機で静坐にはいったか。このことについては、教授自身、虚弱であったが、峯岸夫人が岡田式静坐に入門し、その持病の喘息が快癒したのを見て、静坐入門の決意をされたようである。

その間のことについては、峯岸教授がつぎのように述べている。

「余も岡田式静坐法で救われた一人である。元来余は非常に虚弱で、出来得る限りの摂生を努めて、漸く学窓生活を終えたと云う次第で、廿四五の壮年時代に於てさえ十三貫の体量が無かった。学校は卒業したが、其後《ママ》も度々大患に罹って入院したような事もある。重《ママ》な故障を云えば消化器が薄弱であった。普通の物さえ食べられないで直ぐ下痢を起こす。夏と秋の初めには腸加答児に罹ると云う始末、其上《ママ》明治廿六年からは神経衰弱で、多くの医師は異口同音に、職務を退いて他地に静養せよと勧める。夜も熟睡が取れぬ。毎月両三度は催眠薬を服するような次第で、眩暈《めまい》がするとか、卒倒するとか、時には枕から頭を上げる事さえ出来ぬと云うような事もあった。殊に四十四年十月の初旬から肋膜炎に罹って、同年の十二月の末には高度の発熱があった為、一切の面会を謝絶せねばならぬと云うような事になった。それから引続いて翌年の六月廿九日まで一日も薬餌を廃することが出来なかった。

此長《ママ》い間、余は医師の命令を守って養生して居ったのであったが、どうもはっきりせぬ。快々《ふらく》として其日《ママ》を送って居た。それで余は聊か今日の医術に疑を挟むようになった。無論、医術に全然価値が無いというのではないが、人間の『からだ』には医学の手の及ばぬ種々の方面の事があるのではなかろうかと云うような事を考えたのである。処がそれより以前、余の妻は或人《ママ》の勧めで岡田式静坐法を始めていた。そして其結果《ママ》がよいものであるから、余にも切《しき》りに其《ママ》実行を勧める。けれ共余はこれを信じなかった。妻の病気は喘息の甚《ママ》しいのであった。喘息には湿気が非常に悪いので、毎年梅雨頃には病気が重くなる例であった。それで余は『御前の喘息が若し今年の梅雨期に甚しい発作がなければ、自分も其《ママ》仲間に入ろう』《ママ》と云うような事を戯れて云って居ったのであった。

処が不思議にも其《ママ》年の梅雨期には妻の持病は全く起こらなかった。余はかねぐ\医薬の外の或物を求めて居たのであったが、そういう事を目撃してから、余の心は堤を切った水の様に静坐に赴いたのである。岡田先生には毎週一回自宅で教を乞うだけであるが、独りで頗る熱心に行《や》った。それで入門すると同時に薬は全然口にせぬことにしてしまったのであるが、一月で肋膜炎の方は忘れたように癒った。後で某外国保険会社に加入したが、其《ママ》時余の体躯を検察した某病院の副院長は、余自身肋膜炎を患ったと云っても信じない程であった。神経衰弱も二ヶ月程で何の跡方も無くなった。実に驚くべき効験ではないか。」（「岡田式静坐法」、明治45年4月1日初版、大正8年12月10日、一〇六版（改訂増補）、実業之日本社刊、二三八～二四一ペ）

右は、東京高師生徒監だった、峯岸米造氏が、「静坐の為に身心共に一変せる実験」と題して寄せられたものの一節であった。これは、「岡田式静坐法」の第五篇　名士の実験と効果　に諸家のそれとともに、収められている。峯岸米造氏の静坐入門も、一個の人間としての身心の悩みから出ていて、その点では、静坐入門の典型事例とも見うるであろう。

前に引いた、芦田先生の文章に、「峯岸先生の一家をあげての信仰等々」とあるのも、右の峯岸氏の述懐を読むことによって、いっそうよく理解することができよう。

こうした静坐への接近、静坐会への参加ということについては、むろん、直接のきっかけを作った、峯岸教授の存在のほか、岡田虎次郎という人物への魅力も大いに手伝ったのであるが、さらに考えてみると、芦田恵之助先生自身に、「参禅」の体験のあったことを見のがしてはならない。

もともと、「私の家は、祖先以来曹洞宗の信者で、父は特に檀那寺法楽寺の藤井黙禅和尚と親しかったようです。」（「恵雨自伝」、七一～七二ぺ）とあるように、禅には関係があり、明治二二年（一八八九）、一七歳で、竹田簡易小学校の授業生をしていたときには、石像寺の江湖会で、安立洞順和尚に出あい、のちには、洞順和尚と、寺に寝起きをともにしたほどであった。

このような点について、芦田恵之助先生は、つぎのように述べていられる。

「私は竹田簡易小学校の授業生時代に、一生を支配する程のことに出あいました。それは石像寺の江湖会で安立洞順和尚を知ったことでした。石像寺は中竹田の岩倉という部落にあります。竹田小学校の裏の丘陵を一つ越せば、数町の距離にあるのです。岩根仙苗師がこゝの住持となられるために、この江湖会は催されたのでした。二十四五名の雲水が集って修行をしたのですから、何ともいえない気分のものでした。（中略）けれども法楽寺に授戒のあった時、本山の監院某禅師が、戒のお話しをなさるのを、学校がひけてから聴聞して、喜んだことを記憶しています。こうしたことが、知らず〳〵寺に因縁を持つことになったのでしょう。」（「恵雨自伝」、昭和25年11月25日、開顕社刊、七一～七二ぺ）

「ある時洞順和尚が『小笠原君、寺に寝起きして学校に通わないか』と発議しました。『それはありがたいが、寺では許されることか』『君がやる気なら、愚僧が取計らうよ』『たのむ、米を背負って来るから』と議はたちまち一決して、その翌日から寺の生活がはじまりました。朝四時の起床、坐禅約一時間、仏殿の読経四十分位、それから朝食、私は学校に出で、雲水には講義や提唱がはじまるのでした。午後は作務《さむ》があって、入浴、夕食、夜の坐禅、就寝というような日課でした。週に一回は何処かで仏教演説会・法話会を開いたのでした。私もそれに参加して、何かと手伝いをしました。私はあい間〳〵に、洞順和尚から心経の訓読をおそわりました。」（同上書、七二～七三ぺ）

青年時代からの、こうした禅的な環境と体験とは、行の修養法として、後年、静坐などに向かう一つの契機をなしていると考えられる。四〇歳になっての静坐への接近・動機は、たしかに偶発的なものであったが、静坐への参入を可能にした契機の一つは、その禅的なものの体験であったとみられるのである。

芦田恵之助先生は、静坐の行を始めてからも、一方では、禅へと志向していられた。その間のことについて、芦田先生は、つぎのように述べられている。

「岡田先生は決して多くを語らない方でした。けれども、先生の語録（引用者注、「岡田虎二《ママ》郎先生語録」昭和12年5月17日、静坐社刊）に見えているようなことを、折り《ママ》にふれ、時に応じて、おっしゃいました。ところが講義や講演をきゝつけている私としては、どこか物足りなくてたまりませんでした。幸い静坐仲間の山田義直君が、総持寺の後堂嶽尾来尚師を知っていましたので、碧巌録や従容録のお話し《ママ》を、小石川茗荷谷の林泉寺できくことになりました。静坐と禅とは、同じものではありますまいが、修養の道としては、よく似たものゝ《ママ》ようでした。即ち水曜日には、岡田先生の前で丹念に坐り、土曜日には、嶽尾老師の許で禅書の提唱をきゝました。私にはこうした修行が八年つゞきましたが、私が人間としてきたわれたのは、この時代であったと、今も時々思いうかべることがあります。」（同上書、二二〇ぺ）

これによれば、静坐のみでは得られないものを、禅に求めつつ、相補って、両者を生かしていこうとされていたことがわかる。芦田先生の静坐・参禅の修養法は、それを内省の行として行じていくことによって、身についたものとなったであろう。しぜんで、賢明な方法というべきである。

五

さて、芦田先生の習得・修行された、岡田式静坐とは、どういうものであったか。岡田虎次郎氏による岡田式静坐については、岡田氏、三五歳（明治三九年）、「先生に就《ママ》て道を問うもの日に増し、先生の道おのずからに開けて人呼んで静坐とい」（「語録」所収、年譜草案、一六〇ぺ）ったらしく、明治四三年（一九一〇）一月、三九歳のとき、郷里愛知県渥美郡田原町において、静坐の指導がなされている。

ついで、明治四四年（一九一一）九月から、「岡田式静坐法」として、「実業之日本」誌上に連載され、初めて世に広く紹介され、世人の注意を喚起するところとなった。この岡田虎次郎氏の創始にかかる静坐法は、のち、大正九年（一九二〇）一〇月一七日、岡田氏が四九歳にて病歿するまで、さかんに行なわれた。（歿後も、もちろん、行なわれた。）「実業之日本」誌上に連載されたものをまとめ、「岡田式静坐法」（単行本）として、明治四五年（一九一二）四月一日、実業之日本社から、初版が刊行され、六月一五日には、一八版、大正元年八月五日には、一九版が刊行された。この「岡田式静坐法」の「凡例」には、「我社《ママ》は静坐が国民の心身改造に重大なる関係あるを認め、明治四十四年九月より、仮りに之を岡田式呼吸静坐法と名け《ママ》て『実業之日本』誌上に連載し、始めて広く之を世に紹介して大に世人の注意を喚起したい。」とある。

「岡田式静坐法」の内容目次は、つぎのようである。

一、岡田先生
二、静坐の方法
三、正しき呼吸
四、静坐の原理
五、主要なる注意
六、名士の実験と効果（高田早苗、木下尚江ら15名）

七、学生と静坐
八、静坐と婦人
結　論

なお、「岡田式静坐法」は、大正四年五月一日、五七版にして、改訂増補をしている。篇・章組織とし、三を二に組み入れて、全体を七篇組織としている。

芦田恵之助先生の静坐（水曜会）入門（参会）は、大正元年、「岡田式静坐法」が一九版も刊行されている時期においてなされたのであった。

なお、岡田式静坐については、右の書物のほか、つぎのようなものが刊行された。

「岡田式静坐三年」岸本能武太著、大正４年11月21日、大日本図書刊
「岡田式静坐の力」橋本五作著、大正６年１月３日、松邑三松堂刊
「続岡田式静坐の力」橋本五作著、大正11年６月５日、松邑三松堂刊
「岡田式静坐法の研究」岸本能武太著、大正10年１月20日、大日本文華株式会社出版部刊

明治末年における修養法に関するものとしては、新渡戸稲造博士が、「修養という書物を、明治四四年（一九一一）九月三日、同じく実業之日本社から刊行されていて、その第一四章には、「黙思」のことがとりあげられ、その必要性、具体的方法が説かれている。新渡戸博士の説かれるところは、たとえば、つぎのようである。

「永く練習した人は特別として、僕等初学の者には何か方法が要るようだ。而《そ》して最初の間は、時を定めずに行《や》るよりも、一定の時間を限って行うが宜いと思う。例えば朝起きて後の五分とか十分とかいう様に、時を限っ

て、自分の室《へや》に引込んで黙思する。此間《ママ》は如何なる用事があっても談話《はなし》を交えない。人が来ても、電話がかかっても、取次がせぬ。この五分か十分かの間は、全く世の中から離れて、他人を室内にさえも出入させぬ。又朝でなく、一日の仕事を終えて就眠する前でもよい。床の上で燈火を消して、独り静《ママ》に黙思する。万頼《ママ》寂として声なき時、静に黙思すれば、身は全く世間を超脱するであろう。

時刻は何時《いつ》と限ることはない。併し最初は時間を定めて行うがよい。或は形式に失するといって、笑うものがあるかも知れぬ。併し我々凡夫が或事《ママ》を行うて、自然に我有《わがもの》とするまでには、形式的ながらも、時間を定めるが宜いと思う。

黙思さえすれば宜い、寝転んでいても、跏《あぐら》を結《く》んでいても、構わぬと思うものもあるが、併し僕は黙思の時は、必《ママ》ず姿勢を正しくしなければならぬと思う寝る前にやるのであれば、寝衣《ねまき》を着けていても宜い、必《ママ》らずしも礼服を着ける必要もないが、姿勢は必らず正しくしたい。跏を結んでいても、チャンと結ぶならよかろう。何れにしても態度が決まらぬということは悪い。」（同上書「修養」、五四〇～五四一ぺ）

「日本人は概して外国人よりも黙思することが少い《ママ》。家の構造も、前に述べた如く黙思するを許さぬ様に出来て居るのであろう。又仮令《たとえ》黙思の機会があっても、日本人は独居することを寂しがる様である。この寂しがることに就《ママ》ては、伊仏人も、能く日本人に似て居る。然るに英国其他《ママ》のアングロサクソン人は、独《ママ》で居ても寂しさを感ずることが少い。よし黙思せずとも、独りで黙って居ることは、北方人に多い様である。彼等の性格の強いのは必らずしも、この黙思が唯一の原因ではあるまいが、少くとも其一《ママ》原因である。南部の諸国に強い性格の人が割合に出来ぬというのも、一にはこの黙思の習慣が国民一般にない為であろうと思う。

黙思の有無は個人の修養のみならず、国民の修養としても、事実上に於て斯の如き差違がある。伊仏人に似て居る日本人は、特にこの沈思黙考の習慣をつけるがよいと思う。」（同上書、五六四～五六五ぺ）

これは、西欧・日本を比較しつつなされた黙思法の強調であった。岡田式静坐法の性格ならびにその出現の事情を理解するのには、こうした時代の動向についても、注目しなくてはならない。

さて、この当時の、岡田式静坐法を、近代日本における独自の思想運動として見ている人に、鶴見俊輔氏がいる。鶴見氏は、つぎのように述べている。

「やがて彼（引用者注、芦田恵之助）は、東京高等師範の附属小学校の教師をしているうちに、神経衰弱になる。それまでのように文部省からきめられた型にあわせて教えることに、いきがいを感じなくなった。四十歳のときに、岡田虎次郎について、静座《ママ》をはじめた。この岡田という人は、日本の近代思想史の上で独自の思想運動をおこした人で、そのあたえた影響はひろくかつ深いのだが、運動の形について何の痕跡ものこっていない。どの流派にぞくするでもなく、ただ、来る人と一緒にすわって、気持をととのえることを教えるだけで、あと、その一人一人の問題について一緒に話をすることが、運動の形であった。この人に師事した人々に、田中正造、木下尚江、石川三四郎のような社会主義者、相馬愛蔵および黒光夫妻のような実業家兼文学者があり、さらに芦田恵之助のような教師があり、それぞれの人に別の意味で深い思想的刺激をあたえている。それぞれの人のもちよってくる問題について話しながら、問題の出し手が自分で解決のいとぐちを発見するのを助けるというのは、禅宗の方法、東洋流の観念論に発するものだが、これは同時にプラグマティックな性格をもっている。やがて、ノン・ディレクティヴ・カウンセリング（こうしろというおしつけを決してしない身上相談の方法）として、一九五〇年代以後のアメリカ心理学に出現する傾向と同一である。この運動の方式は、輸入に輸入を重ねて自分の上にかりものの思想をつみあげていった道すじの果に、ようやく借物意識に悩みはじめた明治末期のインテリの心のすきまに入りこんで、新興宗教として流行した。輸入品の重荷によろめく自分の姿にみにくさを感じた知識人にとって、岡田式静坐法は何か自分のしぜんのスタイルに根ざした生活美学をあたえた。この新興宗教が、他の大部分の新興宗教のように天皇崇拝におもむくこともなく、社会的反動勢力と手をむすぶこともなく、教祖の若死によってお家騒動を起すこともなく消滅し、虚無主義の思想運動として最初から最後まで一貫したコースを歩みきったのは、日本思想史上に特筆大書されてよい。」(「現代日本の思想」、久野収・鶴見俊輔著、昭和31年11月17日、岩波書店刊、七七〜七八ぺ、鶴見執筆「日本のプラグマティズム—生活綴り方運動—」)

右の、鶴見氏の見解は、岡田式静坐の思想史的位置づけについて、示唆深いものをもっている。

岡田式静坐は、新興宗教（鶴見氏の言われている意味での）としての性格をもちつつ、集団静坐・個別静坐を通して、静座者各自に、それぞれの立場において、自己統一・自己確立を、自由に求めさせ、自己脱皮・自己革新を、身心両面にわたって可能にした。ここに、その静坐法の独自の性格を見ることができる。

「岡田虎二《ママ》郎先生語録」（昭和12年5月13日、小林信子編、静坐社刊、文庫版、一六二ページ）には、巻末に、「岡田虎二郎先生年譜草案」が掲げてある。これは、伊奈森太郎氏の草されたものである。岡田氏は、みずからの著書を残していない。その行歴を推知するため、年譜草案を、左に引用しておく。

岡田虎二郎先生年譜草案　　伊奈森太郎作成

［1歳］明治五年六月十三日愛知県渥美郡田原町に生る、士族、岡田宣方の第二子也。

［8歳］明治十二年四月田原小学校に入学す。

［16歳］明治二十年田原町霊巖寺境内にありし渥美郡第二高等小学校卒業、幼時虚弱にして修学に堪えず、辛《ママ》じて高等小学校を卒業せしのみにて高学に就かず、以後家庭にあり農業に従事す。

［23歳］明治二十七年渥美郡勧農協会成り、農閑期に於て中央学会より講師を聘し、農事講習会を開会するあり、先生亦講習生として入学す、一日講師帝大教授長岡宗好氏の農芸化学の講習中最少養分率に関する質問をなし講師と激論終日に及ぶ。

[25歳] 明治二十九年春、農閑期継続事業たりし勧農協会農事講習会終了、第一位にて卒業す。先生の卒業論文は「最少養分率の応用」と題したるものなりしといふ。今其の論文の処《ママ》在何れにあるを知らず。同年講習卒業生を以て渥美郡青年同志会を組織し自ら会長となり農事の研究改良に活躍す。其後同会は発達して昭和に至り渥美郡農業同志会と改称す。

[26歳] 明治三十年六月螟虫採卵法を発見す、先生の友人たりし岐阜の名和昆虫研究所長名和靖氏同所発行の昆虫世界によって、「岡田螟虫採卵法」と名づけて天下に発表し、爾来年々最も災厄たりし螟虫害より農家を救済することを得たり、これより苗代田の形も尽く短冊形となるに至る。この年大日本農会自作米を出品して天下第一等の賞を受く。

[27歳] 明治三十一年渥美郡農業主事に任命せらる。郡農会より害虫予報を出し、害虫発生の予告と駆除の方法を知らしむ、蓋し当時天下無二の企なり。この頃人生開発論に最も趣味を有し、教育論については談論風発あたるべからざるものあり。

冷水浴の実行宣伝をなし、養生論を唱へしも此の頃なり。

[28歳] 明治三十二年八月三日より二十三日迄三週間郡内小学校一名宛の教員を派遣せしめ、教員三十六名を引率し岐阜名和昆虫研究所に於て昆虫講習会を開催す。会期中に一同伊吹山に採集を行う。

[29歳] 明治三十三年八月十三日より九月二日迄三週間郡内小学校教員三十三名引率第二回昆虫講習会を岐阜名和昆虫研究所に開会す。

これより名和靖氏の昆虫研究は渥美郡に於て益々農業上に利用せらるるに至る。

[30歳] 明治三十四年六月二十二日横浜を出帆して米国に渡る。在米中先生の研究修養に関しては其の詳細を知らず。

［33歳］明治三十七年三月米国にあり豊橋山本氏と婚約を諾す。

［34歳］明治三十八年一月帰国、一月二十四日婚儀を行ひ山本家に入籍す。夫人喜賀女。

［35歳］明治三十九年三月十日長女礼子出産。初め先生学校を創め其の志を行はん胸算なりしが、事情一変、令嬢生れ《ママ》て未だ幾月ならずして、孤影瓢然《ママ》家を出て、甲州の山中に暫し黙坐し、一書を遺りて遥に夫人を慰諭し悠々徒行東京に出づ《ママ》、「絶食十日の山路我が肉を食ふこと二貫」と後日屢々談笑せられたり。出京後前郡長松井譲氏邸に入り寄寓す。先生に於て道を問ふもの日に増し、先生の道おのづから開けて人呼んで静坐といふ。

［39歳］明治四十三年一月郷里田原に於て始めて静坐の指導をなす、司会山本広太郎、伊奈森太郎、これ田原静坐会の創めとす。

［42歳］大正二年夏夫人令嬢共に三河を去りて東京に出づ。

［49歳］大正九年八月仮寓根津の一室より郊外落合村の新宅に移る。十月十四日異例、十月十七日午前一時十五分仙遊、十月十八日茶毗に附し、十月二十八日遺骨を三河田原町蔵王山に葬る。

歿後八年目　昭和二年小林信子夫人等京都に静坐社を創立三月五日雑誌「静坐」創刊。

歿後十年目　昭和四年十月静坐社主催のもとに田原町巴江公園に門人有志記念塔を建立す。

（「岡田虎二郎先生語録」、一五五〜一六一ぺ）


右によって見ても、岡田虎次郎氏の生涯は、明確でないことが多く、「静坐」についても、その成立過程は、明らかにされていない。鶴見俊輔氏の指摘する「新興宗教」的な性格を、多分に有していると見られる。

芦田恵之助先生が、静坐にはいられた時期は、岡田虎次郎氏が静坐の指導を始めてから、三年目にあたっており、岡田式静坐の比較的初期にあたっていた。

「岡田虎二《ママ》郎先生語録」から、岡田虎次郎氏の折々に述べたことばを引抄すると、つぎのようである。

1 ○道はおのれに在り、静かに坐れば其の道はおのずからに開ける。（同上書、五ぺ）

2 ○今の学問の仕方が間違っている。教育の法が誤っている。書いたものは、真の知識ではない。書物は言わば飜訳物に過ぎない。原書は自然界である。（同上書、七ぺ）

3 ○書籍は古人の糟粕である。万巻の書を記憶したとて人間は出来ない。只記憶するだけならば、糟粕をなむるに過ぎない。（同上書、八ぺ）

4 ○自分は書籍を読んで覚えようと思ったことは一度もない。聖書を読んでも、仏書を読んでも、経書をよんでも、自分の思想と一致するものを見出すに過ぎない。（同上書、八ぺ）

5 ○こゝにも自分の考えが書いてあると思うたとき、其の語を覚えなくても、確実に頭にはいってしまうものである。書は自己を読むのである。（同上書、八ぺ）

6 ○何という青瓢簞だ。いくら学問をしても顔に血の気がなくなったり、きらいな食物が一つも好きにならないような学問なら、何のやくにもたゝない。それは生きる為の学問でなくて、死ぬ為の学問だ。もっとほんとうの学問をして永劫に幸福に生きるがよい。（同上書、九ぺ）

7 ○教育の根本は愛である。愛の教育は低能や狂人をも化することが出来る。こゝに謂う愛とは悪む反対の可愛さではない。太陽の光の様な愛である。太陽の化育によって万物の生ずる如く、愛の教育によって、人間が完成し、神性が開発するのである。（同上書、一〇ぺ）

8 ○物の味は外のものになくして内の心にあるのである。（同上書、一三ぺ）

9 ○強いものは総てになやまない。腹が痢《ママ》っても、熱が出ても、肺が腐ってもなやまなければ病気ではない。

(同上書、一四ペ)

10 ○教えた丈のことを、記憶させるのが教育ではない、教えた丈のことを、模倣させるのが教育でもない。教えないことを発明し、発見し、創作する処の、所謂創造の力を、湧き出さしむるのが教育である。創造の力!、それは天賦の神性である。神性の開発によって、創造の力が湧き出ずる。(同上書、一六ペ)

(以上、1~10、名古屋、伊奈森太郎の採録による。明治43年より大正9年までに、岡田氏の語られたものという。)

11 ○アゴを引く事のみに気を留めて、腰と、みぞおちに注意しないと、自然に胸が出てくる。(同上書、二一ペ)

12 ○三年位坐ったのでは、静坐の要領は分りません。まず、十年は坐らねばなりません。(同上書、二三ペ)

13 ○私は学校へもロク〳〵行けないものだった、十四の時、夕方、田のクロに足をなげ出して夕日を見て居ったが、それから変った。(同上書、二五ペ)

14 ○いろはカルタに、るりも玻璃も照らせば光る。とあります、面白いですね。患者も智者も天来の霊光がふりそゝぐと、みんな一様に立派になります。(同上書、二五ペ)

15 ○稲や麦のシャベル言葉がわからなくてはいけない、稲や麦をよくそだてるのも、人の子を教育するのも原理は一つだ、稲や麦を坐らせる事が出来ますか。(同上書、二六ペ)

16 ○私は斯う云うこと(静坐の形式)を、初めは、しようとは思わなかった、私は教育事業をしようと考えて居ったのだ、私の精神を伝えるのは、この形式(静坐法)よりも、ダンスをした方が、早く伝える事が出来る、この形式にとらえられてはいけない。(同上書、二七ペ)

17 ○日本には畳が敷いてあるから、便宜この形式をとったのだ。(同上書、二七ペ)

18 ○平常息を長く出しながら腹に力を入れることをやらねばならぬ。丁度ポンプを押すように、下腹に力を入れて息をお出しなさい。多くの人は、平常のこの修養を怠るようである。それが為めに腹へ充分力が集

まらず、口もしっかり結べない。（同上書、三〇ぺ）

19○Peace余っ程平和にならなければなりませぬ。（この御言葉は自分〈引用者注、東京、吉田圭氏のこと〉に対して何遍も仰せられました。）（同上書、三一ぺ）

20○ペスタロッチーは貧乏人に同情し過ぎた。貧富共に同じ様に見えなければいけませぬ。（同上書、三二～三三ぺ）

21○一息々々に満身の力がこの一点に集る《ママ》様に。（この時、先生、丹田を指す。）（同上書、三六ぺ）

22○声がこゝから出なければいけませぬ。（先生、おなかをおさへつつ）（同上書、三六ぺ）

23○耳のうしろが痛くなる程アゴをひけ。（同上書、三八ぺ）

（以上、11～23は、東京、吉田圭氏の採録にかかるもの。明治45年から大正3、4年頃までに、岡田氏の語られたものである。）

24○私の方では自殺しなければならんと決心した位の人でなければ、面白くない、そんな人を素質のよい人と云います。（同上書、四六ぺ）

25○真の教育は身で示したり、模範を示したりしたのでは駄目です。血をみたし肉をつけて肥らすようなものでなければなりません。（同上書、四七ぺ）

26○坐ってる内《ママ》に、智育も体育も徳育も完成せられる、されば書物は不要かと云うにそうではない。本を見て、自分の進んだ程度を知る事が出来ます。運動にしても其《ママ》通りです。（同上書、四八ぺ）

27○心は原書、自心は心の飜訳、書籍は自然の飜訳、即ち、心の飜訳の飜訳なり。（同上書、四八ぺ）

28○十年位坐っても人を指導することを許さない。十六年位ならよい。（同上書、五一ぺ）

29○呼吸の研究は実に大切です、昔の仙術とか忍術とかは皆呼吸のことです。（同上書、五六ぺ）

（以上、24～29、仙台、笠原文雄氏の採録にかかる。大正6年から大正9年10月ころまでに、語られたものである。）

30 ○書物は吾々の人格を造る肥料である。有益な書を選べ。それは五指を屈する程位しかない。（同上書、六七ぺ）

31 ○読むによい本ですか？――それは言わぬ方がよい。一つの公案としておきなさい。読書しても、その人の人格以上には分らぬ。（同上書、六七ぺ）

32 ○斯うして静坐していれば聖書は皆吾が身の中にある。（同上書、七二ぺ）

（以上、30～32、豊橋、無徴生氏の採録による。大正8年1月、田原静坐会で語られたもの。）

33 ○教育の本義は人性《ママ》本然の誘導にある。人格の完成にある。霊の覚醒にある。（同上書、七三ぺ）

34 ○小中学校の先生達の静坐は最も不成功である。それは一寸を学んで一寸を伝えようとする態度即ち講習会的の態度を以て静坐に臨むからである。（同上書、七三ぺ）

35 ○呼吸は普通人は一分間に十八回、静坐する人は十回以下ならよし、三回にもならば上々。（同上書、七五ぺ）

36 ○静坐は偉大なる宗教家を作る唯一の方法である。（同上書、七六ぺ）

37 ○静坐の姿勢は厳格でなければならぬ。少し位間違っても肉体上には相当の功を収めるが本当に人格を完成する事は出来ぬ。（同上書、七九ぺ）

38 ○モンテッソリ―の教育法が失敗したのは、低能教育を英才教育に応用した事と。《ママ》彼女の用いた教育の方法に重きをおき彼女の原理即ち愛を自覚しなかった事による。（同上書、七九ぺ）

39 ○呼吸は出し切ってはいけない。猶お《ママ》五六語を云い得る程の余裕を剰しておかねばいかん。（同上書、八一ぺ）

40 ○満身の力を丹田に籠めての一呼吸一呼吸は肉を彫刻してゆく鑿だ。（同上書、八一ぺ）

41 ○自分が書物を書かぬのは、書けばどうしても間違が出来るからだ。（同上書、八二ぺ）

42 ○アメリカではロングフェロー《ママ》アービングがよい。ゲーテ、シエクスピヤに至りては文学の精髄を捉えた

ものである。此等の人々の作物中にはチャンと静坐の理想とする完全な発達せる人格が描かれて居る。（同上書、八九ぺ）

（以上、33～42、京都、佐保田鶴治氏の採録にかかる。大正9年8月、京都にて語られたもの。）

43 ○国民の成衰は声の出処から。（同上書、一一〇ぺ）

44 ○音量が豊富になる。（同上書、一一〇ぺ）

45 ○静坐は冬の霜枯れが春の景色になる。（同上書、一一一ぺ）

46 ○内から出て来る。（同上書、一二六ぺ）

47 ○言葉と文学を絶対に離れる。（同上書、一二七ぺ）

48 ○阿里山の頂上にある桧には先生や試験はない。（同上書、一二七ぺ）

49 ○死の瞬間まで発達する。（同上書、一二七ぺ）

50 ○自分は作物を作ることから考え付いた。（同上書、一三一ぺ）

（以上、43～50、大正9年1月、奈良、名古屋にて、語られたもの。）

51 ○腹を立てる事、一番大切な事を忘れてはいかぬ。（同上書、一三一ぺ）

52 ○一呼吸毎に創造し進歩せよ。（同上書、一三三ぺ）

53 ○一呼吸、一呼吸に自己てふ《ママ》大芸術品を完成せよ。（同上書、一三三ぺ）

54 ○他の注入に侵されぬ人、自立独立一朝の怒に打勝つ人。（同上書、一三七ぺ）

55 ○子供を師匠として坐る。（同上書、一四〇ぺ）

（以上、51～55、鳥取、松田寿蔵氏の採録にかかる。大正9年8月8日、鳥取市公会堂にての指導において語られたもの。）

56○静坐は腹式呼吸とか深呼吸とかではありません。（同上書、一四一ぺ）
57○静坐をやると物の見方が変ってくる。世の中は面白く愉快になってくる。（同上書、一四二ぺ）
58○人間はいつみても同じ顔をしている様ではいけない。月々年々変って行かねばならない。（同上書、一四三ぺ）
59○読書はすべて自己を解するためになすのである。（同上書、一四四ぺ）
60○顔は心の索引である。今の教育は顔と心とを別々に考えているが、それは誤っている。（同上書、一四四ぺ）
61○自然順応が静坐の本領だ。（同上書、一四八ぺ）
62○静坐の目的は人を人らしくするに在るのだ。（同上書、一四八ぺ）
63○まあ黙ってお坐りなさい。
（以上、56～63、これらはいずれも、折にふれて語られたもの。採録者の署名はない。）

以上、岡田式静坐法の創始者、岡田虎次郎氏の語録は、まことに自在に語られている。静坐について、その坐法・呼吸法・姿勢について述べられているものもあるし、静坐の行を通じて、なにを目ざすべきかについても述べられている。教育観・人生観――いずれも断片的ではあるが、語られていて、示唆するものをも持っている。

芦田恵之助先生が、初めは、静坐に対して消極的な態度であったのに、つぎつぎに引き入れられていったのは、岡田虎次郎氏の静座へのきびしさと、そのきびしさを核にしつつ、あとはかなり自由に自己探求への道を開いていたやりかたにあったのではないかと考える。

岡田氏の教育観・内省観に、芦田先生も、共鳴されるところが多かったのではないか。

静坐入門は、峯岸米造氏を通じて、偶発的であったにせよ、岡田虎次郎氏との出あいには、その出あいを必然のものとしていくに足る、考え方・求め方の類似性・共通性があったように思われる。

六

岡田式静坐法を行じつつ、芦田恵之助先生は、その教育観・教育実践について、どのような改新・革新をなしえたであろうか。

二五年におよぶ静坐歴をふまえて、芦田先生は、昭和一二年（一九三七）一一月二〇日、「静坐と教育」（同志同行社刊、四六判、二〇六ページ）をまとめられた。静坐と教育のことは、この書について見ることができる。

この「静坐と教育」の「序」には、六五歳になられた芦田先生の、当時の心境と決心とが、つぎのように述べてある。

「岡田先生のお言葉は、可なりに多くおぼえています。中でも『一呼一吸は彫刻家の鑿である。これによって身心を育成するのだ。』『如何なる老松でも、春が、来れば、必ず新しい緑を見せるものだ。』この二つは、時々に思い出でて、先生の深い御信念を仰いでいます。

呼吸にこの自覚を持っている者があるでしょうか。成長にこの信念を持っているものがあるでしょうか。私は六十五歳の体験に於て、先生のお言葉の真理であることを確認致しました。過去二十五年の自己を本位とする静坐行に於て、私の心身が健全に生立ち、老松のような生の充実と、成長の感に生きて来たことは、私の享け得た幸福の最大なるものであったと思います。その記憶・所感等を主として、私の会得した坐法・息法・心法等を詳記したのがこの書です。私の今後の生存期間がよし五年であっても、十年であっても、私はその坐法・息法・心法を行じて、最後の一呼一吸まで、私の心身を育成したいと思います。そうして老松の年々新しい緑を生ずる営みに学びたいと思います。（中略）静坐は行ずれば行ずるほど、信うちに起り、信ずれば信ずる程、自己の確立を感ずるものです。」（「静坐と教育」、「序」、一～二ぺ）

「静坐と教育」の内容目次は、つぎのように構成されている。

自序
一、緒言
二、坐法
三、息法
四、静坐
五、追憶
六、旅行
七、教育
八、結語

芦田先生は、本書において、「私の教育に対する考は、悉くこの静坐を核としてまとまっているように思います。」（「静坐と教育」、二八ぺ）と述べ、それらを中心にこの書物をまとめようとされたのである。すべて自己の静坐の体験と教育の体験を中心に述べられている。

芦田恵之助先生が、静坐によって、その教育観や教育営為を、どのように改新させていかれたか。「静坐と教育」に述べられているところを、項目として挙げてみると、以下のようである。項目のつぎに、関係部分を引用しておくこととする。

1　岡田先生のことばが、芦田先生の教育思想の核となっている。

「私が、前にも後にもたゞ一回、岡田先生に問題を投げかけて、御指導を仰いだ事があります。それは不安というよりも、寂しいという感じに堪えられなかったからでした。何がそんなに寂しかったかというと、私の内界に存するものが、余りにくだらないもの許りだと気付いたからでした。教育学説にしても、教育の方法にしても、悉く他人の学説、他人の方法をそのまゝに取入れて、どうにかその日を糊塗しているものの、『一体汝の信ずるところ』ときかれて、『命をかけても支持してみよう』というものが無いと考えた時、私には寂しくてたまりませんでした。私も既に不惑を過ぎて、自分の安んずる所を持たないとは、過去の生活がいかにあさましいものであったかを、実証するものです。修行のために借りた学説でも、方法でも、信じ行じて安んじ得るのならばよいが、自分の物としてはなし、他のものには安んじられず、それでいて国の教育にあたっているとは、何という厚顔、身の程を知らないものかと考えて来ると、どうにも自分では、手に追《ママ》えなくなりました。この寂しさに解決をお与え下さるのは、岡田先生より外にないと考えて、何とも恥しいことの限りでありますが、押切ってきいてみたのでした。すると先生は、軽く受流して『あなたが、そんな事を言いそうだと思っていた。それでよいのです。これから成長発達しても、おそくはありません。丹念に坐《ママ》るですね。何処に目をつけたらいいかは、自然にわかって来ますよ』とおっしゃいました。『先生、今までは、多少とも児童に比して、私が進んでいると考えていましたが、此の頃では、文字を教える以上に、自分が導き得るということが、無いように思います。教壇に立つのすら、気が引ける感じです。寂しくてたまりません。』と。《ママ》更に訴えますと、先生は『何でも教師が教えるものだと考えるから間違いです。子供と共に生活して行く間に、共に学び、共に進んでいったら、その日〳〵がどんなににぎやかでしょう。その外に教育者の人生はありますまい』と諭して下さいました。私には、それ以上推してお尋ねする勇気はなく、たゞ黙して御言葉をいたゞいて来ました。その後、坐しては思い、思っては坐し、たゞ我が一心の安住をと目ざして進みましたが、多少は、まとまったような気持に、考えるようになりました。畢竟先生のお言葉が、私の教育思想の核となっているのかと存じます。」(「静坐と教育」、一〇三〜一〇五ペ)

2　自己の静坐によって、家族、とくに妻の成長していくことの発見。教育の根本原理についての目ざめ。

「しかし、私の身体がだん〳〵よくなり、精神もあかるくなって行く事実は妻も見落してはいませんでした。私が丹念に坐る傍に、坐らざる妻が伸びて行く姿を、私は発見しました。(中略)私は、岡田先生が何時も『自分一人で坐れ、自分の境涯が進みさえすれば、他は自ら之に照らされ、温められて、成長発達をとげるものだ』とおっしゃることを、妻の上に明かに見ました。私は、私の静坐と妻の思想の変化を思い浮《マ》べ《マ》る毎に、『教育の根本原理が、この辺に潜んでいるものではなかろうか』と思います。」(同上書、一二二〜一二三ペ)

3　静坐を始めてから、その影響は、自分の教室に現われた。

「私が静坐をはじめて、心身の変化を意識するようになりましてから、直《マ》に《マ》その影響のあらわれたのは、私の教室でした。」(同上書、一三〇ペ)

4　掃除を児童と共にし、掃除と静坐は、二にして一だと考えるようになる。

「此の頃からです、私は教室掃除を児童と共に丹念にするようになりました。私が別に範を示すというのではありませんが、私が加わったということで、掃除の結果がこれ程ちがうかと驚く程でした。そこで私は掃除と静坐は、二にして一だと考えて来ました。障子のガラスを丹念に拭くようになりました。こゝにも静坐と同一だという感じを得ました。多少とも脚下に手掛りを得ました私は、岡田先生に泣付いた寂しさも、次第に解消して行くようでした。」（同上書、一三五〜一三六ペ）

5　静坐にはいってから、板書に身を入れ、読み声に力を入れ、読本を丹念に研究しはじめた。教室の改造・教壇の改革は、一に教師の修行ということに落ちてまとまった。

「私が板書に身を入れて書き初めたのも、この時からです。読み声に力を入れ初めたのも、この時からです。読本を丹念に研究しはじめたのも、この時からです。とにかく、自分を何とかして修行の道にのせなければ、児童といえども、之を修行に導くことは到底出来ません。教室の改造、教壇の改革は、一に教師の修行ということに落ちてまとまりました。教育の一切は、教師論に尽きるというのが、この時からの信念でございます。」（同上書、一三八ペ）

6　教室内の児童を、優中劣と差別的に見てきた自分について、強い反省と懺悔をする。

「私は、教室内に於ける優中劣の児童を、差別的に見て来た自分について、強い反省と懺悔をいたしました。」（同上書、一三八ペ）

7　易行の教育のみが、真の教育であるかと思う。易行の教育に考えを向けてから、自分の教室は実になごやかなものになった。

「師が、その非を悟って、壇上に懺悔する日が多くなると、壇下の児童も亦おのが非行をさとって、慎み深き人となるようでした。（中略）私は児童の前にしみ〴〵済まないことをして来たと思いつゞけていました。けれども、教室は少しも乱れたような事はなく、一日は一日より和やかに、和気藹々の様を展開して行きました。私は幾度その有様に見入って、涙したか知れません。師一人がまことの道に立たば、教育は易行です。人間のはからいによって、その易行たるべき教育が、どれほど難行扱いにされているかわかりません。そうして、難行の教育は、多くは似て非なるものです。易行の教育のみが、真の教育であるかと思います。

私が、易行の教育に考をむけてからの私の教室は実になごやかなものでした。」（同上書、一四〇～一四一ペ）

8　静坐に励んで、多少とも真の自己、真の教育が見えてくると、同僚のしていることがつまらなく見える。これは戒めなくてはならぬ。

「私は、静坐にはげんで、多少とも真の自己が見え、真の教育が見えて来ました。すると凡夫の悲しさ、同僚のしていることが、とかくつまらないように見えはじめて、口にこそ言わね、顔色には明かにそれをあらわしたことと思います。」（同上書、一四二ペ）

以上のように、1～8を見ると、静坐を行じていくことによって、教育思想の核をとらえ、教育易行道への方向をとらえ、教師みずからの自己確立・自己深化（内面化）によって、教育実践を内的なものへと深めていくことに成功している。静坐にはいる前と後とでは、いちじるしいちがいといわなくてはならない。静坐による身心両面の自己改造が、教室の改造・教壇の改革へとつながっているのである。

教育観として、難行観に対する教育易行観を確立し、教育行為の一つ一つを丹念に心をこめて行ずるようになっていったことは、静坐による改新のいちじるしいものといえよう。板書一つ、読むこと一つ、掃除一つ、すべて心をこめて丹念に行ずるということは、やはり心に動揺があり、油断があっては、不可能である。この静坐による行が、芦田恵之助先生の教育実践を、内面化させ、充実させていったことは否めない。

自己確立——これは、夏目漱石を初めとして、石川啄木にしても、明治期に生きた人々の願いであったが、芦田恵之助先生においても、この願いは切実であった。芦田先生としては、静坐によって、自己把握——真の自己が見えてくる道に立たれたといってよい。静坐は、芦田先生の自己凝視と教育観確立とに、大きく資するところがあったというべきであろう。

七

芦田恵之助先生は、「恵雨自伝」に、つぎのように述べられた。

「私はひそかに私の一生を二つに区分して、かりに前半生、後半生となづけるのだったら、四十の秋、岡田先生の門に参じて、静坐の修行をはじめた時をもってしたいと思います。即ち前半生とは、外に生きんとして、自ら疲れた時代。後半生とは、内に生きんとして、低処に安心を求めた時代といってみようと思います。」(「恵雨自伝」、二〇一ぺ)

「もし私が他主的に生きたのを前半生となづけたら、自主的に生きようと決心した以後を、後半生といったらよいでしょう。この境界線上に端を発して、今なお継続しているのが静坐です。それと関連しているのは禅の研究です。私は常に同志に語って、静坐は私を人にしてくれたというのです。行の重要性を知らせてくれたというのです。」(同上書、二〇五ぺ)

芦田先生の生涯において、静坐がどういう役割を果たしたかということは、右の文章によって、明らかである。「内に生きんとして、低処に安心を求めた時代」、自主的に生きようとした時代には、静坐による行の生活があったのである。

静坐は、日常生活一般に内面的に浸透したばかりでなく、その教壇とも、深いかかわりをもっていた。それが教壇の改革に、どうかかわったかは、すでに見てきたとおりである。

芦田先生は、「静坐と教育」において、「今は、教壇の修養と静坐を切離して考えることが出来ないかと思うようになりました。」（同上書、二ぺ）と述べられている。

さて、芦田「教式」と静坐との関連は、どのようであったか。芦田先生のばあい、「教壇」の修養とは、「教式」に立つ教室実践でもあったのである。

以下、綴方・読方それぞれの静坐との関連について見ていくことにする。

1　綴方の「教式」と静坐

芦田先生は、「恵雨自伝」に、つぎのように述べられた。

「小学校の綴り方にしても、読み方にしても、その実績を高めるには、教師の教養を高めなければならないと、痛切に感ずるようになりました。幸いに静坐も大体軌道にのり、国文研究のこつも多少かわって来ましたから、それらをまとめて、『綴り方教授に関する教師の修養』という《ママ》を発行しました。」（「恵雨自伝」、昭和25年11月25日、開顕社刊、二二一～二二二ぺ）

また、「静坐と教育」には、つぎのように述べられている。

「私は静坐をはじめた翌年に、綴方教授を公にしました。爾来二十余年、この教科を重視することが、真教育に到達する最捷径だということを叫んで来ましたが、反響は比較的微弱です。要するに、綴方指導者に生活の尊重すべきことが深く考えられず、之によって育ったという体験が乏しいからではないかと思います。静坐の行者は、諸教科の中まず綴方に驚異の眼を見張るのが常かと思います。何がたしかだといっても、自分が生活して悟り得たもの以上のものはあるまいと思います。（中略）綴方教育は、この綴らんとする心を培おうとしているのですから、静坐の修行と相表裏しているもののように思います。」（同上書、一八四ぺ）

綴方教育は、指導者自身の修養と深く関連し、また綴方教育は、静坐の修行と相表裏している――この考えかたに立って、綴方の「教式」も考えられている。「綴らんとする心」を養うことを重視し、自己のことばで、自己の生活の真実を「記述」していくことを重視する。ことに、児童の教室での「記述」中、指導者が静かに立ちつくしているいきかたなどは、そのまま、静坐に準ずる行をとり入れたものといえよう。

2　読方の「教式」と静坐

芦田先生は、「恵雨自伝」に、つぎのように述べられている。

「私は、静坐によって、内省の要を悟り、そこに立って綴り方を見、綴る心で読本の文章を見る。こうした考え方の発展に伴って、綴り方は自己を綴るものであり、読み方は自己を読むものであると信ずるようになりました。したがって、読本の文章を、単に文字・語句を教えるものと考える幼稚なことでは、満足出来なくなりました。わかるというも、自己の経験に照らしてのこと、読むというも自己以上に出られないと知っては、当時の読み方教授に、大改革を加えなければならないことを思いました。私は大正五年四十四歳で、しゃにむに『読み方教授』をまとめて世にとうてみました。私の著書の中で、静坐の影響の露骨なのは、この読み方教授であります。」（同上書、二二二ぺ）

また、「静坐と教育」には、つぎのように、述べられている。

「私は、読方教育だけについて考えても、教師の生きる力の自覚が、知らず識らずの間に、児童の求める力を内から育てることを信じて疑いません。その生きる力の自覚は、私は静坐によって得たように思います。師の心にこの心がめざめれば、教育はすべて易行の一道です。師の心にそのめざめなくして、たゞ方法の末で押そうとすると、教育は全く難行そのものです。私は、読むことは順繰り読みによって、その効果を収めました。書くことは漢字の全部書きによって、略その効果を収めました。考えることも私は発問の工夫によって、可なりな効果を収めました。たゞ求める心を内にめざめさせることは、せめて一学期間一二学級を世話してみたら、たしかにその効果を収め得るものと信じていますが、未経験の事ですから、断言することの出来ないのを遺憾に思います。」（同上書、一八一～一八二ぺ）

右によって、読方の「教式」を支えているものが、その静坐に発していることは、明らかである。静坐によって、内省の要を悟り、児童の求める力を内から育てていくのには、どうすべきかをつきとめ、みずからの生きる力の自覚を、静坐から得ているのである。読むことの指導に関しても、いろいろの工夫がなされた。そして、「求める心を内にめざめさせること」のむずかしさと見通しについても、未経験でもあるからとして、指摘されている。

読方「教式」の七つの各項を、まず芦田先生みずから、行ずることによって深め、易行の教育として、学習者を目ざめさせていこうとする意欲がみられる。静坐による行によって、深められ、生の充実感が求められるところに、芦田「教式」の人格的価値と、固定化・形骸化に陥らぬ清新さが保持されているのである。静坐にこもる求道精神が、「教式」の運用を、真剣なものにし、かつ自在なものにしているのである。

また、芦田先生は、その「教壇」・「教式」の根底を支えるものとしての静坐を、つぎのように述べられた。

「私は、まだ〳〵淋しい言葉が抜切りませぬが、まことの言、第一義の言で教壇をうずめたいと、専念修行をつゞけています。若し私に多少ともそうした点があると致しましたら、それは静坐によって、自分の心身、殊にその一如の姿をみつめたたまものかと思います。」（「静坐と教育」、一九八ぺ）

「人間の一生を通じて求めなければならないものは、生の充実感です。生の充実を感じている人の顔はほがらかです。(中略)教室の空気の源泉ともいうべき師のお顔は、いつもほがらかでありたいと思います。その朗かさが作りものでなく、生の充実感から来るものでありたいと思います。故に私を育て、生の充実感を与えたゞ一つの物、即ち静坐の行をおすゝめする次第でございます。」(同上書、二〇五ペ)

芦田恵之助先生は、教育実践について、「まことの言、第一義の言」を用いようと努められ、また、教育実践において、「生の充実感」を重視された。それらが静坐によって、自己凝視をし、自己充実を得ながら、それに立って、自己の生涯と教育との充実・深化をはかられたのである。

「教式」を批判していく最後の拠点として、こどもの心が一つになって流れ、教室の空気が澄んでいくということを挙げられたのも、静坐による体験にもとづいてのことであろう。

芦田恵之助先生のばあい、教育実践の核として、静坐が確かな位置を占め、この機能をじゅうぶんにはたらかせている。そこに、教育実践の心理の問題としての、静坐の独自の意義が見いだされよう。

第三節　芦田国語教育の一源流
―「試験やすみ」について―

一

「恵雨自伝」によると、

「私がさきに京都府教育会に作文科教授方案の論文を提出してから、単級学校の准教員としても。国学院の学生としても、当時姫路中学の助教諭としても、作文を私の生命として、自ら綴ることを楽しみ、児童・学生の成績を読むことを楽しみました。国学院の学生時代に、『禁庭様』と書くべきところを、『今帝様』と宛字を書いて、稲垣先生に笑われたことがありました。姫路中学では、私の在職中に、学校騒動が二度ありました。それを学生の作品から、二度とも事前に感知していたのは、私でした。今も文章の作品中に、その人の生命をつかみ、その動向を察するのは、私の最も楽しみとする所です。因みに、私は懸賞文に興味を持っていました。姫路中学在職中にも、金港堂の文芸界が、児童読物を募集しました。私は『試験休み《ママ》』と題して、尋常四年の児童読物を応募しました。それが一等に当選して、七十五円の賞金を得ました。今さらに七十五円は、おびに短し、たすきに長しですから、校長以下日頃お世話になる先生方を請じて、あっさり飲んでしまいました。文芸界の編輯主任は、佐々醒雪先生でした。後年私が先生の文章研究録に筆を執るようになって、『試験休み』の話し《ママ》をしたら、先生は『縁だね』とお笑いになりました。」（「恵雨自伝」、一五九〜一六〇ぺ）とあって、金港堂の「文芸界」が行なった児童読物の懸賞募集に応じて、「試験やすみ」の入選したいきさつが述べられている。

この当選作「試験やすみ」は、明治三五年一二月一七日、菊判九四ページ、口絵一、さし絵一九の冊子として、金港堂から刊行されている。わたくしはその冊子を、昭和三八年七月初め、信州松本市の古書肆で、たまたま入手することができた。同書九四ページの余白には、墨で、松本高等女学校本科三年　岡野つた江　と記してある。

芦田恵之助先生が姫路中学に在職されたのは、明治三四年（数え年二九歳）から明治三七年（同、三二歳）に至る足掛け四年であった。「試験やすみ」の執筆は、その前半においてなされたわけである。

この「試験やすみ」は、一片の児童読物に終わっていないように思われる。芦田恵之助研究におけるその意義と価値と位置とについて、ここでいくらかの考察を加えたい。

二

児童読物「試験やすみ」の構成は、つぎのようにされている。

一　生徒控所の掲示

二　会議

三　決議の報告と校長の許諾《ゆるし》

四　辻々の広告

(五)　四月一日　錦絵の展覧会

　一　開会

　二　議員の一連《いちれん》

　三　婦人会の一連《ひとつれ》

(六)　四月二日　動物園

　一　入場

(七)　四月三日　運動会

　一　開会

　二　徒歩競走

　三　綱引

　四　来賓競走

五　相撲

六　朝日にかゞやく日の丸の旗

(八)　四月四日　花見

(九)　四月五日　幻燈会

一　開会

二　千島

三　道端の林檎

四　大尉のはなし

以上のように、すべて九章から構成されている。ただし、(五)～(九)までは、章番号を付していない。これは筆者が便宜冠したまでのものである。また、(六)動物園の章では、一入場とだけあって、つぎつぎに叙述が進められていて、二以下に分けられてはいない。

この「試験やすみ」の一～四までの本文は、試験休みを有意義に過ごそうとする小学校三・四年生(筆者注、当時は尋常小学校四年までで、六年制になったのは、ずっと後のことであった。)の企画とその準備の有様を写したものである。

以下に、しばらく本文を引用する。

一、生徒控所の掲示

心配してゐた試験がすんで、皆かへらうとするときに、一まいの掲示がはりだされてをった。

『君見たか、あの掲示を。おもしろいことをかんがへついたね。』

『掲示って何のだ。』

『春山さんと、大山君とが、発起でさ。』

『春山さんと、大山君とが、どうしたと、《ママ》』

『ぢゃ、来て見たまへ。』

> 五日の試験やすみを、む
> だに暮すはをしいもの。
> どうにかして、たのしく
> らさうではありませんか。
> 四年　春山はな
> 三年　大山正雄

と、日頃より中《ママ》のよい三年の山川清《かは》と、四年の夏野繁雄とが、掲示場の前に立って、何かしきりにはなしてをる。


夏野『山川君、どうだ、おもしろい考へだらう。』

山川『さんせい〱、大《ママ》にやるべしだねー。』

夏野『では、三年と四年とに、すぐ相談してみよー《ママ》ぢやないか。』

山川『君は、四年にはかりたまへ。僕は三年に相談するから。』

右と左にわかれた二人は、運動場《ば》と生徒控所とで、級会をひらいてをる。このことには、三年、四年、ともに、だれ一人《ひとり》として、反対をするものはなく、すべてのことは、発起人の春山、大山と、山川、夏野の両委員とに、まかせることになって、其《ママ》報告は、証書授与式の後《のち》にきくことに定めた。

二、会議

二十八日の朝、大山、山川、夏野の三人は、春山の家をたづねて、昨日《きのふ》のことについて、会議をひらいた。そこで四人が、あゝもせうか、かうもせうかと、いろ〳〵考へた後、次のよーにきめた。

四月一日　錦絵の展覧会

二日　動物園

三日　運動会

四日　花見

五日　幻燈会

これについて、会員は、皆、これらのことに力をつくすこと、錦絵の展覧会には、なるべく出品すること、花見と動物園とに行く時には、必ず同道することをも定めて、わかれた。

三、決議の報告と校長の許諾《ゆるし》

証書授与式がすんで生徒控所にあつまった三年生と、四年生とは、山川と、夏野とから、此《ママ》間の決議をこま〴〵とはなされて、いづれも大賛成をしてをる。そのうちに、だれいふとなく、『三年と、四年が、あらんかぎりの力をつくして、世間のものわらひとなるな。』との声が聞えた。さなくとも、勢《ママ》こんでをる三、四年は、一層力をつくしてとの決心を、めい〳〵に、かためたよー《ママ》である。

大山と春山とは、校長室にいって、

大山『先生、おねがひですがね。四月の一日、三日、五日の、この三日間、どこか学校の一教室をおかし下さいましな。』

校長『何をするのか。』

大山『一日は錦絵の展覧会、三日は、運動会、五日は、幻燈会をするのです。』

校長『人に、わらはれないよーに、できさうかね。』

と、校長は、いくらか心配さうに、二人の顔を見つめてをる。

大山『できます。きっとできます。決して、人にわらはれるよーなことはいたしませぬ。どうか、お貸しください。』

大山《ママ》『たしかに、立派にやってみるつもりですから、どうか。』

二人のいふことが、いかにも、熱心おもてにあふれてをる。校長もつひこれに動かされて、今は、あやぶむこゝろも消えたよーに《ママ》。

校長『よし〳〵。貸さう。どこがよからうかね。展覧会や、幻燈会には、講堂がよくはあるまいか。よければ、講堂にしたまへ。』

二人は、校長のこの許しを得て、さも、うれしさうに、生徒控所にかけてきた。まちかまへてゐた三年と、四年とは、

『どうだ〳〵。大山君。許されたか。』と、口々にきくので、
大山『ウン。許された〳〵。が、しかし、』《ママ》と、いふあとを、春山がとって、こんど我々のすることには、校長様も、いくらか、あやぶんでゐらるゝよーすが見えたので、我等二人は、たしかに人に笑はれぬほどのことをいたしますと、ちかってきた。だから、皆さんは、どうかこの上にも、十分力をつくして下さるよーにと、ことばみぢかに、報告したが、これがために、全体の勢は前よりも、一段ましたよーに見えた。

四、辻々の広告

学校からかへった春山と、夏野とは、広告書きをはじめた。

『四月一日、正午より、惇明尋常小学校の講堂にて、錦絵の展覧会をいたしますから、心あるかたは御覧下さい。』

この広告が、三年、四年の手によって、学校部内の辻々に、はりだされた。

このやさしいくはだてが、部内の人々を感ぜしめたと見えて、錦絵展覧会の評判が、にはかにたかくなった。

それにひきかへて、三年、四年のいそがしさ、錦絵をあつめるもの、それを仕分けるもの、ならべかたを工夫するもの、たれ一人として、遊んでゐるよーなものはない。(以上、「試験やすみ」、一〜四、一〜七ページ)

以上の引用によってもわかるように、児童の言語生活が、「掲示」・「討議」(級会での)・「会議」(春山の家での)・「報告」・「面談」(校長との)・「広告」と多面的に的確に描かれている。それは明治三〇年代のこととは思えないくらい新鮮な感じを与える。描きかたには実感がこもっていて、決して仮設的模擬的なものという印象を与えない。読物としては、予備的、導入的部分であるが、そこにとらえられている児童の言語生活については、本格的なもの・実感にあふれたものが看取され、執筆後六〇年余を経た今日でも、あざやかな印象・感銘を受けるのである。

三

さて、「試験やすみ」の(五)から(九)までは、文字通り試験休み期間の諸行事(錦絵展覧会・動物園・運動会・花見・幻燈会)を活写したものであって、児童たちが自発的自主的に行動している。これらの諸行事がこどもたちの手によって運営されているのはいうまでもないが、その一つ一つに、筆者の教育的意図の含められていることも明らかである。錦絵展覧会においては、1神武天皇、2日本武皇子の熊襲征伐、3仁徳天皇、4重盛諌言の図、5楠公関係のもの、6神功皇后の三韓征伐、7北条時宗の元兵みなごろし、8豊臣秀吉の朝鮮征伐、9日清戦争関係（三〇組ばかり）などがとりあげられ、なかでも日清戦役関係の錦絵の説明にはことに力が注がれている。また、幻燈会においては、1千島問題、2ドイツの片田舎における公衆道徳、3感心な西洋婦人の話、などがとりあげられ、当時としては広く清新な視野に立って扱われている。さらに、動物園・花見においては、園内・野外における動物・植物の観察が扱われ、運動会では、その有様が、1開会、2徒歩競走、3綱引、4来賓競走、5相撲、6朝日にかがやく日の丸の旗、に分けて描かれている。

「試験やすみ」には、以上のように、こどもたちの主催する諸行事に、歴史・地理・理科・体育・道徳などの教育上の内容がごく自然に織りこまれ、児童読物として興味と実益とを兼ね備えたものとなっている。

しかも、筆者の教育的熱意は、単にこれらの叙述の裏側にとどまっていることができず、時とばあいによっては、「著者申す。」として、随処に登場して、著者みずからの感懐と所見とを吐露し付加するのである。

たとえば、（五）錦絵の展覧会の二　議員の一連の末尾には、「『著者申す。私も、秋津君の説明をうつしながら、ついもらひなきをいたしました。日本人は忘れっぽ《ママ》いのでせうか、今では日清戦争のことを、いふものもないよーです。しかし、この秋津君の魂がなければ、そのはぢを、すゝぐことができませぬよ。みなさんは、何のために字をならひ、本を読み、体操をするのですか。何をするにも、しっかりやりたまへ。うかうかとしてはゐられませぬよ。皆さんのうでをためす時は、遠からずまゐりますよ。』」（「試験やすみ」二一〜二二ぺ）とあるし、さらに、同じく（五）錦絵の展覧会　三　婦人会の一連の末尾には、「（著者申す。この父にして、この子ありとは、実に小楠公のことですが、春山さんの意見の通り、小楠公が、忠孝の人となられましたのは、全く母のをしへがよかったからでせう。で、私は、この母にして、この子ありといひたく思ひます。とかく、我国は、女をかるく見るくせがありますが、まことによろしくないことです。女だとて、四千五百万の同胞ですもの、我国《ママ》の盛衰は、大《ママ》に、女に関係するのですす。これまで、女は、男をちからにして、いくぢのないのを、よいことのよーに思ふて《ママ》ゐましたが、それは、大《ママ》なるまちがひです。この持仏堂の絵をもってゐた。春山さんのよーな気風の女が、我国《ママ》に多くなりましたなら、我国《ママ》は、ますます盛になりませう。女子のかたがたよ。よく、女の道をまもりて、我国《ママ》のために、つくさなければなりませぬよ。）」（同上、二七～二九ぺ）ともある。

また、（九）幻燈会　二　千島の末尾には、「（著者申す。夏野君のいはることは、まことに今日の急務です。今の小学生徒は、官吏になるとか、軍人になるとか、これより外には立派な人になるみちが、ないよー《ママ》に思うてゐますが、大なるまちがひです。我国《ママ》民は、これから海に乗り出すことをつとめて、水産業をおこし、航海をさかんにして、大《ママ》に、商工業を発達させなければなりませぬ。女の方々も、よし、自分は海に出ないにしても、これが、今後の我国《ママ》に大切なこと、知られたら、男をすすめて、海に出し、自分は内をよくまもって、ともどもに、国をさかんにしよーと、心がけなければなりませぬよ。）」（同上書、八二～八三ぺ）
とあり、同じく（九）幻燈会　三　道端の林檎　の末尾にも、
「（著者申す。日本人は、巡査さへ見てゐなければ、どんなことでもするよーです。皆さん。きをつけてごらんなさい。年も行かぬに、たばこをのんでゐる学生がありませう。市中で、小便してゐる車夫もありませう。そんなどころではない。皆さんの中には、学校の柱や、机に楽《ママ》書をしたり、ほりものをしたり、するものがありはしませぬか、こんなことは、よくよくきをつけて、たとひ、巡査や先生が、ゐても、ゐなくても、かならずしてはいけないのです。自分のものでも、人のものでも、村のものでも、国のものでも、大事にしなければならぬことは、皆一つです。山川君の説明は実にもっともなことに思ひます。）」（同上書、八六～八七ぺ）

とある。

これら四つの「著者申す。」には、いずれも日本国民の心得、覚悟しなければならぬことをとりあげ、こどもたちに強く訴えている。芦田恵之助先生の教育観がはっきりと提示されている。これらは同時に、「試験やすみ」を単なる児童読物に終わらせていない。こどもにこびるのでなく、こどもたちの自覚をうながし、こどもたちの自治態度・自主的行動に強く期待しているのである。

児童読物「試験やすみ」の構成・内容のあらましは、およそ以上のようであり、その独自性も当時としては至って清新なものとうかがえるのである。

四

「恵雨自伝」によると、児童読物への関心について、つぎのように述べられている。

「活動主義新教授法の講義筆記を、樋口先生にさし出してから、先生との雑談に、児童に読ませる文章に関することが多くなりました。先生が金港堂にたのまれて、読本の編纂に着手していられることも知りました。朝倉先生が『君は読方の教授がうまいと樋口先生からきいた。一年から四年までの教材を作って、やってみたまえ』などいわれて試みたこともありました。その頃から、児童の生活に近い事実をよませて、次第に遠きに及ぶがよいと、うすうすかぎつけていました。樋口先生の読本も、そうした傾向のものでありたいなど、語った事もありました。」(「恵雨自伝」、一四一ぺ)

このような考えかたに立って、児童読物「試験やすみ」は執筆されたといってよいであろう。「私は懸賞文に興味を持っていました。」(「恵雨自伝」)という芦田先生ではあるが、それに応募して、児童生活に取材し、それを独自の視点から構成し、描いたということの根底には、かかる児童読物観がはたらいていたのであった。

芦田恵之助先生が、こうした児童読物に関心を持つまでには、作文教授・日用文教授についての研究がまとめられていた。指導法について、深い関心が注がれていたのである。

たとえば、京都府教育会が募集した懸賞論文「尋常小学校に於ける作文科教授方案」に応募したいきさつについては、つぎのように述べられている。

「遊戯の講習会に出たために、京都府教育会が募集している懸賞論文の題目をきくことが出来ました。その一は『小学校に於ける国語読本編纂法』というのです。その二は『尋常小学校に於ける作文教授方案』というのでした。前者は、当時の私には、到底及びもつかないことですが、後者は、峯是三郎氏の教授術を耽読した私には、必ずしも不可能なことではなさそうでした。その頃候文の教授法を書いて、教育時論に出したら、三回に亘って掲載せられました。それで多少自信が出来、得意になっている時でしたから、事の成否はとにかく、物はあたって砕けろだ。ことに締切が来年一月末日というから、相当に練る時間もある。とにかく応募してみようと決心しました。当時の私の思想は、言語文字を道具として、使用に習熟させる書取からはいって、課題・思想整理・記述というきわめて旧式なもので、自作を作文教授の到達点におきました。当今の表現意欲に立つ随意選題の考え方とは、全く趣をことにするものですが、それでも当時は、その信ずるところを丹念に書いたもので、決して不真面目なものではありませんでした。期日間際に発送しました。美濃の罫紙に百二十枚、見たところは堂々としたものでした。」（「恵雨自伝」、一二七〜一二八ぺ）

右に述べてあるのは、京都府下、福知山惇明小学校に勤められている時期であった。児童読物「試験やすみ」に、「惇明尋常小学校」として出てくるのは、このかつての勤務校の名前を借用してのことであろう。

右の引用文の冒頭にもある、「遊戯の講習会」に出て、その筆録をまとめたものは、後に、「唱歌適用実験遊戯」として、明治三二年九月一〇日、京都の村上書店から刊行された。さらに、明治三五年三月五日には、同じく村上書店から、「小学校に於ける今後の日用文及教授法」が刊行されている。

その後、樋口勘次郎氏に師事して、その講義（講演）筆録「活動主義新教授法」をまとめたり、さらに「小学校における今後の国語教授」（明治33年12月5日刊）をまとめたりしていられる。

これらを見れば、明治二九年、みずからの水害体験をまとめた「丙申水害実記」を初めとして、自他の教授に関するまとめが、つぎつぎになされていることを知るのである。つまり、教授・指導に関する面の記録経験をじゅうぶんに積んだ上で、機会を得て、児童読物「試験やすみ」をまとめられたのであって、この読物は決して偶然に卒然として成ったものではない。偶然の成立ではなく、由ってきたるところ久しいものがあるが、その着想を得られてからは、一気呵成に書きおろされたのではないかと推察される。

五

なお、芦田恵之助先生には、「小園長」の作があり、それは「教訓仮作物語」（文部省編、明治41年12月22日刊）に収めれている。この「教訓仮作物語」の由来については、その「緒言」に「此物語ハ素ト高等小学読本ノ教材トシテ懸賞募集シ厳谷季雄、文学博士芳賀矢一、渡部董之介、吉岡郷甫、文学博士上田万年、幸田成行、及ビ森岡常蔵ヲシテ審査選定セシメタルモノナリ。而シテ此中ノ数篇ハ読本ニ収ムル見込ナレドモ、尚大イニ節略修正ヲ加ヘザルベカラズ。依テ此際別ニ厳谷季雄ニ託シテ些少ノ修正ヲ加ヘシメ、一冊ニ取纒メテ刊行スルコトトナセリ。」（同書、緒言、一ぺ）
と述べてある。

この「教訓仮作物語」には一四の物語が収められているが、それには、芦田恵之助作「小園長」のほか、葛原しげる作「花野原」、友田宜剛作「米ふみ信作」、久保田俊彦作「小移住者」などの作者・作品も見られる。

これらのうち、「小園長」は、上・下の二つに分かれているが、それは、

「八州《やしま》学校には一枚の農園がある。広いといふほどではないが、開墾の余地があるのと、諸種の草木が栽培してあるのとで、生徒には望のあるところ、楽しいところとして、大切に思はれてをる。それは、春、夏、秋、冬いつの日でも、こゝに生徒の影を見ぬことはないので知られる。」（同上「仮作物語」、上、一四九ぺ）

と書き出され、この農園の園長と呼ばれる、高等科二年の春山芳夫のことが描かれ、進学せず、一生忠実な農夫で暮らそうと決心するいきさつを述べ、芳夫の学年の稽古じまいの日に書いた「希望」という綴方が紹介され、卒業式の後、

「春山芳夫はその翌日から田圃の人となった。同窓の多くは中学に進んだ。芳夫は子供心に羨ましくはないであらうか。荒れた山林、痩せた田畑が少しく癒えるまでには、なほ芳夫をまよはせることが多い。芳夫はよく初一念をたて通すであらうか。」（同上書、下、一六三ぺ）

と結ばれているのである。

春山という姓は、すでに「試験やすみ」にも、春山はな（四年）という人物に見られたが、この「小園長」の春山芳夫の書いた「希望」という綴方は、つぎのようなものであった。

「私はこの村にゐて、専心農業に従事しようとおもひます。父にききますと、むかしはこの村にはよく茂った山林、よく肥えた田畑があって、近郷三里に及ぶものがなかったさうです。今はこの村ほど山林の荒れた田畑の痩せたところはないといひます。年々村が疲弊するので、こゝ二、三年に他国に移住した家が十幾軒かあります。

上杉鷹山公はあれほどまでに荒れた米沢藩を、しばらくの間になほされました。もし、この村の人々が公の心

ではたらきましたら、いつかは昔のさまに引きかへすことができませう。私の希望はこの村をなほすがために、農夫になりたいと云ふのです。

ある人が『田舎がやせては、国もおのづとおとろへる外はない。』といはれました。さうすればこの村のために働くのは、御国のために働くのと少しもかはりはありませぬ。」（同上書、下、一五九～一六一ぺ）

この綴方は、むろん芳夫を借りて、筆者の見解を述べたという感が深く、それだけ綴方形式がたくみに活用されているともいえる。

もともと、この「小園長」という文章は、教材として書かれたものであって、それだけ特異の成立契機を有している。児童読物「試験やすみ」から数年をへて執筆されたものであるが、その内容はさらに深まっているように思われる。

六

さて、芦田恵之助先生の名作「綴方十二ヶ月」のうち、一月の巻の「はしがき」には、「大正七年一月五日、黒川先生の新年会の席で文章二葉会がうまれました。会員はわづか四名でございますが、この会の経過は、必ず文を学ぶもの丶参考にならうと思ひます。黒川先生が私に『この会の記事をまとめておくやうに。』とおっしゃいましたが、自分にはどうも不安にたへられません。しかし文章練習のためには、この上もないよい機会ですからおうけすることに致しました。記事はすべて私が草稿を起して、先生になほしていただいたものです。

大正七年一月三十日　春山芳夫しるす」とあって、記録整理者は、「小園長」の主人公と同じ姓名の、春山芳夫ということになっている。また、この文章二葉会の会員は、大山太郎（父）・野中悦子（母）・山川清（父）・春山芳夫（父）であり、ほかに松山先生・敏子の両名が加わっていた。ほかに老先生夫妻がいることはいうまでもない。この会員の中に、「試験やすみ」に登場した、山川清（三年）がおり、大山（正雄）がいるのも、「試験やすみ」と「綴方十二ヶ月」とのなにかの関連を暗示するかのごとくである。

文章二葉会には、こどもたちの父・母もこどもたちといっしょに参会するようになる。前掲こどもの氏名にかっこを示したのは、その父・母である。この父・母の参加のことも「試験やすみ」における、錦絵展覧会に議員・母が参会して、いろいろとこどもたちから啓発されていくのに類似している面をもっている。

また、「試験やすみ」において、「著者申す。」として、じっと黙っていることのできなかった著者みずからは、「綴方十二ヶ月」において、老先生として登場し、その円熟の極を示す。

「綴方十二ヶ月」一月の巻所収、一　文章二葉会　において、老先生は、「文はうまいまづいに関らず、自分の生命と見る所に、深い面白みがある。写真は姿の跡、文章は心の影だ。私は昔から綴方を修養の学科だと思ってゐる。」と述べている。この綴方を修養の学科と見るのは、すなわち芦田先生の考え方そのものであって、ここに芦田先生の綴方深化の根基がおかれていた。

七

以上のように、児童読物「試験やすみ」→仮作物語（教材）「小園長」→文章二葉会記録「綴方十二ヶ月」と見てくると、自在さと独創性にあふれている「綴方十二ヶ月」の源流として、「試験やすみ」を見ることができるように思われる。成立の契機は懸賞応募に発するとしても、その内容の独自さと新鮮さとは、決して通りいっぺんのものではない。児童の言語生活をいきいきととらえて活写し、それが読物としても迫力を持ち、ゆたかさを備えたものとなっている。とはいえ、「試験やすみ」においては、まだいちじるしく教訓的であって、そこには筆者の若さが発露している。また、筆者の関心は、綴方にのみ局限されることなく、むしろ多面的に働いている。

それに対して、「綴方十二ヶ月」においては、綴方に集中して、その核心に触れた操作が、会員（登場人物）と先生とを軸にして、あざやかになされる。そこに次元のちがい、冴えのちがいはあるにしても、児童読物「試験やすみ」は、「綴方十二ヶ月」の発想を、すでにここにみずからとらえていたものと考えられる。

自己の分身として、また教え子・学習者の典型としての登場人物を、いきいきと動かし、その言動・挙作を通して、教育理念や方法を具象化していく方法は、この「綴方十二ヶ月」にあざやかに生かされている。仮作物語「小園長」は、むろん教訓を主としたものではあるが、児童読物「試験やすみ」と「綴方十二ヶ月」との中間に位するものであろう。引用形式をとっている、春山芳夫の綴方「希望」にしても、やはり真の児童作というのには遠い感じもするのである。

しかし、自由選題による「綴方発見」は、芦田先生の綴方教授をいっそう深化させた。その理論と実地との深まりにより、それに独自の発想によって「綴方十二ヶ月」は独創的な価値をもつものとなった。その発想の一つの原型をなすものとして、「試験やすみ」が遠い星のように光っているのではないか。

児童読物「試験やすみ」は、明治三〇年代の半ばに、児童の生活（なかんずく言語生活）をみごとにとらえたこどものための読物としての価値を有すると同時に、後年の「綴方十二ヶ月」の源流・原型としての価値と位置とを持っていると考えられる。「試験やすみ」の出現に、芦田恵之助先生の努力の結晶と才智のかがやきとを二つながら見るおもいもするのである。

第四章　国語教育実践の事例研究

―「冬景色」を中心に―

一

幸田露伴は、雑誌「少年世界」の明治四一年一月号定期増刊「少年時代」が「現代名家幼時の記憶」を特集した時、つぎのような回答を寄せている。

一、初めて上った学校　　関氏私塾
一、初めて就いた先生　　関千代子女史
一、初めて読んだ書籍　　孝経素読
一、幼時好きであった事　　戸外遊戯
一、幼時最も嫌いであった事　干渉圧制さるゝこと
○　六歳で伊呂波を習った関千代子女史の私塾は、下谷の和泉橋通りにあった。孝経の素読は七歳の時、御徒町の会田氏の塾であったという。

（「露伴の書簡」、幸田文編、昭和26年5月15日、弘文堂刊、一三三四～一三三五ぺ）

幸田露伴は、慶応三年七月二六日生まれで、翌年は明治元年であるから、露伴は明治の初めに生まれた人ともいえる。その露伴は、右のアンケート注に見られるように、七歳の時、明治六年に、初めて「孝経」の素読をしているのである。明治の初期、近代の国語教育の初めの時期には、このような「書物への接近」をしていた。近

世期の、江戸時代の学びかたをそのまま受けついでいたのである。

明治初年、このような出発をした、わが国の国語教育が、明治末年・大正初期には、どういうふうになったか。その時期には、国語教育に、どういう実践の姿が見られるか。ここでは、そういうことを考えてみたいと思う。

また、明治元年生まれの内田魯庵は、みずから小学校時代を回想して、つぎのように述べている。

1「私が爰へ入学したのはタシカ明治七年であったが、初めに福沢先生の『世界図画』を授けられた。家庭で大学や唐詩選の素読を教えられていた私には『世界図画』が馬鹿々々しかったが口調が面白いので飴屋の唄と一緒に暗誦した。『世界図画』がウィルソンのリーダーの、翻訳の読本と変ったのは夫から一年ばかり後だった。その頃の小学教科書は大抵西洋の教科書の、翻訳だったから今のと違って世界的で、歴史や理化学の階梯は読本で教えられた。其の頃の西洋の教科書には聖書の記事が多かったので、其の、翻訳読本を課せられた私達は早くからモセスやアブラハムやソロモンやサムソンの名や伝説を吹込まれた。随って今の小学生よりは其頃の方が世界的興味を多量に持っていた。

小学校時代私が一番弱らせられた科目は簿記と経済学であった。其頃はマダ民間は勿論官庁でも洋式記帖を用いなかった。大蔵省が外人を聘して簿記を練習せしめたのは夫から一、二年後であったのを小学生に課したのだから教員からして実はアヤフヤであった。私達は何の本だか解らずに空々寂々に終った。経済学は牧山耕平という人の、翻訳書を教科書として与えられアダム・スミスの針の譬喩咄《たとえばなし》など教えられて得意になっていたが、大部分が殆んど不可解で、教員の説明からして頗るウロンであった。今日でも経済学は中学の科目にさえ入っていない。小学生に課するというのは些か無暴であった。が夫から後七・八年フォーセットやミルを教わった時、割合に会得が出来たのは小学校時代にウロンに経済学を授けられたお庇であった。」（雑誌「太陽」創業四十周年記念増刊「明治大正の文化」第三三巻第八号、四一六ぺ）

２「此の先生が作文を受持たれたが、先生の教授法は山陽や咄堂や宕陰や息軒の文章をボールドへ書いて生徒に写し取らせ一々文句の講釈をして暗誦させた。先生は作るよりは読めと教え、山陽が史記の項羽本記を何十遍とか何百遍とか暗誦した咄なぞをして聴かして課題よりは古今の名文の暗誦を先きにした。私が漢文に興味を持ち初めた抑も は此の先生から江戸末期の名家の漢文の講義を聴かされてからであった。」（同上誌、四一八ぺ）

内田魯庵の入学したのは、育英小学校であった。育英小学校は、小学校の中でも、もっとも古いとされている。魯庵もまた、露伴と同じように、家庭では、「大学」・「唐詩選」などの素読を授けられていた。就学前に、漢文の素読指導を受けていたのである。そこには、伝統的な漢籍学習と洋式的な翻訳物学習とが見られ、程度の高いものが与えられていた。作文学習にしても、魯庵の述べるところからすれば、かなり高度なものであった。今日の小学校国語科の学習状況とは、かなりかけはなれている。

こうした明治初期の国語学習は、明治末期・大正初期には、どのような形をとるようになったか。ここでは、その点を、国語教育実践史の問題として、考えていくこととしたい。

二

ここでは、考案の資料として、「冬景色」をとりあげることにする。「冬景色」は、国定の「尋常小学読本　巻十」（五年生用）の教材である。

第九課　　冬景色

黄に紅に林をかざつてゐた木の葉も、大方は散果てて、見渡せば四方の山々のいたゞきは、はやまつ白になつてゐる。山おろしの風は身にしみて寒い。」

宮の森のこんもりと茂つた間から、古い銀杏《いてふ》の木が一本、木枯に吹きさらされて、今は葉一枚も残つてゐない。はうきを立てた様に高く雲をはらはうとしてゐる。中程の枝の上に烏が二羽止つて、さつきから少しも動かない。広い田の面は切株ばかりで、人影の見えないのみか、かゝしの骨も残つてゐない。唯あぜの榛《はん》の木に雀がたくさん集つてゐて、時々群になつては飛立つ。

畑には麦がもう一寸程にのびてゐる。それと隣り合つて、ねぎや大根が青々とうねをかざつて、こゝばかりは冬を知らないやうに活々とした色を見せてゐる。畑に続いて、農家が一けんある。霜にやけて、赤くなつた杉垣の中には、寒菊が今を盛りと咲いてゐる。物置の後には、大きなだい〳〵の木があつて、黄色い大きな実が枝もたわむ程なつてゐる。」

家の横に水のよくすんだ小川が流れてゐる。魚の影は一つも見えない。二三羽のあひるが岸の霜柱をふみくだきながら、しきりにゑをあさつてゐる。犬を連れた男が銃を肩にして、森の蔭《かげ》から出て来て、あぜ道伝ひにあちらの丘へ向つた。

ずどんと一発。何を撃つたのだらう。銀杏の木の烏は急いで山の方へ逃げて行く。榛の木の雀は一度にぱつと飛立った。（大正4年3月24日、修正発行）

右の教材には、読替・新出の漢字として、紅　茂　株　群　活　霜　置　の七字が本文の上欄に掲げられてゐる。（――傍線は、読み替えを示す。）

さて、この教材「冬景色」は、大正一一年八月二六日発行の「尋常小学読本　巻十」では、第十三課になっており、本文の所々に修正が加えられ、五八～五九ページにかけて、下方に挿絵が一つはいっている。念のため、つぎにその本文を掲げる。

第十三　冬景色

黄に赤に林をかざつてゐた木の葉も大方は散果てて、四方の山々のいたゞきは、はや真白になつてゐる。山おろしの風が身にしみて寒い。

御宮の森のこんもりと茂った中から、はうきのやうないてふの大木が一本、高く突立つて雲をはらはうとしてゐる。中程の枝に烏《からす》が二羽止つて居て、さつきから少しも動かない。広い田の面には、人影一つ見えないのみか、かゝしさへも残つてゐない。あぜのはんの木に集つてゐる雀《すゞめ》が、時々群がつて飛立つ。畠には麦がもう一寸程にのびてゐる。畠に続いて、それと隣り合つて、菜やねぎが、此処ばかりは冬を知らないやうに、生き生きとした色を見せてゐる。農家が一けんある。霜《しも》にやけて赤くなつた杉垣《すぎかき》の内には、寒菊が今を盛と咲いてゐる。物置の後のだいだいの木には、黄色い大きな実が枝もたわむ程なつてゐる。

家の横に小川が流れてゐる。二三羽のあひるが岸の霜柱をふみくだきながら、しきりにゑをあさつてゐる。犬を連れた男が銃を肩にしてやぶの陰から出て来て、あぜ道伝ひに向ふの林にはいつた。ずどんと一発、何を撃つたのだらう。いてふの木の烏は山の方へ逃げて行く。はんの木の雀は一度にぱつと飛立つた。

この教材については、つぎのような読替・新出の漢字が本文の上欄に提示されている。

景色　面

前掲の教材に比べると、新出漢字はなく、平易化されている感じを受ける。

この教材「冬景色」に対する学習者の反応としては、東京女高師付属小学校で、調査し報告したものがある。

それによると、「尋常小学読本　巻十」の教材中、

○最モ面白ク感ジタル課　として、

巻一〇		一部	二部	三部	計
一九	勇ましき少女	四	一七		二一
二六 二七	大和《ヤマト》巡り	一二	五		一七
一八	捕鯨船	一一	五		一六
一五	斎藤実盛《さいとうさねもり》	一〇	五		一五
九	冬景色	一三	一三		

○最モ困難ト感ジタル課　として

第十六課　兵営内の生活

第十五課　斎藤実盛《さいとうさねもり》

第二十一課　人ノ身体

第十七課　足尾銅山

などがあげられている。

右の児童総数は、一部46、二部30、三部14、計90名となっている。（「国語教科書意見報告彙纂第一輯」、文部省図書局、大正2年3月15日、二三〇～二三一ぺ）

教材「冬景色」に対しては、四六名中、一三名がもっともおもしろいと感じており、読本所収二七課中、五位になっているのを見れば、教材としてはそんなにむずかしくなく親しまれる可能性をもつものとみられよう。

この教材「冬景色」についての批判は、どうであったか。国定の小学国語読本について、全国の師範学校付属小学校に、その批判的意見を、文部省が求め、まとめたものがある。

それによると、奈良師範からは、

　第九課「急いで山の方へ逃げて行く」ハ「ズドンと一発」ノ急ナル場合ノ語句ニアラズ思ハル　殊ニ急いでノ語ヌルシ（同上書、三六四ぺ）

という意見を出している。この意見を入れて修正したものか、前掲大正十一年の修正版では、

○《大正4》銀杏の木の鳥は急いで山の方へ逃げて行く。
○《大正11》いてふの木の鳥は山の方へ逃げて行く。

のように、「急いで」が削られている。

また、新潟師範からは、読本巻十の中では、「第九課　冬景色、第二十四課　松の下露、第二十六課、七課大和巡リハ困難」（同上書、二六三ぺ）という意見が出されている。そのわけは述べられていない。

さらに、長崎師範からの見解は、「巻十第九課冬景色　季節ノ関係上　四五課後ニ配当スルヲ可トス」（同上書、四五二ぺ）となっている。五年生としては、巻九・巻十を学習するので、季節の関係からいって、九課でなく、もう四五課あとへ置くのがいいというのである。修正版（大正11）では、「冬景色」は第十三課へ移されている。

これらの事例からすると、文部省としては、現場の意見によて、国語読本の文章の改善・改定をしていく意向をもっていたとみることもできるようである。

島田民治氏の「国語科教授要義」（明治43年4月10日、広島堂刊）には、「九　冬景色　武蔵野の十一月末の冬枯の光景を叙したるもの」（同上書、三三九ぺ）と述べられている。

この教材は、巌谷小波氏の執筆したものと言われ、武蔵野の十一月末の冬枯の光景を叙したものと見られている。ただし、武蔵野の冬枯の光景を扱いつつも、冬景色としては、かなり一般化されていて、どの地域の景色にも、ある程度まではあてはめることができるようになっている。それだけ、印象・感銘の薄いものとなっているのは、やむをえない。

それにしても、学習者に親しまれるのは、克明に平明にという書きぶりがなされており、教材の文章としての成長もあったからであろう。

三

この「冬景色」の実践記録が芦田恵之助先生の「読み方教授」（大正5年4月21日、育英書院刊）に収められている。大正四年（一九一五）十一月十七日、十八日、十九日の三日間、尋常科五、六年の複式学級において、五年生に対して扱われたものである。芦田恵之助先生は、四三歳であった。

「大正四年十一月十七日、水曜日の第一時間目は、『冬景色』の課を取扱うべき順序である。この朝教案を書く為に、机に向って、かの課を二回読んだ。余は過年に於てこの課を取扱うこと三回、さして強い感じも浮かばなかったが、今之を読んで、実によい心持がする。『絵のようだ。銃声に天地の寂莫を破った所は面白い。全課少しもわざとらしい所がない。以前は余の目が近かったのか、よい文とは思ったが、今日のように感興をひいたことはない。この心持で児童にのぞめば、成功疑いなし。』など思いつづけてた。」（「読み方教授」、五七ペ）

実地授業にはいる前の、教材研究、教材把握の境地など、簡明に述べられている。当日早朝、扱う予定の教材を、新しい気持ちでくり返して読み、教案をたてられるのは、芦田恵之助先生の久しい習慣であった。教材に対して、「感興」を感じていること、そこから生じてくる「自信」が述べられている点、注目させられる。「教材研究」・「指導計画」において、「確信」をもつことは、実践の推進力となる。

1「冬景色」第一時間目

「一時間目は来た。我は教壇に立った。朝の充実した気は教室内に漲っている。余は冬景色の課を静かに通読した。児童はきわめて静粛に聴いていた。蓋し東京近郊の何処にもみらるゝこの冬景色を、各自に思い浮べていたのであろう。我は何事をも語らぬ。児童も何事をも語らぬ。しかしこの黙々の間に於ける双方満足の感は十分にあらわれた。余は窃かにこの感じが読み方学習の根柢であるとさとった。

尋五六の複式学級であるから、我は尋六の直接教授に移らねばならぬ。尋五の自動作業としては、『通読の練習と、この文について作者の工夫の存する所を調べておくように。』と命じた。この予定時間約十二三分、児童は言下にその作業にかゝった。

低声に通読する声は燥音となって響いている。その響は数分でおさまった。作者の工夫を尋ねはじめたのか、尋五は極度の沈静に帰した。それもたゞ少時、また通読する声がきこえはじめた。蓋し通読によって工夫のあとをたずねようとするのであろう。

我は尋六に自動を命じて、尋五の直接教授に移った。まず通読せしめた。発動的に学ぼうとする場合は、一課の通読位は易々たる事である。日頃はあまり通読に堪能ならぬ者も、今日はすらすらと読みきった。余は教材と学習との関係が頗る重大であることをさとった。余の教授は通読回数の少いことで屢々批評に上るが、余の所信は之がために少しも動いたことがない。学級全体で仕事をする場合に、同一箇所を数回反復通読せしむるなどは、徒に倦怠の情を惹起するに過ぎない。

次に作者の工夫について、各自に発見した箇所をいわせた。それぞれに所見をいったが、まとめていうことは出来なかった。余は『皆さんのうちに、山水画の掛物があるだろう。』というと、『あります。』と答えた。『その山水の景色には、遠くに山などの景色が書いてはなかったか。』『中程にや丶はっきりと書いた景色はなかったか。』『極手近なところに、きわめて鮮明にかいた景色はなかったか。』と問うと、児童は悉く『書いてありました。』と承認した。『景色を書いた絵には、この遠中近の用意があるが、冬景色にはこれに似寄った点は見つけなかったか。』ときくと、『見えます。〳〵。』という。さながら追分で道に迷っている旅客が、行くべき道を見出したように喜んだ。『一段が遠、二段が中、三段・四段・五段が近』と児童が説明した。『さらに工夫のあとは見えぬか。』ときくと、『銃声の所が面白いようです。』という。『勿論こういう実景に接して書いたものであろうが、最後に銃声をおいたことは、作者の工夫である。万物悉く死せるが如き寂寞を、一発の銃声で破った所は、実に巧妙に出来ておる。』というと、児童は『そのいわんと欲する所を指摘された。』というように、非常に喜んだ。余は作者の工夫をたどりつ丶、全課を通読すべきことを命じて、六年の直接教授に移った。（以上第一時）」（同上書、五七〜六一ペ）

右の第一時間目の実践記録は、流れるようになめらかに、かつ鮮明にまとめられている。簡明に形象化されている。

時間の初めに、芦田先生みずから範読されている。これは、後年になっても、つづけられたことで、芦田先生の指導過程において、範読の占める位置は重いのである。

範読によって、そこに生じた静かな学習境については、「我は何事をも語らぬ。児童も何事をも語らぬ。しかしこの黙々の間に於ける双方満足の感は十分にあらわれた。余は窃かにこの感じが読み方学習の根柢であるとさとった。」と述べられている。この学習観は、芦田先生の読方教授の中心をなしている。内省主義の立場に立つものといえよう。

同時に、この「黙々の間」に、学習者の心情をとらえ、そこに読方学習の根柢を見いだすということは、事前準備の段階における、「『（前略）今日のように感興をひいたことはない。この心持で児童にのぞめば、成功疑いなし。』など思いつづけた。」ということと、緊密に照応している。

また、芦田先生は、「発動的に学ぼうとする場合は、一課の通読位は易々たる事である。」と述べられている。学習活動における発動的態度——これもまた、芦田先生の重視されたところである。さきに見た、幸田露伴・内田魯庵などの素読教育のばあいと比べると、この「冬景色」学習のこどもたちの発動性には、さすがに国語教育の進展が見られよう。

当時、この「冬景色」については、一般に三時間で取り扱うようになっていたようである。複式学級において、この教材を三時間で扱うには、自動作業（直接教授）を、よほどくふうしなくてはなるまい。芦田先生は、複式学級についての経験を、ゆたかに持っていた方であり、その点、巧みに進められている。

2　「冬景色」第二時間目

「翌十八日の第二時は、尋五六の読み方教授である。尋五にはまず自動を命じた。即ち冬景色の全課を通読すべきこと、作者の工夫について、昨日の所感を想起しおくべきこと。語句又は文章について質問すべき箇所をしらべおくべき事等である。

尋六の直接教授を終って、尋五に来た。一回通読させたが、昨日の通読に比しては、余裕のある読みぶりであった。『遠中近の工夫』『銃声による局面一変』等は余程よく分ったらしい。次に質問をきくと『山おろしの風』『木枯に吹きさらされて』『雲をはらはう』『霜にやけた』『枝もたわむほど』『ゑをあさつてゐる』これだけであった。余は訳をつけてきいたものの、よきはよしと認め、然らざるものは訂正した。こゝに難問は『霜にやけた杉垣』である。これは実物を見るより外に道がない。本校に通う道の傍なる杉垣を見ると、まだ緑したゝるばかりである。そこで『一月の末までまて、あの杉垣が霜にやけて来るから。』といった。そのうちに尋六に移らねばならぬ時が来たので、『こういう場所が東京附近でどの辺にあるだろうかと考えながら、ゆる〳〵読んでごらん。また之を絵にするだったら、どう書けばよかろうか。なお私が来なかったら書取でも、しておきなさい。』といった。この時『先生、書きぶりでもうちがう所はないですか。』と聞くものがあった。余はこういう問に接すると、心のそこから嬉しい。『発動的に学習するものは、かくなくてはならぬ。』と思って、『まだあるけれども、それは私にきくよりも、皆さんが発見した方が面白かろう。目の着け所は三段と四段だ。』といって、尋六に移った。

尋六の通読をきゝながら、尋五の机間を巡視すると、静かに通読しておる者がある。はや絵に苦心しているものがある。中には絵は断念したのか、書取をしておるものがある。やがて尋六を終って、尋五に来ると、大多数は絵が出来ていた。中でよく出来たものを児童に示し、余がきわめて下手な絵で、児童と問答しながら板上にまとめた。遠中近とまとめて居ると問題が起った。『先生、作者は何処におるのですか。』と。すべて叙景の文でも、詩でも、作者の位置を定めるということは大切である。教師が何事をいわなくても、研究が自然の道に乗って来れば、悉く問題は児童から起るべきものである。余は『この景色を作者が見ていた時間も問題ではないか。』と附加した。この時終業の鈴がなった。」（同上書、六一〜六三ぺ）

右の記録中、語句の取り扱いについて、「余は訳をつけてきいたものの、よきはよしと認め、然らざるものは訂正した。こゝに難問は『霜にやけた杉垣』である。」と述べられている。単なる換言的語釈でなく、真の語句習得を目ざされていたことがわかる。

また、「教師が何事をいわなくても、研究が自然の道に乗って来れば、悉く問題は児童から起るべきものである。」とも述べられている。これもまた、発動的学習観からの指摘である。

3「冬景色」第三時間目

「十九日第三時、冬景色取扱の最終時間となった。『調べることが残っていたね。』と直接教授にかゝると、手が挙がる。別にきくほどの事はない。『三段四段の書きぶり』『作者の位置』『作者が景色をながめていた時間』それから『書取』と板書して、自動を命じた。

次の直接教授の時に、三段は動かぬ物、四段は動く物の書いてあることを知らせ、作者は昨日の絵の外にあって、この景色をながめているものと考うべきであると説いた。作者のながめていた時間は、各自まちまちであったが、『少くとも猟師が畦道づたいに森の中にいって発砲したまでは見ていたとしなければならぬから、十分内外であろう。』と話がまとまった。それから書取を課して、その成績即ち『皆あった者幾人』『一つちがった者幾人』と調べて、間違た字をことに練習すべきことを命じ、自動は随意として六年に移った。

余は漢字の書取をよほど重く見ている。重くは見ているが、之に時間を割いて多く練習することはない。

『漢字は各自の財産だ。貯金をするようなものだ。心がけて少しの時間にでも練習したら知らぬ間に字数が殖えて来る。漢字の練習を先生にたよっているようではあさましい。』と時々訓戒している。頗る有効であるように思う。」(同上書、六三〜六五ぺ)

右の記録中に、漢字の書取に対する芦田先生の基本態度が力強く示されているのは、注目に値する。漢字の書取もまた、児童の発動的自主的学習に待ち、その成果を挙げていこうとされているのである。漢字の取り扱いをどのようにしていくかは、芦田「教式」の中では、大きな問題の一つであって、芦田先生としては、さまざまにくふうされたようである。

この「冬景色」の授業を見ていると、芦田先生の複式学級の読解指導の教式は、ほぼ確立していたのではないかと思われる。第一時間目から第三時間目まで、どの時間にも、自信があふれ、取捨選択の要をえた扱いになっている。複式による実践様式の自己確立がなされていたのではないかと思われる。

4「冬景色」の授業から——児童の文——

「かように三時間を費して、冬景色の取扱を終えた、児童は始から終まで喜んでいた。ついにその次の綴り方随意選題の時に、ある女児が左記のような文を綴った。

冬景色の所について

私は読み方の時間が大すきだ。面白い所を教へていたゞく時は、ことにその時間が待ち遠しい。五年になってからは、四年の時よりむづかしいかはりに、又たいへん面白いのがたくさんあるので、私は四年の時より一層面白く感じる。

たくさん面白いののある中で、今日習ひをへた冬景色といふ所は、まことにさみしいやうな、にぎはしいやうな、なんともかともいへない程、よい感じのする所である。

作者はあのお伽噺で名高い巌谷小波さんであるといふことだ。さすが小波さんは世の人々に上手だ上手だといはれてゐるだけあって、それは〳〵上手に書いてある、一番最初は遠い所にある山だとか、林などのことをざっと書いて、その次に中頃にある林や田や烏雀などの事をやゝくはしく書いて、三段目、四段目には近い所の有様が手に取るようにくはしく、色の配合や活動するものゝ事など、いち〳〵注意して書いてある。これまでは何となく静であるが五段目の「ずどんと一発」といふ所に来ると、今までものたりない感じがしたのが、一度にぱっと破れてしまってゐる。

なみの人なら、五段目を書かずに、四段目で終りにしてしまふ所を、物足らぬ気のしないやうに、五段目を書いた所などは、私たちが綴り方の模範とする第一の所であらう。遠中近と順序正しく書くことも、私は今日から覚えた。（同上書、六五～六七ペ）

右の児童作文は、「冬景色」読解学習のおのずからなる発展学習となっている。それは「冬景色」学習が発動的になされた結果でもある。随意選題による作文学習が発動的な読解学習と緊密に連絡しあっているのである。

以上芦田恵之助先生の「冬景色」の実践記録は、三時間の学習指導過程を、あたかも目に見るかのように描き出しており、よく具象化されている。当時の読解学習の指導としては、熟達した境地を示しているといえよう。

四

芦田恵之助先生の「冬景色」の実践事例に対しては、垣内松三先生が、その著「国語の力」（大正11年5月8日、不老閣書房刊）に、センテンス・メソッドの実例として引用し、その読み方の作用の展開の過程を分析された。それらを、以下に引用する。

1・実践事例「冬景色」の作用分析

「この読方の全体に現われて居る作用を分析すると次のように考えられる。

1　通読（音読）——指導者の音読から生徒は文意を直観して居る。これが Sentence method の出発点である。

2　通読（音読—黙読—音読）文をたびたび読んで、文の形に第一段第二段第三段第四段第五段の展開があることを気づいた。

3　通読（音読）——文意が更に確実に会得せられてそれから自然に語句の深究が生れて居る。

4　通読（静かなる音読又は黙読）——語句深究のために作者の位置を見つけ、作者の景色に対して佇んだ時間まで考え出した。

5　通読（黙読）——板書の綱目を透して全文を心読し冬景色の天地の広さ、遠さ、色（光もあろう）音等を観取し静寂の感を深く味わって居るらしい。特に銃声の後更に一層の静寂を感じたようすがありありと見える。

更にこの作用をいいかえてみると

1　文意の直観
2　構想の理解
3　語句の深究
4　内容の理解
5　解釈より創作へ

ともいうべき順序を遂うて展開して居るのである。」（同上書、有朋堂版、一九〜二一ぺ）

右のような作用分析につづけて、垣内松三先生は、右の実例に即する考察を二つされている。

○考察（一）

「この実例に基いて我々の読方を内省して見ると、普通に文字語句の註解から出発する読方の最後の到着点がこの読方の出発点となって居るので、我々のこれまで実行して居る読方はかなり重いハンディキャップをつけられて居るといわなければならぬ。それであるからその決勝点に達するまでに疲労してしまって行き着くところまで達し得られないこととなって居るのである。語句の解釈にしてもこの読方に於ては一語一句が文の全体の関係に於て生きて居るので言語の活力 Vitality を明かに考える要求が自ら生れて来るのであるから、一語一句の解釈は註釈や辞書に一般的に説明してある蒼ざめたいい換えでなくて、その語句のそれぞれの活きた力が見出されるのである。その解釈はその場合に適合した特殊的な意味を要めなければならぬこと、なり、又内容の会得の結果も、文の意味を知ってその主観的な興味に耽って居るのではなくして、その文を書いた作者の創造の作用を明かに認識するのであるから、作者の精神を透して文の産出された根源にまで導かれるのである。文の産出される内面的な作用を見る学習の態度が解って来たらおのずから自分の考えを文に表現する作用も目ざめて、解釈は文の意味が解ったという程度に止まるのでなくして創造の力を体験せられるのである。我々の普通に行って居る読方よりは遙かに先きに進むこと丶なるのである。而してそれが我々が文を読むことに於て求めて居る究竟の目的であるといわねばならぬ。もしたゞ器械的に暗記的に言語の知識を収得し得てもたゞ多くの言語を知って居るというだけで、それが少しも生命の生い立つ原動力とならぬような読方であったら徒らに精神を疲労せしむるに過ぎないであろう。文を読んだなら読む作用の力に依って自己の教養とする精神と、文を読みこなすには真実を求むる自己の心を活々と働かして総てを摂取する態度とを強く主張しなければならぬ。Sentence method はかような要求の上から生まれた方法である。又、以上の実例のような活々した精神の活躍を見る時にそれは単に理論の上から考えられたことでなく、こうした読方が我々の読方をその最も自然な状態に導くものであることを了解することができるであろうと思う。」(同上書、二一一〜二一三ぺ)

○考察(二)

「以上の実例から考えなければならぬ他の問題があるが茲に挙げた実例は指導者に指導せらる丶国語の読方である。したがって読方は発音に依って行われて居るのであるが、我々の読方は教場で学習する時の外は多くは視読であることである。視読の場合の通読は始めから終りまで自己の作業であって他の助けを藉りないで文を内視することであるから、解釈の力の強弱は自己の心の力をそのま丶に示すものである。芦田氏が、『読方は自己を読むのである。』ということを述べて居られるが、自己のもって居る力だけしか文を読む力はないのであるから、眼が低くかったり心が拙いとしたら、他人の書いた文を読むのであるが結局その解釈は自己の力を示し自己の心の姿を自己に見せるものであるといわなければならぬ。それであるから読方の鍛錬は自己を鍛錬することになるのであって文を読む力の向上は同時に自己の向上であるということができるのである。この立場から前の実例を見ると数回くり返して通読黙読を試みてあるのはその力の鍛錬であって、初めの読み方よりは、だんだん精緻になって行く作用の跡を尋ぬると、いかにも生命の力がめき〳〵と生い立つように感ずるのである。然るに視読に於てはこの作用を怠り易いのである。読書百遍意自通ということは、いつまでも変らぬ真理であって、読方の極意はこの外にはあり得ないと信じて居るのであるが視読に於てはこの真理に反きがちであり易い。故に視読作用に於ける読方に於ては、その過ちを避ける工夫を必要とする。視覚から神経に連る心理的の過程は、音読から導かるゝ心理的過程とはもとより同一の作用ではない。これを心理的に分析すればヴントが文に対する時の心の動き方の初めを『暗室である画に向って居る時突然一方から光がさしこんだら先ず初めに画の全体の形が現われて次第に部分々々が明に見えて来るように先ず文の形が見えて来る』といったのは第一回の視読に於て著眼しなければならぬ要点である。少なくともこれを捉えんとする意志によりて精神が統一せられて文字を凝視する時にこの心の捉え方から読方が正しい方向に導かるゝということができる。（読方心理の研究に於ては多くの人人の心理を研究するのであるからその実験の結果はヴントやゼームスと意見を異にしたジューベルトなどの学説もあるがそれは読方のさま〴〵の心理現象であるので、その心理の中の孰れが読方の力を伸ばす正しい且つ自然の道程であるかという考察の前にはそれは一つの参考にはなるが読方の原則と見ることはできぬ）これを前の実例に見る音読の過程と比較すると

1　文の形――文意の直観・構想の理解
2　言語の解釈――語句の深究
3　文の理解――内容の理解

というように相対せしむることができる。もし実例に見るような読方に依って鍛錬せられた読む力であれば、視読に於ても読もうとする文に対して未知の文字や言語につまずきがちであることなしに、先ず文全体を洞察して、それを心の両面に引き据えた上で、徐々に、解らぬ言語の解釈を辞書に求めて言語の意味を考え、文の真意を捉えることを難しとしないであろうと思う。」（同上書、一二三〜一二五ぺ）

2　実践事例「冬景色」による「文の形」の考察

垣内松三先生は、解釈の着眼点の一つとして、「文の形」の問題をとりあげられている。その「文の形」の問題を、「冬景色」の実践事例に即して、つぎのように考察された。

「雪片を手に執りて、その微妙なる結晶の形象を見んとする時、温い掌上に在るものは、唯一滴の水である。文に面して、作者が書こうと思ったものを捉えようとする時もし文字に泥むならば、そこに在るものは、既に生命の蒸発し去った文字の連りである。微妙なる結晶を見るには、硝子板に上ぼせて顕微鏡下に結晶の形象を視なければならぬように、文の真相を観るには文字に累わさるゝことなく、直下に作者の想形を視なければならぬ。文の解釈の第一着手を文の形に求むるという時、それは文字の連続の形をいうのではなくして、文字の内に潜在する作者の思想の微妙なる結晶の形象を観取することを意味するのである。

想の形の記号として書かれたる文字、又は印刷せられた文字の連続の上には、書くために印刷するために必要なる用意がある。実例についていえば、

（引用者注、垣内先生は、ここで、「冬景色」の教材本文を引用されている。）

先ず印刷した文字の連続としてこの文を見る時に、文の形は、五の文字群として現われる。『読み方教授』

（五九頁）によれば、通読の後に『次に作者の工夫について、各自に発見した箇所をいわせた。それ〴〵に所見をいったが、まとめていうことは出来なかった』と記してある。『読む』という作用が文字から内に内にと深まって行く時の、作用の起頭があり〳〵と見える。ツァイトラー、ゴールドシャイダー、ミュラー等の文字の知覚と聯想との研究は、この機微を捉えて釈明を試みたものである。ものゝ終と始めとは明に見えるが、終から始に移る境は見つけ難いものであって、精緻なる観察と思索とに須たなければならぬ。実例によれば『余は皆さんのうちに山水画の掛物があるだろうというと、ありますと答えた。その山水の景色には遠くに山などの景色が書いてはなかったか、中程にはややはっきりと書いた景色はなかったか、極手近なところにきわめて鮮明にかいた景色はなかったかと問うと、児童は悉く書いてありましたと承認した。景色を書いた絵には、この遠中近の用意があるが、冬景色にはこれに似寄った点は見つけなかったかと聞くと、見えます〳〵という。さながら追分で道に迷っている旅客が行くべき道を見出したように喜んだ。一段が遠、二段が中、三段四段五段が近と児童が説明した』と記してある。これを読むと周到なる用意に依りて文字の知覚から聯想に導かるゝ読方の作用の進路が明かに現われて居る。この叙述を透して児童の心を想うと児童の心に一幅の冬景色の画がだん〳〵鮮明に描きだされて来る跡が見られるのである。而して我々の前にも亦、遠くから近くへ、だんだんに精細に叙してある冬景色の光景が、鮮かに眼前に展開して来るように覚えるのである。然らば印刷した文字の連続の中より、作者が書こうと思ったものを認める作用は、文字の知覚ではなくして、文字の知覚から伴われる聯想に因るものであるといえるのであって、こゝにはその聯想を生かすために、児童の経験を喚起することから『さながら追分で道に迷っている旅客が行くべき道を見出したように喜んだ』新しい第一歩が踏み出されて居ると見ることができると思う。然るにこゝに至って更に新しい疑問が生ずる。勿論こゝに疑問というのは文の教え方に就いていうのではない。この文を一例として文の形を見るために便宜上これを用うるのである。

印刷された文字群の、第一段は初めから『身にしみて寒い』まで、第二段は『宮の森のこんもりと茂った間から』より『時々群になっては飛び立つ』まで、第三段は『畑には麦がもう一寸程にのびて居る』から『黄色い太い実が枝もたわむ程なって居る』（行の終りであるから鈎を以て段落を示してある）まで、第四段は『家の横に水のよくすんだ小川が流れて居る』から『しきりにゑをあさって居る』まで、第五段は『犬をつれた男が』から『榛の木の雀は一度にぱっと飛び立った』までを一群として、五に分けて記されて居る。この文字群の第一段の内容が遠景、第二段が中景であることは動かないとしても、第三段第四段第五段を引きくるめて近景といえるであろうか。この点から文の形の問題を提起して見たい。

第三段が近景であることは、『家の横によくすんだ小川が流れてゐる。魚の影は一つも見えない。二三羽のあひるが岸の霜柱をふみくだきながら、しきりにゑをあさって居る』に見るように、農家の直ぐ横側を流れて居る冬の小川の景色であって、水の底の光まで見えるような近くであり、家鴨の霜柱を踏み砕く音がざく〳〵と聞えそうな近さである。然るに第四段の『犬を連れた男が銃を肩にして森の陰から出て来て、あぜ道伝ひにあちらの岡へ向った』では、ます〳〵遠くの方へ『犬を連れた男』と共に進んで居る。そうすると、第四段は二つに分れて、前半は第三段の近景の方へ接続し、後半は中景の方に近づいて居る。こう考えて、『ずどんと一発』へ読み進むと、作者の目は、第二段の中景に見た、銀杏の木の烏や榛の木の雀を見て居る。第五段に於ては烏の飛び行く跡を追うて遠《ママ》の山の方まで目が動くと共に、中景の榛の木の雀が、銃声に驚いて飛び立った形を見て居る。と考えることもできる。そうすれば、この文はその叙景の上よりのみいえば遠中近近中遠ともいうことができるのであるが、この文の興趣は、前に抄録した女児の綴方に『これまでは何となく静であるが五段目の『ずどんと一発』といふ所に来ると、今までのものたりない感じがしたのが、一度にぱつと破れてしまつてゐる』とさかしくも感じたように、それより以前の第一二三四段の静的叙述を破って、全く局面を一変せしめた点に、文の興趣の高調したところがある。この立場からこの文を見る時に第五段は文が短いが、それより以前の文段に対して、第五段ではなくして、第二段の性質を帯びて来る。又、第四段の後半は『ずどんと一発』をいうため、極めて自然な説明であって、文の中の軽い部分であるから、第四段の前半を第三段に接続させ後半を第五段の方へ近づけて見ると第四段は消滅して、銃声に依って文の形は両分され、静粛と活動、寂寞と喧操《ママ》との対照を感じさせる。又、更に銀杏の木に止まって居た鳥が二羽、山の方へ上になり下になり前になり後になり飛んで行く影が遠くなればなるほど、一度にぱっと飛立った雀が榛の木の枝へ、二羽五羽三羽と舞い戻って来てとまる数が多くなるほど、銃声が破った静けさよりも、もっと沈静な寂寞が文外に生じて来る弾力性潜在力を含んで居るように感ぜられる。この文外に生じた涅槃のような静粛が、或はこの文の生命と考えられるかも知れぬ。そうすると、この文は第三段を書かないで、読者をして読者の胸中に第三段を書かせて居るとも謂える。即ちこうした味い方からいえば文の形は、五段ではなくして、

1　遠中近の叙景
2　銃声から生じた局面一変
3　（読者の印象）

というように見ることもできる。

五段に分ちて見るのは、印刷せられた文の形に基いて、行を改めて書き下した大文字群を一段としたのである。三段に考えて見るのは、文の与える印象に依りて、読者がそれを胸中に再構成して見た形である。ある修辞学者は前者を普通にいう文の形 Editorial Paragraph と称して後者と分つのであるが、『文字の上に現

われたる文の形』はかくの如く主としてこの書き現わし方の上から見た文の形である。解釈の起点として考えたいのは寧ろ後者の文の形の見方であって、こゝに『文の形』というのは『想の形』を意味するのである。」（同上書、八四〜九二ぺ）

垣内先生は、さきの「作用分析」を、実践事例に即してなされたが、ここでは、教材「冬景色」に即して、「文の形」の視点から、文章分析を試みられ、解釈の着眼点を示されているのである。

さて、垣内松三先生は、解釈の着眼点の一つとして、「言語の定着性」を挙げていられる。その面の考察に関しても、つぎのように「冬景色」の実践に言及されている。

3　実践事例「冬景色」による言語解釈の考察

「言語は文中に流動する意識の連続の焦点を示すものであって、其の職能は意識の焦点を定着せしむるものである。文を評して『一語も動かすことができない』というのはこの定着性を示すものである。然らば文中の言語を解釈する着眼点はその定着性の上に注がねばならぬ。而してそれを文の全意に関係せしめつゝ、文を解釈した一つの仮定を心の面前に据えて、其の真意味を求むることから、言語の活力を見出し仮定の中から定説を推論することであらねばならぬ。それであるから普通に行われて居る『大意』に附加してペダンチックに『語釈』を列挙するということではなしに、その言語の置かれたる位置に於て、真にその言語が発揮せる意味を示さねばならぬのではあるまいか。

前に挙げた、『冬景色』読方教授の際に『次に質問を聞くと『山おろしの風』『木枯に吹きさらされて』『雲をはらう』『霜にやけた』『枝もたわむほど』『ゑをあさつて居る』これだけであった。余は訳をつけてきいたものの、よきはよしと認め、然らざるものは訂正した。こゝに難問は『霜にやけた杉垣』である。これは実物を見るより外に道がない。本校に通う道の傍なる杉垣を見ると、まだ緑したゝるばかりである。そこで一月の末まで待て、あの杉垣が霜にやけて来るから、といった』とある。この中に於て、いい方は淡泊であるが『わけをつけてきいたもの』という一語は何時もながら実に尊く覚える。而して解らぬ言葉は『おろし』『さらす』『やける』『あさる』のようないろ〳〵の意味を有する言語が、この文の中に於て占める明白なる定着性を求むることや『はらはうとして居る』というような隠喩《メタフォリカル》的な意味、又は『たわむほど』のような直喩的な意味及び『霜にやけた杉垣』の『やけた』のような霜に打たれた杉垣の色や形やいろ〳〵の意味を象徴する言語などであった。これ等の言語の職能は、作者の心の中に見ゆる全ての意味を表明した表現でなく、事物を意識に齎らす手段であるから、読者にその全てを伝達せんとする作者の用意を示す言語の意味を尋ねた実例を見ると、実によく言語の解釈の眼の着けどころが生徒の心に明かに意識されて居ることを見るのである。」（同上書、一三四～一三六ぺ）

垣内松三先生は、以上の、1、2、3において見てきたように、芦田恵之助先生の実践「冬景色」を、周到に分析された。1においては、読みかたの作用分析を綿密に鋭く進め、2においては、解釈の手がかりとして有力な「文の形」（想の形）を、「冬景色」の実践に即して、深く追求し、3においては、叙述面の探求の手がかりとして、言語解釈のしかたを考察された。

一つの実践事例を対象にして、読むこと、解釈することの立場から、周到な考察を加えられた垣内松三先生は、ここに実践解釈学の樹立の拠点をえられ、またそれにもとづいて、実践解釈学の試みをなされたといってよい。

芦田恵之助先生のすぐれた実践に触発されたものではあるが、垣内先生としても、かねてから抱持されていた文章解釈の学理の面からの考察をつづけてきていられたのが、ここに至って、一つの結晶を示したものとも見られよう。

(なお、垣内先生は、「国語の力」に、「冬景色」実践例の一部(女児の作文のところ)や「読み方教授」の中からの一部を引用して、「読書の力」の問題に及んでいられる。ここには保留した。)

五

芦田恵之助先生の「冬景色」の実践事例ならびにそれに関しての「国語の力」における垣内松三先生の分析・考究については、時枝誠記博士が、文章研究の立場からとりあげられた。

すなわち、時枝博士は、「文章研究序説」(昭和35年9月1日、山田書院刊)において、「冬景色」の本文を引き、授業記録を「国語の力」の中から抄録しつゝ、論究してのち、つぎのよう述べられた。

「芦田氏の授業記録にもあるように、この教材の説明には、絵画の遠近法の法則が適用されていて(『国語の力』一四頁)、生徒は、この教材を、一幅の図画として把握すべきことを教えられている。また、そのためには、誠に好都合な教材であった。しかしながら、それだけにこの教材は、文章表現の読み方の基本を示すには不適当なものであったといわなければならないのである。この問題については、いずれ後に触れたいと思うのであるが(第二篇「各論」第一章三「言語の素材と文章」)、流動的継時的に展開する文章において、通読によって全体が直観されるという、絵画彫刻における方法がそのまま適用されるという考え方は、充分に吟味検討されなければならないのである。文章においては、同時的に全体が見渡されるというものではなく、前を読んでいる時には、後の方は目に入らないし、後を読んでいる時には、前の方は意識の背後に退いていて、我々は、ただ印象の継時的な流れしか意識することが出来ないのである。文章表現は、絵画や彫刻と異なり、常に継時的全体として成立し、存在するということは、文章研究の出発点に存する重要な考えであるといってよいであろう。

国語教育が、一字一語の訓詁注釈に出発し、またそれに終始するかぎり、文章全体を問題にするということは、起こり得ない。全体的把握というものは、一字一語の解釈によって自ら成就するものと考えられていることは、従来の文法論において、語論が重要な比率を占めていたのと相通ずることで、原子論的な考え方に基づくのである。読み方教育が、文章自体を出発点とするセンテンスメソッドを目指すことによって、ここに、一全体である文章自体の構造が問題になって来た。しかしながら、文章の構造を、絵画の構図と同様に考えることが果して妥当であるか。前掲の教材『冬景色』から分析された各段落は、絵画における遠近法に類推されて、絵画的構図と同様に理解されているのであるが、この考え方は正しいであろうか。」（同上書、二二三～二二五ぺ）

時枝博士はまた、つぎのようにも述べられた。

「通読によって得られた文章の直観が、センテンスメソッドの出発点になるのではなく、冒頭を正しく抑えることが出発点にならなければならないのである。出発点が正しく把握されるならば、読者は先きへ先きへと読み進めて行く興味を与えられるのであろうし、教室の生徒は、教師の力を借りるまでもなく、自分の手に受けた手応えによって、自分で釣糸を手繰りよせる興味と意欲を持つに違いない。冒頭を踏まえて読み進めるということは、我々の自然な、また正しい読書の姿勢であって、それは、文章の継時的線条的性格に根拠があるのである。通読されたものを分析して、そこに論理的関係を再構成しようとするのは、継時的なものを、同時的なものに置きかえたことになり、文章の実際からは遠ざかったものを把握することになり、ややもすれば、作品の対象的知的理解に導くことになり、実践としての読み方とは程遠いものになる危険がある。『総論』第三項に掲げた芦田氏の『冬景色』の教授記録にしても、そこでは、絵画の遠近法によって、この教材の絵画的構図を理解させたのであって、作品を読み進めて行く過程は殆ど問題にされていない。たまたま、この教材が絵画的構図に近いものであったために、あのような方法が効を奏したのであるが、このような表現は、文章表現としては、むしろ異例なものと云わなければならないのではなかろうか。芦田氏は、この授業の発展として、この作品を絵に書かせることを試みている。この作品が絵になり得るということは、文章表現としては、やはり特殊なものと考えなくてはならないことである。」（同上書、五三〜五四ペ）

時枝博士は、文章の継時的線条的性格を重視し、かつ読むことの過程に即して指導すべきことを重く考えて、「冬景色」取り扱いに見られる絵画的方法（遠近法・描写法）について批判的見解を述べられた。

しかしながら、芦田恵之助先生としては、「冬景色」の作者の工夫をわからせる方法の一つとして、絵画的な遠中近の問題を示されたのであって、すべての教材・文章を、そのように見てしまうというのではない。学習指導の工夫も、その文章観にもとづいてなされるにはちがいないが、実践の場の実地の工夫の一つとして見るとき、芦田先生のとられた方法は、一つのいきかたとして認められるのではなかろうか。教材・文章の個性・特殊に応じて、指導上の配慮がなされるのは、むしろ当然のことであろう。

六

雑誌「教育科学国語教育」（昭和36年7月10日、明治図書刊、31号）は、「芦田恵之助『読み方教授』全文と研究」を特集した。その中に、古田拡教授が、「冬景色の授業に関する考察」をされている。

古田教授は、まず国語教育史上に「冬景色」実践記録の占める位置と問題性とを示し、考察の目的を述べてから、授業記録に即して分析・考察を加えられた。ついで、芦田先生の指導方法のすぐれた面について、くわしく言及され、ものたらなく思うこと二つを述べられ、おしまいに付言七項を挙げられた。

芦田恵之助先生の高弟でもあられる古田拡教授は、さすがに周密に授業を分析し、芦田先生の「冬景色」の実践の包蔵しているものを、一つ一つ指摘し位置づけて、深い理解を示されている。

さらに、古田拡教授の所論には、芦田先生のきずかれた教育遺産（実践事例）に照らしつつ、戦後の国語教育の欠陥を鋭く指摘されている。

なお、古田教授は、時枝誠記博士の「文章研究序説」に収められた「冬景色」に関する所説につき、反論をされた。それらは、雑誌「日本文学」（昭和36年3月号、6月号、昭和37年5月号）に連載された。いまそれらへの言及は保留する。

七

以上は、「冬景色」についての実践例・研究例であった。

つぎには、学習者が「冬景色」をどのように学習したかについて、考察することとしたい。

中野重治氏の作品「梨の花」（昭和33年作、昭和34年5月30日、新潮社刊）には、つぎのような場面がある。


「本ばっかり読みなんな……」

そうおっ母さんがいうこともある。

「あい……」といってやはり良平はどこかで読む。このごろは、学校の読本に、文章の横へ鉛筆で棒を引くことも良平は覚えたのだった。

「赤ちゃけた杉垣の……」

「林のむこうでどんと鉄砲の音がした……」

その横へぎゅうと鉛筆で引く。

「先生におこられるぞ……」

沢田という隣りの生徒が心配そうにいってくれたが、良平には自信がある。見つかったにしても、島田先生はきっとおこらぬにちがいない。ぎゅうと鉛筆を引っぱると、引っぱっただけ、引っぱる手と一しょに、そこが一そう気に入ってくるのが自分でよくわかるのが気持ちがいい。

「いや。先生ァおこらんのじゃ……」

良平の頭には、わかりかねるとこもあったが、いつかも読んだ『読書法』の言葉がちゃんと浮かんでいるのだった。

「自分の読むべき書類は、なるべく之を購求することを善しとするのであります。」

これは本を買えということだったろう。

「それはどういふ訳であるかとなれば、自分が読むところの書籍には、欄外に批評を加へるが良いのであります。自分の書物だから構はぬです。自分は斯う思ふといふやうな事を、随意に欄外に書込む。又要点々々は、西洋書なれば下に鉛筆で線を引いて区別して置く。若し又和漢書なれば圏点をつけて置く。それが大変に他日の用を為すものであります。」

「先づ批評を加へたり線を引いたりして置きましたならば、それが幾らか抄録に代るのであります。」

よくはわからない。それでも、つまりは線を引いておけということだ。何もないところへ、行と行との空地へ、引こうと思う行のなるべく傍へ寄せてぎゅうっと棒を引く。たのしい……

もっともこの『読書法』という本は、読むことは良平は全部とばさずに読んだが、「何じゃい……」と思うところもたくさんあるのだった。「少年の書斎」という項があって、良平は自分らのことだと思って読んだが馬鹿にされたようで変な気持ちだった。

「たとへば紅皮表紙の書物に緑色装釘の書物を重ね、クロース製の本に卵色か茶皮で仕立てた本を並べるといふ風に飾る。それには又金文字が鮮かに書物の背部を飾って居るといふ風であるから……」

良平の家に、紅皮表紙の本や卵色の本などが一冊にしろあるはずはなかった。

『読書法』には「少年読書」という題の写真がのっていた。かすりの着物を着た良平くらいの子供が、机の上へ頬杖をして本を読んでいる。しかし良平の家に、良平の机というものはなかった。机が一つあるにはあったが、それは小机でおじさんが何かに使う。家中だれでも使う。良平のというものはない。良平には、良平の机というのもなければ、良平の本箱というものもない。良平の部屋というものもない。良平はどこででも読む。よけい読むようになってからはなおさらどこででも読む。良平が『読書法』から覚えたのは本に鉛筆で棒を引く楽しみだけだった。今では、何かを、読み方の本で読んでも、修身の本で読んでも、横わきへ棒を引くまでは気がすまないようになっている。まっすぐな棒からぶるぶるふるわせた棒、それから二本の線となってきて、このごろは、線を引くのをいくらかは自分で我慢するように努めている。」（同上書、二四三～二四五ぺ）

作品「梨の花」は、主人公良平の小学一年生のころから、中学一年ころまでの成長過程を描いたもので、良平には作者中野重治氏の幼・少年期のことが投影していると思われる。

中野重治氏は、明治三五年（一九〇二）一月二五日、福井県坂井郡高椋村に生まれており、その小学校五年生といえば、明治四五年ころにあたる。明治末年のころ、「冬景色」を学習したものと思われる。

作品の中に述べられている、

○「赤ちゃけた杉垣の……」

○「林のむこうでどんと鉄砲の音がした……」は、教材「冬景色」の本文のままではない。しかし、これらは、「冬景色」学習の表現読みの沈澱し、時あって、ありありとよみがえってくる個処ではないか。目に、耳に、印象深く刻まれていたものであろう。

明治末期の一小学生がどのように自己の読みを進めようとしていたかが、わかる。それは良平のばあい、かなりに自主的主体的であったといってよい。「読書法」を読み、棒線を引きつつ読んでいくのである。これを明治初年の幸田露伴や内田魯庵の漢籍の素読から始められた読みの生活・学習と比べると、さすがに明治期の国語教育実践の展開の跡がたどられるようである。良平には、学習態度の確立の一面が見られるのである。

なお、中野重治氏の生まれた翌年、明治三六年（一九〇三）年六月六日に生まれられた、清水文雄博士も、小学五年生の時、広島市外大田川の中流の山峡の小学校で、この「冬景色」を、三宅春一先生からおそわったと話された。「ずどんと一発。何を撃ったのだらう。」というくだりが、最も印象深かったよしである。また、教材の中に出てくる、「榛の木」などはめずらしかったようである。後年、武蔵野に住むようになって、この「冬景色」の情景は、よくわかったとも語られた。

――ともかく、芦田恵之助先生の指導を受けた児童ばかりでなく、「冬景色」を学んだこどもたちには、この教材のそこかしこが印象に残ったように思われる。

同じく明治三六年（一九〇三）に生まれられた、山根安太郎教授も、「冬景色」学習を回想されて、「畑には麦がもう一寸程にのびてゐる。それと隣り合って、ねぎや大根が青々とうねをかざつて、こゝばかりは冬は知らないやうに活々とした色を見せてゐる。」を印象深いところとして語られた。「冬景色」は、学習者の胸に生きる可能性をもっていた教材といえよう。

八

「冬景色」の指導計画としては、明治末期・大正期のものとして、以下に掲げるようなものがある。これらは、指導案であって、実践例そのものではないが、実践を予想する指導案としてとりあげていくことにする。

1「冬景色」の指導案　その一　「形式の解説を主としたる国語教授日案　巻十」（明治43・10・2、啓成社刊）から

第九　冬景色（三時間）

要旨　本課は、田園の冬景色を描きたる記体文なり。
内容　自然の美景と文学に対する趣味を養ひ、美的感情を修練せしむ。
形式　此種叙景文の形式、思想の組立、修辞法、及各種の文の文法的構造法を知らしめ且つ漢字の「茂」「株」「群」「霜」「置」の読方、意義、書方及「紅」「活」の読替を授く。
教材
形式解説
（一）文字
○「紅」―既出。音「コウ」（漢）「グ」（呉）訓「クレナヰ」、（アカ）、「ベニ」但しここにては「クレナヰ」とよむ。例　紅にそむ、紅にいろどる。
○「茂」―艸に从ひ戊の声、草木のしげれること。音「ボウ」（漢）「モ」（呉）訓「シゲル」例　茂った森、茂った林、木の葉が茂る、茂れる山。
○「株」―木に从ひ、朱の声。音「シュ」又は「チュ」訓「カブ」例　木の株、切株、株式、二株三株、株主
○「群」―輩なり。羊は羣をなす。故に羊に从ひ、君は其の声、諧声。音「グン」訓「ムレ」例　小供の群、鳥が群をなす。群に加はる。
○「活」―既出。音「クワツ」（漢）「クワチ」（呉）訓「イク」、活々（いきいき）例　活々としてそだつ、活々とした顔、挙動が活々としてゐる。
○「霜」―雨に从ひ、相の声、諧声。音「サウ」訓「シモ」例　霜よけ　朝霜、霜ばん、霜風、霜柱、霜やけ。

○「置」―罒、网に从ひ、直に从ふ。直は亦声。「置」の本義は罪をゆるす意なり。「直」は植にて杖をおく意。会意に諧声をかぬ。音「チ」訓「オク」例　物置き、据え置く、床の置物、棄て置く、車を端に置く。

(二)　語句

○「山おろし」―山より吹きおろし来る風。

○「こんもり」―鬱蒼などと云ふに同じ。樹木のしげりたる形容。

○「銀杏」　公孫樹ともかく。「いてふ」は一葉の約なりと云ふ。従って仮名も「イテフ」とかく。樹の高さ数丈に及べるあり。直に聳えて梢に枝多し。葉の形は開ける扇の如く、又鴨の脚の如し、夏の初め五七分の茎の頭に淡青き花を開き、山椒の粒の如し。葉の末に岐のあるを雌とす。実は、「むくろじ」に似て核あり。核の色白く二角三角あり其仁は炒りて食ふべし。実は普通音読に从ひ、「ギンナン」と呼ぶ。

○「木枯」―「コガラシ」とよむ。木嵐の転と云ふ。秋の末頃より冬に吹く。疾き風の称。

○「かゝし」―かゝしは赫の義と云ふ威す意。案山子とかく。竹や藁などにて人の形を作りみのかさを着せなどし、又弓矢などを持たせ、田畑の間に立てゝ鳥獣を怖れしめて其の害を防ぐもの。

○「榛の木」―「はり」の木の音便なり。高さ二三丈、葉は栗に似て柔かに、花も亦相似て褐色なり。実は恰も杉の実の如し。幹は色白けれど日を見れば赤く変ず。材は多く薪に用ひらる。烟少しと云ふ。

○「寒菊」―冬に花を開く菊なり。「こがねぬき」又は冬菊とも云ふ。

○「だい〴〵の木」―(橙の木)だい〴〵は代々の意と云ふ。幹は丈余に及び、嫩きは刺あり。葉は扁く大にして、両刻欠ありて両段となる。九年母の葉に比すれば、稍短し。夏小白花を開く、実は九年母よりは大きく、皮の肌細かく臭気あり。味苦くして、食ふに堪へず。実の蒂二重なり。冬熟して黄に変じ、春又緑にかへる。此くの如くにして、年々落ちずして形大きくなるが故に代々の名あり。又これを正月の飾りに用ひ、長寿と子孫繁栄とを祝ふなり。

○「たわむ」―しなへてまがれるを云ふ。

○「霜柱」―厳冬、霜の為めに地中の水分氷となり、脹れ起りて柱の如く立つを云ふ。

○「あぜ道伝ひに」―あぜ道からあぜ道に伝ひ行くを云ふ。

（三）文章

(1) 〔黄に紅に〕副 〔林を〕客 〔かざつてゐた〕主語 述 形 木の葉も 〔大方は〕副 〔散果て、〕述 ―

〔見渡せば〕副 〔四方の山々のいたゞきは〕主 〔はや〕副 〔まつ白に〕補 〔なつてゐる〕 単文 平叙文

(2) 〔山おろしの風は〕主 〔身に〕副 〔しみて〕述(副) 〔寒い〕述 （単文 平叙文）

(3) （〔宮の森の〕主 〔こんもりと〕副修句 副 〔茂つた〕述 間から） 〔古い銀杏の木が一本〕主 〔木枯に〕副 〔吹きさらされて〕述

〔今は〕副 〔葉一枚も〕主 〔残つてゐない〕述 （重文 平叙文）

古い銀杏の木が一本は、一本の古い銀杏の木がに同じ。

(4) 〔銀杏は〕主 〔はうきを立てた様に〕副 〔高く〕述(副修) 〔雲をはらはうと〕補 〔してゐる〕述 （単文 平叙文）

(5) 〔中程の枝の上に〕副 〔鳥が〕主 〔二羽〕副 〔止つて〕述 〔さつきから〕副 〔少しも〕副 〔動かない〕述 （単文 平叙文）

(6) 〔広い田の面には〕副 〔見えるものは〕主 〔切株ばかりで〕補 〔あつて〕述

（〔人影の〕主 〔見えないのみか〕副修句） 〔かゞしの骨も〕主 〔残つてゐない〕述 （重文 平叙文）

(7)　[唯]副 [あぜの榛の木に]副 [雀が]主 [たくさん]副 [集つてゐて]副 [時々]副 [群になつては]副 [飛立つ]述 （単文 平叙文）

(7)の文を略す（原文のまゝ）

(8)　[それと隣り合つて]副 [ねぎや大根が]主 [青々と]副 [うねを]客 [かざつて]述
[ここばかりは]主 [冬を知らない様に]副 [活々とした色を]客 [見せてゐる]述 （重文 平叙文）

(9)　[霜にやけて赤くなつた杉垣の中には]副 [寒菊が]主 [今を盛りと]副 [咲いてゐる]述 （単文 平叙文）

(10)　[物置の後には]副 [大きなだいぐの木が]主 [あつて]述
[黄色い大きな実が]主 [枝もたはむ程]副 主 述 [なつてゐる]修 （単文 平叙文）

(11)　(12)の文を略す（原文のまま）

(13)　[二三羽のあひるが]主 （[岸の霜柱を]客 [ふみくだきながら]述(副修)） [しきりに]副 [魚を]客 [あさつてゐる]述 （単文 平叙文）

(14)　[犬を連れた男が]主 [銃を]客 [肩に]副 [して]述 [森の影から]副 [出て来て]述 [あぜ道伝ひに]副
[あちらの岡へ]副 [向つた]述 （単文 平叙文）

(15)　[かりうどは]主(仮補) [ずどんと]副 [一発]副 [銃を]客 [はなつた]述 （単文 平叙文）

(16)　[今のおとは]主 [何を撃つたので]補 [あらう]述 （単文 平叙文）

(17)　[銀杏の木の鳥は]主 [急いで]副 [山の方へ]副 [逃げて行く]述 （単文 平叙文）

18の文を略す。（原文のまま）

（四）修辞

第一段（二十七頁十行まで）冒頭、景によりて冬の季節となりしことを叙す。即ち換喩法を用ひて、冬の季節をあらはせり。

第二段（二十八頁八行まで）鎮守の社の叙景と、田圃の叙景。鬱たる社の中より銀杏の老樹を抽出せる取材の奇、甚だ巧と云ふべし。「木枯に吹きさらさる」「はうきを立てた様に」等の比喩、よく其真景を活如たらしむ。殊に「中程の枝の上に二羽の鳥」を配したる配合の妙甚だ佳。「枯枝に鳥のとまりけり」の古句思ひ出されて興深し。かつ其「少しも動かない」は冬の叙景として、よく其真を描きしのみならず、後のあぜの榛の木の雀と共に、末段の照応を保つ伏線をなせり。

第三段（二十九頁五行まで）畠の叙景と、農家の外観。畠には、麦と、ねぎや大根を材にとれり。「こゝばかりは冬を知らない様に云々」の直喩法と措辞の流麗愛すべし。農家の杉垣に寒菊の咲きほこれる、又物置後に橙の枝もたわわになれる、宛然一幅の画の如し。

第四段（二十九頁十行まで）小川と、かりうどの叙景。清く澄みたる小川の流、よむさへ心地よし。岸に家鴨をとりあはせたる配合亦妙なり。

第五段（三十頁三行まで）ずどんと、一発。ずどんの声喩、よく銃声を聞くの感あらしめ、一発の語、簡潔にして妥貼の妙あり。次の「何を撃つたのだらう」は、亦真に自然の情を最も巧みに描けるもの。是等相合して突如静中に動を躍動せしむ。而して第二段に照応して、銀杏の鳥を飛ばしめ、榛の木の雀を驚かして、全篇の文字を躍動せしめたり。

教材配置

第一時　始より「群になつて飛立つ」（二十八頁八行）まで。

第二時　「畑には」（二十八頁九行）より終まで。
第三時　全課の総練習。
授与
第一時
教程　始より「群になつて飛立つ」（二十八頁八行）まで。
要項
内容上　冬の自然景趣を味はしめ、文学趣味を養ふ。
形式上　新字—「紅」「茂」「株」「群」、語句—「かざつて」「山おろしの風」「こんもり」「銀杏の木」「古枯」「切株」「榛の木」「かがしの骨」、修辞—換喩法、直喩法。
教法
(一)　購読上注意すべき事項
(イ)　文字—「紅」「茂った」「群」(ロ)　語句—「かざつてゐた」「山おろしの風」「こんもり」「銀杏の木」「木枯」「切株」「榛の木」「かゞしの骨」(ハ)　内容—冬の野山と冬の気候　△宮の森及田圃の冬景色。
(二)　文章の組織及修辞上注意すべき事項《ママ》。
(イ)　展開法により次の主要部と修飾語との関係を吟味す。
(1)　木の葉も　散果てゝ　山々のいたゞきは　まっ白になつてゐる。（重文）
(2)　銀杏の木が　葉一枚も残つて居ない。（重文）
(ロ)　問答により次の修辞の妙趣を知らしむ。
文章(1)(2)の換喩法　(4)の直喩法。叙景文と修辞法につき。

(三) 応用及練習すべき事項。

(イ) 新字の書方練習及活用―紅の葉が茂る秋の草木。こんもりと茂つた森から雀の群が飛立つた。子供の群。株式会社。株主。松の古株。

(ロ) 語句―「見渡せば」「のみか」を活用して短文を綴らしむ。

(ハ) 文章及修辞の応用―錦をかざつてゐた四方の野山も、いつしか枯れ果てゝ、見渡すかぎり銀世界となつた。庭の銀杏の木は、はうきを立てた様に高く雲をはらはうとしてゐる。△畠のすみの杉の木は竿を立てた様に高く天をつかうとしてゐる。

(四) 朗読練習―教材の主想問答。

第二時

教程 「畑には麦が」(二十八頁九行)より終まで。

要項 内容上 冬の自然景趣を味はしめ、文学趣味を養ふ。

形式上 新字―「活」「霜」「置」、語句―「活々」「たわむ」「霜柱」、修辞―直喩法、声喩法、擬態法。

教法

(一) 購読上注意すべき事項。

(イ) 文字―「活々」「霜柱」「物置」(ロ) 語句―「活々とした色」「たわむ程」「霜柱」(ハ) 修辞的語句―「冬とは知らないやうに」(直喩)「ずどんと」(声喩)「ぱつと」(擬態)

(ニ) 内容―農家附近の冬景色(畠、農家、小川) △冬景色とかりうど。

(二) 文章の組織及措辞上注意すべき事項。

(イ)　第八文―展開法による文の要素と修飾語との関係を知らしむ。ねぎや大根が（修）うねをかざつて、ここばかりは（修）色を見せてゐる。

(ロ)　第十五、第十六文の語の省略を知らしむ。（主略）ずどんと一発（述略、主略）何を撃つたのだらう。（疑問文）

(三)　応用及練習すべき事項。

(イ)　新字の書方練習―新字と類字との比較―新字の活用。活々した桑が霜枯した。金の置物。銃を下に置いた。

(ロ)　「活」「置」の語尾変化を知らしめ、且つ其の動詞を活用して短文を綴らしむ。

(ハ)　修辞及文章の応用―新聞屋牛乳屋は軽い身仕度をして、寒さを知らないやうに早朝元気よく配達してあるく▲きやつと一声。何をしたのだらう。

(ニ)　修飾法―寒菊が―咲いてゐる。大きなだい〳〵の木があつて―実が―なつてゐる。

(ホ)　朗読練習　教材の主想問答

第三時

教程　全課の総練習。

要項　内容上　冬景色に対する自然の情趣を味はしめ、趣味を養ふ。

形式上　新字、語句、修辞の復習。篇の結構、叙景文の形式、文体等の説明。

教法

(一)　復習すべき事項

(イ)　語句―見渡せば、山おろしの風、木枯、群、活々、たわむ程、霜柱。

(ロ) 修辞―換喩法（文章(1)(2)）直喩法（文章(4)(8)擬態法（こんもりと、ぱつと）声喩法（ずどんと）

(二) 篇の結構、叙景文の形式、文体等の説明。

(2) 宮の森と田圃の景色。
(3) 畑と農家の景色。
(4) 小川の景色とかりうどのこと。
(5) 銃声の起った時の有様。

(三) 新出漢字及読替漢字の応用練習。

(四) 朗読練習―文章の趣味に対する所感の問答。

明治四三年（一九一〇）の初めに、「冬景色」の載せられた教科書が刊行されてから、その一〇月には、こういう教授日案が出されたのである。手早く仕事がなされたと見られる。

この指導案によると、やはり三時間が配当されている。分析の重点は、形式面におかれている。教材に関し、(一)文字、(二)語句、(三)文章、(四)修飾の面から形式解説をし、ついで、教材配置を行なっている。文の分析も、綿密になされている。

内容上の取り扱いについても、配慮はあるが、第一時間から第三時間まで、やや平板な教法がとられているように思われる。芦田恵之助先生のなさったような発動的学習が、どのようになされていくか。形式面の基礎学習がかなり重視されていて、具体的な取り扱いがどのように運ばれるのかは、はっきりしない面もすくなくない。

2 「冬景色」の指導案 その二「毎時配当尋常小学国語教授細案 巻十」（明治43・10・15、普通教育研究会編、三松堂刊）から

第九課　冬景色

要旨及文体

本課は文学的教材であって、森・林・田・畑・人里・小川などの冬景色を知らせる間に、美的感情を養ひ、形式的方面では、新出の文字及語句の意義用法を授け、これが応用を自在ならせるのが主眼である。文章は散列式の叙景的記事文である。

区分

第一時（自二一七頁七行 至二一八頁八行）黄に紅に林をかざつて……群になつては飛立つ。

第二時（自二一八頁九行 至二二〇頁三行）畑には麦が……ぱつと飛び立つた。

第一時

教材　黄に紅に林をかざつて……群になつては飛立つ　（自二一七頁七行 至二一八頁八行）

要項

内容＝㈠林・森・田の冬景色。

形式＝（文字）紅　茂　群　（語句）こんもり、田の面　切株　かゝし　あぜ（仮名遣）はうき　はらはう。

教具　田舎の冬景色をあらはせる絵画。

教材解釈

形式

㈠　文字並に語句

○紅「呉《くれ》の藍の約」　初呉から来て物を染める事藍の如くなる故に名づく。赤く鮮かな色。　○山のいたゞき

山の上　山の頂上　山の天辺《てっぺん》。○山おろしの風　吹き降《おろ》しの風の義　字は下風の合字おろし　山から吹き下す風　赤城おろし　浅間おろし。○はうき　はゝきの音便　古くは「はゝき」　塵を掃ふ具　柄ありて、頭は刷毛の如し。汁器を掃ひ、室中を掃ひ、地上を払ふ等に用ゐる。羽箒　棕櫚箒　草箒　竹箒などの種類がある。○田の面　田のおもの約　田のおもて　田の上。○切株　稲を刈り取つた後の根株。○かゝし　案山子　赫《かっ》しの義にて威《おど》す意　竹藁などで人の形を作り、簑笠を着せ、弓矢などを持たせ、田畑の間に立て、鳥獣を怖《おど》し其の害を防ぐ為のもの。○群　むらがり　集り。○あぜ　田の中に長く土を盛りて界とするもの　畔　くろ。

(二)　文章の解剖

(1)　黄に　紅に　林を　かざつてゐた　木の葉も　大方は　散り果てて　見渡せば
四方の　山々の　いたゞきは　早　まつ白に　なつてゐる。

(2)　宮の　森の　こんもりと　茂つた　間から　古い　銀杏の　木が　一本
見えて　木枯に　吹きさらされて　今は葉　一枚も　残つてゐない。

(3)　その木は　人が　はうきを　立てた様に　高く　雲を　はらはうと　してゐる。

(4)　中程の　枝の　上に　鳥が　二羽　止まつて　さつきから　少しも　動かない。

(5)　広い　田の　面は　切株ばかりで　人影の　見えない　のみか　かゝしの骨も　残つてゐない。

⑹唯《副修》 あぜの《形修》 榛の木に《補》 雀が《主》 たくさん集つてゐて《副修説》 時々《副修》 群に《補》 なつては《説》《副修》 飛び立つ。《説》

教法

㈠　自修通読。

林。森。田の冬の景色。

紅。茂。群。

全文を通読させて、大意を談話さす。

㈡　購読深究

⑴全文を講読させて、其の大意を語らせる。⑵全文の要項を記述さす。⑶各節の大意を問答し、其の要点を語らす。⑷文字並に語句の読方書方意義用法。⑸解剖文の深究。解剖文は幾つの単文となるか。

⑹次の語の解釈

紅。おろしの風。田の面の切株。か丶し。あぜ。群。

三　応用練習。

⑴山おろしの風。木枯。か丶し。あぜ。を主語として文を作らしむ。

⑵次の語句を用ひて文を作らしむ。

かざつてゐた。吹きさらされ。少しも動かない。見えないのみか。

⑶左の文の填充。

四方の□の□は早、□になつてゐる。▲□の風は□寒い。▲人影の見えない、□に雀が□。

⑷　左の文の解釈書取。

▲お宮の森の杉の枯枝に、烏が三羽止まつて、さつきから、少しも動かない。
▲雲をはらはうとした一本の銀杏の木が、木枯に吹きさらされて、一枚の葉も残つてはゐない。
▲田畑の番をしてゐたかゝしも、今は其の任務を終へて、影の見えないのみか。骨も止めてゐない。
(5)解釈文(1)(2)(3)(4)(5)(6)を省略せしむ。

第二時
教材　畑には麦が……ぱっと飛び立つた。（自二一八頁九行 至二二〇頁三行）
要項
内容＝畑、人里、小川などの冬景色。
形式＝（文字）活々　霜　置　（語句）うね、枝もたわむ、ゑをあさつてゐる。
要具　田舎の冬景の絵画。
教材解釈
内容
○だい〳〵代代の意　幹が高くて嫩《わか》い木には刺《とげ》がある。葉は大きくて扁平で刻欠が二個所あつて、霜の如くである。くねんぽの葉に較べると短い。夏の半に小い白い花が咲く。実の形は九年母よりは大きくて皮の肌が細かく、臭気があり味が苦くて食はれない。穰《なかご》から酢を取る。実の蒂は二重になつてゐる。冬熟して黄色となり春になると緑になる。此の如くして年々凋落する事なく形が大きくなるから代々と名をつけて春の蓬莱等の飾として祝ふといふ事である。

形式

(一) 文字並に語句修辞

○活々と　いきてゐるやうなさまで勢ある

○枝もたわむ程になつてゐる　「たわむ」おされて曲る。かゞまる、しなふ。こゝでは枝も曲る程たくさんなつてゐる義　○しきりに　つゞけて、絶えず　たびゞ　○ゑをあさつてゐる　「あさる」専ら魚貝を探り採ること。すなどる。いさる。餌を探り求めてゐる。　○あぜ道　田の畔道　田の中に長く土を盛り界としてある道　○知らないやうに　直喩法　○銀杏の木の鳥　榛の木の雀　照応法　前の「鳥が二羽雀がたくさん」と相応じてゐる。之を照応法と云ふのである。

(二) 文章の解剖

(7) それと　隣り合つて　ねぎや　大根が　青々と　うねを　かざつて
ここばかりは　冬を　知らない　やうに　活々とした　色を　見せてゐる。
（副詞的修飾句（活々としたを修飾す））（形修）

(8) 霜に　やけて　赤くなつた　杉垣の中には　寒菊が　今を　盛りと　咲いてゐる。

(9) 物置の　後には　大きな　だいゞの　木が　あつて　黄色い　大きな
実が　枝も　たわむ　程　なつてゐる。

(10) 家の　横に　水の　よく　すんだ　小川が　流れてゐる。

(11) 二三羽の　あひるが　岸の　霜柱を　ふみくだき　ながら　しきりに
ゑを　あさつてゐる。

(12) 犬を　連れた　男が　銃を　肩に　して　森の　影から　出て来て

教法

⒀ あぜ道《副》 伝ひに《修》 あちらの《補》 岡へ 向つた。《説》
ずどんと《独立節》 一発 [主] 何を《客》 撃つたのだらう。《説》 銀杏の《形》 木の《修》 鳥は《主》
急いで《副修》 山の方へ《補》 逃げて行く。《説》 榛の《形》 木の《修》 雀は《主》 一度に《副形》 ぱつと《副修》 飛びたつた。《説》

㈠ 自修通読

畑・人里・小川などの冬景色。

活々。霜。物置。枝もたわむ。

ゑをあさつてゐる。

本文を予習させ通読させて其の大意を語らしむ。

㈡ 講読深究

(1)本文を講読させて其の大意を談話さす。

(2)本文の要項を記述さす。(3)各節の大意を問答し、其の要点を談話さす。

(4)文字並に語句の読方意義書方用法等の審議。(5)解剖文の深究。(6)各解剖文は幾つの単文となるか。

(7)次の語の解釈。

活々。枝もたわむ程なってゐる。しきりに。ゑをあさつてゐる。あぜ道。

㈢ 応用練習

(1)本文の要項は簡明に記述せしむ。

(2)農家。寒菊。あひる。銀杏の木。雀烏などの語句を主語として文を作らしむ。

(3)左の文を修飾せしむ。

▲寒菊が咲いてゐる＝木石の配合おもむき多い庭の寒菊が今を盛りと姿を乱して咲いてゐる。
▲実がなつてゐる＝赤い大きな柿の実が枝も折れる程たくさんなつてゐる。
▲麦がのびてゐる＝麦が一寸程にのびて青々としてゐる。
▲小川が流れてゐる＝鏡のやうに水のよくすんだ小川が家の前をちょろちょろと流れてゐる。
▲あひるがゐる＝毛色のよい三羽のあひるが家の前の小川の岸でしきりにゑをあさつてゐる。
▲鳥が逃げて行つた＝枯木の枝に止まつてゐた三羽の鳥が急いで山の方へ逃げていつた。

(4)次の書取解釈
▲冬も知らないやうに、活々としたねぎや大根が、青々とうねをかざつてゐる。
▲犬を連れた男が森の影から出て来て、ずどんと一発やつた。何を撃つたのだらう。
▲大根畑に続いた農家の杉垣の中に今を盛りと咲いてゐる寒菊のにほひは何ともいへない。

第三時

教材　全課の総練習
要項
内容＝森林田畑人里小川などの冬景。
形式＝紅　茂　群　活々　霜　物置　あさつてゐる。
教具　田舎の冬景色の絵画
教法
(一)　通読大意

田舎の冬景色

㈠叙景的記事文。㈡散列式の文。㈢修辞法＝照応—曲言法—直喩法。

全文を通読させて、その大意を談話さす。

全文を記載の事項に依つて数節に分けしむ。

㈡　講読深究

(1)全文を講読させて其の大意を談話さす。

(2)全文の要項を簡明に記述さす。(3)各節の大要を問答し其の要点を談話さす。(4)文字並に語句の深究。(5)解剖文の深究。(6)語法及修辞法。

現写法＝雲をはらはうとしてゐる。動かない。▲照応法＝枝の上に鳥が……銀杏の木の鳥は急いで云々。榛の木に雀がたくさん……榛の木の雀は一度に飛び立つた。▲曲言法＝（円曲に言ふ法）。枝もたわむ程なつてゐる。直喩法＝知らないやうに。

㈢　応用練習

(1)次の文の解釈と要綱談話。

ねぎや大根が青々とうねをかざつて、こゝばかりは冬を知らないやうに活々とした色を見せてゐる。

冬も知らないやうに活々としたねぎや大根が、青々とうねをかざつてゐる。

犬を連れた男が銃を肩にして、森の影から出て来て、あぜ道伝ひに、あちらの岡へ行つた。ずどんと一発。

何を撃つたのだらう。

犬を連れた男の森のかげから出て来て、ずどんと一発やつた。何を撃つたのだらう。

畑に続いて、農家が一けんある。霜にやけて赤くなつた杉垣の中には、寒菊が今を盛りと咲いてゐる。
大根畑に続いた農家の杉垣の中に、今を盛りと咲いてゐる寒菊のにほひは何ともいへない。

(2)解剖文(1)(2)(3)(6)(7)(9)(11)(12)(13)を改作せよ。

(3)右を単文に改め、成文の位置を変換しうるだけ変換せよ。

(4)次の語を用ひて文を作らしむ。

枝もたわむ程なつてゐる。しきりにゑをあさつてゐる。犬をつれた男が。人影の見えない。

綴　方

文題　○○の冬景色

方法

㈠文題を予告しておいて、神社でも、公園でも、どこでもよいから、自己の書かんとする場所の観察をさせおき、其の実際の有様を、自由に記述さするがよい。

㈡早く綴り終つた者には、次の順序に従つて、自己訂正をさせるがよい。(1)句読段落。(2)文字語句。(3)文意の明否。(4)用語の適否。(5)文章の起結。(6)文の主成分とは附属成分との調和。

㈢全体の記述が終らば帳簿を出させて、添削し、之が批評をなすがよい。

なお、この細案には、以下のような頭注がある。

第一時＝○榛の木　はりの木の音便、古名「はりぱりの木」、又「はぎ」ともいふ。山中に生ず。木の高さ二三丈に至る。葉は栗に似てやはらかで花も栗に似て褐色である。実は杉の実に似てゐる。幹の心は白いが太陽を見れば赤色に変ずる。材は薪として用うれば煙が少ない。又、皮は染料として用ゐる。

○銀杏　公孫樹はどこでもよく育つ樹で東洋には沢山あるが西洋には無い。雌雄異株で秋になつて黄葉する。材質は堅くて緻密で張板黒板将棋の駒其の他の器具を造るのに適する。

第二時＝○寒菊　菊の一種にて冬開く。花の形は普通の菊より小い。

○あひる　家鴨（鶩）は野生の鴨を人家に飼ひ馴した者で体は肥えたり、頭が長くて尾が短い。全身は船の形をなし、脚は体の後方に附いてゐる。故に陸上の歩行には困難であるが水泳には便利である。嘴は扁平で泥中の餌を求めたるに適してゐる。鶩は多く肉食用として飼養するもので其の二三歳の時が最もよろしい。

綴方＝綴方の秘訣は多く読み多く作り之が批評を聞いて自ら反省するにあり。（同上書、一二〇～一三四ぺ）

右の細案も、三時間配当にして、毎時間のことを細密に計画している。教材を見るのに、形式・内容の二元観に立っているのは、この時代の傾向を反映しているものである。ただ教法において、毎時「自修通読」をおき、「講読深究」においては、通読・大意をとらえさせようとしている点、注目すべきであろう。概していえば、内容深究の面のほりさげが手薄のように思われる。「応用練習」の問題を用意しているのも、一つの特色であろう。

3「冬景色」の指導案　その三──雑誌「国語教育」（2の12、大正6・12・1　育英書院刊）から

「冬景色（尋常小学読本巻十第九課）教授案（当選一等）

三重県北牟婁群尾鷲第一尋常高等小学校　訓導　守岡　宗世松

㈠　教材研究

東京近郊に於ける冬景色を観察して、描写したものと見える。写生的記事文の模式教材である。此文を読むと

荒涼とした冬の野外を目のあたり見る様な何となく物寂しい感じがする。それは作者が十分に自然界の実際を観察して、其中から冬の気分をあらはすに最適切な材料を選択して、之を巧みに排列したからである。

描写の順序は遠・中・近といふ風に、第一段には先づ広く見渡した遠方の景色を描いて、作者の眼前に展開せられた冬景色の概観を作り、第二段には中程に見ゆる宮の森と、広い田の面の景色を叙してゐる。それから第三段と第四段には作者の位置に最近い農家と其附近の畑の光景、及び小川の流と其附近の光景があらはれてゐる。前者は動かぬ物の色彩で、後者は動く物の活動である。最後の段には一発の銃声によって眼前の光景の一変した様が活躍してゐる。

荒涼とした野外に立って、身を切る様な山おろしの風に思はず戦慄した作者が、先づ眼を木の葉の散果てた林と、雪のかゝった山々に着けて、画面を広く限ったのは申分のない書振である。次に作者は宮の森に眼を転じて、寒さうな冬空を背景にして高く突立ってゐる銀杏の木を捉へてゐる。それに止ってゐる二羽の烏を描いたのは、彼の芭蕉の「枯枝に烏のとまりけり秋の暮」といふ句の俳趣が加はって、寂寥の感は一段深い。広い田の面の切株と畦の榛の木に集ってゐる雀は共に冬の景物として動かぬものである。「さっきから少しも動かない―烏」はじっとしてゐるので寂しく、「時々群になっては飛立つ―雀」は飛ぶので却って寂しい感を与へる。どちらも冬の野外の実景である。第三段には畑の麦とねぎや大根の青々としてゐる様を描いて前段に照応し、更に農家に霜に焼けた杉垣・寒菊の花・橙の実を配して、荒涼とした冬の野外にも亦人目をひくもの、全くないでもない事をあらはしてゐる。第四段には小川の流と二三羽のあひると犬を連れた男を出して、冬の活動方面を描いてゐる。「岸の霜柱をふみくだきながら、しきりにゑをあさつてゐる。」は鶩の様子で、「森の蔭から出て来て、あぜ道伝ひにあちらの丘へ向つた。」は猟夫の動作であって、何れも有りの儘に書いたのであるが、こゝに引きしまった活動の様がうかゞはれる。第五段の銃声による局面一変の描写は、今までの余りの静かさに物足りない感じのしたのが、一時にぱっと破れてしまふ様で誠に気持がよい。「ずどんと一発、何を撃つたのだらう。……」と断叙した所に強い活動があらはれ、烏や雀の飛去って再びもとの寂寥に帰った様も想像される。

新出文字は「茂《シゲル》」「株《カブ》」「群《ムレ》」「霜《シモ》」「置《オク》」の五字、読替は「紅《クレナヰ》」「活《イク》」の二字である。「紅」は是迄に巻七の七六頁で「べに」巻八の三五頁で「こう」、巻九の九六頁で「紅葉」を「もみじ」と読んで来てゐる。「活」は巻七の六五頁で「くわっ」といふ読方が授けてある。

語句では「黄に紅に林をかざってゐた木の葉」「はうきを立てた様に高く雲をはらはうとしてゐる。」「こゝばかりは冬を知らないやうに、活々とした色を見せてゐる。」等の活喩した所と、「山おろしの風」「吹きさらされ」「人影の見えないのみか、」「群になつては」「枝もたわむ程」「霜柱」「ゑをあさる」「あぜ道伝ひに」等の意義用法を授けねばならない。

㈡ 教授略案

イ 教授の主眼 自然界を観察する能力及び自然美に対する趣味を養ひ、自らかゝる文章を書かうとする心を起させる。

ロ 教材の区分

第一次 全課の通読と第一・二段の精読
第二次 第三・四・五段の精読
第三次 全課の総括構想吟味

㈢ 教授実際の予想

第一次

1 目的指示「今日は此頃の野原の景色を写生した文を読みませう。」（冬景色）と板書。

2　通読　読本を開かせ終まで一回通読せしむ。

3　大意把捉「大体どんなことが書いてありますか。」数生に発表せしめ、可否の決定は下さず、読解の進むに伴ひて漸次明瞭となるものなる事を暗示す。

4　試読「今日は二十八頁の八行まで」と範囲を限定して一生に試読せしむ。此間教師は児童の読み得ざる文字及び読み誤りし文字を黒板に書く。

5　読方教授　摘書文字の読方を問答して振仮名を施す。猶不審あらば質問に応ず。誤り易き句読を正す。

6　練読　個人朗読二回、自由微音読―語句の意義に注意して読ましめ、読み終りし者には書写の練習をなさしむ。此間教師は劣等児の指導をなす。

7　語句の尋究　教師緩読しつゝ難解語句の意義を問答して語彙の拡張を図る。黄に紅に林をさざつてゐた＝緑色であつた木の葉が黄色又は紅色（べに色、赤くてあざやかな色）にかはつて、林のながめを美しくしてゐたの意―櫨・楓・漆等の秋の末に紅（黄）葉する事、その為に林の美しく見ゆる事を想起せしむ。山おろしの風＝山上から吹きおろす寒い風の事。吹きさらされて＝吹きあてられての意、さらすとは雨や風のあたるままにしておく事。人影の見えないのみか＝人のゐないばかりでなくの意。群になつては＝いつしよにかたまつてはの意。

8　練読（解読の目的）猶不審あらば質問に応ず。

9　内容の吟味　創作的態度により形式を辿りて問答し、児童の答を利用して板上に略画を描く。「此文の作者は第一何に眼をつけたか。」「その様子はどうであつたか。」「その時どんな感じをしたか。」「すると第一段にはどういふ事が書いてあるのか。」

林　木の葉が大方散果てた。

一　四方の山々　いたゞきがまつ白だ。

　　山おろしの風　身にしみて寒い。

「次には何に目を移したか。」「そしてどんな物を見たか。」「それからどうか。」「すると第二段にはどういふ事が書いてあるか。」

　　宮の森＝銀杏の木（葉が一枚もない。枝には鳥が止つてゐる。）

二　田の面　切株ばかり（人影が見えない。かゝしの骨も残つてゐない。）

　　あぜの榛の木＝雀がたくさん集つてゐる。

10　達読　一、二生に朗読せしむ。

「今日の所で気に入つた所を言つて御覧。」「なぜないのでせう。」（黄に紅に林をかざつてゐた……はやまつ白になつてゐる。）（はうきを立てた様に高く雲をはらはうとしてゐる。）（人影の見えないのみか、かゝしの骨も残つてゐない。）等を答ふべし。

11　応用練習

イ　新字の読方及書方

ロ　語句の意義復習

ハ　聴写及読解

古株・株主・株式会社・真珠貝・珠算。

紅葉・紅梅・紅染・柳は緑・花は紅。

日は暮果てて方角の知れないのみか、もはや一歩もふみ出せない。

第二次

1　前時の復習　イ、読方一回　ロ、主要語句の意義　ハ、大意の問答
2　教材下調　自由微音読
3　大意の把促
4　新字教授　質問に応じ成るべく児童をして答へしむ。
5　試読　一生朗読、—誤読矯正
6　練読　個人朗読　自由微音読—劣等児指導
7　語句の尋究　緩読しつゝ問答

冬を知らないやうに＝冬でない様に（青々としてゐる故）。
枝もたわむ程＝枝がしなふ程（実の多くなってゐる事）
霜柱＝霜が柱の様になつて土をおし上げてゐるのをいふ。
ゐをあさつて＝たべものをさがして、
あぜ道伝ひに＝前出「細道づたひ」より類推せしむ。

8　練読
9　内容の吟味　形式を辿りて問答、板上略画。

三　畑
　麦＝一寸程のびてゐる。
　ねぎ・大根　青々とうねをかざつてゐる。

農家
杉垣＝霜にやけて赤くなつてゐる。
寒菊＝今を盛りと咲いてゐる。
橙の木＝黄色い大きな実が沢山なつてゐる。

小川
魚の影は一つも見えない。
あひる
霜柱をふみくだきながら
ゑをあさつてゐる。

四
犬を連れた男＝森の蔭・あぜ道・あちらの岡

五　銃声一発
銀杏の木の鳥＝山の方へ逃げて行つた。
榛の木の雀＝一度に飛立つた。

10 達読　一、二生に朗読せしめて後、文の妙所につきて問答。（こゝばかりは冬を知らないやうに活々とした色を見せてゐる。）（ずどんと一発。……ぱつと飛立つた。）等。

11 応用練習　イ、新字の読方書方　ロ、難語句の意義　ハ、左の読解

A雨風にさらされながら山田を守つてゐたかゝしはすでに其身をかくしてしまひ、広い田の面には切株ばかり残つてゐる。

B家の周囲を取巻いてゐる杉垣は霜にやけて赤くなつてゐる。

第三次

1 目的指示「今日は冬景色の文をまとめて一層精しく調べませう。

2 通読

3 自由質問　各段落毎に不審事項を質問せしめ、成るべく児童をして答へしむ。

4　読解力検察　教師緩読しつゝ新字の読方、難語句の意義につきて問答を試み、教授の遺漏を補充す。
5　練読
6　大意問答　各段落の大意を把促せしめ、其要項板書。
一、あたりの林と遠い山々の景色
二、宮の森と田の面の景色
三、農家及び其附近の畑の光景
四、小川及び其附近の光景
五、銃声一発鳥と雀を驚かした事
7　黙読　作者の位置、描写等の順序等に注意して全文を精読すべき事を命ず。
8　構想吟味　「此文を読むとどんな感じが起りますか。」（何となく寂しい感じ）「それはなぜでせう。」（寂しい冬景色の材料を巧みに集めて書いてあるから。）「此文の作者の位置は。」（此景色の外で、そして全景の見られる所）「それでは此文は作者の位置を本にして、どんな順に書いてありますか。」（遠中近といふ風に）「それを各段落に当てはめると。」（一段は遠景、二段は中景、三段と四段が近景）―板上の要項に夫々書加ふ。「此文を書くのに作者が最工夫した所はどの辺でせう？」「若し第五段が無かつたら此文の価値はどうなりますか。」（余り寂しくて静かな事ばかりの何だか物足りない感じのする文になつてしまひます。）「だから第五段は此文の生命ともいふべき所で、作者の最意を用ひた所です。一発の銃声によつて眼前の物寂しい光景を一変する所は誠に気持がよいでせう。」
9　美読　範読一回、練読一、二回。
10　暗誦、暗写　各自妙所と思ふ所。（同上誌、六三～六七ぺ）

この教授案は、懸賞に応募して一等当選したものだけに、よくまとまっている。㈠教材研究の項で、この教材「冬景色」の描写の順序を、遠・中・近としているのは、「読み方教授」（芦田恵之助著、大正5年4月21日刊）所収の「冬景色」実践例を参照しているのであろうか。「読み方教授」は、当時広く読まれて、大正六年五月二五日には、すでに九版を重ねていた。

この教授案の「教授の主眼」を見ても、形式面の扱いを主眼からはずしている。「教材の区分」において、三次にわかち、第一次に第一・二段を、第二次に第三・四・五段を扱い、第三次に全課の総括、構想の吟味をあてているのは、一般的な扱いとなっているであろう。また、「教授実際の予想」においても、第一次〜第三次まで、読むことの学習活動がよく盛りこまれている。「精読」が目ざされ、いわゆる形式のみの扱いに偏っていないのは、すぐれている。そこには、大正期の初めにおける、読み方教授の進歩を認めることができる。

4「冬景色」の指導案　その四　雑誌「国語教育」（2の12、大正6・12・—育英書院刊）から。

「冬景色」（尋常小学読本 巻十 第九課）教授案（当選三等）

滋賀県師範学校訓導　秋田喜三郎

一、教材研究

一、主眼。

1 荒涼たる冬景色の趣あることを知らしめて自然に対する趣味を養ひ、写生文の知識を与へるのが眼目である。本文の如きは作者が郊外に立つて冬景色の静寂な光景を観察し、之を単純化し詩化して玆に本文を成したのであるから、吾人が之を取扱ふには先づ文章を読解し深究して、児童を作者と同一の位置に立たせ、文章を透して作者の観たるが如き冬景色を描出させせなければならぬ。

2　次にこの種の写生文としては

1　中心思想　2着想及び結構　3修辞（以上教授実際の予想の項下に評記）の各方面に亘りて文章法を授ける。

3　漢字としては「紅《クレナヰ》（既出ベニコウ）」「茂《シゲ》る」「株《カブ》」「群《むれ》」「活《イキ》（既出クワツ）」「霜」「置《オキ》」の読み方書き方意義を授ける。読み方に注意を要するものは「木枯《こがらし》」「田の面《おも》」「小川《をがわ》」などである。

4　語句としては「山おろしの風」「切株」「榛の木」「木枯し」（二回目巻九雨と風）「うねをかざつて」「霜にやけた杉垣」「物置」「枝もたわむ程」「霜柱」「ゑをあさつて」「寒菊」「今を盛りと」等は教授を要するものである。

二、時間

本課は尋常五年としては趣味あり且程程相応せる教材である。故に分量程度上から言へば凡二時間を配当すべきであるが、写生文の模式文として文章法の取扱をなす必要があるから三時間を配当することにした。

三、教材の区分

本文の如きは徒に分節すれば、文の妙味も冬景色の情趣も十分に玩味させ難いから、全体的取扱をなすを可とする、即ち常に一文全体として之を取扱ふのである。而してその取扱上の区分を左の如く定めた。

第一時　全文の読解的取扱
第二時　全文の深究的取扱
第三時　篇の取扱

二、教授略案

第一時　全文の読解的取扱

教順

一　予備的問答　冬景色につき

二　目的指示（本文の理解）

三　試読　素読せしめ誤読あるに従ひ之を訂正す

四　質疑応答　質疑に従ひ語句の解釈をなし全文の意義を明かにす

五　自由音読

六　大意問答　各一段毎に大意を把握せしむ

1四方の山の景　2宮の森と田圃の景　3畑と農家のながめ　4小川の景と猟師　5猟師の発砲

七　書取

1　新字（紅。株。群。活。霜。置。）の結構筆順教授

2　主要語句の文の書取

第二時　全文の深究的取扱

教順

一、目的指示（冬景色の情趣）

二、通読と大意　通読せしめ各段毎に大意を復演す

三、自習

1　課題提出　(1)作者の位置　(2)各段大意の内容

　２　児童の自習
　３　質疑応答―劣等生指導
四、精読　課題を検閲しつゝ、文章を精査し板画及び模写的談話により荒涼たる冬景色の情趣を味はしむ
五、達読
　１　範読　２　斉読
第三時　篇の取扱
教順
一　目的指示（文章の作り方）
二　自習
　１　課題提出
　　(1)中心思想　(2)着想と結構　(3)修辞
　２　児童の自習
　３　質疑応答―劣等生指導
三　篇の吟味　課題を検閲し左の如く篇の吟味をなす
　１　中心思想―冬らしい気分
　２　着想と結構　項目図を作りて着想力観察力のすぐれたる点を明かにす
　３　修辞　前後の照応、美辞佳句等により巧に描出せることを知らしむ（以上板書して一目瞭然たらしむ）
四　達読　斉読
五　書取

1　項目図及び修辞語句の記帳

2　自由書取

三、教授実際の予想

第一時

1「大分冬らしくなつて来たがどんなことによつて分るか」と発問し、「寒い風が吹くこと」「木の葉が散つたこと」「霜が降つたこと」など、答へしめた。それでは本日はその冬景色を上手に写生した文章を大体理解し得るまで調べる旨を告げる。

2 先づ中等児に素読せしめ、誤読するに従ひ摘読してその部分の斉読又は範読を示して之を訂正する。なほ一回通読せしめる。（以上十五分）

3 次に質問に移り、児童と問答しつゝ左の如くその質疑に答へる。

山おろしの風＝山から吹き来る風。（例、比叡おろしの風。）木枯＝秋の末から冬にかけて吹く風。群＝たくさんあつまつてゐるもの。（例、鳥の群。羊の群。）霜にやけて赤くなつた杉垣＝霜が降つて色の赤くなつた杉垣（実物提出）今を盛りと＝今を一番盛りと。（例、萩の花が今を盛りと咲いてゐる。）うねをかざつて＝うねを美しくよそほつて。物置＝炭薪道具類などを入れる小屋。枝もたわむ程＝枝もまがるくらゐ。切株、寒菊、榛木、（以上実物又は絵画による）ゑをあさつてゐる＝ゑをさがしてゐる。霜柱＝地中の水分が氷《こほ》つて柱状をなせるもの。（児童の経験に訴へる）

4 自由音読を命じ、大意を調ぶべきことを告げる（以上十五分）

5 各段毎に斉読せしめ、大意を次の如く発表せしめ板書する。

⑴四方の山々の景　⑵宮の森と田圃の景　⑶畑と農家のながめ

(4)小川の景と猟師　(5)猟師の発砲

かくて一課をまとめておく。（以上五分）

6 新字「茂」「株」「群」「霜」「置」につきて意義結構（部首彙類）筆順を授け記帳させる。なほ「群」は「郡」と混同せざるやう注意する。又読替文字「紅」「活」は既授の読み方を復習し、新授の読み方を明かにして記帳させる。

7 其他次の重要語句を書取らしめる。

宮の森。木枯。人影。大根。農家。寒菊。切株。物置。霜柱。杉垣等。（以上十分）

第二時

1 本日は此の文の作者の見たる冬景色はどんな趣があるかそれを調べる旨を告げる。

2 各段落毎に通読せしめ大意を復演し板書する。（以上五分）

3 次の如く課題を提出し、各自自習させる。

1　作者の位置

2　各文段大意の内容（以上板書）

4 児童の自習せる中に質疑あるものは質問させて之に答へる。又劣等生の指導をなす。（以上十分）

5 課題につき発表せしめ板画を示しつゝ要処の模写的談話をなす。

(1)作者は郊外にあつてしみぐ\と冬景色をながめてゐる。

(2)美しい木の葉が散つて山のいたゞきは真白な雪！山おろしの風は身にしみて、あゝ冬は来たなと思はせる。

(3)葉一枚も残つてゐない古銀杏、枝にとまつてゐる二羽の烏もぢつとして動かない。冬の淋しさがしみぐ\

〳〵と味はれる。

(4)広々とした田の面、そこにはもう人影は見えない、案山子も残つてゐない、稲はすでに苅り取られて残るは切株ばかり！淋しさが身にしみて来る。

(5)その静寂な冬景色の中に雀が口喧しく囀りながら群になつっては飛び立つてゐる。却つてあはれを催させる。

(6)畑の麦—ねぎ—大根、農家の霜にやけた杉垣、真盛りの寒菊、ぶら〳〵と鈴なりの橙、どれも冬の気分が漂うてゐる。

(7)よくすんだ川、——魚も見えない、——二三羽のあひるのグウ〳〵〳〵となく声、霜柱のくだける音！

(8)猟師が来た犬をつれてゐる。あの岡へ行くんだな。

(9)ズドン！あつ撃つたぞ、あれ烏が逃げていく、雀も飛立つた。

(10)その後は何の音も聞えない、シンとして一層淋しさが増して来る。（以上二十分）

教師美的に範読を示す。次に斉読させる。かくて荒涼たる冬景色の情趣を玩味させる（以上十分）

第三時

1 本日は「冬景色」の文章を如何にして作つたかその作り方について調ぶべき旨を告げる。

2 次の如き課題を提出して研究させる。

(1)中心思想　(2)着想と結構（項目図を作ること）　(3)修辞の吟味

3 自習中質問あるに従ひ之に答へる。又劣等生の指導をなす。（以上十五分）

4 課題を検閲し、次の如く板書し、篇の吟味をなす。

かくて作者は郊外に在つて冬景色を観察し「冬の淋しみ」に感じて此の文章をものしたることを明かにする。而して先方の山の景によって冬の気分を示し、然る後荒涼たる郊外の冬景色を描いて寂寥の気分を出し、猟師の発砲によってその静寂を破り、またその淋しさに返り行く所作者の着想及び観察力のすぐれたることを授ける。（以上十分）

中心思想
（冬の淋しみ）

（冒頭）
- 四方の山　雪、山おろしの風

（中要）
- 宮の森　銀杏の木―烏
- 田圃　切株／榛の木―雀
- 畑　麦　ねぎ、大根
- 　杉垣―寒菊
- 農家　物置―だい〴〵
- 小川　あひる

（結尾）
- 猟師　森陰……岡
- 　銀杏―烏
- 発砲　榛の木の雀

5　次に一段落づゝ通読せしめ修辞上の吟味をなす。
黄に紅に林をかざつてゐた木の葉（紅葉したさまをよく現はしてゐる）山々のいたゞきは、はやまつ白に

なつてゐる（雪の降れるさまをそれとなく言つてゐる）
山おろしの風は身にしみて寒い。（冬の感じがよく現はれてゐる）
宮の森のこんもりと茂つた間から（いかにも宮の森らしい）
はうきを立てたやうに高く雲をはらはうとしてゐる（銀杏の木の箒で雲をはらうといふ比喩の巧みさ、描写の巧みさ）人影の見えないのみか、か丶しの骨も残つてゐない（漸層的の描写法）
こ丶ばかりは冬を知らないやうに活々とした色を見せてゐる（「木の葉も大分散り果てて」「今は葉一枚も残つてゐない」に照応する）
寒菊が今を盛りと咲いてゐる。
黄色い大きな実が枝もたわむ程なつてゐる。 ｝（霜にもめげず咲き実つてゐるさまがよく写されてゐる）
魚の影は一つも見えない（如何にも冬の川らしい）
あひるが岸の霜柱をふみくだきながらしきりにゑをあさつてゐる（魚が見えないから）
ずどんと一発（砲音が聞えるやうだ）
銀杏の木の烏は急いで山の方へ逃げて行く（烏の逃げるさまが巧みに写されてゐる）
榛の木の雀は一度にぱつと飛立つた（雀の飛立つさまがそのま丶に写されてゐる）
（なほ最後の二句は二十八頁に照応する）（以上十分）

6　斉読せしめ文章の妙所を鑑識玩味させる。

7　板上の項目図により児童各自の記帳せるものを訂正させる。又修辞上の語文を書取らせる。なほ余力あるものは自由書取を命ずる。（以上十分）（同上誌、七七～八二ぺ）

右の教授案では、教材区分において、やはり三時間を配当しつつ、教材全体にわたる全文の扱いをしているところに、特色がある。修辞上の吟味に、やや形式的に見すぎる甘さがあるとしても、形式分析のわずらわしさからは脱離しようとしている。

秋田喜三郎氏は、のちに奈良女高師付属訓導になった。この期においても、すでに学習者への配慮がたえずなされている。

教授案である以上、宗岡氏のものも、秋田氏のものも、全体を整える必要があって、その点での羅列式の傾向も認められる。しかし両案とも、慎重かつ周到に立案されているといってよい。そこには、大正初期の読み方教授の到達水準の一面が示されているであろう。

九

以上、「冬景色」の1実践事例、2研究例、3学習例、4教授案例を見てきた。芦田恵之助先生の「冬景色」実践事例を中心にしながら、これらのものを重ねあわせて考えるとき、明治末期・大正初期の読むことの教育の実態がうかがえる。同時にまた、明治初期のそれとのちがいも、おのずからあきらかにされてくる。

「冬景色」の実践事例が有力な手がかりとなって、垣内松三先生により、国語解釈学の成立を見たのも、ゆえあることである。

このように、国語教育実践史を探究していくとき、そこに見いだされるものはなにか。国語教育の実践の営みは、それ自体、創造的な営為である。ほかのものに追随して、妥協しているのではない。それみずからが創造の行為として考えられるのである。

国語教育の実践も、それを対象とする研究も、また、国語教材も、それを対象とする研究も、すべては創造の営みを目ざすものでなくてはならない。国語教材・国語教育の実践営為にとりくむとき、創造ということが志向されるならば、それは苦しくてもやりがいのあるものとなろう。

国語教育実践史の中核は、右に見えてきたような「創造」を目ざす実践の営みによって、形成されてきたといえよう。「冬景色」の実践事例の検討は、創造的な実践とはなにかを示している。国語教育の実践とはなにか、実践主体はどうあるべきかについて、考えさせられることが多い。また、実践を対象にした研究は、どうあるべきかについても、「冬景色」実践事例の研究は、教えている。

国語教育実践史を探求しつつ、実践の「創造性」の問題にふれることは、自然のなりゆきとはいいながら、実践主体の姿勢に関し、考えさせられる点が多いのである。

芦田恵之助研究文献目録

○芦田氏の主張の変遷とそれに対する世評　白鳥千代三稿　大正10・4・20　「小倉講演　綴方教授の解決」（目黒書店）所収
○随意選題　綴方教授の真髄　沖垣寛著　昭和10・11・20　同志同行社
○生活綴方運動の発生　鶴見俊輔稿　昭和31・11・17　「現代日本の思想」（岩波書店）所収
○芦田恵之助　波多野完治稿　昭和32・5　「日本教育の遺産」（明治図書）所収
○芦田恵之助・生命とその展開
——芦田先生と私——　森信三稿　昭和32・7・20　「回想の芦田恵之助」（実践社）所収
○芦田恵之助の綴方教育思想の成立過程について

——随意選題思想の萌芽を探る——　田中礼子稿　昭和33・7・5「教育学研究」二五の三（金子書房）

○芦田恵之助著「綴り方教授」への第一歩　石井庄司稿　昭和37・4・1「実践国語教育」二六二号（穂波出版社）

○芦田恵之助の教育・授業観　小田切正稿　昭和39・11・25「教授研究」第一号（明治図書）

○芦田先生の新生としての姫路の三ヵ年　石井庄司稿　昭和40・5・1「実践国語教育」三〇四号（穂波出版社）

○芦田恵之助の「教式」の成立史ほか二編　石井庄司著　昭和40・5・20「国語科指導過程の探求」（日本書籍）所収

○芦田恵之助における教育実践の一考察
—その教育観を中心として—　中西敏著　昭和41・3・31　私刊

○芦田先生に学んだこと　地下末吉稿　昭和41・6・20「教育国語」五（麦書房）

第五章　国語教育実践の展開事例

一

旧制高等女学校における国語学習は、どのように行なわれてきたか。男女別学を原則としていた、戦前のわが中等教育界において、旧制女学校の国語教育は、どのように行なわれていたか。女子教育全般については、その方面の歴史的研究もしだいに進められてきたが、国語教育史・国語学習史の面では、まだあまり明らかにはされていない。

ここでは、旧制高等女学校における国語学習の一事例をとりあげて、国語学習史の面から考察を加えたい。同時に、芦田恵之助先生について国語教育実践の指導を受けられた大村はま先生の学習指導を、芦田国語教育の展開事例の一つとして、考察していくようにしたい。

二

大村はま先生は、昭和一三年（一九三八）五月、「国語筆記帖に就いて」（雑誌「同志同行」第七巻第二号、昭和13年5月1日、同志同行社刊）という報告をされている。当時は東京府立第八高等女学校に勤めていられたのである。この報告には、当時の旧制高等女学校における国語学習の状況、要領が具体的に汲みとれるので、以下に、この大村先生の報告を、そのまま引用する。

何とはなしの不行届から、奉職後数年間は国語筆記帖に就いて、大した注意を払ひませんでした。たゞ、書く者は書くに任せ、書き方の指導もせず、又帖面を見るといふことも特別には致しませんでした。それ故その頃のものは、たゞ所謂読みと語釈の羅列に過ぎなかつたことと思ひます。

昭和七年の秋、ぼんやりとこの方面に注意が惹かれ、帖面の提出をさせ始めましたが、指導としては、ただ簡単に、教室で考へたことをまとめて書き、一課の終《ママ》には感想を書くやうに話しました位で、提出させましても、一人一人に、書きぶりの注意をしましたり、感想について意見を述べたり致したに過ぎませんでした。しかし、この、はつきりした考《ママ》なしにでありましても帖面を見てをります間に、これを見ることの大切さ、この指導の大切さは、次第に心に沁みてまゐりました。そして翌昭和八年、一年生を受持つことになりますと共に、国語帖の指導をしてみようと決心致しました。授業毎に、書くべきことの指示を致し、度々提出させ、精しく批評なども致しましたが、まだ、国語帖の中に何を見てよいか、漠然と学力以外のことを思ひつゝ、はつきりとした方針を持つことが出来てをりませんでした。しかし生徒の学習振りを見てをりますと、前に比べて如何にも楽しげで生々としてをり、自分も亦何となく力強さを覚え、日々の授業が落着きのやうなものを持つて来ましたのを感じ、どうしてもここに本当のものがありますことを信じて、努めてまゐります中に、段々に後に述べますやうな、様々の収穫のあることを知つてまゐりました。

翌年昭和九年は又一年を受持ち、十一年にその組と別れて、又々一年を受持つことになりました。この三年半程の間に、国語帖の、修行としての意義価値、又教授と訓練の一致の姿としての意義価値を、はつきりと悟り得ましたのでございます。国語教授の徹底の為にも欠くことの出来ぬものであり、又国語教師の立場から訓練に参与する、最もよい機会であることを信ずるやうになりましたのでございます。

一

わが国語帖に注意し、その研究と指導とに、この五年間苦心致すやうになりましたもとは、第一に恩師芦田恵之助先生より得ました「書く」といふ事。手の仕事の重要さを思ふ心に根ざした事と思ひます。芦田先生は、教式の中に、「書く」といふ仕事入れられてをります。その事の意義の深さと実際の効《ママ》果とを深く深く知りますにつけ、「書く」といふことに対しての自分の関心は深まり、次第に帖面といふものに目が向けられるやうになりました。

又、時折生徒が、「わかつてゐるが書けなかつた。」といふやうなことを申してをりますのを耳に致しました。これはよく言はれることであり、わかつてゐることの全部がさう書き現はせるものでないと申せば申せるものかも知れませんが、しかし、少しでもよく、自由に、そのわかつてゐることを書き現はせるやうにとの指導は、是非しなければならぬものと思ひ、その確実な実際の方法を求める心は、次第に帖面への関心を深めました。

又、自分の書く心の反省から、書くことの力はしみ〴〵と考へられました。書くことによつて、思ひのみによつて悟り得なかつた心を悟ることがあります。疑問を抱いて、その疑問を一心に書き進みますうちに、次第に心境が拓けて、思ひがけぬ解決に達することがあります。実に「書く」といふことは、散り易い心を一にし、物事の深奥へと知らず識らず人の心を導くものであると思ひます。書くことによつて考へられ、考へを深められ又確実にせられるものであると思ひました。そしてここに、国語と作文とを貫く一つの道があると思ひました。

以上のやうな考への熟してをりましたところへ、校長より躾の上より見て、何れの科目もノートに留意するやうとの御言葉があり、又一方作業教育の諸説にも触れ、いろ〳〵一に流れ入つて、帖面の研究となりましたことと思ひます。

二

実行してみますと、思ひがけぬ程の収穫の多さに、今更のやうに驚きました。

第一に、学力の上に、大きな進歩を見出します。「わかつてゐたと思ふことも、書いてみれば書けぬ。」といひますが、書くことによつて、得たものがどれほど深く確かになるかわかりません。文の練習・文字の練習にも役立ちます。

この学力上の利はもとよりですが、それにもまして嬉しく思はれますことは、よき修行をさせ得ることでございます。国語は毎週四日もあります。それを一日一日書き上げて行く、又後に述べますが、書く以外の種々の仕事もこめられてゐますのを、一つ一つやり上げて行くことは、真によき修行でございます。たとひ拙い書方でありましても、とにかく書けといはれましたことを、一字も残さず書いたといふことは、大きな修行であると思ひます。

又、学習を大層親しいものに思はせます。学び、聞き、考へたことを、帖面に書いてゆきます中に、本当にそこに記す考へすべてが、自分の中から湧き出たやうな感じを抱かせますのか、学習が、しみ〴〵とした愛情のやうなものに包まれて来るのを感じます。書かせ始めて一年位経ちますと、申合せたやうに皆が帖面に深い愛情を抱いて来ますのが、不思議でございます。読本は一巻終りますと、最後の時間の終に、自分に数々の修養をさせてくれた有難い尊い本として、心から礼する習ひでございますが、いつか識らず帖面の終りました時に、一人で礼する者が出来、使ふ前にいたゞく者が出てまゐります。これも一つの親しみ、情の現れと思ひます。

又、嬉しく思ひますのは、所謂拙き者、成績の思はしからぬ者が、力相応に励み、相応に伸びることでございます。後に述べます通《ママ》、拙き者にもなし得る部面が大変多くありますので、他のいずれの科目にもふるひ得ぬ者も、こゝでは憧れの「優」を得る可能性が充分にあります。こゝでこそ彼等は、その拙いながら全力を尽くした跡を認められ、「自分にも力はある、長所がある。」といふ自覚のもとに、生々とした心を持ち得るのでございます。彼等が喜んで努力してまゐりますのを、激賞して引き立て、他方優秀者を引きしめそれ〴〵の人の尊さを崇める心を悟らせてまゐりますのに、どれ程役立つか知れません。優れた者も、拙い者も、共に共に手を取合ひ、互に敬しつゝ、伸びゆく姿、めい〳〵認められるべきものを認められてゐる安らかさを堪へて行く姿は、まことに嬉しいものでございます。

又、帖面を仔細に見ますと、授業の結果を如実に教師自ら見ることが出来、こゝに最もよき師を見出すことが出来ます。わづかの不用意失敗も、見落されることなく、はつきりとその反応を見せてをり、深い反省に導かれ、新しき工夫に耽らせられ、真剣な心に奮ひ立たせられます。

又、所謂個性の指導といふことも、この中にこそゆたかに成し遂げ得ると思ひます。同一の時間に、同一の授業を受けて書くのでございますが、各人各様の書方となるのでありますから、又国語の教材は各方面に亘って広汎なものでありますから、その材料と書きぶりとから、生徒各自の特徴・長短は、まことに手に取る如く見ることが出来、それ〴〵に適当な指導を与へる方針を見出し得、書き添へる評などにより、亦指導を与へる機会をゆたかに恵まれます。

又、訓練上の資料こそ豊富に摑むことが出来ます。一日一時の仕事ではなく、長い間の日々の仕事の蓄積故、よきにつけ、あしきにつけ、生徒の生活態度・性質等につき摑み得ましたことは、確実で真相に近いものと信ぜられ、自信を持って、長を伸ばし短を矯める方法に進むことが出来ます。

学力の調査に当りましても、考査などによります場合のやうに、その時の事情や性質の影響を受けることが少く《ママ》、本当にその生徒の生活と学習とに根ざしてゐるものを摑むことが出来ます。日々の努力、日々の学習を帖面に見て、安んじて採点し、生徒も亦一日一日の努力の結晶として自己の評点を得ようとして、折々「読方・書取・解釈」（この三つは特に、帖面を見る外に考査の形式を行ふ要があると存じます。）の考査を行ひましても、むやみに争ふところの少いのを嬉しく思ひます。

又、帖面をこのやうに扱つてまゐりますことは、師と生徒との関係を親しい温かいものにします。生徒は、各自、皆充分師に認められてゐるといふ感じで学びます。教授の際答を求めて指名されますやうなことが、幾分偏つてゆきわたらなかつたといふやうな場合にも、よく補ひ得て、各自皆示したいだけの力を示し得る機会を帖面の中に持つてゐることは、確かに生徒に深い満足を与へ、教師との間にも、誠によい気分の流れるものと思ひます。又むやみに、派手な風に走らず、着実に実力も《ママ》つて立つ風になつてまゐります。

常に注意し戒めて行かねばならぬと思ひますことは、先づ、この仕事が重荷過ぎてはならぬといふことでございます。書く時間を、一年のうちは殊に注意して授業時間中に作るやう書き上らずとも、大体の筋書は出来ますやうに注意致しました。二年になりましてから、書くことを示す場合、必ず書くべきことと、自由に、書き得る者の書くことと、二段に分けて示すやうに致しました。境遇と健康とを各々反省して無理せず怠らず努めますやう、折ある毎に指導致しました。

次に、一日一日書くべきものを怠り、一度に書くといふことも、憂の一つでありました。けれども、帖面を何回も提出させ、その度に適当な評を加へてまゐりますと、一日一日と書いて行く尊さもわかり、楽しみも出、又一日一日書いてこそ、内容も深くよく書けるものであることが、次第にわかつてまゐり、一年も経ちますと、さういふ癖を持つ者は、なくなりますことを、実験致しました。

他人の書いたのを、うつして書くといふことも、次に憂とされることでありませうが、これも、始めの中、二三の心得ちがひを致す者がありますのみで、次第に、この仕事の深さと楽しさとを解してまゐりますと、自然に消えるやうに無くなりました。

三

入学の当初、「勉強の仕方」として、次の事項を示しました。

国語勉強の仕方（一年）

一、予習

1　読み

2　その文に何が書いてあるか考へて見る。

3　読み

4　下欄や本の後についてゐる読方やわけを見ること。

5　読み

6　読めない字やわからない言葉を書きぬくこと。

7　読み

8　段落を切つて見ること。

9　読み

二、本習

1　導かれるまゝに。

2　真面目に元気よく。

張りきつた姿勢、力の籠つた挙手と声。

三、復習

1　読み

2　教室で考へたことを書く。

3　予習六の始末

4　その終つた時、「〇〇〇を読んで」といふ綴方のつもりで、感想を書くこと。（出来るだけ何度も読むこと。）

四、その他特に注意すること

朗読　　文字

以上

これは帖面の新しくなります度に、第一頁にうつしかへ、この通りに出来てゐるか否かの反省に致します。（二）の予習は、新しい課に入ります場合だけの事でございます。当校では、垣内松三先生の、「女子国文新編第二版」を用ひてをります。これには、巻一より巻四まで、本文の下方と巻末とに、読み方語釈が附せられてをります。(4)にありますのは、其等を見る意でございます。(6)は、下欄にも巻末にも見出せなかつたものを書き抜くのでございます。一年のうちは、(2)も「考へてみる」のみで、言葉として書くことは各自の自由とし、⑹も、書き抜いてさへありませば、それを辞書により調べなくともよいこととし、⑻⑼は自由と致してをります。二年は、⑵は必ず書き、⑻⑼も、必《ママ》ずの仕事となります。⑹は第三学期から少しづつ調べさせ始めます。

（二）の本習は、この言葉の通りでございますが、授業の際は、書けと命じました時の外は、一切書かず、読み、考へるに専念致すことにしてをります。

（三）の復習の⑵、こゝが帖面の大部分でございます。一時間の授業の終に、今日書くべきことを指示致しますから、それを書けば、よろしいので、書の題目と方向とは、定められてあるわけでございます。⑶は予習⑹の際、読み方或は解釈上疑問の箇所を書き抜き、その下が書き入れられるやうにしてある筈でございますから、授業を受けてわかつた読み、わけを書き入れるのでございます。その課が終了しても、なほ疑問の残りましたのは、各々質問にまゐることになつてをります。

帖面は、一年の始めには一課毎に提出させ目を通し、別に評点はつけず、さま〴〵の注意を、全体に対し又個人に対し、しつゞけました。二学期頃からは、二ヶ月に一度位提出させ、注意し、又帖面を書く精神・意義・目的など、批評の折を利用し、話を聞かせ、摑みこませるやうに努めました。

現在、帖面提出の度に附してをります評点の項目は、左の三種十二類でございます。

一、努力

1　書くこと

2　貼るもの

3　予習始末

4　答案始末

5　句読点

二、学力

1　文字の正確さ

2　内容

3　感想

三、たしなみ

1　帖面取扱

2　文字の美しさ

3　整理

4　貼り方

以上

(一)は、すべて努力によりますこと、智能によらずともやらうとさへ決すれば出来るといふ意味の五項でございます。全く智能に関せぬわけではありませんが、入学考査に合格して女学校に入つたやうな者には、努力次第で出来ぬといふことは決してないといふ考《ママ》でございます。こゝによい評点を揃へられぬことは、怠りとして、生徒も互に恥としてをります。

1　書くこと

これは、毎授業の終に、書くやうにと指示されましたこと及び感想が、つまり「書くべき事」が書いてあるか否か、といふ所でございます。その内容は拙くとも浅くとも問はず抜けた所なく書いてさへあれば、こゝではよろしとするわけでございます。

2　貼るもの

大抵一課毎に、主として解釈の練習を、プリントを用ひさせ、優れた答も集めてプリントとし与へます。その外、考査の答案でも、又朗読票――（朗読致します度に次のやうな票を出し、評点を受けます。）でも、すべて貼りこみます。それが一枚でも紛失したりせずに、すべて貼りこめてゐるか否かを見る項目でございます。

朗読票

題	二年――部（番号）　氏名 ――頁――行より ――頁――行まで	月　日
正確さ	漢字	
	仮名	
発音		
声の大きさ		
早さ		
切り方		
力		
深み		
姿勢		
本の持ち方		

３　予習始末

前の「勉強の仕方」に書き添へました通り、予習の⑹の所は疑問の箇所が書き抜いてありますばかりで、その課の終りますまでに、教師の取扱により次第に疑問がとけて、その下に記入せられてゆく筈でございます。又自ら調べましたのに誤があれば訂正せられてゆくべきでございます。又遂に教師の取扱に入らず疑問のまま其課《ママ》が終了しましたなら、質問して其疑問をとく筈でございます。之等の事を忘れず怠らず仕遂げてあるか否かを見る項目でございます。

４　答案始末

先に一寸記しましたやうに、プリントにより解釈の練習などをさせ提出させました後、生徒の答の中から、優秀なものを二つ三つづつ選び、刷って渡すことにしてございます。各自それを自身の答案に比較して、反省し研究するのでございます。それを怠り、ただ貼ってのみありましたり、又一通り目を通したばかりでは、力がつきませず、むだなこととなります。この答案始末の項は、この、自分の答案と優秀な答案と比較し、反省研究してあるか否かを見るためでございます。

５　句読点

入学当初、句読点を附さぬ者が多数ありました為、この項目を設けました。もう転校生を除いては、成し遂げることが出来ますので、次回提出から除きたいつもりの項目でございます。句読点などは、注意し、つけようと思へば、つけられる筈であるといふ心から、努力の中に加へてございます。

二、学力

１　文字の正確さ

誤《ママ》のないこと丶《ママ》、適当に漢字の使へることを眼目と致します。予習の箇所でも、復習の箇所でも、感想でもすべてに通じて。

2　内容

（二）の(1)は、書いてさへあればよかつたのですが、こゝはその内容が深く確実であるか否かの検討でございます。

3　感想

文を深く学び深く読み得れば、それにふさはしい感想が生れることと思ひます。こゝに、読み得た程度は、自ら現れて来ることと思ひます。又作文の領域に入りませうが、発表力表現力も現れてまゐることと思います。

三、たしなみ

こゝの諸項目は、一見、国語科として余分と見えるかも知れませんが、教授と訓練の一致といふ立場から、躾の上から、これらのことを無関係に扱ふことは、片手落であると信じてをります。

1　帖面取扱

帖面を、心籠めて美しく用ひさせたいと思います。帖面に無用のことを書き散らすはもとより不可とし、書き損じなどの為頁を破りとりましたり、又紙端を丸めてしまひましたり、その他乱雑に扱つたことのわかりますやうな綴ぢの乱れなど、すべて不可となるのでございます。然し、長く用ひたりして自然に損じて来ましたのを丁寧に繕ひ、インキのしみなどのつきました場合にも、とる工夫をしてあればよろしいことになつてをります。やむを得ぬことで、弟妹などの為汚されることもありますので、結局大切にしてゆく心を体してゆけばよろしいこととしてございます。

2　文字の美しさ

習字とは違ひますので、真面目な敬虔な文字を第一としてをります。心して書かれてをります文字は、たとひ拙くとも認めることと致し、能筆の者でも、達者に任せて荒くなつたのなどは、戒めることと致してをります。

3　整理

順序を狂はさず、プリントを貼る位置なども違へず、きちんと仕上げます事は、一日一日注意深く心がけねばならぬ事でございます。考査の答案も入り、朗読票もありますので、一寸心を許してをりますと、すぐ順序が乱れます。

4　貼り方

プリントその他を貼りますに《ママ》、乱雑に貼らず、きちんときれいに、丁寧に貼らせたいものと思ひ、かういふ項目も設けました。

（一）努力（二）学力（三）たしなみの三方面中、普通、国語科の成績としては、（二）の学力のみであることも生徒に話し、然し、（二）の学力は如何に優れてゐても、（一）（三）のない者は大成せず、真に世に役立つ者とも、人々に愛せられる者とも、又自ら幸せを楽《ママ》む者とも、なり得ぬ、たとひ（二）は拙くとも、（一）（三）のよい者は、決して自ら不幸に泣かず、如何に拙くとも女学校に入り得た程度の（二）であれば、努力のたゆまぬに、恥を見る程のことはなく、人に迷惑をかける程のこともなく、人に愛せられてゆく、（一）（三）は（二）の成績に関係がないやうに見えて、実は大きな関係があり、（一）（三）は、（二）を生かしもし、亡しもするものであると、帖面の提出後の批評の度毎に諭してをります。そして、（二）は天与の力もあらうが、（一）（三）を仕遂げられぬは、女学校の生徒としては恥であると申してをります。

帖面を二ヶ月に一度位づつ提出させ、前に述べました三種十二類の項目につき評点をつけて返します。その際教授の不徹底でありました箇所など発見せられるまゝに書抜き、感想の、再考させたいもの、優れたもものなども抜き、注意すべき誤字も拾ひなどして、帖面を返しまして後、一・二時間もかけて、ゆつくりと批評をし、後始末を致すことにしてをります。

ただ今二年の二学期末としての帖面を見終りましたところでございますが、以上の外に次回よりは次の二項を加へますことに致します。その一は、三年生となります用意の為、予習を重視してまゐる故でございます。三年よりは、教科書の終《ママ》に語釈がなくなりますので、辞書により自ら調べて来ます為、二年三学期より練習させたい考でございます。その他、課により適当に予習の題目を示して、予習に努めさせたいと思ひ、「予習」の項目を、努力の中に加へることと致しました。

他の一は、上欄を使用致します。今まで上欄には、文題第何時、何月何日と書きましただけでございましたが、今度はこゝに、日記をつけることと致しました。これは、命じませぬにし始めた生徒が増してまゐりましたのに教へられてでございます。この日記は、その時間の学習態度の反省を主とするもので、努力の中に加へることと致しました。

四

以上で大体を尽くしましたが、終《ママ》にもう一言書き添へたく存じますのは、国語帖の指導はまことに骨の折れる仕事ではございますが、又、まことに甲斐のある、底深き力強き喜びに燃え得る仕事であるといふ事でございます。教授と訓練の一致とか、個性の指導とか、劣等生の救済とか師弟の真剣な交りとか、様々の教育上の問題は、こゝに続々と解決を見ゆく喜びこそ、えもいはれぬものでございます。（同上誌、八〇〜九〇ぺ）

本文中に、「たゞ今二年の二学期末としての帖面を見終りましたところでございますが、」（同上誌、八九ぺ）とあるところから、右の報告は、昭和一二年（一九三七）秋に報告されたものと推定される。

大村はま先生は、長野県諏訪高女において、昭和八年（一九三三）以降、五ヵ年にわたって国語学習帖の指導にうちこまれた。右の報告は、そのありのままを示すものである。国語学習の態度と習慣とにおいて、また学力向上の面において、どのように値うちをもち、成果をあげうるものであるかが、簡明におさえられているといってよい。

提出された帖面（ノート）について、三種（努力・学力・たしなみ）十二類について評点を加えていく方式にしても、至ってきめのこまかなものであって、学習者の学習意欲を伸ばしていく方向で、考えられている。自主的自発的に国語学習にとり組ませるため、指導者の周到な指導がなされているのである。

戦前、すでに、満州事変・中日事変などの勃発していたあわただしい時期にさしかかっていたとはいえ、このような地道な学習指導の行なわれていたことは、注目してよい。これは旧制高等女学校の国語学習体制の一典型をなすものともみられよう。

学習帖を、修養の一環として、求道・人間形成の有力な方法として、行じていこうとする考えかたは、芦田恵之助先生の教化によるものといえよう。「かく」（書くこと、手で考えること）を、重視され、また、綴方を修養の学科と見られた、芦田恵之助先生の国語教育観に源を発した考えである。それを旧制高等女学校の立場において、みごとに展開せしめられたといっていいであろう。

三

大村はま先生が指導された、諏訪高等女学校時代の国語学習ノートは、現在、先生の手もとに、三冊残されている。それは、諏訪高女一学年一部の13番小坂安都子さんのものである。「国語」（ノート）㈠、㈤、㈦が残されているのである。ノート㈠は、昭和一一年（一九三六）のものであり、㈤・㈦は、昭和一二年（一九三七）のものであって、大村先生のノート指導のもっとも深まった時期のものである。

いま、小坂安都子さんのノート、「国語㈠」を見ると、つぎのような構成になっている。

四、犬ころ　二葉亭四迷…………………二九ぺ
　第一時・第二時（プリントあり。）・第三時・第四時・第五時（プリント、「国語帖批評要項」）・「犬ころ」を読んで・先生からのプリント、「犬ころ」（五月二〇日出）・「犬ころ」の答案より

五、麦ふみ…………………三六ぺ
　予習・第一時・「麦ふみ」を読んで

六、花影の中に…………………三八ぺ
　予習・第一時・第二時（プリントあり。）・第三時・第四時・第五時・先生からのプリント、「花影の中に」（五月二八日出）

七、永日　相馬御風…………………四五ぺ
　予習・第一時・第二時・第三時・第四時・「永日」を読んで・先生からのプリント、「永日」復習（六月九日出）・「永日」の答案より

八、朝の庭　高浜虚子…………………五五ぺ
　予習・第一時・第二時（プリントあり。）・第三時

九、蟻　坂本四方太…………………六四ぺ
　予習・第一時・第二時・先生からのプリント、「蟻」（復習）・「蟻」の答案より

一〇、蜂の巣　吉村冬彦…………………七一ぺ
　予習・第一時・第二時（作業用紙あり。）・第三時・第四時・「蜂の巣」を読んで

一一、奈良の初夏…………………七九ぺ
　自習（プリントあり。）・ノート評価・ノートの反省・「奈良の初夏」の答案より・答案の反省

第五章　国語教育実践の展開事例

一二、蜘蛛の糸　芥川龍之介……………八四ペ
　予習・第一時（七月八日）・第二時（七月九日）・「蜘蛛の糸」を読んで・「蜘蛛の糸」復習・先生からのプリント、「蜘蛛の糸」の答案より・答案の反省

一三、千本松原　伊藤左千夫………九二ペ
　予習・第一時（七月十一日）・第二時（七月十四日）・第三時（七月十五日）・「千本松原」を読んで

一四、寂しい音　窪田空穂…………一〇六ペ
　予習・第一時（八月二十五日）・第二時（八月二十七日）・予習・第三時（八月二十八日）・「寂しい音」を読んで・先生からのプリント、「寂しい音」復習（八月三十一日（月）出）・「寂しい音」の答案より・答案の反省・書取（八月二十九日

一五、難破船　（三浦修吾訳「愛の学校」による。）……一二一ペ
　予習・第一時（九月二日）・第二時（九月四日）・「難破船」の読みと書取り（九月五日）・第三時（九月七日）・「難破船」を読んで

一六、月見草　阿部次郎……………一三一ペ
　予習・第一時（九月十二日）・「月見草」復習（月曜日出）・「月見草」の答案より・答案の反省

一七、虫の音　沼波瓊音……………一三七ペ
　予習・第一時（九月十六日）・「虫の音」復習・先生からのプリント、「虫の音」の答案より・答案の反省・書取の答案（九月十二日）

465

［注］右の目次の、ページを示す………は、引用者が、便宜上つけたものである。

右の国語ノートでは、一〇六ページから、一二一ページにとんでいる。また一〇六ページのつぎに、一六五、一六六の両ページが挿入されたかっこうになっている。

右のノートの、三五・三六ページには、大村先生からの「国語帖批評要項」が貼りつけてある。それは、つぎのようなプリントである。

国語帖批評要項

一、全体について

1、ぬかさぬやうに
　○復習　○感想　○プリント
2、よくわかるやうに
3、きれいに
　ていねい　字を大きく　つめて
二、細かいところについて
イ1、上欄・下欄の別
2、本習・復習
3、写《ウツ》し直し
4、順序
ロ1、予習の始末
2、答案の始末
3、書取
4、自由な勉強
ハ1、誤字
2、、。
ニ　1、インキ
2、プリントの張り方
三、記号

1、普通のしるし
2、感想のところのしるし
以上
ノートを整えていく上の留意点がこまかく示されているのである。
つぎに、右のノートの七九ページには、大村先生によるノート評価がなされている。
一、1　優　書くこと
2　優　張るもの
3　優　予習始末
4　優　、。
二、1　優　文字の正確さ
2　優　内容
3　優　感想
三、1　優　帖面の取扱
2　美。　文字の美しさ
3　優　整理
小坂安都子さんは、つぎのように記している。
気をつけること
◎答案の仕末《ママ》

　答案と自分の答とを比べて見ること
◎予習、復習の仕方をノートの変るごとに始めに書くこと
◎先生に出した後や時々、又ノートの終った時反省して見ること
◎書取は、何ん《ママ》にでもしてよろしい。
　必づ《ママ》国語帳でなくてもよい。
◎家の人にも出来る人は反省、枇《ママ》評をしていたゞくこと。
ノートの反省
今日は先生が今度出したノートの内容、其ノ他についていろ〳〵批評されたり、いけない処は教へて下さったり致しました。
私が気をつけなければいけないと思ったのは、
○第何時の次へ月日が入っていないこと
○答案の仕《ママ》末が出来てゐないこと
○字が直《ママ》　粗末になつてゐること
○予習がしつかり出来てゐないこと
等でした。（ノート、八〇～八一ぺ）

また、小坂安都子さんは、一七一ページに、「巻一の読本の中で好きな課
○永日　良寛さまのあの尊い清いやさしいお心が大好きです。」とも記している。
つぎに、小坂安都子さんのノート、国語㈤は、左のように構成されている。これには、ページ数がうってない。

○国語勉強の仕方（一年）

○お帖面を新らしく変へるに当って

二二、近江聖人の幼時　村井弦斎

第一時（三月十二日）・第二時（三月十三日）（プリントあり。）・「近江聖人」の答案より・答案の反省・第三時（三月十六日）・「近江聖人の幼時」を読みて・先生からのプリント

二三、みそさざい

本習（三月十七日）・「みそさざい」を読んで

○ノート反省

○一年を終はらうとして

○国語勉強の仕方（二年）

○二年生になつて

一、結晶の力　島崎藤村

予習・第一時（四月十日）・第二時（四月十二日）・第三時（四月十三日）・第四時（四月十七日）・「結晶の力」を読んで

二、桜

予習・第一時（四月十九日）・第二時（四月二十日）・「桜」を読んで

三、春晴千里

予習・第一時（四月二十二日）・先生からのプリント、「春晴千里」練習・「春晴千里」の答案より・答案の反省・第二時（四月二十三日）・第三時（四月二十六日）・「春晴千里」を読んで

四、草の匂　　前田夕暮

自習文として・先生からのプリント、（二十一日〈水〉提出）・「草の匂」の答案より・答案の反省・「草の匂」を読んで

五、峠の茶屋　　夏目漱石

予習・第一時（五月四日）・第二時（五月六日）・「峠の茶屋」を読んで・ノートの反省

六、お遍路さん

予習・第一時（五月十四日）・第二時（五月十五日）・第三時（五月十七日）・「お遍路さん」を読んで

七、青春

自習文として・先生からのプリント、「青春」（自習）（五月三日〈月〉出）・「青春」の答案より・答案の反省・「青春」を読んで

八、修善寺行

予習・第一時（五月十八日）（プリントあり。）・第二時（五月十九日）・第三時（五月二十日）・第四時（五月二十六日）・感想・ノートの評価

九、新緑　五十嵐力

予習・第一時（五月二十七日）

一〇、考査

（六月一日）二年一部・二部・三部のテスト・答案について

○ノート総反省

右のノート、国語㈤は、八十八枚、一七六ページである。横一五・五センチ×縦一九・八センチのノート、天のほうに書きこみのできる空欄のあるもの。

右のノートの初めに、小坂安都子さんは、「お帖面を新らしく変へるに当って」として、つぎのように記している。

○私はお帖面をおろしたばかりはとても丁寧に取扱《ママ》ます。
けれどだん〳〵古くなるにつけ《ママ》下手ななげとばしの字でとても粗末な取扱《ママ》ひとなります。

今度こそは、お帖面の一番始めにかうして書く位、確りしようと思ひます。

最後までお帖面の使命をまつ通《ママ》してやりませう。今、書く気持と最後の頁を書く気持とが同《ママ》じありませう。

どの頁をめくって見ても自分の力がみち〳〵てゐます様に。

一頁、一行、一字も考へずに無茶に書かない様に。

一字へも全力を尽す様に。

此の様な事を守つて最後まで美しくしつかりお帖面を使ひませう。
○私の殊に気よ《ママ》つけることは
一、文字の美しさ。下手でも丁寧にきちんとした字を。

二、かなづかひ《ママ》
三、漢字を正しく多くつかふ《ママ》
四、帖面取扱ひ《ママ》。
五、何時の方を先に書き次《ママ》に月日を書くこと《ママ》、
六、本を出来るだけ読《ママ》で感想を書くこと。
七、五課以内にノート反省をする事
八、ノート反省の時以上の事が出来たかを調べる事《ママ》、
九、ノート反省毎、一課毎に進歩すること。
十、熱心にする事、

○これを忘れるな
　少年易老学難成
　一寸光陰不可軽
正しく
熱心に。

さて、小坂さんは、「一年を終はらうとして」として、つぎのように、反省している。
夜明け前から再び春になつて「春近づく」を読みをへるまで、私にはたつた一つ神様に許していたゞく事が出来ることが《ママ》出《ママ》来る。

それは、「書くべき事を一度もさぼらなかつたこと。今日やる事は今日中にやつて決して明日にうつさなかつた事」です。文字はまだ不正確でもきたなくとも、考へが浅くとも、私はたつた一つの事で神様から二年にしていたゞかうとしてゐます。（大村先生が「尊いことです。」と、赤インクで書いていられる。）私は少しも一年間の生活をくいません。それは私は自分の全力を尽くして来たから出す。私はそれで満足します。それがいくら程度の低いものでも。

夜明け前から今日まで、自分のありつたけ進歩して来たと信じて私はこれ以上望みません。

私はたゞ〳〵此の自分の力の溢ふ《ママ》れてゐるお手帖を有難く思ひ、自分の力を伸ばして下さった先生を有難く思ひすべてのものにたゞ〳〵感謝するだけです。満足した美しい気持で二年生にならうと思ひます。

そして又全力を尽くして行きたいと思ひます。


この小坂さんの反省に対して、大村はま先生は、つぎのように、赤インクで記されている。「来年の今日の日、またかういへるやうにしませう。尊い人といふものは、一日一日を、又一年一年を、かういへるやうに送つた人のことです。」そして、おしまいに、大村先生は、「真面目な熱心な優しいよい学習態度《たいど》でありました。前《まへ》にも申しました通り、自分を大事にして、ひたすらに、まつすぐに励んで下さい。」と記されている。

さて、小坂安都子さんは、諏訪高女二年生になったとき、つぎのようにノートに記している。

二年生になつて
二年三部の人と私はたつた今なつたばかりです。
珍しく、でも先生に注意していたゞく度に翼を展ばしてゐたのをちゞめた一年をやり終へて、いよ〳〵二年の学校生活へと出発致しました。

もう今までの様に決して一度でも翼をのばさない様にしなければいけません。

つまらないそねみ心や競争心・慢心などは決して〱やめて、清く正しく、ケンダタの教の様に自分の道だけをみつめて、自分の力をのばして行かう《ママ》思ひます。着々と一歩々々を確実にふみしめた二年としての一年間であります様に。

自分の力をすつかり尽して一心にたゆまず慢心しないで後でふり返つた時、二年生としての自分の力が一杯に溢れてゐる様でありたいと思ひます。

二年の最後の日に振り返つてみて決して自分としてくいなかつた一年間になりますやうに。

自分として深められ、進歩した神様にみられてはづかしくない一年であります様にと心から祈ります。

同じ根に二つ咲きたるひ牡丹の一つ小さきすべなかりけり

一年のおしまいの反省も、二年の初めの決意も、ひたむきに一心に述べられている。敬虔なまじめさを感ぜしめる。ノートを手がかりにした国語学習の一途さが看取される。そこには、指導者の感化があきらかにみられる。右のノート、国語㈤においては、小坂さん自身、途中で、ノートの反省をしている。また、先生のノート評価は全優となっているが、二、学力、1文字の正確さ　優「優の中では、この優が少し弱いでせう。」と記されている。

なお、国語㈤の「ノート総反省」は、つぎのように記されている。

思ったより早く終りました。いろんな事をきよつける（引用者注、大村先生、気をつけ《（付）》る　と朱書されている。）ひまもなく今や最後の頁となりました。其《ママ》して、今終る此のお帳面は、いつまでも〳〵私の女学校二年の思ひ出になるかと思へば、これからめくつて見る、一頁一頁が、どうか力の籠つたものでありますやうに、と思へてなりません。

全体を通して、文字の上から見ても、きれいに書き出しては、だん〳〵きたなくなり、又はつと思つてきれいに書く《ママ》。といふやうでした。でも、「きれいに。」といふ事が頭から去らなかつた事だけでも、よい事として、又一層よくして行かうと思ひます。

ずーつと見て、一つもお役目御苦労がなかつたのは何よりでした。みな自分の力、ありつたけを出して書いてあるのは、今見て本当にうれしく感じました。一日一日きちん〳〵とやつたのもうれしい事です。外の事より、一層心配してゐた、此れが出来た事は何ともいへず嬉しく感じました。

で、外の事も出来なかつた事は出来なかつたけれど、でも力一杯直ほさうとした事はたしかでした。

「一生懸命に、やつたといふ事だけで、外の沢山の出来なかつた事をつぐなつていたゞいて、此のお帳面を、よいお帳面としていたゞきたい。」と思ひます。もし私が自分の思つた通り、一心にやつてあれば、神様は、きつと、此のつまらないお帳面を、よいお帳面にしてくださると思つてゐます。

何だか、今までで一番気に入るやうに一心に勉強したお張《ママ》面のやうな気がします。

全体として、きよ《ママ》つけた点が出来たかどうか。

一、出来たり出来なかつたりでした。

　誰でも出来る事ですから、どうしても、やり通さうと思ひます。

二、三、此れ《ママ》はわかりません。

四、自分としてはやつたつもりです。出来るだけ。

五、これも自分で調らべただけはやつたつもりです。
七、これは、したはしたけれど、申し分ないとは、中々いへない、やうな反省でした。
　よい反省が出来るやうに。
九、此れは、ほんの少しですが、自分としてはやつたつもりです。自分の力だけで。自分の力のあるだけで。
十、此れもしたつもりでしたけれど、不真目な日があつたかもしれません。さういふ日が再びないやうに一心にやりませう。
此のお張《ママ》面は、私の力の籠つた、有難い、尊いお張《ママ》面です。此の大切な、私の力を、大事に〳〵しまつて、大人になつてから、よい思ひ出になるやう――。丁寧に、大事にしまつておかうと思ひます。

自己評価は、むずかしいものではあるが、ここでは、自己のノートに対してのせいいっぱいの努力ぶりが記されている。

つぎに、小坂安都子さんの学習ノート、国語㈦は、左のように構成されている。

○国語勉強の仕方（二年）
○お帖面の始めに
一一、盆燈籠　　饗場篁村
　自分で考へたこと・第三時（九月四日）・「盆燈籠」を読んで・先生からのノート、「盆燈籠」（七日〈火〉

出)・「盆燈籠」の答案より・答案の反省
一二、大海の日の出　　徳富健次郎
予習・自習(九月六日)・第一時(九月七日)・第二時(九月九日)・第三時(九月十一日)・「大海の日の出」を読んで
一三、箱根路　　正岡子規
予習・第一時(九月十三日)・第二時(九月十四日)・第三時(九月十六日)・「箱根路」を読みて・ノート反省
一四、比較
「盆燈籠」・「大海の日の出」・「箱根路」の比較(九月十八日)・いま丶での感想
○ノート総反省
○新しい読本
一五、明治神宮　　溝口白洋
予習・第一時(九月二十日)(プリントあり。)・第二時(九月二十二日)・第三時(九月二十五日)・第四時(九月二十八日)・朗読票・第五時(九月二十九日)・第六時(九月三十日)(プリントあり。)・「明治神宮」を読んで・先生からのプリント、「明治神宮」(二十八日出)・「明治神宮」の答案より・答案の反省
一六、古城
予習・第一時(十月五日)・第二時(十月七日)・第三時(十月九日)・「古城を読んで」
一七、御製謹講　　千葉胤明

予習・第一時（十月十一日）（プリントあり。）・第二時（十月十二日）・朗読票・第三時（十月十三日）（プリントあり。）・「御製謹講」を読みて

一八、競技

予習・第一時（十月十六日）（プリントあり。）・第二時（十月十八日）（プリントあり。）・第三時（十月二十日）・考査（十月二十三日）・「競技」の答案より・答案の反省・自習（十月二十五日）・第四時（十月二十六日）・ノートの反省

一九、武蔵野　　国木田独歩

予習・第一時（十月二十八日）（プリントあり。）・第二時（十一月一日）・第三時（十一月二日）・第四時（十月四日）・「武蔵野」を読みて・ノート評価・先生からのプリント、秋より冬へ（武蔵野日記）・ノートについて（十一月十八日・十一月二十二日）・先生からのプリント、「感想」について（十一月二十四日の分を含む。）

二〇、武蔵野日記

予習・第一時（十一月二五日）・感想・ノート反省

右のノート、国語㈦にも、ページ数は入れられていない。一〇〇枚、二〇〇ページ、ぎっしり書かれている。横17センチ×縦20センチのノートブックである。

右のノート㈦の初めには、「お帖面の始めに」として、つぎのように書かれている。

一、熱心な心で書いたお帖面でありますやうに。

どんなに浅い内容であつても、きちん〳〵と一心に書き、不正確な文字でも、丁寧に〳〵、心を籠めて書きませう。

お張《ママ》面を扱ふにも、此のお帳面のおかげで、私は進歩出来るのだ。と有り難く思つてつかひたいと思ひます。

自分《ママ》浅い考へも、不正確な文字も、たゞ出来るだけ力を尽《ママ》して書きたい、それで満足して行きたいと思ひます。此のお帖面を、自分の全力をあげての、努力と熱心の結晶にしたいと思ひます。

たゞ其れだけでよい、私は決して、名答も、正確な文字も、出来ないといつて泣きはしません。自分の全力さへあげてあれば、其れが、どんなつまらないものであつても、私は少しも、悲しいと思はない。思へません。

力、熱心で書きあげたお帖面こそは、私にとつてこの上ない、よいものです。尊いものです。私は此のお帖面を尊いものにしたい。上手な書きぶりも、楽しい文字も、私には書くことが出来ません。しかし私は、熱心といふものだけは持てる。心の先生とする事が出来ると思ひます。熱心を持つて終りまで貫ら《ママ》ぬかう。そのお帖面がいかに不味いものであつても、私はその熱心だけで沢山、けつしていやな心は起らないと思ひます。下手だが熱心に書いた（この文字、脱落していたのを、大村先生が赤インクで書き入れられている。）後の気持のよさはさわやかな気分、嬉しい気分、清々しい気持はいひあらはせないでせう。どうかさうでありたいと思ひます。「尊い有難い。」と最後に感謝出来るやう。熱心に、熱心に、たゞ〳〵熱心に、すべてを忘れて、すべてに打勝つて、熱心に此のお帖面をつかひ通すと決心致しました。

二、此のお帖面を通して修養

此のお帖面を通して私は心を練つて行きたいと思ひます。勉強が沢山あるのに、つかれて眠い時に、用が山程ある時に、其の日書くことを書くのには中々、努力が入《ママ》ります。しかし其れらの苦しみに勝つて、勉強して行くことは大事な修養です。沢山書くことがあつて、丁寧に字を書いて行くことは、本当に泣き出したい位です。しかし其れも修養です。此のお帖面を立派に仕上げるには、本当に、お役目御苦労でなく、自分を修養して行くものだ、といふ覚悟でやつて行かうと思ひます。

○　最後にもう一度、此のお帖面は、熱と努力によつて、心から愛すべきものにしたいと思ひます。

右の小坂安都子さんの決心・覚悟に対して、大村はま先生は、赤インクで、「かう決する時、困難・苦労の感はとけ去りますね。先生の帖面を見る心もこれと同じです。人は苦労でせうと言つて下さいますが、先生には又、ちがつた味ひがあります。」と記されている。ノートを提出させて、それを一冊一冊見ていく労の多い仕事に対して、当時、大村先生がどのような熱意であたつていらしたかがよくうかがえる。

さて、小坂安都子さんは、「女子国文新編」巻三を終わるにあたつて、「感想」を記し、ノートの総反省をしている。

○二年いまゝでの感想

「真によい文章には真によい結晶の力がある。」とみんなで声を合はせてやつた時から今日まで、今思ひ起して見ると様々の思ひ出にみちてをります。ある時は先生のおつしやることが、何んだかわからなくなつて、頭がもう〳〵しはじめたり、とてもよくお答へが出てきたりしました。しかし、どの課をみても、いやな思ひ出のないことは、やれるだけはやつたといふ気のしますことは、いひしれぬ幸福と感謝の心で一杯です。よみたくて、よみたくて困つた森の絵も、長くていやになつた精進湖も今は美しい思ひ出となつた事は本当に嬉しい事です。

外に勉強が沢山あつて、明日たに《ママ》延《ママ》したい、と考へた時も、今日の事は今日の中にと苦しいのをが慢《ママ》してやつたことも、眠くなつのをやつと、水を飲んでやつたことも、今ではかへつて、それが嬉し思ひ出になるのでした。

私は自分の二年の初めからのお張面《ママ》をじーつと見つめて、なんだか、自分の努力の結晶を見るやうな気がしてなりません。様々に努力してきた自分のあるいた道をみせつけられるやうな気がします。ある時は、字が乱雑になり、ある時はお張面《ママ》を粗末につかひました。しかし自分が、はつと気がついてまた努力しはじめたことは、それらの事の以《ママ》上に嬉しい事だと思ひました。

いろ〳〵な苦しい事に負けないで、毎日の事を、きちん〳〵とやり上げ、自分のお張面を、よくしよう、よくしやう《ママ》と、努力した事だけで私は満足出来るやうな気がします。外の人に何といはれても、自分は、此れで、「よかつた。」と思ひます。私は、私の力一杯したことに対して、どなたかは、きつと、許して下さると信じます。

一度も、二年の初めに、ちかつたやうに、一度も、競争心を起さないで、たゞ〳〵自分をみつめ、よそみしないで、真直に自分の進歩をした事を心《ママ》から有難く思ひます。ともすれば慢心しさうになる自分の心ををさへるのも大変でした。しかし私のしたこの苦心は、形の上でめぐまれなくても、心の上でめぐまれようとも望まないけれど、決してむだではないでせう。きつと〳〵役にたつて、（それが此の上も悪いと思ひますが）くれるでせう。感謝と喜びを持つて巻三の読本を終ります。

○ノート総反省

○まだ雪どけの、若芽も出た出ない頃、始めて顔を合せた五十二人は、どれも〱緊張し切つて「結晶の力」を読みました。若葉の頃、初夏の頃と、季節のうつり変りと共に、私達も、好きな課、きらひな課、よみたい文、永《ママ》たらしくていやな文と、様々の文章を習つてまいりました。その「結晶の力」から「箱根路」に至るまでの努力が此のお張面《ママ》にあらはれてゐるのかと思ふと、「おろそかに出来ないやうな、大切に大切にしよう。」といふ心が湧いてきます。
○此の前に、「お張面《ママ》は自分の生活をあらはす。」と、いはれた方がありますが、本当に、「さうだ。」と感じました。
真剣な気持でやる頃は真剣に、身体がごしたく、ふう〱いつてゐた処は、ごしたさうに、上手に書けないで、努力した処は努力したなりき《ママ》に、こんな事ではと奮発した処もやはりあらはれ、ふわ〱のとこは、ふわ〱と、真剣に気持を取り直した処はそれらしく、驚く程、よく生活があらはれてをります。どうか、これからも、力一杯努力しようとする、真剣な生活があらはれてきますよ《ママ》うに。
○今度はもう少しきれいになりますやうに。すべてに。美しい文字で、美しい心で、本当に、いつみなほしても、美しく、懐しく感じられますやうに。自分の築き上げたものを見るやうでうれしい。どうか、今度も、努力できたもののやうに。

旧制女学校二年生として、小坂安都子さんが国語学習帖に真剣にとりくんでいる覚悟のほどのうかがえる反省である。自発的に努力して自己のノートをよくしていこうとしている心がまえもりっぱである。

さて、「女子国文新編」巻四の学習開始にあたり、小坂安都子さんは、ノートに、つぎのように記している。

一、思ひ出深くなつた巻三も終り、新しい、巻四となつた。新しい読本を前にして坐ると、何とはなしに、心が緊張し、「うんとやるぞ。」といふ元気が湧き決心が出来る。今、第一頁をめくらうとして本の前に坐つたこの気持、それがこの本をつらぬいてくれ、また、この気持がいつも単に読本をくる時だけではなくもてるやうに、《ママ》どの本も、初めは、この決心が出来る、しかしこれを最後までもちこたへる努力は、出来たか、と、つく《ママ》〴〵考へさせられる。どうか、決心が出来たら、必ず努力も出来上がらせよう。

二、後になつて、この思ひ出の本をひろげた時、どの題を見ても、どの頁をくつても、なんとなくえみがほゝに浮ぶやうに。その嬉しい思ひ出の中には、自分の力一杯やり通した思ひ出もあらう。わからなくなつてきた頭にしよ《ママ》うをつけて、先生のお話を夢中で聞いた思ひ出もあらう。そしてそれらすべての思ひ出がこの本に一杯になつて行くやうに努力しよう。あとでひろげた時、「あゝこの本は自分の努力の結晶だ。」と少しの悔もなく喜んで楽しい心になれますやうに。

右の文章には、稚純ながら一途な学習意欲をうかがうことができる。国語学習帖を学習拠点として、継続した成果として、こうしたしっかりした心がまえができてきたのではないかと推察される。

右のノート㈦には、朗読についての学習記録もみえる。一五　明治神宮　第四時（九月二十八日）にも、それがある。

○今日の朗読

今日の十八人の中には私も加はりました。お点のつくせいか、みんな〳〵あまりにも上手でした。

お点とは、次のやうな表を、読んだ度に出してお点をつけていたゞくのです。

私の今度読んだところは、割合につまらぬところでした。しかし明治神宮の一つの特色である、うしろが松の疎林といふこともありました――一生懸命読みました。しかし、大事な力と深みが他より劣つてゐることは、自分の力の足りなさを示してまだ〳〵努力しなければと思はれます。でも、力一杯読んだ後は中々気持よいものでした。

三部(13)　小坂安都子		
十頁七行 十一頁三行		九月二十八日
正確さ	漢字	優
	仮	優
発音		優
声の大きさ		優
早さ		優
切り方		優
力		美。
深み		美。
姿勢		よろし
本の持ち方		よろし

「朗読票」は、一七　御製謹講　第二時（十月十二日）にも、貼ってある。評価は、前掲のものと同じように、力・深みの両項が「美」となっている。

なお、小坂安都子さんは、一八　競技　のおしまいにも、ノートについての自己反省を、くわしくしている。その中には、「私はものをくどくのべるくせがある。このくせもなほさう。感想も、内容も浅い〳〵ものばかりである。しかし私は一つもいゝ加減にしたものはない《ママ》決してない。しかし喜びの前に、決して増長しないで置かう。自分の力は、ほんの少ししかないのだから。当り前の大当り前である。遠い自分の理想をみつめて一心に進まう。」という一節もある。女学校二年生として、自己に言いきかせているのである。

四

大村はま先生の指導された、小坂安都子さんの国語学習帖（一）・（五）・（七）の内容構成は、以上のようであった。一事例ではあるけれど、そこに真摯な国語学習の態度を見いだすことができた。

以下には、小坂安都子さんの国語学習の様相を、もうすこし具体的に考察していきたい。一年・二年から、それぞれ二例ずつとりあげていくことにする。

1　四、犬ころ　　二葉亭四迷　――国語㈠から――
第一時　犬ころ　（引用者注、この時間は、なにもノートに記していない。）
第二時　犬ころ

1	小狗の(アカ)啼声	○ふと目を覚す、耳を澄す、 ○音、啼声
2 (アカ)	母の(アカ)説明	○分らない ○説明
3	(アカ)棄犬の身の上の(アカ)想像	◎乳房 ○大きな腕 ◎仕様のない児である
4	か愛い犬ころ	○一道の光 ○赤ちゃけた犬ころ

5	小狗の(アカ)甘えた動作	○ちょこ〳〵　○やんはり〳〵 ○ぐい〳〵　○びちゃ〳〵 ○ぺら〳〵　○くん〳〵 ○ばた〳〵　○がつ〳〵
6	(アカ)飼犬となる	○父[まで]が

右は、大村はま先生のプリントである。傍線部には、学習者が記入するようになっている。このワークペーパーには、すでに戦後円熟の極に達せられた大村はま先生の学習指導の原型がはっきりと読みとれる。ノートは、右のプリントの下半分の重要語について、つぎのように書きとめられている。

音	唯、何か音がするな、と思つてもうと〳〵と寝てしまつた　しまふ様な時
啼声	熱心にもう寝られる時どころぢやあない。夜着の中から一心に聞いてゐる。
分らない。	棄狗なんて狗があんまり好きなものだから分らなかつた。
乳房	小狗に取つて何んだか一番いゝもの。
仕様がない児	狗にとつてはやさしいいゝ児
一道の光	雨戸を開けた時などに其の幅だけ明るくなる時の様なの《ママ》
ちょこ〳〵	這寄る、可愛らしい様子

ぐい〳〵　推上げる
ぺら〳〵　狗好な人なら大へん気持がよい。牴《ママ》る。
ばた〳〵　と足をくれる。うれしい。
やんはり　痛《ママ》ぬ程度にかむ、狗好な人ならうれしい
びちや〳〵　なめる
くしん〳〵　可愛い　くしやみ
がつ〳〵　あわて丶たべる
父までが、……まで、とは母も自分も入ってゐる。犬ぎらひな父までだから外の人はもちろん

第三時　犬ころ

○如何して棄ててつたんだらう。
○我れ知ら《(アカ)(アカ)心持》ずむつくり《(アカ)動作》起上った《(アカ)(アカ)ことがら》
○じっと視て(は)《(アカ)》居られない。
○どうしても放さなかった
（引用者注、傍線部、◯など、(アカ)とあるところは、小坂さんが朱記しているものである。）

如何して棄ててつたんだらう。　　犬好きで不思議に思つた。

気持が分る　　動作が分る　　事が分る

我れ知らずむつくり起上つた

じつとして視ては居られない

気持が現れてゐる。

どうしても

おどしてもすかしてもやさしくいつても、誰が言つても

全体を通じて変らぬ心

犬を愛する心

如何して

如何して寝てなんか居られない

如何して黙つて視て居る事が出来様《ママ》

如何して捨てる事など出来ない。

我れ知らず

我れ知らず

我れ知らずちよ〳〵と呼んでみた。

我れ知らず狗児をだいて逃げた。

じつとして

（じつとして聞いてゐられない
じつとして寝てゐられない《ママ》。
じつとして風呂敷に包むのを見てゐられない

どうしても

（どうしても不思議《ママ》だ。
どうしても寝て居られない。
どうしても黙つて視ては居られない。

（引用者注、重要語句について、短文練習をしているものと思われる。）

第四時　犬ころ

かはいゝところ

「小さな両手で揉立て〳〵」

（圓い産毛の生えたかはいらしい手で一生懸命揉立て乳汁を吸つてゐる様子が目に見える様な気がしてかはいゝ

「他愛なくうと〳〵となつて乳首が遂に口を脱ける、脱《ママ》けても知らずに口を開いて小さな舌を出したなりで一向正体がない。」

（かはい、ちつちやないびきをかいてお口を開いたところがとても可愛い。

「よち〳〵這寄つてぽつちりと黒い鼻面でお腹を探り廻り」

（目が見えないのに親の側へ行きたくて手探りやか愛らしい鼻面でお腹を探るところが可愛い。

第五時
先生が
朝、学校へ出る前に、ポチに戯は《ママ》むれる辰ちやん。
学校から帰つて来てからの辰ちやんとポチ。
哀れな最後を遂げるポチと其れを悲しむ辰ちやん。
のお話をして下さいました。
初の二《ママ》つは思はづ《ママ》、につこりする様でしたが、終りのはなみだが、こぼれさうになつて大変悲しうございました。
（引用者注、このつぎに、小坂安都子さんは、先生からのプリント、「国語帖批評要項」（前掲）を貼りつけている。）
犬ころを読んで
此の課を読めば、「まあ、可愛い犬だこと。」と言はなければならない様な気が起つてしまひます。

犬嫌ひな人でさへさういふ気になるでせう。私は犬好な方では有りませんが此《ママ》のポチだけは思ひきり抱きしめてほゝづ《ママ》りしてやりたくなつてしまひます。

どうしてさうなるかといえ《ママ》ば、辰ちゃんの犬好きといふ心が表さうと思はなくても犬好なものだから自然に表れてしまふのだと思ひます。小狗の可愛い仕ぐさ、辰ちゃんの犬の愛しやう、それが一しよになつて思《ママ》ず私の心は「可愛いな。」といはずに居られなくなりました。

（先生からのプリント――引用者注）

犬ころ　　五月二十日出

一年一部（13）小坂安都子

一、辰ちゃんの犬好きな心持のよく表れてゐるところ

「阿母さん〳〵門の中へ入つて来たやうだよ。」と、私は居堪らないやうな気になつて

如何して棄ててつたんだらう。

我れ知らずむつくり起上つた。

じつとして見ては居られない。どうしても放さなかつた。

二、母さんの、辰ちゃんをかはいがつてゐるやさしい心持の表れてゐるところ

蒼蝿いよ、などといふ母ではない。

「もう晩いから黙つてお寝」

それでも台所へ行つて欠茶碗に冷飯を盛つて何かの汁を掛けて来てくれた。

三、小狗のかはいらしさのいかにもよく書けてゐるところを一つ選び、よいところを説明してごらんなさい。

ちよつ〳〵と呼んで見た。が、左程畏れた様子もなくちよこ〳〵と側へ来て、流石に少し平べつたくなりながら、頭を撫でてやると私の手を、下からぐい〳〵推上げるやうにして、ぺら〳〵と舐廻し、手をくれる積りなのか頻りに圓い前足を挙げて、ばた〳〵やつてゐたが果はやんはりと痛まぬ程に小指を咬む。

ちよこ〳〵……短い足で様々這寄る。
ぐい〳〵……うれしさうに、
ぺら〳〵……私はあなたが好きですよ。
ばた〳〵……だつこ……、
やんはりと……うれしいな〳〵

「犬ころ」の答案より

一、○近所の犬は大抵馴染だ。　○「如何して棄ててつたんだらう。」　○先づ何処かの飼犬が以下の想像○何だか居堪らないやうな気になつて　○じつとして視ては居られない　○頭を撫でてやる……咬む。私は可愛くて可愛くて堪らない。　○折柄絶え入るやうに啼く狗の声に私は我知らずむつくり起上つた。　○私は小狗を抱いて逃廻つてどうしても放さなかつた。

二、○「どうしたの、寝られないのかえ。」
○「何処までも相手になつて、其の意味を説明してくれて「　」と優しく言つて　○「寒いぢやないかね。」　○母も渋々起きて雪洞をつけて起上つた。　○それでも台所へ行つて……何かの汁を掛けて来てくれた。　○阿父さんに叱られるけれどと言ひながら……敷いてやつた。

三、イ、ちよつ〳〵と呼んで見た。……小指を咬む　ちよこ〳〵＝短い足でやう〳〵這寄る。　ぐい〳〵＝うれしさうに、　ぺら〳〵＝「私はあなたが好きですよ」　ばた〳〵＝「だつこしてえ」　はんはりと＝「うれしいな〳〵」とでも言つてゐるやうな様子が見えて本当にかはいゝ。そして、ちよこ〳〵といふやうな言葉、どれもよく使つてあつて、様子が目に浮かぶ。

右の「答案」よりは、大村はま先生が、「犬ころ」の作業答案の中から、すぐれているものを選んでプリントし、参考として、生徒に配られたものである。

作品「犬ころ」の構成・表現など、各時間ごとの学習状況が、およそどういうものであったかは、右のノート記録から察知される。先生のプリントによる作業資料が有効にはたらいている。学習者小坂安都子さんの態度はまじめであり、着実であるが、自発的・積極的なものは、まだ表われていない。

2　一二、蜘蛛の糸　芥川竜之介　――「国語」（一）から――

予習

文段

一、一のところ

極楽の美しい楽しいながめとお釈迦さまのお慈悲

二、二のところ

地獄の様子
三、三のところ

第一時（七月八日）蜘蛛の糸
一　極楽
二　地獄
三　極楽

犍陀多が救はれなかつたわけ。
一、無慈悲な心
本の百三頁の「こら、罪人ども、此の蜘蛛の糸は俺の物だぞ。お前たちは一体誰の許を受けてのぼつて来た。下りろ〳〵。」といふところに表はれてゐる。
二、途中で休んだ時下を見たのが悪かつた。途中で他見をした為に、
1、無慈悲な心が起り、
2、油断をし、
3、強《ママ》まんな心が出来、
4、御恵みを忘れ、
5、利己心が起つた。
この様な自分（犍陀多）の欠点がむく〳〵と頭をもたげて思はずそれを行つてしまつたが悪い。

私たちは、
父母や先生・目上の方のみちびいて下さる目的地へと真直に決して他見をしないで、疲れたら目をつぶつて休んで、ちよつとでも他見をすれば、又元へ帰るぞと思つて進んで行く。
この場合
他見とは、
他人のかげ口を聞いたり《ママ》いろ〳〵と自分の欠点を出させるやうな場合目的地へ着くまでに不必要な事を見ることが他見である。
疲れるとは
身の境遇の変化・体の疲れた時（病気）などである。

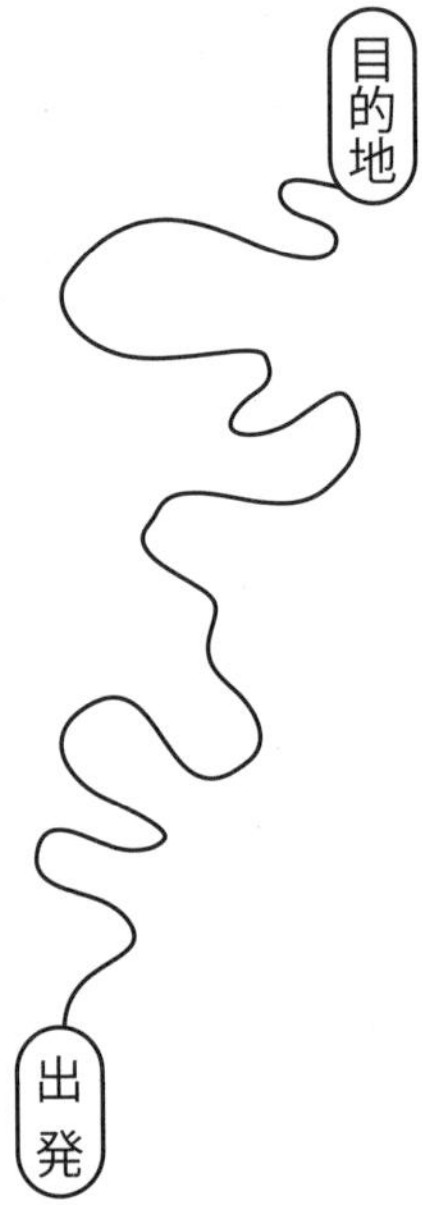

（引用者注、右の図は鉛筆で書かれている。）

第二時（七月九日）蜘蛛の糸

○蜘蛛を助けたことがある――それだけの善い事をした報い――救ひ出してやらう。

○一所懸命に上へ〳〵と

○今の中にどうかしなければ、糸は真中から――落ちてしまふに違ひありません

○悲しさうなお顔をなさりながら

○お釈迦様のお目から見るとあさましく思召さた《ママ》のでございませう。

○お釈迦様のどんな小さい善い事をしただけでも地獄から救ひ出してやらうといふ深い御慈悲のお心。

○自分に下された、救の《ママ》綱を一所懸命上へ〳〵と上つて行く、犍陀多のいかに助かりたひ《ママ》かといふこと。

○自分だけよければよいといふ犍陀多の浅さ《ママ》はかな心と、助からなくても、救はれるだけ救はれればよかつた。

○人の悪い心や行を見ていゝ気味だなどと思はないで、悲しいと心から腹底《ママ》から思ひ下さる広い厚つ《ママ》い御慈悲のお心。

○お釈迦さまがあさましいと思ひになるのは誰でもない自分達だと思つて、思はづ《ママ》はつとしました。

蜘蛛の糸を読んで

お釈迦様の御慈悲のお心はどんなであらうか。わたしには此の課を読むと赤くなるやうなことを小学校にいた時沢山々々したのです。

ほんたうにお釈迦様の御慈悲は私達の心では、はかり知れない程、深く広く厚いものだと思ひました。

宿題

蜘蛛の糸　復習　　一年一部（13）小坂安都子

一、一と三の文について、書いてある事柄、その書いてある順序、文の調子なども比べて、どんなに、この一と三の文がしつくりと合つてゐるか説明してごらんなさい。

一、蓮池のふち〳〵《ママ》を一人でぶら〳〵とお歩きになつてゐらつしやいました。又ぶら〳〵お歩きになり始めました。

二、蓮の花は、みんな真白で、其の真中にある金色の蘂からは、何んとも言へない好い匂が絶え間なくあたりへ溢れて居りました。

其の玉のやうな白い……絶へ《ママ》間なくあたりへ溢れでます。

三、極楽は丁度朝でございました。

極楽も、もうお午に近くなりました。

説明
全体に前と後とは似たことをかいてある。後の方には、前にもさういう《ママ》ことがあつた様に書いてあること、

例

又ぶら…………

極楽も、もう

二、「……のやうに」といふ形容してゐる語を書き抜き、何を（又はどんなことを）、形容してあり、どんなによく言ひ表はされてゐるかを、画きなさい。（あるだけ皆）
◎玉のやうに（美しい）　◎翡翠（美しい）　◎死《ママ》かかつた蛙（ぐつたりとなつてどうすることもできない程になること）　◎水晶（にごり一つなくすきとほつてゐる）　◎馬鹿のやうに（ぽかんとして）◎独楽のやうに（くる〱ま《ママ》わりながら）　◎墓の中のやうに（無気味の沈黙）

三、「後には唯…………ございます。」
残念な物足りない心の表れてゐる語に、——をなさい。
後には唯極楽の蜘蛛の糸が、きら〱と細く光りながら、月も星もない空の中途に、短く垂れて居るばかりでございます。

（引用者注、右の復習の作業用紙は、ノートに貼りつけてあるが、それに、大村先生の「閲」という朱印が押されている。）

「蜘蛛の糸」の答案より

一、○例　一段　蓮池のふちを……いらつしやいました。
三段　又ぶら〳〵お歩きになり始めました。
一〃　蓮の花は、みんな玉のやうに……溢れてをりました。
三〃　玉のやうな……あたりに溢れ出ます。
一〃　極楽は丁度朝でございました。
三〃　極楽ももうお午に近くなりました。

右のやうに一と三の文の調子がしつくり合つてゐる。

○一に書いてあることは、皆三に出てくるといふやうに書いてあるので、一と三とがしつくり合つてゐて、離れません。文の調子やことばまで似てゐますが、その中にも時のたつこと、お釈迦様のお心持のちがふ所は現れてゐます。又前と後とにこんなに美しく極楽を書いたので、中の地獄がよけい暗く恐しく思はれます。

二、1、玉のやうに（蓮の花）
○清い美しさを表はす。　○円満といふ感じがする。
2、翡翠のやう（蓮の葉）
○美しいすきとほつた青い葉を表はす。
○しつとりと露をためて、みづ〳〵しい感じがする。

3、水晶のやうな（池の水）
○いかにも極楽の水という感じがする。あまり美しくすきとほつてゐるので、この世の水と同じ水に思へない。
4、覗き眼鏡を見るやう（極楽から地獄をのぞく感じ）
○とても近くはつきり見える。
○すみからすみまでこまかく見える。
5、墓の中のやうに（地獄の中）
○いかにも気味わるいやうな静けさが表れてゐる。
6、死にかゝつた蛙のやうに（血の池にむせんでゐる犍陀多）
○ほんたうにぐつたりして、たゞぽか〳〵浮いてゐる感じがする。
7、人目にかゝるのを恐れるやう（糸の下り方）
○いかにもそろ〳〵と下りてくる。
○不気味な静けさが感じられる。
8、蟻の行列のやう（犍陀多の後から上つてきた罪人たちの様子）
○不気味な静けさが感じられる。生物のやうな感じがする。
○蟻といふ小さな動物の名前でいかにも隙間のない感じがする。
○数へ切れない程沢山といふことが思はれる。
9、たゞ馬鹿のやうに（犍陀多があとを上つてくる人々をみつけた時の様子）
○驚きと恐しさの大きかつたことがよくわかる。
10、独楽のやうに（落ちていく様子）

○勢よく、早く、くる〳〵まはつていくことがわかる。
11、石のやうに（血の池に沈んだ様子）
○どうーんと深く沈んでもう浮上つてこなかつたことが思はれる。
○いかにもその落ちた様がみじめであつたことが思はれる。

以上

答案の反省
一の問題は大体優秀なる答案と似てゐたので大変安心しました。後の説明は、さう思つてゐながら上手に云《ママ》ひ表はせなかつたので残念でした。
二の問題は大へんい丶加減にしてあつたので我ながら驚きました。
これからはもう少し丁寧にする決心を致しました。

右の「蜘蛛の糸」の学習記録は、第一学期のおしまいに近くなされたものである。学期初めに近かった、「犬ころ」に比べると、さらに精細になつている面も見られる。「犬ころ」に比べれば、この「蜘蛛の糸」の学習ノートには、予習の項が加わり、答案の反省も加えられている。

また、第一時の学習に関連して、「他見」「疲れ」の問題を、自分たちの問題として記している。これは、小坂さんみずからの考えを書きつけたものか、時間中の先生の説明を記したものか、はつきりしないが、一つの考えかたがうちだされている。

第二時の学習活動は、どういう線でなされたものか、この記事だけでは判明しないが、前半の○五つに対して、後半は、それぞれその説明になつている。つまり、前半の五つの部分を中心に、内容探求がなされたものと思われる。

復習としては、表現面・叙述面のことを中心にして、問題が設定されている。「蜘蛛の糸」の答案より　としてプリントして示されているものは、さすがにきちつと洗練されている。

小坂安都子さん自身の記している、「答案の反省」も、本人の学習省察として、意義深いものであることを示している。

つぎに、二年生になって、最初に学んだ課「結晶の力」の学習記録を掲げることとする。

3　一、結晶の力　島崎藤村　――国語（五）から――

予習

一、書いてある事。《ママ》

いろ〱な自分の身の廻りにある事を藤村さんがおやりになつて、その事は文章の道にもあてはまるとお思ひになつてあてはめてごらんになつた。

それらの事の外に自分の身の廻りにある事をおやりになると、そこからも又文章の道にもあてはめることが出来る様なこと《ママ》悟ると思ひになつたこと。

そして最後に今までの事や其の他のことがしつかり結び合ひ一つのものにとけてかたまつてそれらの事がばら〱でない時の力で書いた文章は真によい文章であるとおつしやられてあると思ひます。

私は文章の道にもの「も」はまだ外にお茶の湯の道学問の道、生花の道、書道の道、音楽の道、其の様なすべての道に自分の身の廻りにある事をやつて見て悟つた事を当はめて行くことが出来ると藤村さんがお考へになつたのではないかと思ひます。

結晶の力は、まづ第一にありとあらゆる道を真に好いものにし、それを得るには、いろ〳〵の事を実地に知つてそれを人の道にあてはめて、其の上其れを一つに引しめた時、結晶の力は得られるのではないかと思ひます。

二、よみとわけ

優（ユウ）　煩はしい（うるさい《ママ》）　新片町（シンカタチヨウ）　弄する（ロウする）　難くない（カタくない）

三、段落

一次《ママ》…………五頁七行目

○水泳を試みて、「だれにでも到達し得られる様な境地があり《ママ》そして根気さへあればそこまで行くことは決して難くないに相違ない。」といふ事を悟つて文章の道に当はめた。

二次…………六頁終りまで

○弓を習つて、文章の道にも自分の悟つた《ママ》「的に向って焦心することは決して目的を達する道でない。

真にやらうとするには自己から正してかゝるといふ事を当はめた。

三次…………八頁九行目

○お百姓さんをやつて見て悟つたこと。文章の手本とすべきものは……あつても……悟らない……仕方がない。

四次…………九頁終から二行目。

「試みるといふことは悟る」といふことの初《ママ》である。

○「漕ぐ」といふ事から文章の道に当はめられる。「力の省略・簡素の美」を悟つた。
五次……残り全部
○結晶の力

第一時（四月十日）
朗読

二年の勉強の仕方
○四年生になつて卒業してからは自分の力だけで文を読むのですから自分の力でやれる様にしなければいけない。四年になると予習が主になつて最後の大事な処だけ学校でやる様になります。でそれにはだん〳〵予習が重くなりますから一年の時より少し重くなります。

第二時（四月十二日）結晶の力

根
○岸を離れる《ママ》
○中流まで
○向ふ岸まで
○往復、水瀬。水温。他の人
……………………

○抜手、浮身

自 試 省

文章の道に当嵌めて見ると。《ママ》

○岸を離れる。

○書いた事が、人を書いたか、犬を書いたか、いみが通ってゐる。わけだけはわかる様に書いてある。

○中流まで。

○向ふ岸。

○文の意味が通るのは勿論の事、たゞ「行った。」とふ処を、どんな景色だつたか、どんな気持だつたか、等といふ事を書く。

そして、少しは読む人を感激させたり、喜ろ《ママ》こばせたりする様になる。少しは文章らしくなる。

○往復から後。《ママ》

○文の材料のよい、わるい、から文の味、その文は、感想文か写生文か、といふ事。更に、此れはかういふ事から書き始め、かういふ事を中心にして、などと書いて見たり、此の文はかういふ風な書きぶりで書くとか、あの文は、「あります。」と長くやるより「ある。」ときび〳〵書いた方がよいといふ様になる。又他の人の文を評したり、どこが此の文のよい処かと知つたり、実に名文だと思つたりする。自分の文が失敗したのもしり、何処が失敗したかさへ解る様になる。

自分の思ふ事、書かうと思ふ事がすら〳〵と書ける様になり、文章の道を行くのが楽しく、面白くなる。此処までは誰でも根気に根気を重さ《ママ》ねれば出来ない事はない、必ず来る《ママ》事が出来る。誰でも根気で来られる処である。

処が、其の次は、

○浮身《ママ》、抜手

天分がなければいけない。今までよりずつと〳〵根気が百倍もゐり《ママ》、其の他に、自己を正す。文を沢山書く。力を省略する等大事な事を山程しなければいけない。が、此処まで来ると実に文は鮮やかなものである。此処まで来れる人はほんの少ししかありません。

文章の道にも、泳ぎの様に、五段の段に考へる事が出来ます。さうして四段までは根気さへよくやれば到達出来ます。しかし最後の一段だけは誰でもといふわけに行きません。文才のある人が苦心して上り、ない人でも根気をもう〳〵いひあらはせない程したり、苦しい〳〵思ひをしてやつと上る段です。

私達は、

○私達は女学校に入つて実にとん〳〵段を登り、目ざましく進歩しました。そして多くの人がもう四段目までおしよせて来ました。これからは足ぶみをする様で五段目には中々上れません。

みんなが上らうとしてゐるのです。

しかし決して焦つてはいけません。

さういつて気をゆるめてはいけません。

自分で力一ぱい一生懸命やつて行きなさい。

私は。《ママ》

○私は何処にゐるか一寸見当がつきません。四段目へ来た時から始めたのでは、私には到底間に合ひさうもない、《ママ》「自分の心を正す」といふ事を今から始め様《ママ》と思ひます。私は次の二つはよくわかりませんから習つてからしようと思ひます。

どうか私の心が真直ないゝ心になりますように。どんな時でも根気を忘れないで、「心を正す。」事を心に銘じて、一心に文を書かうと思ひます。

自己を正して、

唯めつ茶苦茶に文を書けばいゝといふわけは決してない。

唯、上手に書けさへすればよい。

やたらに上手にばかり書かうと思つて焦つて書くから変な文が出来る。

上手にたまに書けても、自慢するから、ほめる事が出来ない。いやな感じがする。

文の材料のよい、わるいも、どういふ風に書くには、かうしなければいけない等といふ事も知ろ《ママ》うとは知《ママ》ないでめくらめつ法書く。

文を真に書かうとする人は実に心から正しくしていかなければいけない。

美しい立派な心になつて、焦せ《ママ》なず、ゆるまず書いた文は結晶の力のある文でありませう。

最後にいるものは、考へや手先ばかりでなく、正しい立派ないゝ心であるとおつしやつてあります。

焦せらないで自分から正しておかゝりなさい。

試みる、（簡単にいふと、）

○文の五段目に入るには文のよい材料の文を沢山々々一心にお書きなさい。書かなければ何にもなりません。唯お書きなさい。沢山お書きなさい。一心に。筆まめに。

第三時（四月十二日）結晶の力

的に向つて矢を当てる。

心に頼むところもなく。

矢の曲直を弁別する力もなく。

姿勢を正す

荒れた畑の地面を掘直す。

土、小石、地ならし

植ゑ易いものから作つて見た。

草取、サク

自分で作つた新鮮な野菜。

…………………………《ママ》

本当の百姓の手で好く整理された畠。

耕作の苦心

厳粛な念

文章の道にして見ると、

○的に向つて矢を当てる。

○心や修養などしないで唯、文が上手に書ければい丶。ほめられ丶ばよい。唯それだけである。まぐれ当りにたまに上手なものが書けても、次に「もう一つ上手に書いて下さい。」と頼の《ママ》まれても決して再び書けない。まぐれ当りであるからだ。雑誌等に当選したのは、心がよく、材料がよいのではなく、いたづらに飾りたてた、まぐれ当りのものである。決してさういふものに感心したり、ましてまねなんか絶対にしない様に。

私達が文を上手でさへあればよいと考へて、よい心。《ママ》よい生活を考へないで進んで行く様な事があれば、其れは、的に向つて矢を当てる事と同じ事だ。そして其の人が、其のいやな考へで進んだならば文才で《ママ》あつても四段目迄しか進めない。

先生に、まだ、其《ママ》れが正しいのか、まぐれ当りかを知らない私達女学生は頼つていけばよいのださうです。

先生は、まぐれ当りの文ならば、どんな　文でもほめては下さらずぴし〳〵おしかりになり、心正しく、的近い文はほめて下さるさうです。

○心に頼むところもなく

○矢の曲直を弁明する力もなく。

○其の文が、よいわるいを知る力もなく、心が不正なので、心からやる力もなく、手先だけでやる。文の材料のよし、あしもわからず、めちや〳〵に書く、《ママ》よい文かわるい文かのわかる力もない。行き当りばつたりのやり方である。

自分の文が正しいか、まぐれ当りかも知らない、わからない。

飾つてあるい丶加減な文を嬉しがつて読んだり、つまらないものに感激したりして、真によい文、深い〳〵文がわからない、実に書きぶりのよい処、深い意味の籠つた処など、つまらないと見むきもしない。

自分《ママ》　欠点をも長所をも知らず、欠点を補《ママ》ぎなほう《ママ》とも長所を伸ばさうともしない。

よいわるいも知らず、心を正さないで、やたらにやる事は、前の二つの弓の道としたものに当はまります。

○姿勢を正す。

○心を正すこと。
真によい文は、正しいよい心、ひきしまつたよい生活から生れて来ます。心を正す事は文章の道の五段目に入つて行く最も大切な事の一つです。

第二段の中心は、
○「心を正す」といふ事にあります。
よい文、は心が正しくある時、ひきしまつた心の眼をあけて毎日毎日を、きまりよく生活して行く時書けます。
第五段目にあがれる文章の道のひ決《ママ》です。　以上　第二段。
○荒れた地面を掘返す。土、小石、地ならし。
○文を書いて行く為の準備で、自分の心のいけない処、みにくい処、きたない処などをきれいに〳〵捨て丶、くもりのない、美しい、立派な心になる事です。さうしなければいくらよい文の生きた種子を蒔いても決してよい文章は書けません。
きれいな心で生きた材料で書いてこそよい文章が書けます。
○植ゑ易いものから作つて見た。
○書き易いものから書いて見た。
即ち自分の身の廻りの中から題を拾つて書いた事です。

いきなり「星の世界」などといふ難しい事から書いてなんかいけないのですから。

いろ〱手近か《ママ》な事から始めて行くべきだとおつしやつて有《ママ》ります。
○草取り、サク
○自分の心に起つて来た雑念を取り除くといふ事です。ともすれば、きたない心になりがちな自分の心をきれいに〱といつも心掛けてやる事です。
○自分で作つた新鮮な野菜。
○自分で書いた新鮮な文。
拙ないけれども、自分の力で一心に書いた生々した文。

生々した文とは誰の真似でもない、古くさく人のをうつした様な感じの文でない、言葉の真似もない、
自分だけの独特の味のある文。

一心に誰の力も借りずに書いた立派な文。

私達とすれば漸く文集に入つて喜こんだ処位。

自分の文が、自分の力を思ふ様、自分なりき《ママ》に発揮した文。

此れまでは、どれも〱自分でやる事で、自分でやつた事である。

何よりもまづ《ママ》先に此れをしなければいけない。何事をやるよりも前に。

「試みる、《ママ》」此れが前の事によく相当する。まづ「試みる」である。
○本当の百姓の手でよく整理された畠。
○専門の文学家が鮮やかに書きあげた作品。

此れが、よい処を、「あゝ！　よい処だなあ。」といひ《ママ》「深い処を真に深い。」と悟り、此処の処を「実に上手にやつてある。」と感ずるのは、自分が拙いながらも今まで文を書いて来たから始めてわかるのです。

自分がやらないで先に見ると、よい処も上手な処も深い処もわからない。読んだ甲斐がないのである。

書いてから読めば、血となり肉となり、実によく身について上達する。

○耕作の苦心。厳粛な念。

○文章を書く人の苦しい〳〵心が、読んで見て始めてわかり、何ともいへず、それが尊くて自然に其の作品の心に頭が下る様になつた。

文章を真に書く人の苦心といふものはどれ程だかと心から知つて、其の苦心、其の苦心に一心に向つた作者の心に自分が書いて見て深く打れ《ママ》自然に尊い感じに打れた。

第三段の中心。《ママ》

○読むよりは先に書く。どうしてもまづ書かなければいけない、《ママ》どんなに拙い文でも書かなければいけない。

書いてしまつたら次に読む。さうすると、其の文の味が心から深くわかる。「自分はあゝいふ処が出来なかつたが、其れはかう書くのだ。」といふ事が自然にわかつて来る。

さうしてどこかこの文のよい処か、《ママ》上手な書きぶり、深い考へ、などがはつきりと自分にわかつて来る。

自分がやつてあるからである。真に読んだ甲斐が出て来、自分の此の次に書く文の此の上もないよい力になつて来れ《ママ》る。

此れを逆にやると、其れこそ大変な事になる。

何にも書かない中から文の参考にするのだなどといつて文を読む事は骨折り損のくたびれもうけである。たゞ得られるものは、くせだとか、言葉のはしなど真似していけないものばかりである。

書いてないので、心の眼が明いていないから、よい処など少しもわからない。利口になつたつもりで書くから実に高慢ないやらしい文が出来る。

書いてから読む。

試みて悟る。

書いて読む事によつて、すつかり悟る。

　書いてから読む。


私は。《ママ》
○私はまずひきしまつた生活。心の眼のあいた生活。いつも「題」のある生活をしや《ママ》うと思ひます。
次に、書く、此れは中々です。ひまを作つて、生きた種子で出来るだけ書かうと思ひます。

最後に私に取つて一番難しい「心を正す。」をしようと思ひます。決して駄目になつても再び起きあがつて。《ママ》根気に根気を重ねての前の事をしようと思ひます。二年は文の進まない時ださうですから余計に一心にやろう《ママ》と思ひます。

どんなに進まなくとも悲観しないで、正しい文章の道を歩ゆもう《ママママ》と思ひます。

書いてから読む、といふ事は、
書く事を主として、読むことは第二であるといふ事です。

○力の省略

文章の道でいふならば、言葉少《ママ》く、少しのひ《ママ》るぎのない文句で、しかも意味は深く〳〵そして広い事ではないかと思ひます。

○無暗に手足を動し。

やたら文句ばかりくど〳〵と書きたてゝ《ママ》しかも其の文句は意味ない文句である。言葉多く、意味は少しかない、といつた書方《ママ》であらうと思ひます。

(引用者注、右の二項は、あるいは、先生からの課題ではなかつたかと思われる。)

第四時(四月十七日)結晶の力

艪。

身体全体の力

大きな伝馬

船頭。

文章の道にすれば《ママ》。

○艪《ママ》、

言葉である。艪が舟につきものであるやうに、言葉は文章につきものである。文章を初めて書く尋常一年生から、神様といはれる様な文学者まで言葉なしには、文はかけないのである。

神様のやうな文学者だつて、「言葉なしに文を書いて下さい。」といはれゝば文は書けない。

どうしても文を書くには、言葉がゐる《ママ》。言葉なくして、文を書くことは出来ない。

○身体全体の力。

生活全体の力である。

文章の真に上手な人は生活をひきしめてゐる。なぜならば、ひきしまつた生活から出る力、ひきしまつた心から出る言葉こそ、無駄のない結晶の力である。一点の加除をも許る《ママ》さない、真の言葉である。ひきしまつた心から出た言葉はなぜ無駄がないかをいふと、誰かが「あなたの心をおつしやい。」といへば、どうしても自分の心を言葉であらはす。心が「嬉しい。」と思つてゐる時は、それを言葉で「嬉しい。」とあらはす。悲しい時には悲しい。飛び上るやうな時は飛び上る様だ。すべて言葉は心をそのまんまあらはしてゐる。

だからひきしめた生活をしてゐると、心もひきしまつてゐるから、文の上にあらはれて来る言葉もひきしまつた、結晶の力のある言葉である。「辞書と首ぴ《ママ》きでよい言葉をさがさうとしても、見つからない、いやになつてしまふ。名文を読んでは、其の中から言葉を拾い出して、まとめてやらふ《ママ》。」こんなことをしてゐるのは、舟でいふならば、艪をあつちへやり、こつちへやりして、骨を折つて、しかも舟が少しも進まない処である。これは心がひきしまつてゐなく、生活がひきしまつてゐないから書けない事はあたり前である。心を少しも改めないで、生活をひきしめないで、よい文を書かうとして、言葉ばかり探してゐる。

こんな事をしてゐる間に、体全体の力でゆつくりと艪を押して来る人がどん〲すーい。《ママ》〲とをい《ママ》こして行つてしまふ。

また文がだれるのも、先生がいくらたしたり、へらしたりて《ママ》もなほらない。其れは生活がだれてゐる為である。先生は、生活をひきしめるやうに、おこ言をいふ。

よい文章を書かうとするには、どうしても生活を、心を、ひきしめて、結晶の力のあるものにさせてかゝらなければいけない。ひきしまつた生活全体の力で書いた文こそ真によい文章であり、真によい結晶の力がある。

真によい文は言葉だけでは書けない。

ひきしまつた生活がなければならない。

○大きな伝馬。

不幸である。

自分の文章を非難されたり、家に不幸が出来たり、病気になつたりする事である。

この場合、あるものは、自分から不幸にぶつく《ママ》かつて、ひつくりかへり、再びたてない様になり、あるものはよけそこなつてひつくりかへつた。しかし、もう一人の人は、ぢいつとさわらないよう《ママ》に伝馬の側を通つてやりすごしてしまつた。其の人は藤村さんである。

あらゆる不幸が来た時、じいつとこらへて、其れがなくなるのをまつてゐるのだ。その苦しみを味は《ママ》い《ママ》ながら。其《ママ》して其れを後で文章に書く。「不幸がきたのを、あれを、一つやりすごそう《ママ》。」といふ普通なら苦しいのを「楽しみだ。」とおつしやる藤村さんのお心の尊さは驚くばかりだ。

私達の不幸は、家に病人が三人も出来て、勉強もなにも出来ないでいそがしい。其れをたゞ「いやだ〳〵。アーン〳〵。」と泣いてばかりゐれば何にもならないが、其の苦しみをよく〳〵味わひながら看護して、なほつたら其の苦しみを作文に書けばよいものが出来る。

お友達とけんくわをして、いろ〳〵悪口をいはれる。こつちも三角目をしてやればそれつきりだが、其の苦しみを味はつておいて作文を書けばよい。

不幸がきたらぢーとこらへて、その苦しみを文章に綴ればよい。

○船頭

いふまでもなく専門の文学者である。

　　水泳の話《ママ》。

文章の道にも誰にでも到達し得られるやうな境地があるに相違ない。そして根気さへあれば、其処まで行くことは決して難くないに相違ない。

　　弓の話《ママ》

真によい文章を作らうと思ふものは、どうしても先づ自己から正してかゝらねばならない。

　　農業の話。

「試みる。」といふことは「悟る」といふ事の初めである。

舟を漕ぐ話。

真に好い文章には真に好い結晶の力がある。

○心の眼。《ママ》

藤村さんは日常の様々の事から様々の大切な事を悟つていらつしやいます。其れは〳〵一寸した《ママ》から大へんな事を悟つていらつしやいます。

とても心の眼がひらいてゐるからでありませう。

私は同じ事をしてゐながらたゞ、ぼか〳〵とやつてしまい《ママ》ます。藤村は一々いろ〳〵の事をまなんでゐられます。

心の眼はどうすればひらくのでせうか。生活がひきしまつて、修養を積まなければひらかないと思ひます。

「結晶の力」を読んで

自分の文章に対する考へを教へてくれた文であつた。

結晶の力のわけも初めてわかつたし、根気・心を正す・書くことを本位・結晶の力等、文章の道の第五段に進む途もわかつてきました。

女学校の文章の道の第五段にすゝむ私達二年であり、苦しいさうですが、私には喜こび《ママ》と、取る事が出来ます。

なぜならば、今まで、とん〳〵拍子に進んで来たさうです。それはとても嬉しいが、「人生の急所をきわめる人」で習つた、「大そう楽しみ大へん苦しむ。」の中、苦しむ方に向ふのもまた修業の中の一つだと思つてやつて行く喜びなのです。苦しい思ひも、する事は大事だと思ひます。苦しい時自分の力で打ち勝つて行く事は大事な人の修養の一つだと思ひます。

この課でならつて、深く胸にしみ込んだ、「四つの大切な事。」を守つて、苦しい処へ向ほ（引用者注、大村先生が、ほと朱記訂正をされている。）うと思ひます。

此の課は私の心を深く〳〵動かしたとても尊い課のやうに感じます。

私の苦しい処へ向ふ心に、どうであれと教へてくれた有難い課です。

私にとつて一番難しいと思はれるのは、「生活をひきしめる。」「心を正す。」です。難しいといつて投げ出さないでいつも心に置いて、一心にやるつもりです。

いつもながら藤村さんの人格の高さ、心の深さ、などには何といつてよいかわかりません。たゞ〳〵頭が下るばかりです。

此の課を読んで、いろ〳〵、深く〳〵考へさせられました。自分を反省させ、此れからを考へさせられました。

心から深く感動させられた文でした。

小坂安都子さんの「結晶の力」の学習記録は、右に引用したとおりである。二年生になって初めての国語学習であるが、一年生の時に比べて、予習・本習・感想ともに、意欲的になっており、記録もくわしくなっているのに気づく。ことに、「本習」の学習記録は、先生の説明を記していったものも多いと思われるが、要点をはずさず、きちんとこまかくとらえている。

右の学習記録のうち、

○先生は、まぐれ当りの文ならば、どんな名文でも決してほめては下さらずびしく〳〵おしかりになり、心正しく、的近い文はほめて下さるさうです。

○二年は文の進まない時ださうですから余計に一心にやろう《ママ》と思ひます。

などには、大村はま先生の的確な周到な指導ぶりがうかがえる。

また小坂安都子さん自身、

○私は何処にゐるか一寸見当がつきません。

と、自己の文章表現力をどう位置づけるかについて、たいへん素直に述べている。

右の学習記録には、大村先生からの、復習用、答案抜抄のプリントは貼られていないが、課「結晶の力」の学習内容については、くわしく記録されていて、受身で消極的な態度ではなくなっている。

一年の時と比べて、学習者小坂安都子さんの国語学習面での成長・進歩を認めることができる。

島崎藤村の「結晶の力」は、旧制中学校、高等女学校の国語教材として用いられることが多かった。垣内松三先生編の「国文鑑」教授指導書二学年用（昭和八年一二月三〇日　文学社刊　第二版）には、この課の取扱いについて、つぎのように述べている。

一　教材研究

1　解題

国語教育に於ける真の革新は、表現作用の本質を中心とする講読と作文との学習指導に出発し、文の理解・鑑賞・批評と共に表現作用そのものを体験させることによって個性の伸長を期することにあらねばならぬ。即ち常に此の二作用を更に深い一貫の関係に置いて表現の力を教養しなければならぬ。そこで本課を第二学年の最初において、進級して新らしい気持でゐる生徒たちに、表現の可能と発展の方向とを知らしめ、そのコツを悟らせ、文の出発点を指示したい。

本課は島崎藤村の随筆集「飯倉だより」より採った。

作者　島崎藤村　シマザキ　トウソン　本名春樹　ハルキ　（以下引用省略）

2　文意

水泳・弓術・耕作・舟漕ぎ等の経験から、文の制作に於ける体験とコツとを描いた。抽象的な説明し難い心の問題を、具体的な例によつて適切にわかり易く語つてゐるのである。

3　節意

第一節　水泳と文章道——誰にでも到達し得られる境地があつて、根気さへあれば、そこに到達することは決して難くない。

第二節　弓術と文章道——真に好い文章を作らうと思ふものは、先づ自己の態度から正してかゝらねばならぬ。

第三節　耕作と文章道——まづ自分で作り、試みねばならぬ。それが「悟る」ことの基礎である。

第四節　舟を漕ぐことと文章道——小手先でなく、体全体でおしてゆかねばならぬ。そこに個性的単純化が成立し、結晶の力、即ち真の表現力が生れて来る。

右の各節は真の好い文章に達すべき道を順次に述べてゐるのであつて、各節孤立してゐるのではなく、漸進的に相関聯してゐる。即ち最初に、根気さへあれば誰でも到達し得る境地があることを信ぜしめ、次にその根気・努力は如何になさるべきかについて、まづ目的よりも自己の態度を正すべきこと、自ら苦心して試みて他の苦心を悟るべきこと、さうして出来た根柢に立つて、自己の全体でおして行くべきこと、そこに結晶の力をもつた真の好い文章は生れるのだといふことを説いた。

4　句意

（全く水には経験のなかつた私）

後には「板子なしには溺れる外はなかつた私」と繰り返してある。作者がとにかく水の中にゐて十分の余裕をもち、隅田川を往復することが出来るまでになつたのは努力の結果である。文章の道とて、最初から経験のある者はない、努力の結果、ある程度まで到りうることは、これと同じだ。

（的に向つて矢を当てることばかりを心掛ける。）

これでは心が先の方許りに働いてゐて、根本たる自己の態度の方に向けられてゐない。的に中らない所以だ。文章でいへば、唯美しい言葉を並べようと、あせつてゐるやうなもの。まづ自己の姿勢を正し、自己の態度を確立すること、それが出来て、放たれた矢は的に中らないでも、思ひもよらぬ場所に飛んで行くことはなく、それが出来て書かれた文は、傑れたものにはならなくても、自分といふもののない、美辞麗句の羅列に過ぎないやうなものにはならない。それは真によくなる道である。

（「試みる」といふことは、「悟る」といふことの初である。）

「悟る」とは、理窟でわかつたといふやうな表面的なことでなく、自己全体として、自己のものとして、本当に知ることである。それは自分でやつて見て、始めて出来ることである。他人のよい文章をたゞ読んだだけでは作者の本当の苦心は悟れない。桶屋の桶を作るところを見てゐれば、桶の作り方は分るであらうが、自分で水のもらぬ桶をつくるには、それだけでは駄目なのと同じだ。その次で、自分が舟を漕いで見て、船頭のやり方のゆつくりしてゐるのを見たのも、「試みるといふことが悟るといふことの初である」例である。その試みなしには、或はその形は目にうつつても、「悟る」ことは出来ない。その事は単に文章道のみならず、諸道諸事を通じて最も重要な基礎をなすものであるが、現代教育に於ては殆ど忘れ去られてゐる観がある。

（身体全体の力で、ゆつくりと艪を押すことが出来るやうになつた。）

手先だけでやつてゐるうちは駄目だ。かうなつて、はじめて余裕が出る。いらぬ所へ力を入れることがなくなる。ほんとうの自分が舟を動かすやうになる。これは最初の水泳の例でも同じことが考へられる。文章の道でも、本当の所がつかめないで、いらぬ所へ力を入れてゐるのがわからないうちは駄目である。

（真に好い文章には真に好い結晶の力がある。）

真に好い文章、それはどんなものか、本文の言葉を借りていへば、すぐ前の「自己の真の表白」が出来てゐる文章をいふのである。そこにはいらぬ言葉、借り物の文字は無い筈、さうして人に迫る力はそこから出て来る。「結晶の力」とはそれをさした。

5　語意

「文章の道にも」の「も」。

これで挿話と文章道とを、形式の上から融合させてゐる。

「文章の手本とすべきものは、……あつても」の「も」。

これは次に反対の結果を導く仮設条件を示す助詞である。この、「あつても……仕方がない。」は、実は無いのだけれどもといふのではなくて、文章の上にも、非常に厳粛な念に打たれるやうな立派な手本とすべきものがある、しかし、さういふものが何程あるにした処が、といふ意味。

二　指導研究

種々な経験を文章の道に於いて統一してゐるところを読みとらせたい。同じことは文章の道以外に於いても考へられる筈であるが、それは当面の問題としない方がよいと思ふ。「真に好い文章」とは真に自己を表白したものをいふのであることを考へつかせたい。文に対する自己の態度を正すことなどは、それから一層はつきり考へられるであらう。

三　参考資料

なおこの文についての他の考察を引用すれば、西尾実氏「国語国文の教育」に、島崎藤村氏の「飯倉だより」の中の「初学者のために」と称する一文から抽出せられた、高等女学校の教科書の一章を採って、専攻科一年生に、文の主題とその展開を跡づけさせようと、試みた成績は次のやうであつた。

最も多数を占めた答案は、文の主題を「文章の道」に見出し、各章節の意味を

一　水泳と文章の道
二　弓の稽古と文章の道
三　耕作と文章の道
四　船漕ぎと文章の道

としたもので、これは各章節の考察が常に文章の道に帰結してゐる所からその主題を「文章の道」に見出し、従つて各章節の関聯を、思索感想の直接対象となり端緒となつた水泳・弓術・農耕・漕船とこの「文章の

道」とに置かうとしてゐるのであつて、その理解が平面的概観に止まつたものであつた。

今これを仮に第一類の成績と呼び、更に第二類に当るものをあげれば、「真によき文章」を主題となし、四章節の意味を

一　練習の力
二　練習の基礎
三　練習の意義
四　練習の目的

の如く見出したものがその代表的成績であつて、これでは第一類の成績が、どの章節をも平面的同列的に眺めたのと異つて、㈠から㈡へ、㈡から㈢へ、㈢から㈣へ、というように、章節相互間に存する関聯を発展的に跡づけ、文の主題との関聯をも展開の相に於て見出し得た点に於て、第一類よりも立体的関聯の認識に一歩を進めたものである。

しかしこの類の成績は理論的な考察を精しくしたとは思われるけれども、表現の立場に立つて直観した構想としては、何となく内面的自由感に乏しい。これを形象の直観としての構想たらしめるためには、その基礎に読みから来る立場の発展がなくてはならぬ。しかし、それを断片的に示し得た生徒はあるが自ら再構成として定位し得たものはなかつた。

しかしとにかくこの類の成績としては、主題を「結晶の力」に置いたものがそれであつて、これは前二者に比し、作者の衷に動いて来た主題感動の焦点を把握し、これを四章節を貫く核心として定位しようとしたものと見ることが出来る。これを共働的に補ひ且つ体系づけて、

一　「根気」の意義とその到達点

二　「自己」を正すことによる新しい出発点
三　「試みる」ことは他を「悟る」ことの基礎
四　全体の力でゆく力の省略と簡素の美

とした。かくてこの文を貫いてゐる意向は自己の体験を内省することによつて一つの真理を見出さうとしてゐる態度であり、しかもそれが文章の道に精進してゐる作者の自律的精神に統一されつゝ、一章毎に響き合つてゐる関聯は、論理よりも深い論理の体系で、まづ、根気の意義とその限界が見出され、次にはその上の新しい出発点としての「自己を正すこと」が考へられ、更にこの自己を正し、自ら試みることから自己を取囲むすべてが悟られて来るといふ実践的認識の境を提示し、更に又その完成としての全体の力でゆく時の「力の省略」と「簡素の美」の成立に至る展開であつて、この展開を跡づけることによつてこゝにわれわれにも「結晶の力」が発見されたといふ確認感を得たのであつた。

語釈　（引用者注、ふつう一般の語釈がなされている。ここには、一例のみを挙げる。）

［船頭］　センドウ　（一）ふなをさ。船長。（二）ふなのり。ふなこ。ふなびと。かこ。船夫。水夫。水手。（三）武家の職名。水手の長でよく水利を弁ずるもの。こゝは（二）の意。　（以上、同上書、一～一四ぺ）

右の教材研究・指導研究は、当時用いられていた一般例として掲げたものであるが、これと、諏訪高女での大村はま先生の実践例とを比べると、そこにおのずからちがいが見いだされる。

大村はま先生が、水泳・弓道・耕作・船漕ぎの各体験例を、文章の道において解釈して説かれているのは、独自の工夫というべきであろうか。そのように説いていくことによって、二年生の段階に、よくわからせることもできたのではないかと推察されるのである。

なお、この教材「結晶の力」（「初学者のために」）は、戦前の中学校・女学校の国語教科書に、つぎのように採録されていた。

A　中学校読本（採録数37）

教科書名	編著者名	出版社	巻・課・課目	発行年月日	備考
現代国語読本	八波則吉編	東京開成館	巻二 17/34 文章雑話	T 12・11・30	
現代国語読本修正版	〃	〃	巻二 21/31 文章雑話	T 15・10・23 修正三版	T 12・11・30 初版
現代国語読本	〃	〃	巻二 25/36 文章雑話	S 10・8・25 修正七版	〃
国文新選	垣内松三・野村八良編斉藤清衛・平林治徳・鈴木敏也	明治書院	巻七 1/23 文章の道	T 13・9・13	
改訂中等新読本	藤村作編	大日本図書	巻二 27/27 初学者のために	T 14・11・2	
新日本読本	吉沢義則編	修文館	巻四 12/27 文章の道	T 14・10・13	
新日本読本修正版	〃	〃	巻四 16/27 文章の道	S 3・7・23 改訂三版	T 14・10・13 初版
訂正新日本読本	〃	〃	巻四 9/24 文章の道	S 9・7・28 訂正七版	〃
新編国文読本第四版	千田憲編	右文書院	巻四 15/29 文章の道	S 11・6・8 第四版	S 2・7・11 初版
中等新国文	広島高師附中国語漢文研究会編	六盟館	巻二 13/25 初学者のために	T 15・9・25	

国語新読本	新村出編	東京開成館	巻六 2/30 文章雑話	T15・9・28	
国文新編	垣内松三編	明治書院	巻二 1/44 結晶の力	T15・10・26	
昭和国語読本	保科孝一編	育英書院	巻六 6/28 文章雑話	S3・12・10 第四修正版訂正	T5・9・28 初版
新制昭和国語読本改訂版	〃	〃	巻六 4/21 文章雑話	S12・8・7 改訂版	S6・8・10 初版
国文中学校用	冨山房編輯部編	冨山房	巻二前編 6/23 文章の道	S3・9・4	
改訂中等国文	藤井乙男編	金港堂	巻四 21/27 文章の道	S7・9・10 改訂三版	S3・10・10 初版
改正中等新国文	三矢重松編、鳥野幸次・折口信夫補訂	文学社	巻四 25/25 文章の道	S9・12・3 改訂七版	T10・10・24 初版
新制中等新国文	〃	〃	巻四 25/25 文章の道	S12・7・31 改訂九版	〃
中等新国文	三省堂編輯部編	三省堂	巻三 5/32 文章の道	S4・7・13	
国文選	垣内松三編	明治書院	巻五 1/19 文章の道	S5・6・26	
国文選第二版	〃	〃	巻五 1/22 文章の道	S8・7・31	
昭和新国文	三省堂編輯所編	三省堂	巻三 5/33 文章の道	S5・8・5	
国語読本	垣内松三・古城貞吉編	六星館	巻二 1/18 文章の道	S7・8・5 訂正再版	S6・10・5 初版
国語読本第二版	垣内松三・飛田隆編	〃	巻二 1/35 文章の道	S10・8・25 訂正三版	〃
新制中等国文	新村出・鈴木敏也・沢潟久孝編	金港堂	巻二 23/25 文章雑話	S7・8・15	
新制国語読本	東条操編	三省堂	巻三 21/28 初学者のために	S10・8・2 修正三版	S7・8・29 初版
新制国語読本新教授要目準拠	〃	〃	巻三 21/28 初学者のために	S12・7・31 修正五版	〃

新撰国語読本 昭和三版	佐々政一編・武島又次郎・笹川種郎・杉敏介補修	明治書院	巻三 27/29 初学者のために	S10・9・2	T1・10・26 初版 S2・10・10 昭和一版
新撰国語読本 改訂版	〃	〃	巻三 28/28 初学者のために	S12・7・27 訂正四版	
新撰国語読本新制版	〃	〃	巻三 28/28 初学者のために	S12・12・27 訂正	S12・7・27
新編中等国語読本 第二版	金子元臣編	〃	巻四 22/30 初学者のために	S11・9・26	S7・9・3 初版
新編中等国語読本 新制版	〃	〃	巻四 22/30 初学者のために	S12・12・30 訂正	S12・5・12
国語	岩波編輯部編	岩波書店	巻七 1/22 結晶の力	S9・8・5	
新修国文	冨山房編輯所編	冨山房	巻三 27/28 文章の道	S11・7・11	
醇正国語	能勢朝次編	文学社	巻四 1/22 結晶の力	S12・7・31	
新制国語	広島高師附中国語漢文研究会編	修文館	巻三 2/25 文章の道	S13・8・10	
新中学国文	鈴木敏也編	目黒書店	巻四 12/25 文章の道	S14・10・5	

B　女学校読本（採録数52）

教科書名	編著者名	出版社	巻・課・課目	発行年月日	備考
新制女子国語読本 修正版	開成館編輯所編	東京開成館	巻四 自修文 3/6 文章雑話	T13・9・15 修正三版	T11・10・30

新制 女子国語読本 第三修正版	〃	〃	巻三（自修文）	30/31	文章雑話	S7・10・10 訂正七版	T11・10・30
女子新読本	松井簡治編	三省堂	巻七	1/26	初学者のために	T14・10・7	
女子国文新選	吉沢義則編	星野書店	一	23/29	初学者のために	T14・12・1	
現代女子国語読本	八波則吉編	東京開成館	巻一前編	9/26	文章雑話	T15・8・28 修正三版	T13・10・25
国文鑒	垣内松三編	文学社	巻三	1/34	感想四題	S2・1・29 訂正再版	T15・10・10
国文鑒第二版	〃	〃	巻二	1/39	結晶の力	S7・8・20 第二版	〃
国文鑒第三版	〃	〃	巻二	1/39	結晶の力	S12・7・26 第三版	〃
新女子国文	下田次郎・尾上八郎編	明治書院	巻四	7/15	文章雑話	T15・10・28	
新国文大綱女子用	平林治徳編	立川書店	巻四	1/26	文章雑話	T15・12・10	
女子国文選	明治書院編輯部	明治書院	巻五	26/31	文章の道	S2・10・23	
新制 昭和女子国文読本	保科孝一編	育英書院	巻六	2/23	文章雑話	S8・9・22 第四修正版	T7・9・28 初版
新修 昭和女子国文読本	〃	〃	巻六	2/21	文章雑話	S12・8・12 改訂版	〃
女子国文大綱	平林治徳編	立川書店	巻四	23/23	文章雑話	S4・10・10	
女子新国語読本 第二版	沢潟久孝・木枝増一共編	修文館	巻四	13/22	文章の道	S10・8・3 訂正三版	S7・7・30 初版
女子新国語読本 第三版	〃	〃	巻四	3/26	文章の道	S12・8・15 訂正五版	〃
〃	〃	〃	〃		〃	S13・1・27 訂正再版	S12・8・15 初版

〃改訂版	〃	〃	巻四 4/22 〃	S15・8・15	S12・7・20
〃改訂版四年制用	〃	〃	〃 〃 〃	S15・11・11	
〃	〃	〃	巻四 3/26 〃	訂正四版 S18・7・5	S12・8・15
女子新日本読本	吉沢義則編	星野書店	巻三 12/27 文章雑話	S7・8・15	
純正女子国語読本	五十嵐力編	早稲田図書出版社	巻三 18/27 文章道	訂正三版 S12・7・28	初版 S8・8・3
〃四年制用	〃	〃	巻三 18/27 文章道	S13・6・28	
女子国文新読本	千田憲編	右文書院	巻五 5/28 文章の道	S8・8・10	
改訂女子国文新読本	〃	〃	〃 〃 〃	改訂版 S11・7・30	初版 S8・8・10
改制〃四年制用	〃	〃	巻五 5/27 文章の道	改制版 S12・6・10	
昭代女子国文	金子彦二郎編	光風館	巻四 20/25 文章雑話	S8・8・26	
〃（八冊本）	〃	〃	〃 〃 〃	〃	
改訂新撰女子国文	新村出編	金港堂	巻二 20/26 文章雑話	S8・9・15	
最新女子国文読本	佐々木信綱・武田裕吉編	湯川弘文社	巻四 3/20 文章の道	訂正再版 S9・10・28	初版 S9・7・5
新制最新女子国文読本	〃	〃	巻四 3/20 文章道	訂正再版 S12・12・25	S12・5・10
昭和女子国文	新村出編	金港堂	巻二 19/29 文章雑誌	S9・7・28	
〃	〃	〃	巻二 19/25 文章雑話	訂正再版 S9・12・21	初版 S9・7・28
女子国文新編 第三版	垣内松三編	文学社	巻三 1/22 結晶の力	第三版 S10・9・9	初版 T13・10・30

〃第四版	〃	〃	〃	〃	〃	S11・1・14 第三版訂正再版	〃
〃四年制	〃	〃	巻三	1/20	結晶の力	S12・7・31	
新女子国文 四年制用	久松潜一編	至文堂	巻三	6/24	文章雑話	S12・6・21	
〃	〃	〃	〃	〃	〃	S12・6・25	
改訂新女子国文	〃	〃	巻三	14/25	文章の道	S14・10・17 訂正三版	S12・6・25
〃 四年制	〃	〃	巻五	19/24	文章の道	S16・8・3 訂正五版	S12・6・21
〃	〃	中等学校教科書KK	巻五	19/24	文章の道	S18・7・6 訂正六版	〃
新制新撰女子国語読本 四年制用	佐々木信綱・武田裕吉編	湯川弘文社	巻四	3/20	文章道	S13・1・6 訂正再版	S12・6・20
聖代女子国語読本	吉沢義則編	星野書店	巻五	10/26	文章雑話	S12・7・5	
〃	〃	〃	〃	〃	〃	S12・12・20 訂正再版	S12・7・5
〃	〃	中等学校教科書KK	〃	〃	〃	S18・6・30 訂正四版	
新制女子国語読本 四年制用	沢潟久孝・木枝増一共編	修文館	巻四	3/26	文章の道	S12・7・20	
新制女子国語読本	安藤正次・東条操共編	三省堂	巻四	17/23	文章の道	S12・7・25 修正三版	S8・8・16
〃	〃	〃	巻四	18/24	文章の道	S13・1・10 修正再版	S12・7・25
〃四年制用	〃	〃	巻四	17/23	文章の道	S12・8・4	
〃	〃	〃	〃	〃	〃	S13・1・20 修正再版	S12・8・4

〃	〃	中等学校教科書KK	〃 〃 〃	S18・8・2 修正四版	〃
国語女子用	岩波書店編輯部編	岩波書店	巻五 2／21 文章の道	S13・12・1 訂正再版	S13・7・27

学年別採録状況

	1年	2年	3年	4年	5年
中学校（37）	10	20	6	1	0
女学校（52）	5	33	13	1	0
計（89）	15	53	19	2	0

採録時期

	大正10～15	昭和1～5	6～10	11～15	16～20
中学校	8	6	11	12	0
女学校	6	3	12	25	6
計	14	9	23	37	6

さて、小坂安都子さんの二年生二学期後半の学習記録の一例として、つぎのようなのがある。

4　一九　武蔵野　国木田独歩　——国語（七）から——

二〇　武蔵野日記　　国木田独歩

予習　武蔵野

一、書いてあること

武蔵野のさま〴〵の風景を、しんみり味はひ深く書いて、つまるところ武蔵野はどういふものであるか、といふ武蔵野の真の姿・心を書いてゐる。

二、わけとよみ

短編（短い小説。）　微妙な叙景の筆の力（景色を細く巧みにうつした筆の力）　すだく（鳴く）　野末から野末へと（野の果てから果てまで）　忍びやかに通り行く時雨の音（そを《ママ》つと通って行く音）　村居（ソンキヨ）　天下の名所……武蔵野の様な……日の西……特異の美観ではあるまいか。

原の景の単調なるだけに、人をして其の一部を見て、全部の広い、殆ど限りない光景を想像さするものである。

広い原つぱの景色は、生一本で変化がないからこそ、其の一部を見ただけで、全部の、広い光景を頭に浮べ《ママ》て見ることが出来るのである。

よむ《ママ》の前の感想。

私のやうなものが読んでも《ママ》「この文は、い〻文だなあ。」と感じる。味のある、心の落着く、深い静かな文だ。

なんと〴〵い〻文であらう。

武蔵野の風景が目にうかび、作者の心が心にうつる。

三、文段

一、始……四三頁七、秋の初
1、（四二頁八）　自分のみたい武蔵野
2、（四三頁七）　林の武蔵野
二次……四九頁八　秋の中旬
1、（四五頁七）　秋九月中旬のさる樺の林で。
2、（四六頁十）　落葉林の趣のよさを知つたいはれ、
3、（四七頁七）　武蔵野に《ママ》しみ〴〵味はひつつ、武蔵野の心にさへふれる。
4、（四九頁八）　武蔵野の音。武蔵野の時雨の味
三次……終　秋の終――初冬
1、（五〇頁十一）　武蔵野の風、それに共《ママ》なう《ママ》味、感想
2、（終り）　日の光を美しく感じさす武蔵野

（引用者注、右の予習のうち、二、わけとよみ　の項には、右に掲げたもののほか、人なつかしく私語くが如き趣（　）、自然の静粛を感じ永遠の呼吸身に迫るを（　）の二項が抹消してある。項目としてはあげながら、わけを書きこむことを中止したものであろうか。）

第一時（十月二十八日）武蔵野

（まず、先生から配られた、つぎのような語句のプリントが貼りつけてある。ふりかなは、鉛筆で小坂さんがつけたものである。）

武蔵野

(42)林影《リンエイ》　煌《キラ》めく　杜《モリ》　屡々《シバ》　絶類　(43)楢　悉く　滴る　許《バカ》り　一斎《セイ》　落葉林　樺《カバ》　小雨　霞　棚引き　(44)四顧
幽《カス》か　戦《ソヨ》ぐ　漸く　私語《サヽヤキ》《シゴ》（く）小坂記入　間断　(45)光沢　布く　俄に　葡萄《ブドウ》　褪め　(46)流石　稚木《ワカギ》　漏れ　滑り　脱げ
短編　冒頭《ボウトウ》　叙景《ジョケイ》　微妙　凩《コガラシ》　時雨　一陣　(47)方域《イキ》　亘《ワタ》る　裸体　沈静　睇視　傾聴　黙想　適ふ　囀る
叢　蹄　演習　斥候　(48)声高　(49)幽寂　鷹揚《オウエウ》　人跡絶無　世田ヶ谷　小金井《ガネイ》　(50)微か　静粛　永遠　星斗《セイホシ》　闌
干《キラ〳〵ヒカル》　野分《キ》（風）小坂記入　熊谷直好《ヨシ》　(51)隙間　覗く　碓氷　兎も角　特異《トクイ》　平原　単調　占める

1 初秋の光の武蔵野を書いた。

2 武蔵野の特色は林にあるのだ。

3 ツルゲーネフの文の影響を受けて、林といふものに対して目が開かれて、真剣に林をみつめはじめた。

4 傾聴・武蔵野の秋から冬へかけての本当の心、本当の姿を知るには、どうしても、一心に耳を傾けて、音を、さまざまの音をきかなければならない。音によつて、音を傾聴することによつて、秋から冬へかけての、武蔵野の心を知ることが出来る。

5 さま〴〵の音を、音といひ、響とかき、声とあらはして、さま〴〵の面白い、音の面白さを書いた。

6 季節でいへば秋と冬。時でいへば昼と夜、此の二つの違つた音を書いて、音をきく趣の深い、味はひがあることを書いた。

7 晩秋の、光の武蔵野。

○結局

此の文の調べる処は、ツルゲネーフの文と、武蔵野の心がわかるといふ段だけである。

○作文

もし真似をするなら作者がしたやうな真似、林の文を読んで、自分も林に対して目が開けるやうに、私達も、文の調子や言葉は真似していけないが、かういふことは真似をした方がいゝ位である。

○音、響、声

音、声、声、音、響、音、声、音、声、音、音、音、

短、短、長、中、長、短、中、中、短、短、長、長

このやうに、声なら声を二つ、つゞけたところは、前の言葉に文句がついて変化を起し、長さの同じものは、音とか響とか違つたものをつけて調子をつけてゐる。何の気なしに読んでも、本当に調子のよい、変化のある、それでゐて文の心をこはさぬ上手さ加減には、驚くより仕方ない。さすがに偉い方、多年文章の道をあるいてきた方は違ふと、思はれてくる。どこが上手だか知らないが、自然に頭が下ってくるやうな上手な書振。何処がいゝのかわからないが、此の音を、さまぐ〵にあらはしてあるのに感心し、好きである。

○作者が、音をきいて武蔵野の心を知つたのは、あれは何の音、何の音と、はつきりきゝわけが出来る程、じーつとどんな音でもきく程、どの音にも深いく〵味はひ趣を感ずる程までも、作者の心は深かつたせいではないでせうか。すべてを忘れて、たゞ音をきかうと、其の時の深い美しい清らかな心に、武蔵野の心がうつるのではないでせうか。

○今日の朗読

小林きみさん

上手な読み振りだが、力が足りなく、発音が少し不明瞭に感じた。もう少し、はつきりと、力強く読んだならきつと上手な朗読になりませう。でも、最初の日として、本当に上手だと感じました。

宮下伊諏子さん

一心になつてゐるのは、わかるけれど、もう少し落着いて堂々と読んでもらひたく、感ずる。をど〱してゐて、きいてゐる方も気がきで《ママ》なかつた。文の表面を、やつと読んでゐるやうな気がして、心の方がわからなく感じた。落着いて読んでほしい。

吉沢富士子さん

此れが最後だと思ふと、一字々々も一語一語も、心にしみ渡る思ひである。もう此の朗読がと思ふと、たまらなくなつてくる。しかし、なんと上手に読まれたであらう。最後の朗読、幾時間もならつたかのやうに、上手に、あの声、あの調子、まだ胸に響いてくる、最後、懐しい朗読。

小島三美さん

一生懸命読まうとしてゐるは《ママ》わかるけれど、努力程の読みにならなかつたことは、残念だ。でも最初の日としては中々の方であつたと思ふ。

小松政子さん

やさしい読方。政子さんその人のやうな読方である。もう少しといふところである。すべて、もう、一、二分よければ、申し分ないであらうが。上手ではあつたと思ふ。

全体に。《ママ》

どの人も〱、最初の日としては驚く程上手だつた。そしてどの人も一心に読んだことが本当に嬉しい。此れからも、下手でも、熱心に読んだ朗読であつてほしいと思ふ。

○自分の感じ

此の文を読むと、自然に心に落着きが出来てくる。そして理由や理くつは少しもわからなくともおぼろげに、此の文の、本当の心に打たれるやうに感ずる。何が、どうだう《ママ》だからといふことは抜いて、はつと、胸にこたえるやうな気がする。自分の心はだん〳〵と深くなつて、秋の末になる、地味な、落着いた、淋しい《ママ》静かな、深い心になり切る。そして、武蔵野に自分が行つたやうにさへ感じてくる。作者の余りの上手さが、自分のやうなものの胸にまで響いてくるのであらうか。口ではいへない、文ではあらはせない一種の深い感情が胸一杯に湧いて、いつまでも〳〵此の心でゐたくなる。たゞ、い丶、い丶文章だと思ふ。

◎《ママ》文全体に、しつとりとした重い、落着きがあつて、ぼーつとしたうすい暗い幕のやうなものが文全体をつ丶みながら、しかしすつきり晴れ渡つたやうな美しいものがある。静かなしかし奥の方に、底深い力がもく〳〵と動いてゐるやうである。地味な、しつとりした、静かな深い文だと思ふ。どことはつきりいへないが、何者《ママ》かをはつきりつかむことの出来る文と思ふ。

第二時（十一月一日）武蔵野

一、空
- 晴間
- 雲間

二、木の葉のそよぎ
- ざわめき
- そよぎ
- 話し声

お饒舌
私語の声
照　全景
樺の幹
落葉
わらび
曇　全景
樺の木の葉
椎木
木立
雨

三、林の中のやうす

○ツルゲネーフの小説が輸入された為に、日本の自然を書いた文章に一大改革が成つた、といはれる程である。その頃の青年達の血を湧かせたツルゲネーフの文を、もう一度見直して、各々の言葉の上手さ加減を味はを《ママ》う。国木田独歩さんの自然についての眼を開かせたこの文の、自由な見方、細い鋭い観察。そしてその自分への感じの巧みなあらはし方。私達も、それをみて行かう。

一、

○小雨が降りそゝぎ（引用者注、緑色の傍線）

小雨が降りまでは私達でも書けるかもしれないが、「そゝぎ」とはどうしても出ない。上手な所。

○生暖かな日かげも射して

これも「暖かな」は書けるかもしれないが、「生」が書けない。そう感じてはゐるが、かう上手には書きあらはせない。「流石にロシアの文豪といはれる方の書いたもの。」と、たゞ感心する。

○無理に押分けたやうな雲間

此の頃の空模様がはつきり浮かぶ。「本当に、その通りです。」これしか言葉がない。あのいひ難い空の様子を、こんなに上手にいひあらはしたと驚く程感心した。

○澄みて怜悧しげに見える人の眼の如くに、

私達なら秋の澄んだ大空を、深い、晴れた、としかいへないのを、澄みて怜悧しげ、と書いた上手さ、何とよくいひあらはしてあるのでせう。たゞ感心するだけ。

○大空のことを書いたの《ママ》二つ。

両方とも、前のは、生物がすること、「押分け」をつかひ、後のには「人の眼」といつて両方共に生物にたとへてある。それ故に、非常に文が生々としてゐる。上手な〳〵所。

二、○さゞめき、……《ママ》　……　……

○笑ふやうなさゞめき。《ママ》

かういはれて見ると、本当に、春先の赤ちゃんのやうな、若葉は、まだ柔らかくて、風が吹いても、笑ふやうに、面白さうに聞える。本当に、若葉の風に吹かれてゐるやうに上手に書いてある。

○ゆるやかなそよぎ、永たらしい話し声

夏ともなれば木の葉も、うつさうと茂つて、濃い緑となり、葉も大人になつて、重くなるので、風が吹いても、たゞゆるくゆれるだけ、決して、ざわ〳〵としたり、がさ〳〵としたりしない。重い葉を、そろり〳〵

と動かすだけである。それはちやうど、「ねー。」といつたやうな、永い話をしてゐるやうでもある。永たらしいとやつたので余計に永いやうにきこえる。夏の木の葉のそよぎを思ひ出して見ると、成程、そう《ママ》だ。《ママ》と感じる、上手な書振り。

○うそさぶそう《ママ》なお饒舌

水分がすつかりなくなつた晩秋になれば、やうやく、しがみついてゐる《ママ》は風が吹くたびに、おど〳〵した、うそさぶさうなお饒舌としかきゝとれない音をたてる。おど〳〵したといつて、落ちさうな〳〵木の葉が、やつと木につかまつてゐる時たてる音を上手に現し、うそさぶさうな、といつて、晩秋の枯れかけた木の葉を思出《ママ》さ《ママ》せ、お饒舌といつて、がさ〳〵といふやかましい音を、あらはしてゐる。何ともいへぬ、到底、真似出来ないやうな上手さ。

四季によつて、風の木の葉に当る音が、違ふといはれて見ればなる程さうだと思はれる。それを、かうも上手に、その時々によつて違ふそよぎを、あらはしてあるのかと、言葉もない程感心する。私達なら、さゞめきの違ひを、ともすれば感じない。感じても、何ともいひあらはせないで、何となしに、などといつてしまふ。それをかうまでよくとらへてあるのかと思ふと、たゞ〳〵感じ入るより外にない。

三、林の中のやうす。《ママ》

○微笑したやうに、隅《ママ》なくあかみわたつて、微笑したやうに、と人のやうに書いて、生々とした感じを出し、文を生々させ、あかみわたつてと、あかるくなつた様を上手にあらはしてある。私達なら、明るくなつてとしか書けない処を、微笑した、と人のやうに書いたりして、自由自在に、上手に書いてある。

○（以下（曇全景）まで自分の考へ、）白絹めく優しい光沢、普通の人なら明るい光沢位しかいひあらはせないし、もし其れ以上にいへる人でも優しいとまでは八分通りいへるかも知れないが、白絹めく、とはどうしてもでてこない。今までと、全然違ふ方向へ筆を向けて、書く。白絹めく、何と上手なあらはし方だろ《ママ》う。

○散り布いた細かな落葉。

散り布いたなんと上手な書き方。本当に、私の初の落葉は散り布いたやうである。それを知りながら、散り布いた、とあらはせなかつたのである。それを何の造作もないやうに、私達が、落ちてゐると書くやうに、書いてゐる上手さ。いひあらはせない。

○頭をかきむしつたやうなバアポロトニクの見事な葉、だれでも、頭をかきむしつた、とは出てこない。もや〳〵、ごちや〳〵とした、ごしや〳〵にかきまはしたやうに、としか出てこない。頭をかきむしつたやうな、その有様が目に浮ぶ様である。人の足もとにもをよばぬ上手ないひ方。

○またゝく間に物のあいろも見えなくなり（曇全景）

物のあいろも見えなくなり、此処が普通の者には出来ぬ処であらう。その前の、俄に薄暗くなりだして、これはまだ出来るかもしれないが、「なりだして」など上手だと思ふ。しかし、其の次のこれ、物のあいろ、此れは、実際にさうだと解ってゐながら、書くと抜けてしまふのである。実際の事を、細くとらへて、本当に上手に書いてあると思ふ。しかも、照る時の方は、今と反対に、あかみわたつての方の後へもつてゐつてあるとこなど、流石は、文豪といはれる方だけあると感ずる。

○著しく光沢が褪めても、流石になほ青かつた。（以下自分の考《ママ》）

いひ難い木の葉の色をぴつたりと、それこそ、此の上なく上手に書いてある。我々のやうなものなら、此んなことは足もとにも及ばない。萬遍のべてもまだ、これ程、この半分もいへない。いふことの出来ない、形容などの出来こつ《ママ》こない上手さである。流石になほ青かつた。此れだけの言葉で、色をぴたりと定めてゐる。
○赤くも黄色くも色づいて、
雨に濡れた許りの細枝の繁みを漏れて、滑りながらに脱けて来るのをあびては、赤くもの、くも、黄ろ《ママ》くもの、くも、これが何ともいへず上手である。この一語で、様々に色づいた稚木をあらはしてゐる。我々にはこの「くも」が入らない。たつたこれだけの言葉で、ずーと景色を想像させることはどうしても出来ない。細枝の繁みを漏れて、までは私のやうなものでも、一心になれば書けるかもしれないが、「滑りながらに脱けて来る。」とは逆立をしても書けない。日の光の通る様を、上手に〳〵その又上手に書いてある。滑りながら脱ける。本当にさうである。これこそ真の、真情、真感のぴたりとした表現であろう。
○小雨がしのびやかに、怪しげに私語するやうにぱら〳〵と降つて通つた。しのびやかに、までは書ける。しかし、怪しげに私語するやうには到底だめである。私語するやうに、迄でも並々ではないのに、其の前に、怪しげにをつけて、一層感じを出すといふことなどは到底どんな事をしても出来ないのである。秋の小雨は、本当に、怪しげに私語するやうである。また、降つてまでは出るが、其の後がどうしても出ない。「通つた。」上手ないひ方、通つた、この一語で様々のことが解る。降る時、間、降り方、また、其の後の景色までも想像できる。上手な〳〵書き方。
○降りつもつたまゝで、まだ日の眼に逢はぬ雪のやうに白くおぼろに霞む。今までとは全く違つたあらはし方。普通の者で、うんとやつても「雪のやうに、白くぼーつとしたものにつつまれたやうな」しか出来ないのに、降りつもつたまゝの雪とやり、日の眼に逢はぬとまで細くやつてある。しかも其のするどく、細くみつめた中でさへも、降りつもつた、のつもつたで、人並はづれ、まゝとやつて、また上手で、日に逢はぬと、いふのを、日の眼にあはぬとやつて、更に文を生してゐる。あまりの上手さ加減に、驚いて、口を塞《ママ》さがらない位である。何といふ〳〵上手なあらはし方だろ《ママ》う。たゞ感心するより外ない。

◎《ママ》以上、自分でいゝ処を調べて見ると、わからないなりき《ママ》に、一層よい処がわかつて、この文の価値が少しでもわかるやうな気がした。はじからはじまでお手本になるやうな上手な表現。こんな文章を、独歩さんがいゝ真似をなさつてまた〳〵いゝ文章をかゝれたのだから、明治の青年が血を湧し、躍らせて感激したのも無理はないと思はれる。そして明治の叙景の文章に一大改革の起つ《ママ》たのは無理はない、当然だと思はれます。其の頃の人達より、かういふ叙景の文になれた私達でさへも、このツルゲネーフの文と、独歩さんの文を読むと、心がよつたやうに感じます。いゝ文章だと感じます。

第三時（十一月二日）武蔵野

鳥

風

虫

車

蹄

声《ママ》

村の音

女

大砲

銃
栗
◎時雨《ママ》
…………………………

○自然の音。人の音。
以上書きあげたのを見ると、音が二種類に分れる。その一つは、自然のまゝの自然の音。他のは、人、そのものが起す音と、人が間接に起す、人の音である。
自然の音は、
風、鳥、虫、栗。時雨。
人の音は、
車、蹄、村の者《ママ》、女、大砲、銃である。
○この人の一番、好きな音は、
それは時雨の音である。なぜならば、時雨の音は、若し、夫れ時雨の音に到つてはと、非常な勢で書き始め、しかも、一番長く、此処がいい、あそこがいゝ、と長々書いてある。一番、力を入れて書いてある。自然の音も好きなのはある。人の音はきこえたから書いた。《ママ》といふだけで、本当に作者の好きな音は時雨の音である。
○作者の一番好きな時雨の音は、
和歌の題にまでなつてゐる。これは、昔から、多くの日本の人が時雨の音のよさを知つて、好きであつた。

それ程、いゝ音であつた。といふ事と、時雨の音、そのものが既に一つの音楽であつた。時雨といふものは、生れながらにもう唄であり、音の調であつたのだ。時雨は、歌に詠まれなくても、詠まれても、其れはもう歌である。自分自身が歌である程、時雨の音は、い丶音である。

こんない丶時雨の音が、広い〱野末から野末へと、林を越え、杜を越え、田を、横切り、又林を越えて、と広い武蔵野を通つて、様《ママ》の音楽を奏して人に様々の感情を起させて通つて行く。その起る感情も、時雨の音楽も作者は、大好きなのである。すべての音の中で一番好きな為に、作者は、一生懸命になつて、あ丶だ、こう《ママ》だ、といつてゐる。長く力こぶをいれて、夢中のやうになつて書いてゐる。

○音だけによつても、武蔵野の地勢を知ることが出来る。それなら、武蔵野の地勢は、どんなであらう。

○叢の蔭、林の奥にすだく虫の声。

此れによつて、武蔵野は、林があり、叢や、やぶがあることがわかる。

○落葉を蹴散らす音、

此れで、其の林は落葉林だなとわかる。

○銃の音。

猟の出来る位な、え物のゐる、林だな、かなり深い林だなとわかる。

○栗、

林の中には栗の木もあるのだな。

○時雨、

　野末から……又林を越えて、ずい分広い処とわかる。

即ち　武蔵野は、

栗の木もまぜつた落葉林であり、林の下は、一面の叢、又はやぶであり、しかも其の林は、鳥や獣も沢山居て結構、猟も出来、其の上、広い〳〵ところである。

○土地柄も音によつて、略々察せられる。村の者のだみ声、田舎特有の声高なだみ声、栗の落ちる音などによつて田舎だといふ事がわかり、場所選みの上手な外人が散歩に出かける、とかんといふ、文明の砲声によつて、大都会に近いといふ事がわかる。

大都会を控へた田舎。

村の者のだみ声と、遠乗りに出かけた外国人のくつわとが一しよ《ママ》並んで通るやうな所。

独り淋しく女の足音が遠去つて行くのがわかる程、静かな、平和な里でありながら、どーん、どん、と、文明の音が、すぐ其処でする。といふ、信州あたりとは少し違つた、都会が家なら其の庭のやうな特種《ママ》な田舎。

○長い音、短い音、《ママ》

長、囀る声、風、虫、車、蹄、だみ声、女、時雨、

短、鳥の羽音。大砲、銃、栗、

音はまたこの二種類に分けることが出来る。

○音の最後、

羽音の音《オト》で結び、声とし、風……声で終り、虫の音《ネ》といつてやめ、横ぎる響として如何にも遠くからきこえるさまを現し、音、声、音と結び、声、音とやり、また音、最後にもう一度音として結んである。

音がやはり一番多いが、それでも、音、声、音《ネ》、響、声《ゴエ》、声《セイ》とさま〳〵に結んで、その前の句を生し、単調さを破つてゐる。本当に上手だ。

○音を現すあや、

村の音と、人の直接の音を中心とし、それから前へ、人の音、自然の音とやり、それから後へも、人の音、自然の音とやつて、一つの組合せ方をしてある。また、短い音に、長い音によつて、あやなしたり、最後に様々の言葉を並べて、平調になるのをふせいでゐる。ある時は自然の音と人の音、しかも長い短いを見ても、最初が短く、最後が長い、其の間にも、折よく入つてゐるし、最後も調子よく言葉が連ら《ママ》なつてゐる。一つゞ《ママ》、見ても、三つ一しよに見ても、二つゞつ見ても、みんなそれ〳〵に、あやになり、単調になるのを破つて、変化を見せてゐる。音のたゞ並べてあるやうで調子がよいのはかういふわけで、変化のある、面白味のある、うんと上手な並べ方をしてある。

上手な処、よくつかんである処、

○鳥の羽音。此れはなか〳〵つかめない、囀る声の方は、大底《ママ》の人がつかめるけれど、羽音の方はきいてもあらはせない。

○風の…………声、

一つの位なら誰でも聴けるけれどかう沢山は、中々きけないものである。上手な処。

○作者は時雨の音が主になつてきいたので、其の次が自然の音、人の音といふ順序で、人の音などはきこえたから入れた、といふだけであるが、時雨の音が主になつて、其の次に自然の音、人の音をきゝ、これらは、きこえたから書いた。《ママ》」といふことが、何となし、身にわかつてくるやうな気がする。

この文をよく〳〵よめば、自然に、さういふ事が、その順序や、其の他のことなどがわかつてくるやうに感ずる。

○今日の朗読。《ママ》

○小口勝子さん。

力の籠つた上手な朗読でした。しかしもう少し続けて、ひよつ、ひよつと切れるでなく、読めたらもつと〳〵手だらうに、といふ気がしました。しかし、上手な〳〵、勝子さんらしい朗読でした。

○三沢桃見さん

どんな読方かしら、と散々《ママ》考へたのもやつと終りました。落着いた、ゆつたりとした感じのいゝ朗読でした。何となくゆとりのある読方でした。もうほんの少し、力があつたなら、といふ気も起りました。

○荻田せつさん、《ママ》

力のある上手な朗読でした。しかし、「若し夫れ」の処を間違へたのは、残念でした、《ママ》外の処を全部駄目にする位残念でした。しかし外のところは大層、せつさんの、いつもに恥じない上手な読み振りでした。

○岩波楊さん、

楊さんのも、中々上手な朗読だと思ひました。いつもよりずつと〳〵上手に読めたと思ひます。いつもこの位、熱と力とを持つて読んでいたゞきたい。でも〳〵上手でした。もう少し、はつきりした発音と、深みとがほしいやうな気が何処かでしました。

◎《ママ》みんなが今日の朗読のやうだつたらどんなに嬉しいだろ《ママ》う。私も、今日の朗読のやうに読まう。

今日は、みんなが上手で、努力してあつて本当に嬉しい。

第四時（十一月四日）武蔵野

自然の静粛を感じ、永遠《ママ》の呼吸身に迫るを覚ゆるであらう。

人の思ひを遠くに誘ふ

此の歌の心

○永遠の呼吸身に迫るとは、

ある日、散歩に武蔵野に出掛けて、耳をかたむけてみますと、様々なる音、いろんな音が、さま〴〵に聴かれます。そして其れ等の物音が止んであたりが静かになつた時、風の吹くのを待ちきれず、木の葉が、かさつとかすかな音をたて丶落ち、其の音、そんなかすかな物音さへも聴き取れなくなつた時、心は深く〴〵なり、自然の静けさといふものを感じるでせう。その時、耳にも聴かれず、眼にも見えず、何物の動きもないはずなのに、心には、ある一つのものが、見え、はつきりと聞えるのです。耳に聞えるとか眼に見えるとか、さうしたものでない、ある一つの大きな力がひし〳〵と身に迫るのです。自然の気といはうか、何んだか形になく、しかし非常に強い言葉ではいひつくせない、あるものが身に迫つてくる。それを永遠の呼吸といつた。

静かな時、神様が、動し《ママ》なさる動き、神の力、神の耳にだけ聞える、外のものには耳には聞えない、といつたやうな、「何んだ」と人のいひきることの出来ぬ力、自然の呼吸、自然がなす、口でいひあらはせない、一種の人に迫る強い感、強いもの。耳にこそ聞えね、眼にこそ見えね、心には、はつきりと、ひし〳〵、はた〳〵と、迫つてくる偉大な動き。偉大な音。人を恐れ入らすやうな、心もが深くなつて始めて、本当に感じる自然の力ともいふべきもの。

深い〳〵意味でいふ自然の声ともいふべきものか。神の出さ《ママ》る音ともいふべきか。

この音こそは、すべての音の止む時、はじめてきゝ取れる音なのである。永遠の呼吸とは「耳にも眼にもきこえないで、しかも心にはつきりと動きをきゝとれるもの」である。

自然の動きであり神様の動きである。

○遠くとは、

考へて見るに、嵐の晩、私達は落着いて勉強出来ない。大丈夫ときいても、落着いてゐられない。あのことを考へて見る、この事を考へて見る。あちら、こちら、そちら、どの思ひも、心が落着かず、どんなこと、どんな様々なこと《ママ》考へて見ても結局心はどれへも治つてゐない《ママ》、あれ、これ、あれを、それ、あちら、こちら、そちらをと、心が嵐に吹きまくられてゐるやうに、一つの処に止どまつてゐられない。そこら中を飛んで歩くやうになる。

遠くにとは、空想的になることである。

○歌の心。

この歌は、歌の作者の心と、同じである。しんみりとした、暖い、温和な人、此の歌を読むと、この作者にお友達になりたいやうな親しみを感じます。高い心の、静かな心の、しみ〴〵とした、優しい温い人。この歌がそれであると、同様、この歌の作者もまたさうであらう。

「武蔵野」を読みて、

好きな〳〵その又好きな、大好きな文でした。

ツルゲネーフの書いたのも、独歩さんの方も、両方とも、死ぬ程読みたく、それ程人に好かれる、それ程い、文章であつたと思ひます。

何処を見ても、何処を見ても、よい処ばつかり、上手な好きな所ばかりでした。隅から隅まで大好です。

読んで〳〵読みぬいて、結局、言葉が出ません。

なんだか、心の底から感激が、泉のやうに、胸一杯に湧いてくるやうな気がする。本当の文章にふれ、文といふものを、「読んだー、」《ママ》といふ気がします。読んだ〳〵〳〵〳〵〳〵といつまでも叫け《ママ》んでゐたい程好きな文章です。しみ〴〵と読むこの文章に、自分の心が通よ《ママ》ひ切つたやうに思はれます。

味のある書振りをしんみりと味はひつゝ読んで行《ママ》　この文は、文をおほうてゐる。文の心をおほうてゐるものが、晩秋の心そのまゝのやうな感じを受ける。

何処を見ても好きな処、いゝ処、《ママ》

此の文に出て来る音を、作者のやうに心を深くきくならば、本当に、その音のやんだ時の永遠の呼吸さへ、身に迫る感じがする。景のところも、心のところも、読むものをうつとりとさせて、身も魂も、文の中に溶けこんで行くやうに感じられる。

地味な落着いた、しんみりした文であり、しかし文の中には、新しい、若々しい元気な力強いものがあふれる程になつてゐると思へて仕方ない。

此の文は、競技（引用者注、この「武蔵野」の直前に学習した教材。）のやうに人を訓へるやうな処はないが、それ以上に高い頃《ママ》にさせ、い丶心にさせるところがある。

あくまで文章としてのよさのある文である。

「い丶文章だ」と心から感じ入った文であつた。

小坂安都子さんは、「武蔵野」の学習記録を、以上のように記してゐる。ここまで記して、国語ノートを提出することになつて、「お帳面を出すにあたつて」という感想を記し、さらに、つぎのような評価を受けている。

○お帳面を出すにあたつて

はじめてお張《ママ》面と別れるやうな気がして、一寸の間でも、お張面とわかれるのが悲しい。

どうか元気で早く帰つておくれ。無事でかへつて私をなぐさめてを《ママ》くれ、といふやうなきがする。

わかれるのは悲しい。でも元気で。早くかへつてね。

○努力

1、書くこと　　優

2、張るもの　　優

始（先生訂正）

3、予習仕末　　優

4、答案仕末　　優

始（本人訂正）

5、、、。　　優

○学力

1、文字の正確さ　　優　まいりました。

2、内容　　優　×ゐ

3、感想　　優

○たしなみ

1、帳面取扱　　優

2、文字の美しさ　　美◎

3、整理　　優

4、張り方　　優　大変しわになつてゐるのがありますが、なるべくさういふことのないやうに扱ひませう。

このようなノート評価をしてのち、大村はま先生は、つぎのように書きそえていられる。

帖面が、すつかり「自分のもの」となつたのが、うれしく思はれます。本当に「先生のもの」でなく「安都子さんのもの」となりました。

ここで、大村はま先生が、「帖面」（ノート）がすっかり「自分のもの」となったことを指摘していられるのは、国語学習上、もっとも重要な点である。諏訪高女に入学してから、満一年半にして、二年生の二学期のおわりがたになって、ここまで到達している事実に着目したい。国語学習帳を、国語学習の拠点として指導し、積み重ねて来た成果がここにあらわれていると考えられる。

小坂安都子さんがノートに記しているところによれば、大村先生がノートを調べられた結果、右のノート提出の際、「今度組に七・六《ママ》人づつ、お帳面が本当に自分のものになった人がゐて本当に嬉しく思ひました。」と、述べられたという。小坂安都子さんのように、国語の帳面（ノート）を、「自分のもの」とした学習者が、一組に、六七人もいたことになる。

国語学習帳の指導の成果が、一人の学習者小坂安都子さんに、どのように結実していったかは、右の1〜4例をたどることによっても、その過程の側面をうかがうことができよう。

「武蔵野」の学習終了後、提出したノートについては、大村はま先生が丹念にみられ、その所見を、十一月十八日、二十二日の両日にわたって、くわしく述べられている。

十一月十八日

一、批評を受ける態度

二、お帳面の中に
三、嬉しい事
四、書くこと
五、張るもの
六、予習始末
七、答案始末
八、、。
九、文字の正確さ
十、内容
十一、感想

十一月二十二日
一、文字の正確さ
二、感想
三、日記
四、帳面取扱
五、文字の美しさ
六、整理
七、張り方
八、感想（1入江の奥　2盆燈籠　3大海の日の出　4箱根路　5古城　6御製謹講　7競技　8武蔵野　9文字についての感想から選んで、先生がプリントされたものを配られた。）

以上、二十二日の七項まで、小坂さんのノートでは、十二ページぎっしり写しとられている。大村はま先生がどれほど真剣に周密に国語帳面の批評をなされたかがわかる。同時に、それをくわしく書きとっている小坂安都子さんの態度も、まじめそのものである。

学習者に国語学習の態度を確立させるため、このような熱心な指導のあったことを忘れることはできない。

なお、大村はま先生は、予習・復習を、忘れることなく、確実にやっていくために、小ノートを用意し携行して、気をつけるようにと、勉強のしかたについて注意を与えていられる。そのご注意についても小坂安都子さんは、くわしく記録しているが、ここでは、そのまとめの部分のみを、左に抄出しておく。

そして、この小ノートはたえず身につけてゐて、いつも〱、先生がいはれる度に書き込んで行くやうにしませう。

勉強の仕方は、まづ

第一、小ノートをつくること。

第二、それを何時も持つてゐて書き入れてやつて行くこと。

第三、それを整理して行くこと。

第四、順序に従つて、ノートを積み重ねて、やるべき処までは必ずやり上げる覚悟でやること。

大体以上のことを守つて、一生懸命やつて行けばよいでせう。

大村先生がたいへん積極的にこまかく、生徒たちの学習・勉強を自覚的に丹念にしていくように心をつかわれていることがわかるのである。

さて、「武蔵野」の学習終了後、その発展学習として、「秋より冬へ（武蔵野日記）」（国木田独歩）（九月七日〜三月二十一日）を、小池美恵子さんが書いたものをプリントして、生徒たちに渡し、その学習がなされている。それについての小坂安都子さんの学習記録も一部分があるが、ここでは省略したい。

五

大村はま先生は、その歩まれた道をふりかえって、つぎのように述べていられる。

明治39年　6月2日、横浜市中村町に生まれた。上に、すでに六歳の兄、四歳の姉、二歳の兄があり、四番め、次女として生まれた。当時、父は、今も横浜の山手にある共立女学校の教頭であった。

大正8年　3月、小学校卒業。ミッションスクールの共立女学校に入学。やさしい児玉愛子先生に国語を教わる。作文が好きであった。

大正9年　4月、同じく横浜の、やはりミッションの捜真女学校に転校した。共立では、上級学校受験資格が得られず、姉が検定を受けるのに苦労したからである。

この捜真女学校で、垣内松三先生・芦田恵之助先生にとくべつ深く師事していた川島治子先生から国語を教えられた。そして、「国語」は、「好き」以上の離れられないものになった。今、日本美術院の小倉遊亀先生も、そのころ捜真で国語と絵とを教えていて、このふたりから、いろいろ影響を受けた。

大正14年　4月、東京女子大学高等学部に入学、寮にはいる。安井哲先生に実践倫理の指導を受けた。新渡戸稲造先生も時おり見えた。

一人一室の寮室で、心ゆくまで自分を見つめ、物を思い、読書し、意義深い三年間を送った。一年めには、歴史のレポートのために、武者小路さんの新しき村の研究をした。二年めには、源氏物語を全巻読んで、「もののあはれ」について研究、三年めには、主として古事記によって「高天原・綿津見国・黄泉国」という題で、古人が、この世以外に考えていた世界を調べた。国語教師になる心は、いつのまにか、ごくしぜんにきまってきていた。いろいろな材料で指導案を立ててみたりしていた。

昭和3年　3月、卒業。不況で就職難の時代のことで、勤められず、半年、家で、文検といった文部省の検定試験の準備をする。当時東京女子大学では、まだ、無試験で教員免許状を受けることができなかった。

7月、就職しやすいことを考え、小学校専科英語の検定を受け、合格。

8月末、長野県諏訪高女に赴任。美しい自然の中で、気のすむまで国語教育に打ちこみ、素朴で明かるく、いきいきとした生徒たちと、この世にまれな幸福を味わって過ごした。

この諏訪高女に在職中、川島先生の紹介で、一日、甲府から身延線で静岡に出、はじめて、芦田恵之助先生に逢う。その後、芦田先生は西から帰京するとき、東京から西に向かうとき、「あなたがいるからね。」といって、中央線をまわっては、一日か一夜かを諏訪で過ごすことがあった。はじめて見てもらった授業は、垣内先生編集の教科書の「難破船」（引用者注、「女子国文新編」巻一に収められていた、三浦修吾訳「愛の学校」から採られた教材。一七ページに及ぶ分量のもの。）であった。授業を見てくださったり、自分で授業をして見せてくださったりした。夜は卒業生のいる湖畔の鷺の湯に泊まり、わたくしにも、へやをとってくださるのが常であった。

昭和8年の夏、岐阜から和歌山への旅行に同行。早暁、暗いあかりの中に廊下のテーブルで、教材調べ（何十ぺん教えたかわからない教材を）をして指導案を書いている芦田先生をみて、何かおののきを感じたのも、この旅の間のことである。和歌山には垣内先生も来会、さかんな研究会になった。この旅で、多くの、心にいれきれないほどの収穫を得た。

国語の学習記録を指導しはじめたのも、そのころであった。作文の評で、何かを批判したら、そのことばの中に、それを直せるヒントがなければならない。いや、そのヒントのほうだけが、生徒に対しての、評なのだ、そのようなことを考えて、夢中になりはじめたのもそのころだった。

芦田先生の一線を引く授業を、わがものにしようと、板書のくふうにこったのもそのころである。

学校の向かいがわ、木立の中に、地蔵寺という静かな寺があった。しだれ桜が池にしだれて咲くころ、写生文を書こうと師弟相談して、春のひとときを、その池のめぐりで過ごしたりした。

半年、茅野病院で療養したことと、姉の死とだけが、諏訪の生活に連なる暗さである。

昭和13年　4月、東京府立第八高女（現在の八潮高校）に転じた。転じてまもなく校長が変わり、山本猛先生になった。鋭く、きびしく、しかし、あたたかく、深い理解をもって導かれ、時代はちがうけれども、教えられたことのかずかずは、今も役立つことが多い。第八の十年は非常に健康で、一日も欠勤をしなかった。

妹が満洲に嫁し、戦争になり、弟が応召し、父が亡くなり、残った家族とともに千葉県我孫子に疎開した。終戦となり、何もかもの変化の中で、新しい中学校の発足を知った。すでに十年いついた第八に、静かに、なれた生活をつづけることもいいが、しかし、二十年の経験を生かして、新しい時代のしあわせのために、何かしたいと考えた。捨身になって、何かしたかった。

あわれむ目や、笑う目を感じながら、ひとつの悲願のようなものを抱いて、中学校へ出た。
昭和22年　5月〜昭和35年　3月、大村はま先生は、江東区深川一中、目黒区立八中、中央区立紅葉川中、中央区立文海中に、勤められた。――引用者注。
昭和35年　4月、大田区立石川台中学校に転じ、いま、ノートの指導は、いちばん、成功したと思いながら、それから、よい書き手をたくさん育てることができた、《ママ》ことに、いわゆる理科系といわれる生徒に、よい書き手の育ったことを喜びながら、三年生と別れようとしている。（以上　プリント印刷「大村先生の歩まれた道」による。）

右に述べられていることは、大村はま先生の実践の歩みの略史ともいうべきものであった。昭和三五年（一九六〇）四月、東京都大田区立石川台中学校に転じられてから、「いま、ノート指導は、いちばん、成功したと思いながら、」と述べられている。この、石川台中学校におけるノート指導を、大村はま先生の国語の学習記録指導の頂点（到達点）とするなら、戦前、旧制諏訪高女時代のノート指導は、その源泉となり、源流となっているといってよかろう。

右の記述のうち、大村はま先生は、みずから、「国語の学習記録を指導しはじめたのも、そのころであった。作文の評で、何かを批判しながら、そのことばの中に、それを直せるヒントがなければならない。いや、そのヒントのほうだけが、生徒に対しての、評なのだ、そのようなことを考えて、夢中になりはじめたのもそのころだった。」と述べていられる。大村先生の、後年の、新制中学校における作文指導・表現指導の発想の一つが、ここにも見られる。

なお、「芦田先生の一線を引く授業を、わがものにしようと、板書のくふうにこったのもそのころである。」と述べられていた。ここに、芦田恵之助先生からの影響を見ることができる。しかも、それは単なる受身の影響というべきではなく、「わがものにしようと」の熱意に根ざす、自発的主体的のものであった。

芦田「教式」においては、その教授過程の七つの項のうち、四番目の「書く」において、とくに板書が重視される。板書にあたって、芦田先生は、黒板上に、東西に（つまり、よこに）一線を引き、これを線条式展開の文章（教材）全体と見立て、それを適宜に区切ることによって、段落指導ほか、実地の具体的な指導の上に生かされた。その、「一線を引く授業」を、大村はま先生も、「わがものにしようと」、くふうを集中されたのである。

小坂安都子さんの学習ノートには、国語（七）に至って、ノートにも各ページ、一線が引いてある。この線上の上欄の利用のしかたについては、提出させたノートを調べて返され、全体にわたって、こまかく批評をされた時、つぎのように述べていられる。

　十一月二十二日　　三、日記、

　今まで明けてを《ママ》いた上欄をいよ〳〵使ひます。今までなんに使ふか、何につかふかと思つてゐたらしいですが、これは日記を書く処です。主として其の一時間の反省をするのです。で、長くても短くても、い丶反省はありますから、長くなくてもい丶のです。反省程、修養の上で人を助けて行くものはありません。毎日同じになつても、右同じ、右同じ〳〵〳〵などと書かないで、毎日同じ事をくり返して書くこと、そこにい丶処があるのです。毎時間〳〵違った新しい気持で書いて行くのが反省であつて書く事が同じであつてもかまひません。これが、。の前に（引用者注、帖面の評点項目　一、努力　5　句読点《、。》の前にということ。）入つて行きます。これで、たゞでさへ類の多い努力の処はまた一つふへ《ママ》ました。しかし努力次第です。一生懸命やつて行きませう。

きめのこまかい注意がなされ、国語学習帖の成長充実していく過程を見る思いがする。評価項目（三種十二類）の枠組みを固定させるのではなく、それを拠点に、いっそう充実させていこうとする態度によって、こうした面が開かれてくるにちがいない。

初めに掲げた、大村はま先生ご自身の「国語筆記帖に就いて」という報告の中にも、「他の一は、上欄を使用致します。今まで上欄には、文題第何時、何月何日と書きましただけでございましたが、今度はこゝに、日記をつけることに致しました。これは、命じませぬにし始めた生徒が増してまゐりましたのに教へられてでございます。この日記は、その時間の学習態度の反省を主とするもので、努力の中に加へることと致しました。」（前掲誌九〇ぺ）と述べられている。生徒の学習記録に教えられてとあるところに、実践の現場での指導方法の発見の具体例を見いだすことができる。

この、「日記」項目の増設と並んで、「努力」の項目の中に、「予習」が入れられる予定であると、大村先生は述べられている。（前掲誌、八九～九〇ぺ）三年生からの国語学習に備えて、二年の三学期から、その準備・練習にとりかからせたいということである。小坂安都子さんの国語(七)において、その「予習」のしかたを見ても、しだいに自主的に予習ができるようになっている。こうして、学習活動を確実に方向づけ、組織していこうとするのに、国語の学習記録が役立っていることは明らかである。

六

小坂安都子さんは、大村はま先生のご指導によって、旧制諏訪高女の一、二年を、素直に熱心に、国語学習に励んだ。その学習記録のうち、ノート㈠・㈤・㈦の三冊のみが残されている。この三冊によって、旧制女学校での国語の勉強の出発状況と二年生二学期における真摯で意欲的な国語学習状況（とくに、帖面をすっかりわがものにするに至った段階）とを、じかに見ることができる。

国語学習ノートは、ややもすれば、断片的なメモ風のものとなりやすく、形骸化しやすい面をもっている。それを逆に、ノート指導にうちこむという姿勢へと導くことによって、旧制高女における国語学習の体制を、生徒たちの自発的な学習意欲と努力とに訴えることによって、みごとにうちたてられているのである。そこでは、国語の帖面（ノート）が国語学習の進展の拠点となっている。

芦田恵之助先生へ、女学校時代の国語の先生、川島治子女史によって、ひきあわされ、ここに、日本の生んだ、すぐれた国語の先生に出あって、私淑して、直接指導が受けられたということから、国語の先生として、徹底して行じていこうとする根本精神が、いっそう強くまた深くなっていったと思われる。また、一時間、一時間の国語科の授業を、どう組織し、運んでいくかについても、芦田先生の実践を通しての教示と、芦田先生に授業を見てもらっての、具体的な助言とによって、多くの啓示を受けつつ、自得発明されるところすくなかったであろう。

このように見てくれば、大村はま先生の国語の授業は、芦田先生から、教育＝修養という根本精神に多くのものを学びつつ、教式については、そのよさを吸収しつつ、独自の実践様式を伸長していかれたと見てよかろう。芦田「教式」の追随者というのではなく、それを、旧制女学校の生徒たちに、生かして、学ばせていこうとされたのである。それにしても、芦田「教式」の1よむ　2話しあい　3よむ（範読）　4書く　5よむ　6話しあい　7よむ――の七段階の根本の呼吸は、よくとらえられ、継承されていたように思われる。そのうち、「朗読」が重視されているのも、共通しているが、大村はま先生は、さらに「朗読票」を用意され、朗読についての省察と批判力とがついていくようにと、心をくばられている。その成果は、小坂安都子さんのノートにも、見ることができた。

また、文章（教材）の構成をおさえ、その内容を、いろいろな角度から吟味していくことにしても、芦田「教式」によるものと見られるが、その内容を味わったり、表現法をくわしく吟味していく段になると、大村はま先生の教材研究とその成果に立つ進めかたとが、じつにいきいきとしている。それは、「武蔵野」にしても、「結晶の力」にしても、小坂安都子さんの、授業記録に、ありありとうかがわれた。

こうして、国語学習の、予習・本習・整理を、㈠努力、㈡学力、㈢たしなみの三視点から、自発的意欲的に、しかも継続的にまとめさせていく、このやりかたは、基本的には、芦田「教式」の「四、かく」を、大きく個性的に展開させたものといえよう。芦田恵之助先生の主宰された、「同志同行」誌に掲載された報告も、「国語筆記帖に就いて」という、至ってつゝましい題目となってはいるが、その内容そのものは、近代の女学校国語教育の国語学習指導論として、具体的な実践の結晶を示しているものであって、単なるノート指導の技術の論ではない。

小坂安都子さんは、ノートについて十三項にわたり、自己反省をして、そのおしまいのところに、「かうして見ると、十三の項の中、一つも、私達の心を錬《ママ》つてくれないものはない。十三が十三とも、私達が修行して行く為に出来てゐて、国語帳を書くのも修養して行く一つの途なのだ。自分達が一生懸命国語帳を書くのも、みんな、〱《ママ》修養の為だといふ事が、殊更一層身にしみました。」（ノート、国語㈦）と記している。

こうした、国語学習帖を丹念にしあげていく根本精神としての自己修養への意欲は、大村はま先生のばあい、一努力、二学力、三たしなみ　という、国語を学ぶ人間としてのありかたを、はっきりとおさえられていることから、引きだされたのではないかと思われる。口先ばかりで、「修養」をとなえるのでなく、本気になって、そのことに没入していくのに、生徒たちはやはり、すべて順調にいくとはかぎらなかったようである。そのとき、学習者を集中させるのは、大村はま先生の、一冊、一冊、国語学習帖を調べられての、心のこもった注意・助言であり、また卓越した国語指導力そのものによったのであろうと思われる。根底に、芦田恵之助先生が身をもってなされた、修養ということがあったのはむろんとして、当時の作業教育の思潮などにも、触発された点はあったことと思われる。

大村はま先生は、報告「国語筆記帖に就いて」の中で、

1　この三年半程の間に、国語帖の、修行としての意義価値、又教授と訓練の一致の姿としての意義価値を、はつきりと悟り得ましたのでございます。国語教授の徹底の為にも欠くことの出来ぬものであり、又国語教師の立場から訓練に参与する、最もよい機会であることを信ずるやうになりましたのでございます。（前掲誌、八〇ぺ）

2　又、帖面を仔細に見ますと、授業の結果を如実に教師自ら見ることが出来、こゝに最もよき師を見出すことが出来ます。わづかの不用意失敗も、見落されることなく、はつきりとその反応を見せてをり、深い反省に導かれ、新しき工夫に耽らせられ、真剣な心に奮い立たせられます。（同上誌、八二～八三ぺ）

3　次に、一日一日書くべきものを怠り、一度に書くといふことも、憂《ママ》の一つでありました。けれども、帖面を何回も提出させ、その度に適当な評を加へてまゐりますと、一日一日と書いて行く尊さもわかり、楽しみも出、又一日一日書いてこそ、内容も深くよく書けるものであることが、次第にわかつてまゐり、一年も経ちますと、さういふ癖を持つ者は、なくなりますことを、実験いたしました。（同上誌、八四ぺ）

4　又、帖面をこのやうに扱つてまゐりますことは、師と生徒との関係を親しい温かいものにします。生徒は、各自・皆充分師に認められてゐるといふ感じで学びます。教授の際答を求めて指名されますやうなこ

とが、幾分偏つてゆきわたらなかつたといふやうな場合にも、よく補ひ得て、各自皆示したいだけの力を示し得る機会を帖面の中に持つてゐることは、確かに生徒に深い満足を与へ、教師との間にも、誠によい気分の流れるものと思ひます。又むやみに、派手な風に走らず、着実に実力をもつて立つ風になつてまゐります。（同上誌、八三ぺ）

5　国語帖の指導はまことに骨の折れる仕事ではございますが、又、まことに甲斐のある、底深き力強き喜びに燃え得る仕事であるといふ事でございます。教授と訓練の一致とか、個性の指導とか、劣等生の救済とか師弟の真剣な交りとか、様々の教育上の問題は、こゝに続々と解決を見ゆく喜びこそ、えもいはれぬものでございます。（同上誌、九〇ぺ）

と、述べられている。

これらには、大村はま先生の国語教育実践の深化が、ありありと看取される。昭和一一年（一九三六）、昭和一二年（一九三七）の旧制女学校国語学習の充実した典型的な事例として、この小坂安都子さんの国語学習事例は、示唆深いものを包蔵している。

あとがき

わたくしは、「国語教育実践史研究」を学位論文「近代国語教育史研究」第一編、「話しことば教育史研究」を学位論文「近代国語教育史研究」第二編、「国語教育学史研究」を副論文としてまとめ、昭和四一（一九六六）年五月、広島大学に提出し、教育学博士の学位を取得することができた。

これらのうち、主論文第二編「話しことば教育史研究」は、既に昭和五五（一九八〇）年九月、単行本として刊行することができた（発行所は共文社、発売所は溪水社）。A５判一、一九六ページであった。

なお、副論文として提出した、「国語教育学史研究」は、平成二三（二〇一一）年、溪水社から刊行されることになった。

主論文・副論文ともに、ながい年月、手許に置いてしまい、刊行の機会を延ばしてしまった。学位取得後、一ヵ年のうちに、刊行するようにと制度化されたことは、承知していたのに、このように遅れてしまったことを深くお詫び申し上げなければならない。

刊行にあたっては、溪水社木村逸司社長にご協力をたまわった。深く感謝申し上げる次第である。

平成二三年一月一三日

野地潤家

〈著者紹介〉
野　地　潤　家（のじ・じゅんや）

大正 9（1920）年、愛媛県大洲市生まれ。
昭和 20（1945）年、広島文理科大学文学科（国語学国文学専攻）卒業。
愛媛県立松山城北高女教諭、広島高等師範学校教授・広島大学助教授・教授（教育学部）・広島大学教育学部附属小学校長（併任）・同附属中高校長（併任）・同附属学校部長（併任）・同教育学部長・鳴門教育大学教授・同副学長・同学長を経る。
現在　広島大学名誉教授、鳴門教育大学名誉教授、教育学博士
専攻　国語教育学―国語教育原論・同各論・国語教育史・国語教育学史―
主著　『話しことばの教育』（昭和 27）、『教育話法の研究』（昭和 28）、『国語教育個体史研究』（３冊、昭和 29）、『国語教育』（昭和 31）、『国語教育学研究』（昭和 36）、『作文教育の探究』（昭和 47）、『国語教育原論』（昭和 48）、『幼児期の言語生活の実態Ⅱ』（昭和 48）、『読解指導論』（昭和 48）、『国語教育学史』（昭和 49）、『国語教育通史』（昭和 49）、『幼児期の言語生活の実態Ⅲ』（昭和 49）、『話しことば学習論』（昭和 49）、『作文指導論』（昭和 50）、『幼児期の言語生活の実態Ⅳ』（昭和 51）、『国語科授業論』（昭和 51）、『幼児期の言語生活の実態Ⅰ』（昭和 52）、『個性読みの探究』（昭和 53）、『わが心のうちなる歌碑』（昭和 55）、『話しことば教育史研究』（昭和 55）、『国語教育実習個体史』（昭和 56）、『国語教育の創造』（昭和 57）、『綴方教授の理論的基礎』（昭和 58）、『芦田恵之助研究』（３冊、昭和 58）、『国語教育の根源と課題』（昭和 59）、『国語教材の探究』（昭和 60）、『国語教育の探究』（昭和 60）、『大村はま国語教室の探究』（平成５）、『古文指導の探究』（平成８）、『国語科教育・授業の探究』（平成８）、『教育話法入門』（平成８）、『野地潤家著作選集』（12 冊、別冊１、平成 10）、『昭和前期中学校国語学習個体史―旧制大洲中学校（愛媛県）に学びて―』（平成 14）、『国語科授業の構築と考究』（平成 15）、『国語教育学研究―国語教育を求めて―』（平成 16）、『中等国語教育の展開―明治期・大正期・昭和期―』（平成 16）、『国語科授業原論』（平成 19）、『国語教育学史研究』（平成 23）
編著　『作文・綴り方教育史資料（上・下）』（昭和 46）、『世界の作文教育』（昭和 49）、『国語教育史資料』第一巻理論・思潮・実践史（昭和 56）、『国語教育史資料』第６巻年表（昭和 56）

近代国語教育史研究

平成 23 年 2 月 1 日　発行

著　者　野　地　潤　家
発行所　（株）溪 水 社
広島市中区小町１－４（〒730-0041）
電話（082）246-7909
FAX（082）246-7876
E-mail：info@keisui.co.jp
印　刷　平河工業社

ISBN978-4-86327-126-5　C3081